见识城邦

更新知识地图　拓展认知边界

Routledge
Taylor & Francis Group

全球史译丛

ReOrienting the 19th Century

Global Economy in the Continuing Asian Age

19世纪大转型

[德] 贡德·弗兰克（Andre Gunder Frank） 著
[美] 罗伯特·A. 德内马克（Robert A. Denemark） 编
吴延民 译

中信出版集团 | 北京

《全球史译丛》

“全球史译丛”总序

全球史（global history）也称“新世界史”（new world history），20世纪下半叶兴起于美国，起初只是在历史教育改革中出现的一门从新角度讲述世界史的课程，之后演变为一种编纂世界通史的方法论，近年来已发展成为一个新的史学流派。

一般认为，1963年麦克尼尔出版《西方的兴起》一书是全球史诞生的标志。40多年来，全球史在西方史学界蓬勃发展。在美国，2000年全美已有59%的公立大学开设了全球史课程，5年后又提高了10个百分点；加利福尼亚州政府甚至以法律形式要求所有中学讲授全球史。在加拿大，全国26所研究型大学中已有14所开设了名为“全球史导论”的研究生课程；2005年有些大学把全球史列入了本科生教学计划；在不列颠哥伦比亚和魁北克两省，75%以上的中小学校开设了全球史课程。在德国，世界史教育已有上百年历史，但近来出现了有关如何讲授世界史问题的热烈讨论，不少教师和学者主张用“全球史观”改造乃至取代传统的世界史教育体系；2005年在德国召开的“欧洲全球史学大会”更把这一讨论推向高潮，年轻一代史学家多数是全球史的积极拥护者。在意大利，2001年全球史课程进入中学；在2002年意大利历史学家大会上，虽然仍有许多史学家坚持认为世界历史只能是国别史和地区史的总和，不可能存在全球一体的历史，但同时他们也承认，进行国别史和地区史研究也应该具有全球视野。在哥伦比亚，虽然全球史尚未被列入正式课程，但全球史的理念和方法已被史学界广泛接受；许多历史学家主张，由于拉丁美洲的历史与印第安人的历史，与欧洲史、非洲史以及其他许多民族和地区的历史都有密切关系，因此应当将拉美各国、各个地区的历史放在全球史的宏观背景之下重新进行审视和描述。

全球史的魅力在于其学术取向，也即“把全球化历史化，把历史学全球化”。

所谓“把全球化历史化”，是要追溯全球化的发展历程。当今全球经济一体化的趋势使得人们，首先是西方人，越来越热切地想要了解世界一体化的起源与过程，这种热切的要求促使史学家从一体化的角度对世界历史进行新的观察与思考。西方国家的学校课程设置一向注重适应和满足社会需求，因此全球史首先被当作“教学内容”，然后才逐渐发展为一个学术研究领域。这个过程就表明，全球史是时代和社会需求的产物。

所谓“把历史学全球化”，体现了全球史的学术立场。如果说历史学家追溯全球化的发展历程是由于时代的使命和社会的要求，那么怎样追溯这一历程则是当代学术思潮决定的。后现代主义思潮构成了全球史产生的最重要的学术背景。后现代主义从批判现代社会的弊端出发，颠覆了现代主义“神话”，进而对以解释“现代主义神话”为己任的西方人文社会学科进行反思。深受后现代主义影响的全球史学者指出，当前学术的任务不是“解释”，而是“重新理解和认识”人类历史；因为“解释”是从既定的理论框架出发，戴着有色眼镜来看历史，而“重新理解和认识”则意味着突破旧框架，还原历史的“本来面目”。西方人类学家对文化因素的高度重视和平等对待异质文化的主张对全球史学者也有重要影响。近半个世纪以来，东西方之间学术交流扩大，西方学者对非西方世界历史文化的认识明显加深，这为他们破除成见、将非西方历史文化纳入研究视野提供了条件。基于以上背景，全球史学者将自己的学术任务确定为：在阐述全球史的同时，建立“全球普适性的历史话语系统”，“使历史学本身全球化”。

经过40余年努力，全球史在以下四个方面获得了令人瞩目的突破和进展。

第一，否定了“国家本位”，以“社会空间”而不是“国家”作为审视历史的基本单元。现代人文社会学科形成于19世纪的德国，当时的德国内忧外患，内部四分五裂，外部强敌环伺，在这种形势下，增进民族认同、促进国家统一就成为包括历史学在内的人文社会学科的使命之一。同时，当时德国盛行科学崇拜，历史学也追求“绝对客观”，主张“让史料自己说话”，档案特别是国家档案成为描述历史的唯一可靠依据。这样的结果就是，历史学刚一问世即成为以国家为本位的政治史学。后来先后出现的经济史、社会史、文化史、国际关系史等历史学分支学科，同样都以国家作为基本分析单元。

在西方史学中，最早突破“国家本位”的是20世纪七八十年代兴起于意大利的“微观史学”。“微观史学派”认为，人们的日常生活是最值得关注的研究对象，而与日常生活关系最密切的并非国家，而是一个个具有内聚力的生活圈子，这个生活圈子就是“社会空间”。

全球史接受了“社会空间”概念，但将其从微观放大到宏观。全球史学者认为，在描述人类历史进程时，以国家为单元存在两个明显缺陷：一是物种（包括农作物、动物等等）传播、疾病蔓延、气候变化等等“超越国家”的现象被忽略，而这些现象对全球历史发展曾经产生过重要影响；二是每个社会都是全球的组成部分，但每个社会都不是孤立存在，社会与社会之间互为发展条件，相互之间的竞争、交融、碰撞以及力量对比关系都是推动全球发展的重要动力，但是由于这些动力不发生在国家政治框架之内，因而长期被忽视。全球史学者认为，世界历史的基本叙述单元应该是具有相互依存关系的“社会空间”，这个“社会空间”可能覆盖一个局部地区，也可能覆盖整块大陆、整个大洋、半球，乃至全球。

第二，关注大范围、长时段的整体运动，开拓新的研究领域。全球史学者认为，社会空间是因不同原因、以不同方式不断进行重组的统一体；决定其统一性的因素既可能是自然地理环境，也可能是人类自身的组织行为；无论由哪种因素决定，“社会空间”的不断重组都使世界日益成为一个彼此密切关联的人类生存空间。基于这一认识，全球史学者的视野空前开阔，他们所关注的不仅是跨越国家和种族的经济互动、技术转移和帝国扩张，而且包括影响各个文明之间互动的自然环境变化、移民潮流、疾病传播、观念和信仰的演变等等，许多被传统史学研究忽略的重要现象因而被揭示出来。在公元600年以后的上千年时间里将中国、印度、波斯、阿拉伯、印度尼西亚甚至东非等文明区连为一体的“环印度洋网络”，以及从生态变化和物种交流角度重估地理大发现意义的“哥伦布交流说”，就是由全球史学者提出并震动世界史坛的“新发现”和新见解。

第三，重估人类活动与社会结构之间的关系。在西方史学史上，20世纪是科学化的世纪，强调客观社会结构对社会发展的决定性作用，认为人类主观行为在社会结构的“铁律”面前无能为力。布罗代尔高度宏观的“大结构、大过程、大比较”叙事是结构主义史学的代表，而后现代主义总体而言是反对结构主义的，认为所有结构框架都是启蒙运动以来理性主义话语系统编织的神话，是约束人类行动、剥夺人类选择权的欺人之谈。全球史学者虽然深受后现代主义影响，但他们并未彻底否定“结构说”，而是对这一理论进行丰富和补充。比如关于地理大发现，全球史学者指出，由于欧洲殖民者带来的病毒造成印第安人大量死亡，而殖民者从非洲贩来充当劳动力的黑人奴隶具有适应热带气候的天然优势，这一点在很大程度上使得欧洲殖民者对美洲的征服获得了成功，而由于欧洲殖民者成功地征服了美洲，玉米、马铃薯等美洲作物品种才能在世界各地广泛种植，从而造成全球的粮食产量和人口数量显著增加；由此可见，地理大发现之后的全球巨变并不是社会经济结构运动的必然结果。但是全球史学者也提出，社会经济结构运动也并非对这一历史巨变毫无影响，因为地理大发现毕竟始于哥伦布等人的冒险远航，而这些人之所以冒险远航，也是由于各种利益和愿望驱动，是当时欧洲的社会经济条件决定的。由此全球史学者得出结论：人类活动虽然具有多向性，虽然有着选择的余地，但选择并非凭空进行，也不是绝对自由的，而是由既定条件决定的；因此，既不能认为社会经济结构决定一切，也不能忽视社会经济条件的决定作用，而应当把自然生态变化、人类主观活动以及自由选择余地等等因素与社会经济结构放在一起，综合考虑人类历史的发展进程，从而避免片面性。

第四，从学理上破除"欧洲中心论"。对"欧洲中心论"的批评由来已久，既包括意识形态层面的批判，也包括在学术实践层面上对非西方世界给予更多关注。但这样是否就意味着摆脱了"欧洲中心论"呢？自20世纪末以来，已经有越来越多的学者对此表示怀疑。他们认为，仅仅宣称抵制西方立场，或仅仅在历史著述中增加非西方世界的比重，并不能真正超越"欧洲中心论"；因为"欧洲中心论"本质上是学术话语权的问题，是现代话语系统的一种表现形式；只要无法改变欧洲国家在当代世界的强势地位，只要资本、市场、帝国等等一系列与现代性相关的概念依然是欧洲乃至全世界知识界感知、解释和评价世界的基本出发点，那么就不可能彻底摆脱"欧洲中心论"。所以美国学者迪佩什·查克拉巴蒂（Dipish Chakrabarty）悲观地预言，既然整个现代知识体系都是欧洲人确定的，并且已经被全世界接受，那么彻底改造历史学中的欧洲中心主义就是无法想象的。

全球史学者却不像查克拉巴蒂那样悲观。作为西方学者，他们承认跳出自身的局限是很困难的，但他们并不愿意因此而无所作为。在学术实践中，全球史学者为从学理上颠覆"欧洲中心论"的确做出了很多努力，这主要表现在两个方面：一是他们自觉地抵制"从现实反推历史"的思辨逻辑，即反对从欧美国家处于强势地位的现实出发，苦心孤诣地在欧洲国家内部寻找其"兴起"原因，围绕"西方有什么而东方没有什么"的问题兜圈子，不遗余力地挖掘"欧洲文化的优秀传统"，为其贴上理性、科学、民主、进取精神、宗教伦理等等光彩的标签儿，直至将欧洲树立为全球的榜样。全球史学者通过宏观综合分析指出，所谓“欧洲兴起”，只是人类历史上特定时期的特定产物，从中挖掘“普世性”的“文化特质”只能是制造神话。二是他们自觉地突破强调社会特殊性、文化排他性、经验地方性的史学传统，转而强调各社会之间发展的相关性和互动性，突出影响各个社会的共同因素，将每个地区的发展都视为更为宏大的自然与社会结构运动的一部分，淡化单一地区或国家的个性和特殊性，这样也就淡化了欧洲国家的榜样作用。

作为时代的产物，全球史反射出当今世界的七色光。尤其值得注意的是，这一纯粹学术现象透射出的明显的政治色彩。在意大利，在21世纪初中左派政府当政期间，全球史教育在中学和大学全面启动，而中右派在大选中获胜以后，全球史教育普及的趋势戛然而止。在美国，全球史的积极鼓吹者和推动者大多属于左翼知识分子。由于全球史试图纠正西方人在认识人类文明史，特别是世界近代史方面存在的傲慢和偏见，带有消解西方传统价值观的倾向，所以它在西方的影响力超出了史学界，乃至学术界，逐渐变成一种政治态度，以至于出现“全球史信仰”之说。全球史略显激进的政治倾向也导致了学术上的得与失，这是我们在评价全球史时需要注意的。

作为一种建构世界历史的新方法和新理论，全球史观目前还不能说完全成熟，还存在明显的理论缺陷，举其要者，至少有两点。其一，忽略社会内部发展的作用。虽然全球史学者承认，无论是对社会自身的发展而言，还是从推动全球发展的角度来看，各社会内部的发展即内因的作用都是重要的，但也许是考虑到前人的研究已经比较充分的缘故，他们对这一方面的关注显然还很不够。其二，作为深受后现代主义思潮影响的史学流派，全球史学者从解构现代主义出发，否认“终极真理”的存在，但是与此同时，他们又对探讨自然与社会相结合的整体结构影响人类历史的规律孜孜以求；两者之间，岂非矛盾？

如何构建世界历史体系，是我国史学界一个历久不衰的话题。20世纪80年代吴于廑先生曾经指出，对世界各地之间横向联系的研究不足，是我国世界史学科的薄弱环节。吴先生此说在史学界同人中得到广泛的认同。但是四分之一个世纪过去了，对横向联系的研究仍然没有明显起色。由此可见，借鉴全球史观，在全球整体视野下着重审视各个地区、各个社会、各个民族和各个国家之间的横向互动关系，这对于我国世界历史学科的发展来说，的确是很有意义的。但是我们也不能全盘照搬全球史观，中国学者对于人类历史进程应该有自己独特的理解和表达。目前世界各国的全球史学者正在共同努力搭建世界史学科平等对话的平台，我们应当利用这种有利条件，发出我们自己的声音。

刘新成

2006年5月

目录

译者序　xi
前　言　xix
导　言　xxii

第一章　破除神话，重建事实　001
第二章　延续与变革：文献及方法论介绍　052
第三章　连续多于变化的世界（1750 年代—1810 年代）　121
第四章　资本积累与熵耗散的三角　142
第五章　19 世纪后期的三角　154
第六章　各地的连续性和一些转变（1810 年代—1870 年代）　159
第七章　殖民主义与自由贸易的帝国主义（1870—1913 年）　209
第八章　成本和收益的区域划分（1870 年代—1914 年）　320
第九章　结论之序曲　351
第十章　重新定向 20 世纪　355

后　记　关于弗兰克和他的研究　360
附　录　369
参考文献　375
索　引　392

译者序

安德烈·贡德·弗兰克是一位风格非常鲜明的学者，在近半个世纪的学术生涯当中，他始终以一名激烈批评者的形象示人。这种情形在学术界并不多见。1990 年代之前，弗兰克致力于对西方政治经济霸权的批判，他那时分析和批判的对象，是以西方为中心的、不平等的资本主义世界体系。1990 年代开始，弗兰克的研究发生了重大转向，从依附理论转向了全球史。他不再认为资本主义是近现代世界的独有事物，也不再认为世界各地在 1500 年左右才开始连成一体。弗兰克这时转向了对西方文化霸权的批判，他所分析和批判的对象，也变成了欧洲中心论及其在学术研究中的表现。弗兰克在这一新取向下的主要研究成果有二：一是备受关注也备受争议的《白银资本》（*ReOrient*: *Global Eionomy in the Asian Age*），另外一项即为本书。

大家对于《白银资本》应该已经比较熟悉了，我们这里看到的《19 世纪大转型》即为其延续。在这两项先后问世的研究当中，弗兰克的工作是一以贯之的：一是颠覆西方原有的社会及历史理论，他认定它们充满了欧洲中心主义的偏见与误读；二是尝试着建构起“真实”的世界历史图景，他认为这需要对世界史做全球性、整体性的考察，而不能仅是戴着有色眼镜去关注欧洲的历史经验。这也是他得以位列新兴全球史领域学者的原因所在。弗兰克之前在《白银资本》中断言，1500—1800 年，亚洲（尤其是中国）依旧在主导着全球经济，欧洲不过是一个凭借着美洲出产的巨量白银，幸运地搭上亚洲经济列车的小角色。弗兰克在本书中进一步修正了他之前的观点，将东、西方经济实力对比发生翻转的时间点延后到了 1870 年。按照他的说法，大约在此时之后，东方才衰落了下来，西方才实现了兴起，东、西方之间才出现了“大分流”。弗兰克又一次挑战了学术界的“常识”，不过他的新奇观点有其自身的逻辑。

弗兰克对于“大分流”这一概念的理解，与彭慕兰等人的理解完全是两码事。简单说来，按照彭慕兰等人的理解，或者，按照学界的一般理解，“大分流”指的是西方率先进入经济快速发展的工业时代，而世界其他地区仍滞留在经济增长愈发缓慢的农业时代。弗兰克在本书中提到“大分流”时，指的则是东、西方之间的经济实力对比发生翻转，或者说，西方取代东方成为全球经济的主导者。在弗兰克看来，“大分流”还意味着西方变身为“发达”（developed）地区，其他地区则从“不发达”（undeveloped）陷入了“欠发达”（underdeveloped）。由此，我们可以看到，世界体系式的分析又回到了弗兰克的研究中。它是弗兰克在依附理论时期所倚仗的分析模式，后来在《白银资本》中曾一度变得踪迹难觅。当弗兰克之前在《白银资本》中，将伊曼纽尔·沃勒斯坦和依附理论时期的自己也列为批评对象时，我们还曾以为他已经告别了世界体系式的分析。现在看来，情况并非如此。

很容易就可以看到，弗兰克在本书中所探讨的，是世界多边贸易和支付体系，而非“现代世界体系”。可是，我们也应该能够发现，弗兰克所考察的这个世界多边贸易和支付体系，背后有着“现代世界体系”的影子。从西方对非西方、发达对欠发达、获利对受损这三组关系来看，二者之间的相似性非常明显。

不过，换个角度来看的话，二者之间的差异性也颇为显著。首先是出现时间。沃勒斯坦和依附理论时期的弗兰克所讨论的“现代世界体系”，出现于 1500 年前后，弗兰克在本书中所讨论的世界多边贸易和支付体系，则出现在 1870 年以后。出现时间的不同意义重大，整个世界近代史的图景都因此而大不相同，不再只是西方的兴起和对外扩张了。其次是形成机制。在沃勒斯坦等人看来,“现代世界体系”的形成和扩张,是现代资本主义出现和壮大的结果。弗兰克则在本书中主张,世界多边贸易和支付体系的形成,是全球性的结构与进程所产生的结果。这样一来,弗兰克既否定了现代资本主义的特殊之处,也否定了人类历史在1500年左右出现过断裂。再次是系统结构。“现代世界体系”由“中心”、“边缘”和“半边缘”之间的双边关系构成,在这一体系中,“中心”依靠不平等的国际劳动分工和商品交换,从“边缘”和“半边缘”大规模地攫取利益。世界多边贸易和支付体系则由全球各地之间纵横交错的经贸关系构成,在其中占据主导地位的发达地区,通过复杂且不平等的多边贸易和支付网络,从欠发达地区大规模地攫取利益。

尽管有着以上这些显著差异,我们仍然可以将本书对世界多边贸易和支付体系的讨论,视为一种世界体系理论式的分析,只不过,弗兰克赋予了它一副新的面貌。意识到这一点之后,我们也许就应该能够明白,弗兰克为何之前在《白银资本》中对全球经济的“中心”念念不忘,以至于让不少人误认为他滑向了“中国中心论”。这是世界体系理论式分析模式的特点使然。大体而言,1990年代之后的弗兰克,虽然决然抛弃了依附理论,变成了早些时候的自己的批评者,但并未离开世界体系理论式的分析模式。对于这一分析模式,我们还应该意识到:

> ……世界体系理论本身有其应用限度。它是作为经典现代化理论的对立面被建构出来的。后者在处理近代以来西方与非西方的关系时,持有一种明显偏向西方的价值取向。经典现代化理论将西方界定为“现代的”,将西方以外地区界定为“前现代的”,认定后者必然的历史归宿,就是依照西方走过的道路“现代化”。这样一来,近代以来西方和非西方的不平等,以及前者对后者的侵占与侮辱,都被“现代化”这样一种宏大议题掩盖了。世界体

系理论就是旨在凸显这种不平等，并对处于“中心”的西方加以政治经济批判。这也是为什么它被视为一种批判理论的原因。世界体系理论的用武之地，是展现不平等的世界政治经济结构，并对处于支配地位的霸权进行批判；是探讨世界性霸权的兴衰更替，以从“体系”的角度来分析全球性竞争态势的变迁；是分析“第三世界”被侵占和侮辱的原因，继而为其指出改善处境的大致方向。世界体系理论之所以曾在“第三世界”大受欢迎，主要就是因其所关注和探讨的议题，正好迎合它们对西方的不满，以及对自身发展的诉求。弗兰克虽然对世界体系理论大加改造，使它展现出另外一种全新面貌，但并未打破其在应用范围上的限度。[1]

传统上，世界体系式的分析通常被用于批判西方的政治经济霸权，弗兰克在本书中则将之用于批判西方的文化霸权，具体来说，将之用于批判欧洲中心主义的社会和历史理论。初看之下，弗兰克在本书中着力探寻的，是“大分流”出现的准确时间，不过，如果我们多做一些思考就会发现，他想要确定下来的，是以英国为顶点的世界多边贸易和支付体系出现的时间，或者换句话说，西方在全球经济中开始占据主导地位的时间。弗兰克想借此说明，之前诸种欧洲中心主义的叙事，都过分夸大了欧洲在近现代历史变迁中的重要性，它们实际上遍布着欧洲中心主义所导致的偏见和误读。按照此种逻辑来看，弗兰克在本书中所提出的那些惊人判断，某种程度上就可以说得通了。事实上，按照此种逻辑来理解的话，弗兰克本书的观点也会变得不怎么新奇了，因为，史学界早就普遍地认为，西方全面压倒世界其他地区在全球占据主导地位的情形，发生在 19 世纪后半叶。弗兰克只不过换了一种角度，将相关看法更具综合性，也更为明确地表述了出来。当然，

---

[1] 吴延民：“变了形的世界体系理论——评贡德·弗兰克《19 世纪大转型》”，《全球史评论》第 12 辑，北京：中国社会科学出版社，2017 年 06 月，第 232－233 页。

弗兰克对于欧洲中心主义的历史叙事的挑战，不只是延后了西方占据主导地位的时间，他还坚定地主张，西方的兴起并非自身具有的独特之处所致的，它更多是源于诸多全球性的社会和历史进程，源于欠发达或低度发展地区的巨大牺牲。这里或许应该再强调一下：弗兰克这整本书都致力于颠覆以往有关19世纪的欧洲中心主义的历史研究和叙事。

接下来，我们还不得不谈及另外一个问题，那就是世界体系式分析与全球史的关系。之前有一些学者认为，沃勒斯坦对现代世界体系的分析，也属于全球史的范畴。如果全球史仅指一种囊括全球的历史研究的话，这种看法无疑是合理的。不过，全球史在当下史学界更多是指一种新的研究范式。它主张在全球视野中平等地考察人类社会的过往，反对以欧洲的历史经验为主来考察和建构“世界历史”。可是，沃勒斯坦式的世界体系研究，恰恰就存在着这方面的问题。这也是弗兰克之前在《白银资本》中，将沃勒斯坦和依附理论时期的自己，都列为欧洲中心主义者，并加以批评的原因。显然，沃勒斯坦式的世界体系研究，与新兴的全球史是两码事。

那么，弗兰克在本书中的世界体系式分析，是否可以被视为全球史研究的一种呢？这并不是一个容易回答的问题，因为全球史仍属于一种方兴未艾、尚未完全成形的史学范式，可以用来界定它的领域内研究还不够多。不过，从全球史领域已有的研究来看，它通常具有以下几个特征：一是在研究中秉持着全球视野（global perspective），即在全球层面上对一些历史事件追本溯源；二是对欧洲中心主义的研究和叙事的批评，即方法论层面上的批判和叙事层面上的修正；三是对民族国家史学的超越，即不再将民族国家视为史学研究的当然单位和目的。本书的读者应该很容易看出，弗兰克此项研究明显具有以上三个特征。就目前的情形而言，我们有理由将本书列入全球史这一新兴领域。

不过，本书的研究是否能如弗兰克所愿，成为理解19世纪的必要前提呢？恐怕不能。弗兰克坚定地主张一种整体性的分析，认为这是理解过去一切的基础，用他自己的话说就是：“整体大于部分之和”，我们必须首先理解“森林”，然后才能看清“树木”。这种主张在逻辑上颇具吸引力，在现实中却让人无法接受。简单来说，如果接受了这种主张，也就意味着我们认定，在得出对整体的正确认识之前，无法得出对各个部分的正确认识；可是，我们对于整体的正确认知，也必须通过对于各个部分的正确认识达成。显然，这种主张会使我们陷入一种尴尬境地：我们永远无法得到对于整体的正确认识，也永远无法得到对于各个部分的正确认识；这也就意味着，我们永远无法得到任何正确的认识。从绝对意义上来讲，这种尴尬境地就是我们不得不面对的现实。不过，我们也不必过分悲观，因为，人文社科领域的研究所追求的，并非绝对正确的认识，而是某种相对合理的认识，或者说，某种更为合理的认识。现实中的情形是，我们对于各个部分的更合理认识的达成，促进着我们达成对于整体的更合理认识；反之亦然。此外，我们还必须意识到，我们对于整体和部分的认识是两码事，它们分别处在两个不同的层面上；整体是由各个部分直接构成的，但我们对于整体的认识并不是由对各个部分的认识直接构成的，它们中间还存在着一个归纳和综合的过程，在这个过程中，大量有关部分的认识都会被舍弃掉。故而，即便我们认定“整体大于部分之和”，也只能主张，我们对于各个部分的合理认识，很可能需要借助对于整体的合理认识。由此，我们不得不得出这样的结论：本书中的整体性探讨并非理解19世纪的必要前提，它只是能够起到帮助我们理解19世纪的作用。

即便如此，本书依然非常值得我们去仔细阅读。这不仅是因为弗兰克提供了一种不同以往的有关19世纪的整体性叙事，可以让我们从另一种视角重新审视19世纪。更为重要的是，弗兰克针对以往有关19世纪的研究和叙事给出了全面的批评，这可以使眼下正在进行的对欧洲中心主义的反思和批评，以及有关世界近现代史的修正或重构，有所参照和借鉴。毋庸置疑，弗兰克在这方面是一位非常重要的先行者。因此，即便本书是一项尚未最终完成的研究，它仍然能在诸多问题上给我们以很多启发。此外，我们也应该意识到，贡德·弗兰克最为擅长的工作还是"批评"，故而，我们也应该主要从他的"批评"中汲取智慧，尽管它们有时候看起来会过于激烈。

有关本书的中译本书名，我们也许有必要交代几句。本书的英文书名为 *ReOrienting the 19th Century*，直译过来就是"重新定向 19 世纪"。显然，这并不是一个很好的译法。鉴于"reorient"在中文中没有合适的对应词汇，我们不得不脱离这一单词来确定中译名，就像之前的《白银资本》(*ReOrient*) 一样。"19 世纪大转型"，是本书的翻译工作正式开始时，偶然之间想到的一个方案。我最初对这一译名还有所犹豫，不过，随着翻译工作的进行，我越来越觉得它是最优之选。弗兰克的英文书名实际上包含着两层含义：一是"重新定向"19 世纪的世界历史图景；二是"重新定向"有关 19 世纪的社会科学研究。其中，"重新定向"的意思是，颠覆旧的、确立新的。虽然并不完美，但"19 世纪大转型"确实可以容纳原书名所具有的两层含义：一、19 世纪世界历史图景的大转型；二、有关 19 世纪的社会科学研究的大转型。事实上，它还包含另外一层含义：19 世纪全球政治经济结构的大转型。这也是弗兰克在本书中的核心关注点。

最后，这里还要对清华大学历史系的刘北成老师、首都师范大学历史学院的岳秀坤老师致以谢意。他们两位在本书的翻译和出版过程中提供了大量的帮助。刘北成老师仔细阅读过译文初稿，并就译文和译名给出了很多细致的建议。岳秀坤老师是本书翻译和出版工作的主要推动者，中文书名也是在他的建议下取消副标题的。这样确实可以避免变换了的主标题与原副标题之间的冲突。

吴延民

2018 年 4 月 10 日

前　言

罗伯特·A.德内马克

贡德·弗兰克于2005年去世之后，我获邀接手他未完成书稿的编辑工作。贡德的遗孀艾丽森·坎德拉·弗兰克（Alison Candela Frank）和他的长期合作者巴里·吉尔斯（Barry Gills），当时都曾因此事跟我通过电话，并在电话中暗示我是理所当然的人选。弗兰克在去世之前，也已经认可了此事。2005年10月，我坐飞机到卢森堡，与艾丽森一起，用了三天的时间，翻阅了弗兰克的文档和电脑文件。当时，我对这一任务不禁心生畏惧。与书稿相关的电脑文件，弗兰克留下了将近5 000个，其中大约又有一半，是反复更新过的。他曾将书中各章散发给同行征求意见，当载有意见的文件返回时，他会把他想做的修改，直接写进那个文件。这样一来，时间上最近的版本，就不一定是最成熟的版本了。我离开卢森堡时，随身携带了他的电脑文件、六卷早已绝版且有些用旧了的书，以及150篇涵盖诸多领域的未发表文章。另有一箱重要的文稿，在随后通过邮局寄到。

书稿的编辑工作是一项挑战。它需要保留贡德·弗兰克的声音。我的工作是收集各章最为完整的版本，组织文字，删去冗余，以确保书稿具有可读性。我相信，此书已将弗兰克研究的精华呈现出来了。我还将弗兰克的原始目录附在了书后。弗兰克并不认为他的研究已经终结。本书的读者，应该能从已经完成的部分，推测出这一研究的未来走向。此外，读者所无法看到的，是许许多多章节后面的标注：

"More Here"（此处需补充）、"More Needed"（需补充），或者"More More More"（更多补充）。

在卢森堡那几天，我曾到弗兰克的儿子米格尔家做客，与他幸福的一家共进晚餐。他们热情招待了我这个陌生人，让我度过了非常愉快的一晚。那晚，我跟米格尔说了我对书稿编辑工作的想法，并向他
vii 征求意见。我觉得这样做非常必要。他只是问了我一个问题：这份书稿的面世是否会提高他父亲的声望。我正是为了这一目标而努力的。不过，我必须提醒本书的读者，这份书稿并不是完整明确的表述。贡德因病未能完成此项研究。他本人就指出过数十处论证尚不周全、材料尚需补充、引用尚待查证的地方。我已经尽全力去查证相关引用，并补上出处了，不过这一努力并不总是能行得通。这里还须声明，弗兰克的观点需要接受严格的审视与批评。此书是弗兰克的研究，这一声明本应由他本人来做的，可惜这已经不可能了。这里还应该指出的是，对此书的审视与批评，应该聚焦于此书已经呈现出来的讨论，而非作者没来得及完成的讨论。如果此书获得任何赞誉的话，理应全部归属于弗兰克；此书的疏漏，则应归咎于他的疾病和我这个编辑。

此书的编辑工作得到了来自世界各地的学者的帮助。在辨别弗兰克一些讨论的大致走向方面，巴里·吉尔斯和艾伯特·伯格森（Albert Bergesen）帮助良多。2008年，帕特里克·曼宁（Patrick Manning）在匹兹堡大学主办了一次纪念弗兰克的重要会议，很多弗兰克的同事因此得以共聚一堂。他还允许我将此书的很多观点列入了会议议程。我还非常感激数十位就我有关引文的咨询而答复我的学者。此书的初稿中尽是这样的注释："Smith 19xx：xx"。对于我无法确定其出处的引文，我会将它们发给它们的作者。这些作者反馈回来的，通常是详细的书目信息和良好的祝愿。无法这样做时（有些引文的作者已经离世），我也尽我所能将引文及其出处准确地呈现。这一工作颇为繁难，因为弗兰克在著述中的引用范围极广，经常会引用送交他评审的、待出版的书稿，他自己翻译的、使用几种其他语言写成的文章，以及他自己在

先前的研究中使用过的材料。我至今也没完全弄清他使用这些材料时所采用的那套方法。在查证弗兰克所不赞成的引用时，我着力尤多，但如果我在此事上有所疏漏的话，烦请看出其中问题所在的人联系我。我会很乐意对引证或引文加以修改。

这里还要向以下各位为我的编辑工作提供帮助的人士致以谢意。我在世界体系研究领域的同事们，不吝言辞地赞扬了我所接受的这一工作。许多个深夜我面对着书稿中晦涩的段落和引文头疼不已，正是他们的那些赞扬帮我熬过来。在书稿的整个编辑过程中，艾丽森·弗兰克给我的帮助尤为重要，她提供了各种各样的支持与鼓励。巴里·吉尔斯，一个工作如此繁忙的人，也欣然为此书撰写了后记。模式出版公司（Paradigm Publishers）和詹尼弗·内尔（Jennifer Knerr）也愿意配合我的步调工作。这肯定给他们造成了不少麻烦。弗兰克进行此项研究时，使用的书名是 *ReOrient the 19th Century*。詹尼弗建议我们采用现在这个书名 *ReOrienting the 19th Century*，我相信弗兰克会同意这个小改动。此书中的很多表格系由托尼·里维拉（Tony Rivera）整理而成的。我的妻子辛迪（Cindy），曾热情地在我们家招待过多次来访的贡德，多年之后来访的艾丽森、巴里和他幸福的一家，以及其他各个时 viii
期的同事。尽管这项工作占去我越来越多的时间，她始终在支持我。她是那个让这一切成为可能的人。

导　言

罗伯特·A.德内马克

西方社会思想对文明（包括西方文明在内）的兴起，至今尚未给出合理的解释。对这一情形，安德烈·贡德·弗兰克早就非常不满了。弗兰克认为，学者应该有能力将理性的学术分析，与流行的神话、文化沙文主义和利己的意识形态立场，区分开来。然而，就西方主流社会思想的相关表述与事实相去甚远的状况来看，实际情形并非如此。令弗兰克更为不满的是，这种错误既存在于坚守各种意识形态立场的学者的研究中，也存在于大多数持中间立场的学者的研究中。我们这个时代的典型思考方式，是假定欧洲的优势可以追溯至欧洲社会的独特形成过程。此类分析通常以一些欧洲中心主义的假定为基础，这也使得对之进行批评性的反思与修正，并非轻而易举之事。

弗兰克从他学术生涯的早期开始，就关注将社会科学置于更坚实的实证基础之上。他最初的研究聚焦于低度发展（underdevelopment）。在1970年代中期，此种研究成长为世界[1]体系史。在弗兰克的《多边商品贸易的不平衡与经济发展的不均衡》（1976）一文中，就可以发现一些他有关全球经济的多边性质的重要见解。1977年的《跨意识形态企业万岁！资本主义国际劳动分工中的社会主义经济》一文，再

[1]　在英文原文中，"world"一词为斜体，此处的译文用楷体字标出。下同。——译者注

x 次激烈地表达了他的观点。出版于1978年的《世界积累：1492—1789》，就相关问题给出了全面的表述。大约10年以后，弗兰克开始重新探讨这些问题。因为受到了来自珍妮特·阿布－卢格霍德（Janet Abu-Lughod）的《欧洲霸权之前》（*Before European Hegemony*）（1989），与来自克里斯·蔡司－邓恩（Chris Chase-Dunn）和汤姆·霍尔（Tom Hall）的比较历史分析的启发，弗兰克和巴里·吉尔斯一起，开始思索一幅更为广阔的历史图景，一幅将重要的亚洲因素也融入其中的历史图景。他们在此问题上的早期成果，以及另外几篇持不同观点的文章，被收录进了弗兰克与吉尔斯1993年主编的《世界体系：500年还是5 000年?》（*The World System: Five Hundred Years or Five Thousand?*）。1994年时，他们又完成了一篇特别重要的文章——《亚洲霸权下的现代世界体系》。这篇文章2011年时以吉尔斯和弗兰克联合署名出版。[1]这些著述均专注于构建一种非欧洲中心主义的世界体系史。

此种观念上的转变至关重要。如果我们假定欧洲是现代世界发展的中心，我们就不可避免地会陷入许多错误之中。首先，它容易让我们理所当然地以为，欧洲的发展源于其独特的社会进程。然而，事实并非如此。欧洲很可能是诸多全球层面上的历史进程的受益者。这些进程削弱了其他地区，却使欧洲得到了提升。不仅如此，有了前面所说的那种假定，我们也会很容易接受那些声称欧洲（或欧洲人）具有独特禀赋的说法。

其次，那种假定容易让我们理所当然地认为，那些存在于欧洲兴起之前的社会体系，基本上都没有什么活力，因而也不值得给予关注。在此种想法主导之下，我们建立起了一个庞大的知识体系，它专注于描述的，是欧洲在某一特定时刻的社会进程。我们还进而假定，这些社会进程中有些必定是“欠发达”体系所欠缺的。接下来，我们就会自然而然地认为，其他地区如果想要获得发展，就必须全部接受那些

[1] 这篇文章于2011年被收入帕特里克·曼宁和巴里·吉尔斯主编的《安德烈·贡德·弗兰克与全球发展》（*Andre Gunder Frank and Global Development*）一书。——译者注

据说是欧洲模式之特有属性的事物。

最后，那种假定容易让我们理所当然地认为，在学术研究当中，大家应当关注的是欧洲所处的时代。这样一来，早先那些更广泛社会进程所属的时代，就可以被理所当然地忽略掉了。

这些都是非常严重的错误。弗兰克主张，相关研究的焦点，应该是世界体系，因为致使某地兴起或衰落的主要因素，实际上都是全球性的，地区性的进程很少起到决定作用。我们也因而必须拓展历史研究的广度与深度。那些据说是欧洲独特历史属性的事物，也许并不那么独特，我们有必要将更广阔范围的社会进程也纳入思考。为此，我们需要寻找不同地区之间的联系，我们也需要放弃之前那些认定它们相互隔绝的看法。这种更为整体性的宏观历史叙事，可以给社会科学各领域的研究不少启示。《世界体系：500 年还是 5 000 年?》，以及其他一些着眼于整体的研究，已经为许多学科尚未得到解释的问题，展现出了不少可以解决问题的方法。对于弗兰克而言，此种研究方法与视野的转换，是在《白银资本：重视经济全球化的东方》（1998）（以下简称《白银资本》）的撰写过程中完成的。弗兰克的这一著作，试图 xi
确立亚洲在 18 世纪的领先地位，试图弄清亚洲在一个世界性[1]的体系中所扮演的角色，试图探寻欧洲在那一体系所创造出的环境中，通过什么样的方式，成为体系的一个组成部分。过去，研究者花了太多时间去寻找变化，却忽视了一个更广阔体系的相关连续性。在欧洲兴起之前很久，这一体系就已经存在了。欧洲的确拥有一些独特因素，不过它们并不像先前所说的那样具有革命性。欧洲随着一系列全球进程的开始而兴起，并在这些全球进程的进行中，占据了主导地位。大体说来，以下主张已经漏洞百出了：欧洲自身的进程是欧洲兴起的根本原因；欧洲自身的进程使全球体系出现了根本性的变革，或者，欧洲

---

[1] 在英文原文中，“WORLDWIDE”由大写字母拼出，此处的译文用楷体字标出。下同——译者注。

自身的进程对全球体系进行了重组。我们应该看到，亚洲的衰落也是欧洲兴起的重要因素，其重要性堪比欧洲的任何相关事物。此种见解可从以下两件事情得到佐证：一是亚洲早期所具有的活力；二是亚洲的衰落比一般所认为的晚很多。

安德烈·贡德·弗兰克于 2005 年 4 月去世之前，正在将《白银资本》中对 18 世纪的分析，拓展到 19 世纪。正如弗兰克所认为的，有关 18 世纪的传统著述做了一些很成问题的假设，有关 19 世纪的历史叙事，就是以这些很成问题的假设为基础的。这些尚未被认真质疑的假设，涉及了很多重大问题。例如：欧洲殖民主义对被殖民地区的影响（弗兰克认为殖民主义的影响并非决定性的，其他相关因素的作用被贬低了）；工业革命的发生（弗兰克认为，此事很难说具有革命性，相关问题尚未得到很好的研究）；亚洲的落后（弗兰克认为这是个神话，它使我们一直难以认清全球贸易关系的性质，难以理解“勤劳革命”所展现出的活力）；殖民主义使欧洲受益的程度（弗兰克解释说，如果摒弃从双边关系着眼的角度，转而从多边关系出发去观察，此事就很容易弄清楚了）；曾居于霸权地位的荷兰和英国，给世界其他地区提供的所谓“模式”（弗兰克认为，那里既没有什么“霸权”，也没有什么“模式”）。如果有人将西方发展标准模式的要素聚拢在一起，那应该是下面这番情景：

> 1750—1800 年，西方世界改变了其经济的基本结构，取得了世界其他地区所没有的进展。欧洲凭借着资本积累的突然加速，实现了工业化和“起飞”，并因此而控制了世界市场，打开了先前封闭的地区。西方的人均收入（包括各部门在内），也上升到了比任何其他地区都要高的水平。西方这些领先优势，基于它独特的治理形式：自由放任。它最小化了国家（state）的角色；解放了劳动力，使之可以进工厂工作；使贸易得以自由化；使科学、技
xii 术为经济发展所用；还有效地促进了洲际移民。英国采用了金本

位制，此举对于稳定经济并确立英国的优势意义重大。英国的经济因而得以发展壮大，尤其是在纺织、煤炭、蒸汽机、铁路、汽船等领域。这种经济实力也转化成了军事实力，英国继荷兰之后成为霸权国家，控制了东方与南方。在英国之后，美国又基于它自身的独特之处，成为主导世界的强国。

上面所提及的每一种情形，都将在此书中加以质疑。因这些质疑而产生的问题，弗兰克会试着以一种非欧洲中心主义的角度加以解释。本书的很多观点，都会让人大开眼界。亚洲开始衰落的时间，比弗兰克在《白银资本》中所主张的还要晚得多，对此的最佳解释是，西方殖民主义几乎没有我们曾以为的那种影响。就经济增长而言，资本/劳动二者的比率决定了增长的形式，而非增长存在与否。亚洲出现的“勤劳革命”（正如杉原薰所指出的）表明，经济上的进展存在着多种可能性。在考察世界体系的历史时，应该充分考虑到这一点。价值生产与（不公平）分配的多边体系，对于解释世界发展的方向来说，是至关重要的；对于解释那些试图从一国内部或双边（国际）关系出发来理解发展的人，为何都归于失败，也是至关重要的。社会熵的耗散与自然环境的变迁，也是世界史的重要内容，但它们经常会被人们忽略。弗兰克的以上观点，以及其他一些这里未提及的见解，展现出了一个不同以往的 19 世纪。弗兰克会在很多方面，颠覆我们对 19 世纪的既有看法。事实上，这项研究还表明，无论我们想要理解哪个时代的文明的兴起，都必须采用一种不同以往的社会分析模式。我个人最为担心的是，西方的衰落很快就将充斥我们的日常感受与学术研究。没有一个合理的有关兴起的模式，我们便不可能建立起一个合理的有关衰落的模式；下一个即将出现的伟大文明，也会跟弗兰克所指出的、我们今天的情形一样，对把它推到显著位置上去的那个体系，一无所知。

第一章

破除神话，重建事实

《白银资本》（1998）的分析截止于1800年，我将在此书中继续探讨19世纪的情形。我现在非常赞成彭慕兰（Pomeranz 2003）的这一看法："我们非常有必要重新思考19世纪。"但据他的观察，这一工作"曾被整整一代学者舍弃"。埃德蒙·伯克（Burke 2000：1）也写道："为何是19世纪？因为在我看来，它似乎至今仍被重新思考现代世界史的工作遗忘。……我们也依然远没有能为19世纪构想出一种真正聚焦于整体世界历史的框架。"具体说来，对于彭慕兰所言的19世纪"大分流"（Pomeranz 2000a），研究现状就很让人悲观。2002年时，卢森堡的欧洲与国际问题研究所举办了一次大型国际会议，会上的讨论专注于给出对"19世纪世界经济霸权"的解释。这些讨论被忠实地记录了下来，并被编辑成一份长达130页的"会议记录"；它鲜明地展现出了我们所说的那种让人悲观的研究现状（Crouzet and Clesse 2003）。在会议上发言的学者，都是"世界"经济或其他史学领域的名家，包括摩西·阿布拉莫维茨（Moses Abramovitz）、马丁·布朗芬布伦纳（Martin Bronfenbrenner）、兰多·卡梅伦（Rando Cameron）、查尔斯·金德尔伯格（Charles Kindleberger）、安格斯·麦迪逊（Angus Maddison）、彼得·马赛厄斯（Peter Mathias）、威廉·麦克尼尔（William McNeill）、乔尔·莫基尔（Joel Mokyr）、帕特里克·奥布赖恩（Patrick O'Brien）、罗斯托（W. W. Rostow）、扬·德·弗里斯（Jan de Vries），还有"会议记录”的两名编辑等。在这次被其中一位编辑称为“具有典范意义的讨论”（Crouzet and Clesse 2003：370）中，每位参与讨论的学者，都专门提到了英国和其他国家的独特性，还有一位学者依旧坚称：“在19
2 世纪中期……［英国］的霸权是显著的，我认为”从六个方面来讲，“它所达到的程度都是史无前例的”，另外，它的“结构性变化非常迅速，且不同寻常”（Crouzet and Clesse 2003：351—352）。然而，在全部的会议讨论中，全球政治经济体的结构、运行方式和转型，则从未被人提及。这些学者没能认识到，正是在这一体系当中，英国从一个相对边缘的角色，崛起为一时的“霸权”（此事并非发生于19世纪中期），并在三四十年之后再次衰落。在这次让人失望的会议中，我们可以看到这样一种情形：人们不在手表被弄丢的地方寻找它，却偏偏跑到欧美的街灯（Euro-American street light）底下去，在那里，只有一小块地方被照亮了，周围其他地方都昏暗不堪。

约翰·F. 肯尼迪告诉过我们：“真相的大敌，通常并非谎言（挖空心思、精雕细琢的不诚实），而是神话（司空见惯、迷惑人心的非现实）”（Frank 1998：x）。如果此言不虚的话，那神话的确是够司空见惯、迷惑人心了。将亚当·斯密和戴维·兰德斯各自著作［Smith 1937（1776）and Landes 1998］的标题融为一体——“各国富有或贫穷的性质与原因”（*The Nature and Causes of the Wealth and Poverty of Nations*）[1]，大致就是眼下有关19世纪的世界经济在结构、功能和转型上，如何出现“大分流”的神话般的常见“解释”。此类解释仍在被广为接受，生命力也依旧顽强，其实却都离谱得很。事实上，是全球经济促成了“单一世界体系”的兴起，“也正是在这一体系当中，［财富、收益和负熵］通过至今尚未被人充分理解的、囊括各类国际账户在内的多边结算体系……沿着迂回蜿蜒的路线……转移到了联合王国”（Hilgerdt 1942：9）。

---

［1］　此处的两本书指的是亚当·斯密的《国富论》（*An Inquiry into the Nature and Causes of the Wealth of Nations*）和戴维·兰德斯的《国富国穷》（*The Wealth and Poverty of Nations*）。

在神话又流行了60年之后的今天，上述情形似乎比福克·希尔格特（Folke Hilgerdt）为国际联盟分析它们时，更少为人所理解。然而，理解这一全球体系及其运行方式，在今天甚至变得更为紧要了，因为经历了“一战”、“大萧条”、“二战”，以及战后“美国世纪”期间的崩溃之后，这一体系在世纪之交的当下，正在被诸多努力恢复和重建。

我们在此书中的讨论可以沿用《白银资本》中的办法，从挑战和打破有关19世纪“各国富有或贫穷的性质与原因”的一整套神话开始。不幸的是，很多有关19世纪的神话，至今仍颇为流行。当然，在本书开头的这一章当中，我们只能以有限的证据来戳穿这些神话。足以埋葬这些神话，并支撑起一种新解释的大量证据，我们会在后面的章节予以呈现。不过，甚至单凭本章列出的有限证据，已经可以使我们提出另一种替代性的解释方案了。

有关“欧洲奇迹”（Jones 1981）的老掉牙的神话，虽然最近又被兰德斯（Landes 1998）复活和推广开来，但它其实早已经被人破除了。布劳特（Blaut 1993）、古迪（Goody 1996）、王国斌（Wong 1997）、弗 3
兰克（Frank 1998）和彭慕兰（Pomeranz 2000a）等人，已经质疑了它的历史真实性，并颠覆了由它所衍生出的西方历史、政治和社会经济理论的“科学”基础。被质疑和颠覆的学者包括马克斯·韦伯及其无数追随者，甚至包括沃勒斯坦（Wallerstein 1974）和弗兰克（Frank 1978）。对于1800年以前的时期而言，破除神话的工作已经基本完成，不值得再给予更多关注。不过，19世纪仍需再思考、再探究和再书写。

我们对19世纪的理（误）解充满了各种各样的神话。这些神话统统被装进了一个有关“西方的兴起”的大神话当中，这个大神话则以所谓的英国“工业革命”为中心。这场所谓的“革命”，被认为由18世纪后期就已开始的棉纺织行业的机械化带动，继而在19世纪前期由煤炭和蒸汽推进。到19世纪中叶，又出现了所谓的“不列颠治世”（Pax Britannica）。那时的英国被认为“统治着海洋”，且贵为“世界工厂”，还拥有着最高的收入水平。因此，在过去的一个半世纪里，以及在前面提及的那次会议中，“英国如何取得如此成就”，几乎成了大家唯一关注的问题。不过，我们必须要意识到，如果我们问错了问题，就只会得到错误的答案。

幸运的是，由这一问题而生或支撑它的一些神话，早已遭到了诸多质疑，而且，其中少部分已经被破除。不过，这少部分神话也可能会复活，甚至经由曾一度不落窠臼的学者之手，因为此类学者终究无力做到破旧立新。除了新近出现且影响日盛的“加州学派”，以及其他几位学术同人（下文会一一提及）之外，还不曾有人将整个问题倒转过来，去探究为何西方没有像其他地区那样延续早先的进程，或是去探究在 19 世纪的哪一时刻，世界政治经济发生颠倒，从而使东、西方对换了位置；在这一过程当中，究竟发生了些什么；这一过程是如何发生的；它又为何会发生。本书提出并探究的，正是这些问题。

流传最广而且至今仍被很多人深信不疑的神话如下：

有关“差距”的神话：真正的分流在何时、何种程度上发生？

> 有关世界经济图景的变迁，不少学者认为质的变化发生在 1500 年后，例如沃勒斯坦（Wallerstein 1974）和弗兰克（Frank 1978），还有些学者认为质的变化发生在 1750—1800 年之间，最晚是在 19 世纪初，例如沃尔夫（Wolf 1982）、弗兰克（Frank 1998）等人。并非如此：

4 1800 年左右，世界各地的平均经济生产率、产出、人均收入，大体上是相同的。关于这一点，实际上已经有了共识。当然，其中还存在着一些争议，但争议的不过是西方与东方之比是 2∶1、1∶1，还是 1∶1.2～1∶3，以及一个更为吸引人的问题：中国是否仍在领先于欧洲。一个世纪之后，西欧的 GDP（国内生产总值）总量增至 1800 年时的 6 倍，人均 GDP 也增至 3 倍，亚洲各地的数据则基本未变，有些地区甚至有所下降。东西方之间的“差距”（Marks 2002）或“大分流”是何时出现的？过去一般认为差距出现在 1800 年之前，或是 1800 年左右，无论如何，肯定出现在 1850 年之前。然而，对 19 世纪上半叶的证据做更深入的考察之后就会发现，除了印度这个非常显著且重要的特例之外，无论是在富有程度方面，还是在相互关系方面，基本上看不到什么大的变化出现。滨下武志（Hamashita 1988）所分析的、《白银资本》（Frank 1988）中也有所考察的东亚地区以中国为中心的朝贡贸易体系，也一直维持到了 19 世纪。根据普里查德的总结，少数富国和多数穷国之间的收入差距，从 1870 年的 1 286 美元，扩大到 1990 年[1]的 12 662 美元，或者说，从 8.7 倍扩大到 45.2 倍（Pritchard 1997：9）。在 1890 年代，全球各地之间的联系加速恢复并强化，各地之间的收入差距也在加速扩大。这种情形一直持续到了 1913 年。在 1895 年时，一名美国工人 1 小时的劳动，可以在国际市场上交换到一名印度工人 80 小时的劳动。这一比率是 1880 年时的两倍（*Historical Marxism* 4：57）。

搞清分流在何时发生，或者亚洲（尤其是中国）何时被欧洲（尤其是英国）取代，不仅对于了解过去至关重要，对于理解现在与可见的未来，同样至关重要。不过，由于历史健忘症的广泛存在，答案至今仍被遮蔽于迷雾当中。《白银资本》（1998）整理并驳斥了轻蔑中国的史学观点，一如麦迪逊在他的《世界经济：千年的视角》（*The World Economy*：*A Millennial Perspective*，2001）中所做的那样。驻日美

---

[1] 原文是不可思议的 1890 年。这里要请读者注意，本书是一项尚未最终完成的研究。弗兰克留下的原始书稿，不可避免地会在文字方面存在诸多不完善之处。虽然经过了德内马克的编辑和整理，但有些问题仍留在了最终问世的版本中。非常不幸的是，德内马克也已经离世，我们无法再请他就相关错误给出修正。为了方便中文版读者的阅读，译文会根据上下文或其他相关资料，对一些文字方面的错误做出修正，并以译注的形式对有误之处做出说明。——译者注

军总司令麦克阿瑟将军，在 1951 年时曾经说过：“世界贸易的中心正在逐渐转回到远东，这是数个世纪之前它所开始的地方。”（Arrighi et al. 1996：97）甚至是像阿瑞吉那样的当代中国通及亲华派，至今也仍在这样写道：“经过了数个世纪的西方霸权之后，全球经济的领导权正在从西方转到非西方的手中。”（Arrighi et al. 1996：99）不过，本书给出的证据将会显示，领导权从东方向西方的转移，仅开始于一个半世纪之前，而且，仅过了一个世纪之后，转移就开始倒转了方向。

欧洲（部分地区）及北美的新地位，并非早先就预定好的，实现得也并不容易。盖耶和布赖特（Geyer and Bright 2000：61）正确地写道：

> 5 在欧洲以外的地区，来自欧洲的新挑战，与导致本地危机的诸多因素碰撞、叠加，并相互作用。在这个过程当中，这些地区发展出了富有竞争力的自我改进策略，用以巩固它们在区域内的权力，用以抵挡或遏制外来的压力。史学界对此种情形的关注［如果有！］聚焦在了东亚，但此类竞争和角力的要素，也可以在印度、波斯、阿拉伯、非洲和拉美各地观察到。

本书会列出大量证据来支持这种说法，尤其是在本章的剩余部分，以及第三章、第六章的分地区考察中。本书还将展现出，至少直到 19 世纪中期，甚至是 1870 年时，所有这些地区，都在很大程度上成功地抵挡住了来自欧洲的政治经济挑战。对此问题，后文再详细展开，这里仅简单总结一下就足够了。

孔华润（Warren Cohen）也是一名修正主义者，他这样写道：

> 很明显，在国际关系史上，19 世纪中期是一个分水岭。东亚地区的国际秩序，在中国至少名义上主导了数千年之后，就此分崩离析。西方国家业已证明了其相对于亚洲的优势，并使数量相

> 对较少的欧洲人和美国人，得以挫败数以亿计的亚洲人的抵抗。先进的军事技术、军事纪律和补给状况的改善，加上亚洲本土（尤其来自印度次大陆）军事力量的引入，极大地促成了西方的成功。（Cohen 2000：271）

然而，孔华润所说的19世纪中期的分水岭，绝不是清晰明确的。他提到的很多变化，后来才出现。事实上，世界经济结构和运行方式的转型，包括其内部“北方”与“南方”的划分，只是到了1850年左右才开始出现。而且，这一转型的广度与深度，也不如我们过去误以为的那般。当下的流行看法和“科学”观点认为，在19世纪的大部分时间里，西方对亚洲经济进行了渗透。不过，更为详尽的考察表明，事实并非如此。我们决不能为帝国主义、殖民主义，以及它们所造成的后果，站脚背书，或替它们进行辩解，但是，我们也有必要对它们进行再考察，以确定我们过去所以为的，西方对一些所谓“传统主义”的完胜，是否仅仅是一个神话。与此同时，我们也可以依据相关资料，重新思考一下民族主义者对“传统”价值的倡导与“维护”，以及他们对“第三世界”各经济体被破坏程度的夸大。

孔华润还给出了一种有关整个亚洲的修正主义概括。这一概括在 6
强调亚洲日趋虚弱的同时，还强调了它仍在持续的实力：

> 显然，在中国和日本，中央政权的削弱，也有利于西方的侵入。到1870年时，东亚大部分地区都已向西方的商品开放，并受到了西方思想的影响。此区域内的一些民众，已经失去了对他们的领土，甚至是生活的掌控，这一点在东南亚尤为明显。另一方面，西方构建的国际体系所遭遇的抵抗，仍旧非常强劲。朝鲜击退了迫使其打开国门与欧美进行贸易的企图，它所受的西方影响仅间接地来自中国。日本当时的中央政府断定，安抚和拖延才是应对西方的“攘夷”上策，不过，几大强藩则决定直接应战。中

> 国因内部的纷争而陷入了困境，清王朝在一定程度上依靠西方的支持而存续，但它还是保住了其领土的完整性。中国经世致用的学者，以及一些政府官员，早就在为一场强国运动奠定着基础，以确保中国有能力应对外患。对于暹罗而言，绥靖政策取得了成效，而且，因其有着圆熟的理政者，其国民也有理由对继续独立保持希望。越南人则继续顽强抵抗法国人的帝国主义。（Cohen 2000：271）

然而，需要注意的是，孔华润就局势转换所给出的日期，并不早于1870年，而即便是在那之后，亚洲的抵抗依然存在，并实现了新一轮的经济增长，甚至还出现了工业的增长。

前文已经述及（本书第三至五章将对此进行更为详尽的考察），亚洲各地在1750—1850年之间，实现了生产的继续扩张和收入的经常性增长，与之相伴随的，还有亚洲内部贸易的持续性增长。此外，这种贸易仍旧在亚洲占据主导地位，而且它并非由欧洲人掌控。我们之前已经提及，东南亚内部及其与中国之间的贸易，也在继续增长。而且，东南亚与中国之间的货物运输，大部分是由中国船只来完成的。另一方面，在亚洲贸易无论在相对意义上，还是绝对意义上都获得了增长的同时（Reid 2001：50），欧洲往返于印度和东南亚之间的航运规模却经历了下降（Frank 1998：92—97）。另外，中国北部海域的贸易也在继续。

特别是在东亚，这个已经被以中国为中心的朝贡贸易体系组织起来的地区（参见我的《白银资本》，以及滨下武志的前引书），西方的侵扰一直发生在它的边缘地带，产生的影响也不太重要。除了菲律宾和印度尼西亚之外，

> 这一地区所有的重要国家……从日本、朝鲜、中国，到越南、
> 7 老挝、柬埔寨和泰国，都是在欧洲人到来之前很久，就已经跟区域内其他国家建立了联系……这种联系通过外交与贸易关系建立，

> 或是直接的，或是经由中国这个中心。而且，对于约束彼此之间交流与互动的原则、规范和规则，它们都有着共同的理解。这使它们构成了一个相对独立的世界。(Arrighi and Silver 1999: 287)

此外，海外华人的数量也在不断增长，先是前往海外的劳工，继而是潮水般的商人和侨民。尽管与当地居民的冲突频现，甚至屡屡遭遇屠杀，华人还是大量涌向海外，并在各侨居地区之间，尤其是在他们的侨居地与中国之间，充当着黏合剂的角色。

修正主义史学近年来提供的证据，以及本书接下来的章节给出的证据，将证明：在东南亚、中亚，以及包括奥斯曼帝国大部和波斯在内的西亚各地，直到19世纪中期和之后的一段时期，经济活力和社会稳定都得到了维持，甚至有所加强。在新近的印度修正主义史学看来，印度的衰落也并不是那么剧烈。当然，这种修正并不是在为英国的殖民统治洗白。当跨大西洋的奴隶贸易衰落时，非洲内部的奴隶贸易也兴盛了起来。奴隶被更多地用在供应本地及区域市场的生产中，也被更多地用在供出口的植物油和其他商品的生产中。伴随着这一新状况的出现，在非洲的大部分地区，生产、贸易和收入都得到了增长。在拉美许多新独立的国家，民族主义政府与民族主义运动，直到1860年代都还抗拒着“自由贸易帝国主义”的入侵。

另一方面，我们将看到，欧洲在1850年（甚至是1870年）之前的增长，也并非我们过去所以为的那样。此外，就欧洲在全世界的扩张而言，修正主义史学也指出，英国及欧洲的宗主权真正建立起来的时刻，要比之前以为的晚很多。例如，凯恩（P. J. Cain）和霍普金斯（A. J. Hopkins）在他们的《不列颠帝国主义（1688—2000）》（*British Imperialism 1688 - 2000*，2007）一书中多次强调，构成英帝国权力的海军、贸易和金融工具，直到19世纪下半叶，才真正成为有效的存在；它们能经常性地发挥效用，则始于更晚些时候。他们还指出，在构成英帝国权力的一般性贸易与金融活动、无形服务、商品、英镑、金本位，以及海外投资方面，也存在着类似的情形（Cain and Hopkins 2001：137，151，159，178，200—201，272，319，401）。

如果亚洲与欧洲之间的兴衰更替，存在任何单一拐点的话，依据目前已有的证据来看，其出现的时间更可能是在 1870 年，甚至是在 1880 年。塞米尔·艾登（Cemil Aydin 2005）就将欧洲与奥斯曼帝国之间关系转换的拐点，定在了 1880 年。有些矛盾的是，这也是亚洲的主
8 要经济体，尤其是日本、中国和印度，开启其工业化的时间。实际上，更可能的情形是，西方暂时打断了亚洲的支配地位并建立起了自己的支配地位，不过，这种支配地位只存在了不到一个世纪，亚洲很快又开始返回原先的位置。大约 1945 年以来，东方经历了比西方更快的经济增长，在长达半个世纪的时间里，前者的增长率是后者的两倍（Sugihara 2003：78—79）。

有关西方经济增长的神话

> 工业革命是工业增长方面的革命，它首先始于英国，然后发生在欧洲其他地区。基于新工业技术和新工业生产力的工业革命，使欧洲得以赶超世界其他地区。工业革命于 1760（最迟 1800）年左右开始，它的出现也主要是基于（或为了）国内市场。并非如此：

当时在工业革命的故乡，似乎没人意识到他们身边正在发生着一场革命。在当时那些伟大的经济学家当中，没有一人曾意识到它的发生。亚当·斯密在 1776 时没有意识到它。马尔萨斯在 1798 年时没有意识到它，他在那一年发表的有关人口/土地的论文中，并没有讨论技术变革。李嘉图在 1816 年时没有意识到它，他在那一年着重分析了报酬递减法则。法国著名的经济学家让－巴蒂斯特·萨伊（Jean-Baptiste Say）也没有意识到它，他在 1828 年时仍旧预测："没有任何机器，能像那些最不中用的马匹一样，运载乘客或运输货物。"（Bairoch 1997：

I—270）之所以这么多人都没意识到工业革命的存在，也许只是因为现实中就没发生过什么。贝利（C. A. Bayly）近来注意到，“英国历史学家已经在淡化工业革命作为英国或全球历史转折点的角色”（Bayly 2004：172—173）。此外，“很多经济史专家主张，在 1850 年代中期之前，工业化在英国和比利时以外地区的影响甚微”（Bayly 2004：171）。当下修正主义的欧洲经济史表明，先前有关快速增长的推测被过分夸大了。德·弗里斯（De Vries 2001：183）这样写道：“修正主义的研究已经有效地移除了有关经济增长骤然加速的核心教条，甚至质疑了机械发明原先被赋予的重要性。”他在自己的书中还援引了一份修正过的数据，这份数据将 1760—1830 年英国的增长率，调低了一多半。只是在 1870 年以后，西欧的年均增长率才从 1% 变为 2%。在英国，这一变化发生得早一些，但也不会早于 1830 年，更别提 1800 或 1760 年了。

表 1.1　欧洲的经济增长（1700—1900）

（1800 年的指数 = 100）

	1700 年	1800 年	1860 年	1900 年
人口	67	100	143	200
制造业	20	100	292	814
出口	40	100	600	1 670

资料来源：Bairoch 1997：I-592。

有关欧洲经济增长的表 1.1 就很能说明一些问题，此表是基于保罗·贝洛赫（Paul Bairoch）的数据制作的。大体而言，1800—1900 年，在人口加倍的同时，制造业增长至原来的 8 倍，出口则增长至原来的 16 倍多。不过，这一增长大多是在 19 世纪后 40 年中实现的。 9

由前文所提及的，有关亚洲的修正主义史学可见，亚洲各地在 18 世纪下半叶大都存在经济增长，而且，这一增长在 19 世纪上半叶还得到了延续或重现。至于中国经济，直到 19 世纪中期时仍在保持着增长，且增长速度也比先前大家所知道或认可的快很多。

如果安东尼·里德（Anthony Reid）和他的合作者没有弄错的话，

东南亚各地的生产和收入，也在 1760—1850 年获得了长时间的增长。尽管出口和贸易的增长速度，通常都比生产的增长要快（全球而言大概是两倍），但前者 4% 的年均增长率和 3% 的人均增长率，一定意味着后者尚未被探明的潜在增长。西亚地区的情况同样如此。在 19 世纪上半叶，那里的商业与出口也增长迅速。

有关借由资本形成“起飞”的神话

> 通过这一时期资本形成的突然加速，英国实现了决定性的“起飞”。并非如此：

沃尔特·惠特曼·罗斯托（Walt Whitman Rostow）等人所坚持的此类观点，早已被有关英国资本形成的资料彻底驳倒。从投资占收入的百分比等情形看，英国当时资本形成的速度与之前同样缓慢。就当时的（再）投资比例而言，罗斯托给出的数字，是不可思议的 10% ~ 12%，然而，迪恩（Deane 1965）、迪恩与科尔（Deane and Cole 1962）、哈巴卡克（Habakkuk 1971）等人的研究显示，19 世纪中期之前未曾达到过如此比例。波拉德在 19 世纪中期发现了净投资（absolute investment）的更高比例，但这仍不支持罗斯托等人的观点。克鲁泽（Crouzet 1972：19）编辑过一本有关此问题的辩论文集，他在自己撰写
10 的导言中这样总结道，相反的观点“近些年越来越广泛地被经济史家接受了。与之相对应地，‘起飞’伴随着资本形成骤然加速的罗斯托式假说，则已经被大家抛弃”。不过，克鲁泽还补充道，罗斯托错在了时间点，而非原理。事实上，罗斯托全都弄错了（Frank 1967/1969）。即便他有关 19 世纪后期资本形成的观点部分正确，继之而来的问题是，投资如果并非基于国内储蓄，那么它来自哪里。

在 18 世纪的绝大部分时间里，英国资本形成中的投资数量，从未超过国民收入的 5%，直到 1790 年代，这一数据才上升至 7% 或 8%。即便

是在19世纪，也只有不到1%的国民收入，被投资于新兴的工商企业。在1840年代，这一比例达到过10%的水平，但主要是因为铁路建设热潮所致（Deane 1965；Cameron 1967）。在法国，这一比例直到1840年代才升至3%，那一时期的法国也正热衷于铁路建设事业。19世纪中期以后，欧洲大陆其他地区的投资比例，也徘徊在6%～8%之间。在所有这些地区，政府都是投资的主要推动者，只是其作用在英国稍小一点儿，在德国和俄国更强一些（Cameron 1967：313ff.）。在德国和俄国，“政府大规模地扩张铁路建设项目，它成了国内工业增长的支柱产业”。铁路建设既被用来扩大市场供应，亦被用来提高市场需求，后者正是凯恩斯主义所论及的促进经济增长的方式；另一促进增长的主要途径，是军事凯恩斯主义。尽管如此，或者说，正因为如此，大量外国投资在1800年之后，涌入了铁路行业（Weaver 1974：80，82）。

在19世纪上半叶，如果英国不存在投资与生产的显著增长，加上欧洲更不理想的情形，以下几个结论就不可避免了：源于投资的总体或人均收入的增长，不可能如“乐观主义者”（见下文）所宣称的那么高，或者，即便总体或人均收入，有如此幅度的增长，那增加的那部分收入，也肯定主要来自其他一些来源。英国参与其中的多边贸易，肯定对此种增长贡献良多。英国凭借着这种多边贸易，从其他国家那里占了不少便宜。这是《国富论》中非常重要，但也最常被忽视的一部分内容。另外，如果在有着长期贸易赤字的情形下（见下文），投资在19世纪下半叶仍获得了增长，我们必须要问一下这怎么可能。这一问题还是不能用国内储蓄和生产来解释，而是得用“绅士资本主义”理论所探讨的贸易与服务业来解释（Cain and Hopkins 2001：646），尤其是用几乎完全被忽略的、贸易与相关支付活动的多边结构来解释。

有关西方与其他地区之间收入差距的神话 11

包括普通民众在内的人均收入差距，在19世纪上半叶被迅速拉大，并在 1850 年之前，就已经变得非常明显。并非如此：

一场似乎无止境的争论已经进行了数十年。争论的一方是“乐观主义者”，他们认为英国的工资和收入水平，在 19 世纪初就已经开始迅速上升；另一方是“悲观主义者”，他们不但质疑这一观点，甚至还认为 19 世纪初所经历的不是上升而是下降，直到 19 世纪中期之后，上升才得以开始。就英国的情况而言，悲观主义者似乎最后在争论中获得了胜利，而且，研究欧洲其他地区的学者，也越来越多地认为，欧洲其他地区的情形亦是如此。欧洲与世界其他地区之间的收入差距有着重要内涵，不过随着其他地区收入增长的证据涌现，这一差距现在看起来越来越成问题。

遍查有关英国“工资和价格问题的全部已出版资料”之后，弗林（Flinn 1974：395）这样总结道：几乎没有迹象显示，实际工资在 1810—1814 年之前，曾有过或上、或下的变动，自那以后直到 19 世纪中期，“实际工资的增加也很有限”，年均增幅不到 1%。之后涌现出的相关研究，使所谓的乐观主义者，也不得不认可这一估计。贝利（Bayly 2004：189）这样总结道：“近年来的研究，再次支持了悲观主义者的观点，即人均寿命、营养及健康状况，在工业化的第一阶段，均有所下降。”由此，假设“悲观主义者”没弄错的话，在这一英国人均收入上涨的时期，收入分配变得更加不平等了。这种情形当时也在某种程度上出现在了西欧和美国。与之相比，印度各地在经历收入下降的同时，收入分配比例的状况基本没变，或是变得更加平等了。此种情形稍后也出现在了中国。（对此下文有更多论述。）

假设乐观主义者的主张是正确的，即多数英国人的平均收入，确实在此时期得以显著提高（此情形稍后仅出现在西欧其他地区，并未出现在南欧的大部分地区及东欧），但任何此类收入的增长，也仅是在微观层面上对相关个人有着重要意义，它并不意味着世界、亚洲及欧洲经济在宏观层面上出现了多大变化。换种角度，假设东西方在 1800

年左右的人均收入大致相似，且中国的人均收入水平还领先于欧洲，就像贝洛赫和麦迪逊早先的估算所显示的，并在近年来已经被彭慕兰等人证实了的那样，那么，到 19 世纪中期时，大部分中国人的收入，甚至是印度人的收入，可能依旧处在与英国人相同或更高的水平上， 12
更不用说其他地区的欧洲人了。这也是彭慕兰的观点。就财富与收入的分配状况而言，英格兰要比中国最富裕的那些省份更不平等，因此，后者贫困人口的生活状况，也要好于前者的。彭慕兰（Pomeranz 2003）这样总结道："在劳工饮食方面，中国南方/江南的水平，至少与英格兰相似；就基本食物开销在收入中的占比而言，两地的状况也大体一致。"几乎可以肯定的是，就其余 45% 人口的生活状况而言，江南的情形也要好于英格兰，长三角地区就更富裕了。杉原薰（Sugihara 2004a）补充道："在［他所给出的］表 1 中，有关中国的数据表明了生活水平的下降，不过这得考虑到以下事实：中国沿海地区大部分人口的生活水平，实际上是提高了。东南亚部分地区的情形同样如此。另外，中国、东南亚、日本三地富裕地区的生活水平，大体上是相似的。"

至于印度，帕塔萨拉蒂在"对 18 世纪的工资与竞争力的再思考"之后，这样写道：

> 与过去三个世纪的固有看法相反，这一比较显示，印度织布工并未陷入贫困。在英国，每周的收入可购买 40 ~ 140 磅（1 磅 =0. 453 6 千克）谷物；在印度南部，每周的收入则可购买 65 ~ 160 磅谷物。我们有理由相信，印度南部纺纱工的收入甚至要更高。……他们对社会产品的占有份额，也凭借多种手段有着更好的保障。大体说来，印度南部的劳工得以继续维持一个较高的生活水平。……亚当·斯密，作为一名总是非常敏锐的研究者，在其《国富论》中早已有力地指出了这一点。印度南部的织物之所以更便宜，是因为工钱更低，而工钱低，则是粮价低的结果。印度南部的谷物价格之所以低廉，是因为那

> 里有着更高的农业生产率。……农业生产率，而非受压迫的劳工，才是南亚在世界纺织品贸易中占据优势地位的秘诀。(Parthasarathi 1998：84—85，92—93，102)

有关英国为世界工厂的神话

> 英国的工业革命使其主导了世界出口市场。并非如此：

在整个 19 世纪，英国对外商品贸易长期存在着结构性的赤字。赤字从 1816 年的 1 000 万英镑，增长到 1905—1910 年前后的 1.75 亿英镑。这
13 一数字在 1913 年时小幅下降至 1.6 亿。贯穿整个 19 世纪，英国都未能输出与进口商品等量的出口商品（除了煤炭之外主要是制成品），它甚至都不曾这样寻求过。英国的出口能力，与其说是以更高生产率或竞争力为基础，倒不如说是以其对一些市场的强占为基础，其中最为重要的是印度市场，英国对其印度殖民地的出口量，几近其对中国出口量的 10 倍（Bairoch 1997：II—887）。在 19 世纪中期之前，即便是在与印度的贸易当中，英国也一直存在着出口赤字（Bairoch 1997：II—885）。英国其他稳定的出口市场，仅剩加勒比地区的种植园和拉丁美洲，因为英国的欧洲和北美对手，不仅在本土市场实行了进口替代，还大加鼓励它们自己的产品的出口，以与英国在第三世界进行竞争。

在其《不列颠治世的经济因素》（*Economic Elements in the Pax Britannica*）中，艾伯特 · 伊姆拉（Albert Imlah）反驳了之前常见的观点：

> 与通常的假定相反，尽管英国在机械技术应用方面走在了前面，但它在整个这一时期［19 世纪］始终是个进口国。……以五年期的数据来看，从未出现过［出口］顺差。因此，这样的结论是不可避免的：英国的新工业体系并未创造出出口盈余。……总

> 而言之，英国在国际贸易中始终是个进口国。这一点毫无疑问。（Imlah 1958：21，40）

伊姆拉明确证实了英国的进口国地位。他在研究中将申报价值稍作调整，以使之更加符合进出口货物的“实际”价值，并据此调整后的价值估计：到1835年时，英国外贸中的出口赤字/进口盈余，大约相当于英国产品出口总额的10%；在经济萧条的1840年代和1850年代早期，这一比率上升至25%；在19世纪下半叶，这一比率则徘徊在30%~60%之间（Imlah 1958：37—38）。另外，从我们下文将会仔细考察的巴格奇（Bagchi 2002）的研究来看，伊姆拉对英国从殖民地的进口，还低估了大约25%。此外，伊姆拉的研究还指出，在英国的出口商品中，有6%~14%（平均10%）是对其他国家产品的再出口（Imlah 1958：37—38），其他研究者对此类商品所占比率的估计则更高。英国对外商品贸易中的赤字，是通过“无形”服务的收入盈余来抵销的。在此类服务业的总收入当中，有1/3的份额来自航运业。在某种意义上可以说，英国纺织业从未有过多大的竞争优势（见下文），不过，英国在商船和航运领域倒的确曾经支配着世界市场。

帕特里克·奥布赖恩在回顾了“对英国工业革命的再建、复原与重构”之后，发现“工业革命‘并非过去常见的那副模样’”（O'Brien 2000：131）。“那副模样”是什么模样呢？依据最为正统的说法，它“发生在18世纪后期和19世纪的头25年”（O'Brien 2000：121）。有关它发生的具体时间，在不同的专家那里有不同的说法：1760—1830、 14
1783—1832或1783—1802。不过，奥布赖恩还是发现了对英国工业革命的“一种现代共识”，发现了“渐进主义解释的复兴［以及］对好运气的再度强调”，据此，“现在可以认为，在所有面向工业经济的‘转型’当中，英国工业革命是最为缓慢者之一”（O'Brien 2000：123）。因为，直到19世纪中期，农业仍旧是“经济中最大的部门，并且尚未实现机械化”，英国整个工业体系的转型则发生在19世纪晚期。

其中，包括“玻璃、制砖、采矿、家具、造船、服装、食品加工、金属器皿制造等行业……这些行业的生产方式，在 19 世纪中期之后的数十年里，未曾发生过转变。……在劳动力、生产工具和生产技术，在资本构成中的各自占比方面，那时与 1700 年［甚至更早］的情形基本一致”（O’Brien 2000：124—125）。在当时的英国，小单位生产仍然非常普遍，且大部分地区“仍未被工业化触及”，生产活动依旧要依靠人力、畜力、风力和水力（O’Brien 2000：124—125）。总体说来，新的修正主义的历史：（1）重新界定了工业革命的发生时间和步调；（2）重新明确了其性质、限度和起源；（3）探究了工业革命的前情；（4）否定了其向欧洲大陆和亚洲的扩散；（5）强调了其中的偶然因素；（6）重新发现了对军事和海上力量的投资和它们所起到的作用；（7）否定了英国及欧洲例外论。（O’Brien 2000：121）

在 19、20 世纪之交，英国在世界市场上的工业竞争力，前所未有地严重受损，对于贸易保护的呼声也随之增加了。“关税改革者唤起了对去工业化的担忧，担忧英国会失去钢铁等关键性产业，它们对于英国加强其国防，维持其强国地位，以及创造财富而言，都是至关重要的。关税改革者指出，一旦英国不再能继续维持其世界地位，它将会迎来工业的衰败和社会秩序的崩溃。”（Cain and Hopkins 2001：191）换言之，英国失去其世界地位，还被视为对其向外耗散社会熵的能力的威胁。英国人当时就这一威胁找到的解决办法是：“联合英国及其白人殖民地（那里的人口被认为会在 20 世纪大规模地扩张），并利用它们联合起来的力量，去开发帝国的欠发达地区。”（Cain and Hopkins 2001：191）张伯伦就是这一政策的主要提倡者。换句话说，这项政策旨在继续将英国和欧洲产生的熵耗散到白人移民地，那里仍能以相对较低的成本吸收它；那些地区也可以与英国联合起来，将它们共同产生的自然和社会熵，耗散到处于它们经济和政治控制之下的非白人地区。

15 凯恩和霍普金斯有过一项关于“绅士资本主义”的研究，它影响甚大，但至今仍备受争议。这项研究有力地挑战了工业至关重要的观点。以下引文即可简要说明他们的观点：

> 我们的主要目标……是直接关注资本主义的那些非工业形式，在我们看来，它们被研究英国近代史的历史学家极大地低估了。……这种解释，既与先前有关工业革命的英雄式构想相左，也与晚些时候出现的、以增长为导向的历史叙事相悖，这种叙事倾向于将发展等同于工业化。……在1914年以前，工业家并未居于经济政策制定的中心。……需要认识到，经济发展跟工业革命不是一回事；也需要认识到，跟以往经济史的标准说法不同，非工业活动有着更为重要和独立的地位，尤其是与金融和服务业有关的那些。(Cain and Hopkins 2001：7，36，148，646)

此外，1970年代以来的修正主义著作主张，来自国外的影响，要比先前设想的更为温和（Amsden 2001：34），中国、印度和奥斯曼的手工织布业，在面对来自英国的竞争时并未消亡，还因为可以利用廉价的机器纱而有所增长。这些机器纱在开始时依赖进口，后来则由本土的进口替代工业供应。

有关纺织业为工业先行者的神话

> 英国及欧洲大陆先后出现的工业和技术“革命”，在19世纪早期使世界经济发生了转型。纺织业是这场“革命”的先头部队。并非如此：

“克拉夫茨（Crafts）和杰克逊（Jackson）的估计均显示，工业产出的增长，在1780—1801年出现了拐点，无论从绝对值来说，还是从人均值来说，情况都是如此。”（Inikori 2002：61）然而，在1801年时，就主要工业的增加值而言，建筑业、皮革业和棉纺织业，各自占到总

量的 16%～17%，毛纺织业则仍占到 19%。（Inikori 2002：61）

在 19 世纪中期以前的大部分时间里，手工织布机的数量都远超机器织布机，而且，这些机器织布机也大多由水力驱动，而非由蒸汽动力驱动的。此外，多数纺织机器仍由手工制造。由机器制造的机器，在 19 世纪中期才开始出现。真正开启工业化的，是机床工业，它要到
16 更晚时才出现。事实上，尽管工业化始于纺织业，但无论是在英国，还是在其他地区，它都无力带动其他产业的工业化。首先，早在 19 世纪三四十年代，将机器（尤其是手工制造的机器）应用于纺织业的做法，就被其他地区容易且迅速地复制了，不过，存在政治阻碍的印度、埃及和墨西哥例外。还有，除了原棉产业之外，纺织业就没有多少前、后向关联了。在英国，棉花必须依赖进口（主要是从美国南部），所以原棉产业能产生的增加值，非常有限。直到 1851 年，纺织业的就业人口，仍只占到英国总就业人口的 11%；作为其产业下游的服装厂，1830 年以后才开始出现。农业那时依旧是最大的就业部门，它雇用了英国 21% 的劳动力（Ashworth 1962：8—9）。

机器生产只是在纺纱领域得到了有效的应用，在织布领域则并非如此。有些矛盾的是，来自英国或本土的廉价机器纱，实际上使很多地区的手工织布业，得以继续存在，甚至还获得了一定的增长。富有竞争力的化工燃料产业，要等到 1870 年代才出现，而且，它开创于德国，而非英国。也正是从那时开始，英国的纺织品出口在海外市场遭遇到了激烈的竞争，并因而逐渐陷入困境；至于英国本土的纺织品市场，也开始被进口商品和外国生产者占领。

有关英国纺织业的技术革命源于国内的神话

> 纺织业引领了技术革命。这一产业的发展，是由英国本土市场驱动的，也是为了满足本土市场的需求，并且主要是基于本土先前的技术进展（尤其在农业领域）实现的。并非如此：

首先，实际发生过的情形是：资本主义并非在国内由土地产权的封建主义转变而来，英国纺织业革命则是对来自世界市场（尤其是来自印度）的竞争的回应。约瑟夫·伊尼科瑞（Joseph Inikori）创造性地指出，机器纺织品是在英格兰北部的几个穷郡生产出来的，那里有大量劳动力可用于此类生产，但没有足够规模的市场来消化这些产品。相比之下，南部那些农业生产率和收入水平都在上涨的郡，则没有出现什么纺织业的革命。与英格兰的发展进程关系更为密切的是对外贸易，就此方面应该研究的关键问题，伊尼科瑞（Inikori 2002：chap. 10）这样总结道：（1）外贸对相互竞争的利益集团的影响，以及通过它们对国家（政府）产生的影响；（2）外贸对英格兰和支撑英格兰的整个 17
大西洋地区的资源利用情况的影响；（3）制成品进口所扮演的角色，它们的进口费用多是用贩卖非洲劳动力所得的利润，以及来自拉丁美洲的白银支付的；（4）其中的大量再出口，尤其是面向居住于非洲本土和美洲的非洲人的再出口；（5）外贸对生产商所需原材料的供应，尤其是供应英格兰首要产业纺织业的棉花，它以非洲奴隶的劳动为基础生产，曾对纺织品价格的下降起到了一半的作用，从而使之在世界市场（尤其是亚洲市场）上具有了竞争力，不过，这一竞争力实际上比过去通常以为的要小得多，除了棉花，还有供应英国人消费的、以非洲奴隶劳动为基础而生产的糖、烟草、大米等产品；（6）转口贸易的作用，例如，贝壳从印度洋被运到英格兰和阿姆斯特丹，之后再被运到非洲用于购买奴隶，此时，地理位置优越的荷兰，被用作英格兰与非洲等地贸易的货物集散地；（7）船运业的发展，这既涉及奴隶运输，也涉及“三角贸易”（实际上有很多紧密关联的“三角”，它们既受到了来自海军的武力保护，也受到了来自包括银行业、证券市场、贴现市场、海运保险业等的金融支持，此外，非洲的黄金也被用来支持它们）；（8）不断扩大的海外市场对英国工业的影响，不仅是对棉纺织业的影响，还有对毛纺织业、亚麻产业和金属加工业的影响。这里需要指出的是，伊尼科瑞的研究，旨在论证以下事物的关键作用：非洲奴隶贸易、美洲的非洲奴隶种植园、作为奴隶来源的非洲、作为英国商品市场的非洲、英国对加勒比海地区的非洲奴隶和非洲本土的制成品再出口。不过，伊尼科瑞的“结论”是无法回避的：“英格兰的工业化是由贸易驱动的……[并且] 大西洋贸易对英格兰得以完成工业化，起到了至关重要的作用。”（Inikori 2002：482）“制造业生产率最初的提高，是由与不断扩大的市场相关的组织变化所引发的。生产率的进一步提高，才是技术变革的结果，而这种技术变革在很大程度上，也要首先归功于不断扩大的市场，以及不断提高的生产规模。”（Inikori 2002：55）

有关工业革命和工业化的神话

> 始于英国，继而发生在欧洲大陆和美国的快速工业化，造成了西方和其他地区之间的大分流和收入差距。并非如此：

18 弗朗索瓦·克鲁泽（François Crouzet）考察英国在 19 世纪所谓的霸权时给出的说法，反映出了新近的正统观点：“‘第二次百年战争’促使英国成为‘第一个工业化国家’”，英国偶然间占据的经济地位，是由其较早开启的工业化所致的。在写下如此说法的同时，克鲁泽还注意到了英国当时的一个流行标语：“船舶、殖民地和贸易”（Crouzet 2002：83，28，68）。请注意，制造和工业，并未出现在标语中。其实，它们也并未出现在现实中。

对于工业“革命”的存在及这一概念本身，修正主义史学提出了越来越多的疑问。此外，还值得注意的是，生活于那个时代的人，包括那些伟大的经济学家在内，都未曾察觉到身边有一场工业“革命”在发生。在《工业革命：事实还是虚构》一文中，兰多·卡梅伦指出：“生活于 1750—1850 年的英国人，并不知道他们被卷入了一场工业革命”，“大家也可以去读一下简·奥斯丁、威廉·布莱克、勃朗特姐妹、罗伯特·彭斯、拜伦勋爵、约翰·济慈、沃尔特·司各特爵士、珀西·

雪莱等人的小说和诗歌，肯定无法从中发现有关工业剧变的蛛丝马迹”。

事实上，直到1815年，法国仍旧居于技术领先的地位，其多样化的工业，产出了国民总收入20%的份额（Amsden 2001：32）。在蒸汽动力得到应用之前，英国的工业化仅限于纺织行业。不过，即便是在当时工业化了的纺织行业，纺织品的生产也并不依赖蒸汽。作为就业和产出部门，农业的重要性降低了，因为海外农产品这时大量涌进了英国市场。然而，农业部门所让出的份额，主要是被服务业，而不是制造业占据了。制造业（包括采煤业）所占的就业份额，在1841年时攀升至1/3。之后，这一份额大体维持到了19世纪末。制造业、采矿业和建筑业，三者相加在国民收入中所占比重，到1911年时才升至40%。与此同时，服务业所占就业份额，从26%升至33%（Cain and Hopkins 2001：112）。制造业最为惊人的增长来自造船业，服务业最为重要的增长，则来自航运业和银行业。19世纪最后30余年到“一战”之前，英国正是在这几个行业当中，具有世界性的支配地位。

帕特·赫德森（Pat Hudson）在回顾了1990年代早期的“历史书写和再书写”之后发现：

> 过去10余年，出现了很多对就业结构、生活水平、工业产出、GDP增长和生产率变化的新估计。这些估计综合起来，展现出了一幅前所未有的、有关工业革命及相关经济变迁的精细图景。……除了就业人口从农业部门大量移出之外，没有什么显示 19
> 着经济转型的宏观经济指标出现。因此，任何形式的工业革命的存在，现在看起来都很成问题。（Hudson 1992：37）

1800年以前，全要素生产率的年均增长幅度不到0.2%，这一数字到1831年时才只是达到了0.4%。克拉夫茨通过增加农业（非工业!）的权重，使这些估计有所提高，不过，1830年代的数字还是仅为0.4%，40年代也只是升至0.7%，50年代才达到了1%（Hudson

1992：38—39）。

赫德森认为："即使是在欧洲和美国，快速工业化也仅仅发生在1870 年之后，此时距新技术在英国出现已经过去了一个多世纪。什么原因导致了工业化的传播如此缓慢呢?"（Hudson 1992：122）截至1913 年，以美国的人均制造业产值为 100 的话，英国为 90，其自治领约 75，西北欧 40～73，中欧 20～30，俄国、东欧和巴尔干 4～13，南欧 15～20，阿根廷和智利 20，日本 6，印度 1。（数据基于 Lewis 1978，并做了取整。）考虑到 1870 年代开始的纺织业复兴，印度的指数看起来并不可信。中国的情况也并未被列出。下文对此会有更多论述。

1860 年之后，美国纺织业在不断扩大且被关税保护起来的国内市场，凭借着伊莱·惠特尼 1793 年发明的轧棉机繁荣了起来。不过，美国纺织品在世界市场上从未具有过真正的竞争力。"更为惊人的总是事实"：缺乏保护的中国产品、印度产品，以及更低程度上的奥斯曼产品，在世界市场上的价格仍具有竞争力；这种情形一直持续到日本产品在中国市场上淘汰了印度产品，并在那里取得了约 40% 的市场份额。（出处不明：49）

有关英国出口产品征服世界市场的神话

> 英国的出口产品，尤其是纺织品，迅速占领了世界市场，并且还摧毁了中国的万里长城，就像马克思所说的。并非如此：

1816—1845 年之间，就数量而言，英国各类出口都增长迅速，总量增长了近 8 倍，其中有一多半的增幅，出现在 1830 年代（Imlah
20 1958：94—95）。在 1830 年代，英国出口了价值 9 400 万英镑的产品，其中占比最多的仍是纺织品。其中，3 600 万英镑被出口到了欧洲大陆，1 500 万英镑被出口到了美国，1 300 万英镑被出口到了西印度群岛，1 000 万英镑被出口到了拉丁美洲，整个亚洲则只有 1 300 万英镑。

(Imlah 1958：129)

根据克拉夫茨（Crafts 1985）被广泛接受的、对英国出口的再估计，1834—1836 年，36% 的各类制成品出口和 47% 的棉纺织品出口去向了欧洲大陆，另外 35% 的制成品出口和 20% 的棉纺织品出口，去向了北美和加勒比海地区的奴隶殖民地。甚至是在 1854—1856 年，上述两组数字仍处于较高的水平：29% 的制成品出口和 29% 的纺织品出口去向了欧洲，28% 的制成品出口和 16% 的纺织品出口，去向了北美和加勒比海地区的奴隶殖民地。因此，1854—1856 年[1]，各类制成品中的 43%，以及纺织品出口中的 54%，被输往了澳大利亚、非洲、拉美、西亚、埃及、南亚和东亚。在这段时间，英国钢铁工业在总出口中的占比，仅从 10% 升至 12%，其中大部分被运往了大西洋对岸和非洲。在英国的总出口中，棉毛制品所占的比重，总是超过 1/2，并经常超过 2/3（Crafts 1985：143—145）。不过，克拉夫茨对以上数据的归纳方式，容易让人产生误解。我们无法从中看到的是，整个亚洲，甚至包括被占领的印度市场在内，只进口了少部分英国棉纺织品，而且几乎没有进口其他产品，人均进口量更可以说是微乎其微。另一方面，作为对威廉斯（Williams 1943）《资本主义与奴隶制》（*Capitalism and Slavery*）一书的呼应，赫德森还观察道，"奴隶制和西印度群岛，一度在大西洋经济中起到了关键作用……奴隶贸易促进了西非、美洲和欧洲大陆对英国制成品的外部需求。最后还要特别指出，这一贸易对英国建立起有效的商业、金融和信贷设施也有着贡献，对这一贡献也应重点考察"（Hudson 1992：196）。

现在可以看到，英国大部分的纺织品出口，早期的目的地是欧洲大陆和遍布白人移民的北美，直到这些地区通过进口替代拿回自己的市场。1840 年时，仍有 30% 的英国纺织品出口，去往了欧洲大陆和北美不断扩大的主要市场。这一份额在 1860 年时降至 20%，1880 年时降

[1] 原文误为 1830 年代，与 1834—1836 年的数字对应不上。——译者注

至 10%，之所以会这样，缘于欧洲和北美本地纺织品生产的大幅增长，它们的产品有些还被出口到了其他国家（Hobsbawm 1968：146—147）。与此同时，世界上规模最大的两个国家及市场，中国和印度，仍处于基本自给自足的状态。在未被占领的中国市场，来自英国的棉纺织品，在 1850 年时占据了 6% 的份额，1875 年时占据了 8% 的份额。1894 年时，中国 85% 的市场份额，仍然由本土纺织品占据，虽然它已经开始
21 进口一些廉价的机器纱（Arrighi et al. 1996：60）。至于印度，依照马立博的记录（Marks 2002：130），英国 20% ~35% 的出口产品被运往那里，即便对于被占领的殖民市场来说，这一数字也是过高的。按照霍布斯鲍姆的记录（Hobsbawm 1968：146—147），这一数字甚至更高，1850 年时 30% 的英国纺织品，被出口到了英国占领的印度殖民地市场，这一数字在 1873 年时变为 60%。当时，英国荣升“世界工厂”的说法，已经流传了甚久；马克思有关“摧毁中国万里长城”的说法，也已经流传了甚久。不过，世界上人口最为密集的东亚，与已经沦为殖民地的南亚，长期以来就是它们自己的制造业中心，那以后仍旧是它们自己的制造业中心！

此外，转口贸易对英国的“出口”及海外收入，继续做出大量且不断增长的实质性贡献。在 1830 年代和 1840 年代，英国的年均转口贸易额，徘徊在 1 000 万英镑左右，这一数字在 1854 年增加到 2 000 万，继而在 1865 年达到最高值 6 000 万，之后下降并维持在 5 000 万左右。这一时期，在所有的出口当中，转口所占到的份额，一直徘徊在 15% 左右，1865 年时曾一度上升至 20%，然后又下降至 17% 左右（Imlah 1958：33—35）。在“不列颠治世”的巅峰时期，“统治着海洋”的“世界工厂”，就是这个样子的吗？

有关煤炭的神话

煤炭是英国早期且关键的动力来源。并非如此：

彭慕兰（Pomeranz 2001）对土地制约的着重讨论，在戈德斯通（Goldstone 2001：363ff.）等人那里，变成了对能量来源于土地还是别处的讨论。对于能量来源从地表的生物，转换为地下的矿物，即从植物、动物和人类，转换为煤炭和石油，确实有共识认为这带来了根本性的变革。1730 年以后，在英格兰煤炭储藏位置十分优越的一些地区，煤炭利用的机会成本开始低于木材和木炭使用的机会成本，这一转换由是发生。此种情形尚未在世界其他地区出现。1700 年时，清代中国人均消耗的燃料能源，仍旧高于英格兰人均水平的 12 倍。由于英格兰转为使用煤炭，两地能源消耗之比在 1850 年彻底颠倒了过来，那时英格兰 1 800 万人所消耗的能源数量，与中国 3 亿人所消耗的数量相当。到 19 世纪末，甚至在其他一些国家也转为使用煤炭之后，英国人依旧消耗了占世界总消耗量 1/4 的煤炭。英国人主要是用这些煤炭来驱动蒸汽机。为了开采更多、更深的煤炭资源，蒸汽机首先被应用于矿井周边以抽取井下的水，继而又被应用到了其他地方。不过，蒸汽机的使用从矿井周边向其他地方的扩张，仍旧需要比较长的一段时间，因为 22
相关技术尚待一些重要突破，我们马上将会在下文看到这一点。皮尔·弗里斯（Vries 2001）曾对彭慕兰的观点发起严肃的挑战："煤炭和殖民地真的至关重要吗？"弗里斯对此的回答是："不。"然而，他对彭慕兰的反驳多有不足，其中存在的主要问题，是他的反驳继续依赖这样一种传统观点："英国工业革命本质上是生产率的提高，而非廉价资源所带来的意外收获。"（Vries 2001：435—443）

在本章后面对其他神话的考察中，在后面各章对历史证据的考察中，我们会进一步挑战这种仍旧颇具生命力的主张。事实上，在英国这个被认为是工业领袖的国家，对煤炭出口的依赖还曾一度引发某些担忧；当时，英国在世界制造业出口中所占份额不断下降，这主要是因为它没能像德国那样，转向技术领先产品的生产和出口（Cains and Hopkins 2001：154）。

有关蒸汽机的神话

诸多新产业的驱动力，从初期开始即为蒸汽机。并非如此：

蒸汽动力在制造业中的使用和推广，经历了一个非常漫长的过程。1830 年代之后，蒸汽机在纺纱过程中开始取代水力，不过纺织和针织过程中的同样变化，还要再过很长时间才能实现，因为它们所使用的机器更为复杂。直到 1835 年，在总共约 1 000 家工厂中使用的动力，有 3 万匹马力来自蒸汽机，1 万匹马力仍来自水力。与此同一时期的 1833 年，在英国 35 万织布机当中，动力驱动的有 10 万台，手动的则有 25 万台。此外，这些数字也只是相对的，因为在许多动力织机中，动力只是起着辅助作用（Chapman 1972：19，26）。即便在新近实现了机械化的棉纺织领域，织布工作仍主要是由手工织机完成的，这件工作使用了兰开夏占英国总量 69% 的手工织机（兰开夏 25% 的劳动力都在从事此项工作），以及苏格兰占英国总量 20% 的手工织机（Inikori 2002：77）。兰开夏一地的动力织机，在 1835 年时占英国总量的 56%，在 1850 年时占英国总量的 71%（Inikori 2002：450）。与此同时，英国其他地区则衰落了下来。动力织机之所以未得到广泛推广，可能是因为“直到 1830 年代，煤炭和蒸汽机相比于风车、水车、马，以及妇女和儿童的双手，在驱动工厂生产方面，并没有什么成本优势”（Clark 1997：90）。蒸汽机的能效仍旧非常低，开始时只有 1% ~2%，一段时间以后，瓦特将之提高到了 5%，又经历了整个 19 世纪，才提高到了 20%；作为参照，当今的效率可以达到 50%（Bairoch 1997：I－324）。

不过，蒸汽动力和煤炭能源的利用，的确是工业革命（如果有的
23 话）中真正具有革命性的新事物。这要多亏瓦特对蒸汽机的改进。之后，它们所具有的优势才得以发挥出来，并迅速而广泛地被各经济部门采用。实际上，在早期的数十年时间里，煤炭和蒸汽之间是共生关

系：煤炭产生蒸汽，蒸汽机则主要用于将水从越来越深的矿井里抽出，以采掘更多的煤炭。煤炭和蒸汽机并没有得到迅速的推广，从而引起工厂生产的革命性变化。前文已经提及，在占据首要地位的棉纺织产业中，这种情形就未曾出现。直到1840年时，在正经历工业化的国家，能量供应的3/4仍来自水力，甚至到了1870年，这一比例仍超过一半（Bairoch 1997：I—321）。煤炭和蒸汽在火车和轮船上的应用才是最为重要的，因为这使交通运输领域出现了革命性的变化。交通运输业与其他各经济部门，尤其是农产品和煤炭的运输行业，都有着前、后向关联。此外，蒸汽机及其制造业，还与其他机械加工业有着产业关联，不过这一发展需要等到19世纪下半叶。

有关铁路的神话

> 新的运输手段的出现，尤其是蒸汽驱动的火车的出现，迅速变革了英国和北大西洋地区的各经济体。并非如此：

在铁路诞生的国家英国，1830年代之前，每年新增的铁路里程，不过七八十千米。在1830年代晚期和1840年代早期，这一数字上升到320千米左右，在1840年代晚期和1851年，这一数字曾一度达到1 280千米，随之便降至略高于30年代的水平（Rostow 1978：143）。在内战之前，美国一度出现过短距离铁路建设的风潮，但北美铁路建设时代的真正到来，则要等到1870年代和1880年代。直到1869年，横穿大陆铁路的西段才得以完工。在美国东部，铁路也有运河作为补充。

有关轮船的神话

> 轮船迅速征服了海洋，正是凭借着它们，“大不列颠统治了海

洋”。并非如此：

24 虽然蒸汽动力在一些船只上得到了应用，但航运依旧在继续依赖风帆，只是有一些船以机器来作为辅助了。就海洋运力来说，蒸汽船在 1840 年时仅占据了约 15% 的份额，这一数字在 1870 年时仍低于 50%（Hobsbawm 1975：58）。事实上，根据阿什沃思（Ashworth 1962：68）更为可靠的研究，1870 年只有 12% 的海运吨位是由轮船运载的，这一比例在 1880 年时仍只有 25%。伊姆拉（Imlah 1958：175）的研究显示，由蒸汽动力驱动的船只，1880 年时运载了总运量的 29%，这一数字在 1890 年时为 47%，1900 年时为 67%，1910 年时为 83%。1850—1880 年，英国的船舶吨位增长了 15 倍，世界其他地区的船舶吨位，则仅增加了 4.5 倍。由此，英国的吨位在全世界的占比，从 1840—1850 年的 1/4，上升到 1870 年的 1/3，进而上升到 1880 年的 1/2（Hobsbawm 1975：58）。不过，根据伊姆拉（Imlah 1958：175）的研究，这一比例在 1880 年时仅为 32%，继而在 1890 年和 1900 年时升至 45%，然后又在 1900 年代降至 40%，这时其他国家也发展起了各自的航运业。不过，在 1900 年代的头两年，英国轮船吨位的占比，要比总吨位占比高出 15 个百分点；在 1900 年代的后两年，则降为高出 5 个百分点。规模仅次于英国的，是美国的船队。此外，运输费用在这一时期也下降显著，以纽约运往利物浦的棉花为例，每磅棉花的运输费用，从 1823—1825 年的 0.5 便士，下降为 1851—1855 年的 0.16 便士。一些记载还显示，仅是在 1850 年代后期，一些产品的运费便降低了 50%（Kemp 1976：63）。从某种意义上可以说，英国这一时期最成功的工业出口，不是蒸汽机而是船只和船运。

有关科学与技术的神话

西方，尤其是英国的科学，造就了工业和技术领域的革命，

> 并使它们的影响遍及英国和全世界。并非如此：

根本不存在“17世纪的科学革命”（Shapin 1996），它也没有导致两个世纪之后的“工业革命”。对各个行业的详细研究（Adams 1996）显示，科学在1870年之前，不曾对技术进步有过任何直接贡献；它对生产技术直接发挥影响，是从全新的化工产业开始的（Rosenberg and Birdzell 1986；Frank 1998）。并且，开拓这一产业的是德国，而非英国。贯穿贝洛赫（Bairoch 1997）三大卷（1 500页）世界经济与社会史的红线，是技术。他用技术来解释其他一切，其中包括科学在内；在他看来，与其说科学是技术进步的推动者，倒不如说科学是技术的派生 25
物。罗伯特·亚当斯也持有同样的观点（Adams 1996）。普卡亚什塔（Purkayashita 2002：33ff.）认为，在很大程度上来讲，状况至今依旧如此。相反的观点可见戈德斯通的研究（Goldstone 2002）。

有关国家（政府）缺席的神话

> 世界经济是经由一个世界市场组织起来的，自由贸易的帝国主义是以自由放任为运行原则的，并不需要国家在重大问题上进行干预。并非如此：

日本可以说是典型的民族国家，从德川时期到明治维新，它未曾经历过根本性的变革。从国家性（state-ness）来讲，没有欧洲国家可与日本相比，它们距离民族国家也更远。亚洲的其他国家，大者如中国，小者如东南亚诸国，以及规模中等的西亚诸国，在履行国家功能方面，或是优于欧洲诸国，或是可与之相比。甚至被称为“欧洲病夫”的奥斯曼帝国，在履行其国家功能方面，与跟它冲突不断的哈布斯堡帝国、俄罗斯帝国，以及英帝国相比，也大体相似，或者，还更加优秀。那些自治的殖民地，实际上更像是独立国家，那些新殖民主义殖民地亦是如此。那些地方存在着大量买办资产阶级。这是中国人的叫法。我称之为（Frank 1972）依附资产阶级（lumpenbourgeoisie）。它与依附性国家（lumpen-state）及依附性发展（lumpendevelopment）相对应。这个阶级招徕帝国主义势力，并与之联合，也因而使自身处于依附的从属地位。此外，培植和利用殖民的、新殖民主义的国家（政府），或半殖民的国家（政府），也是宗主国有意为之的策略，尤其是在 19 世纪最后 25 年里。20 世纪最后 25 年的情形也大致如此。而且，两个时期所用的手段也都一样：外债和炮舰外交。曾有一位英国公使在谈及波斯时指出："我们使它背上的债务越多，我们对它的掌控也就越牢固，我们对它的政府也就越有影响。"还有一位英国观察家在报告法国将债务作为一种控制手段时提到，"对土耳其内政事务的日常监管，实际上已经使土耳其政府权力尽失"（转引自 Cain and Hopkins 2001：355，359）。

"民族"国家，并非民族构建国家的结果，而是国家塑造民族的结果，这也就是为什么国家付薪水给历史教师，让他们来创造和灌输本"民族"历史的原因。这是一桩始于 19 世纪的事情，不过至今仍在继续。具有讽刺意味的是，鼓吹民族主义的正是帝国/民族联盟，它们将其用作自私自利的新殖民主义政策的遮羞布。当少数国家（政府）试
26 图采取独立的发展路线时，它们随即就会被摧毁，并被新殖民主义的国家（政府）替代，例如穆罕默德·阿里的埃及、弗朗西亚博士和洛佩斯兄弟的巴拉圭。故而，国家的出现和存续并非为了管理国界内的人民，国家－体系（state-system）也并非诞生自 1648 年的《威斯特伐利亚和约》。

世界市场的运行和经济发展的推进，也并非没有（或最好没有）国家的实质性干预。可以这样说，国家之间的相互关系和竞争，比它们的国内职能更为重要，除非它们在国内的执政服务于国际目的。备受吹捧的所谓自由贸易的帝国主义，是通过帝国、殖民地和新殖民地国家运行的。它们一直都是全球经济的主要参与者，并通过和平或军

事的手段，促进和保护国内外的重要经济利益。军事手段除了用于追求领土和贸易的冲动之外，对生产的发展也施加以影响重大的干预。在供给方面，它们推进基础设施和技术的发展，这往往是军事用途的副产品；在需求方面，它们扩大政府开支，践行凯恩斯主义。正是因为这样，拿破仑战争才在欧洲的部分地区，促进了工业的发展和国家的形成。德国和意大利的例子，则展示了另外一种情形：1873—1895年的“大萧条”，引起（或再度引起）了对国家的新需求，以应对区域及世界市场上的通货紧缩。西德尼·波拉德（Sidney Pollard）观察道：

> 1870年代变化了的情势，在世界各地都导致了对来自国家的支持和保护的强烈需求。首先被使用的手段，是屡试不爽的关税。……总之……不管它在其他时候使人们分裂或是统一，在这一历史阶段，国家（政府）变成最为强大的磁石，在越来越多的社会部门那里，引发了对它自身的忠诚，以及从它那里获得支持和保护的期待。(Pollard 1981：56)

卡普兰对拉美国家有着这样的简要陈述：

> 国家对经济活动和社会制度的走向、结构和功能施加作用，以确保依附发展模式的成功运行。……农矿产品出口部门所需生产性资源的可用性，得以维持和扩大。……国家在这一阶段最为重要的任务之一，是切实阻止本地原住民、克里奥尔人，以及移民劳工拥有自己的生产资料。……国家（为了特定目的）促进国内的资本积 27
> 累……创建和运营公共工程及服务……或给予外国公司优惠、担保、补贴等激励，以此来确保它们获得高额的利润。……国家此种干预所产生的收益，都流淌到地主、商人、投资人、投机商、中间人，还有大公司的律师那里去了。(Kaplan 1969：174，197—201，转引自 Frank 1979：169)

在“独立”的拉美，新殖民主义的依附性国家都处于这样的地位，扮演着这样的角色，更不用说那些为了宗主国的利益，被直接统治着的殖民地了。

对那些工业最发达国家中的国家干预（state intervention），学界也已从英国开始进行了再考察。赫德森（Hudson 1992：51—52）专门针对“最低限度的国家参与及自由放任的传统观点”发起了挑战，他转而指出，“由于一种新形式的英国国家（政府）的出现”，英帝国及其军事力量“才成为可能。这一新形式的英国国家，有着重组过的财政和军事体制、高额的税收，以及一个由专业人士组成的官僚机构。国家及其活动处处影响人们的生活：它通过让国家开支的水平远高于国内资本形成的水平，使自己成为经济活动中最大的一个参与者”。它对国内的资本形成也有着不小的贡献，这主要是通过军事部门来进行的。奥布赖恩现在也坚定地认为，国家远比过去常以为的重要。例如，他观察道，1688—1837 年，85% 的公共支出与军事有关，这在供给和需求两端，促进了经济的发展。在收入《经济上引领世界》（*Leading the World Economically*，Crouzet and Clesse 2003）的一篇文章中，奥布赖恩特别指出了英国商船队和皇家海军的部分重叠，并写道：

> 1821 年时……国债的规模为国民收入的 2.5 倍，大部分的财政预算，都被用于偿还这些国债，还有 28% 的财政预算，被直接用于军事开支。……1870—1914 年，在物价大幅下跌的同时，军费开支上涨了 3 倍多……1900—1903 年的布尔战争期间，军费开支占到国民生产净值（net national product）的 5% ~7%。（O'Brien 2003：133，139）

英国在欧洲其他地区及北美的追随者，更不用说日本了，那时都日益依赖它们的国家（政府）来促进工业化。国家在此事上采用的手段主要包括：公共支出、大量补贴、财政和货币政策，以及军29事和关税保护。事实上，越晚进行工业化的国家，就越是依赖国家的推动。

有关西方压倒性军事优势的神话

> 强行打开了世界其他地区的大门的，如果不是英国及/或欧洲的工业，那就是西方相对于东方和南方的巨大军事优势。并非如此：

“奥布赖恩告诉我们……军力、安全、外贸和帝国的确事关重大，英国也的确从它对战争［及海军］的庞大投资中获利颇丰。”（Crouzet 2002：69）然而，就像加拉赫和鲁宾逊（Gallagher and Robinson 1953：150）所正确观察到的那样，“英国［我们也可以算上欧洲其他国家］的政策遵循着这一原则：在可能的情况下，就扩大非正式控制；［只有］在有必要的情况下，才扩大正式控制。”英国在19世纪进行了50场殖民战争；在印度早已被征服的1837年之后，在亚洲和非洲进行了72场军事行动。在1839、1856、1859年的中国，1856年的波斯，1867年的埃塞俄比亚和新加坡，英国都进行了武装干涉。不过，干涉只是到了1880年代和1890年代才变得更加频繁起来：1882年在埃及，1895年在缅甸，1893年在尼亚萨兰（今称马拉维），1896年在蒙巴萨和乌干达，1896年和1897年在苏丹，布尔战争期间在南非（Arrighi and Silver 1999：224—225）。尽管如此，欧洲列强在欧洲之外的政治涉足和干预，从未使用过其主要军事力量。主要的军事力量都被留了下来，用于进行克里米亚战争和美国内战。军事力量也没有被主要用于促进欧洲的工业出口和贸易，它们派往亚洲、非洲和拉丁美洲的数量，也从来没有很大过。

总体而言，欧洲那时在其他地区的军事存在并不显著，在大多数地方甚至踪迹全无。另外，英国军队在19世纪也主要是由印度人组成的——1880 年的英国军队中有 13 万印度人和 6.6 万英国人——它们在整个 20 世纪，都还维持着一个廓尔喀雇佣兵团。英国迫使印度人用“国内费用”（Home Charges），来支付在印度的驻军和占领费用。正如索尔兹伯里勋爵所言：“印度是东方海洋里的英国兵营，我们可以在那里征召任意数量的军队，还不用自己给他们发饷。”（Arrighi and Silver，1999：225）法国人也是在那时组建了他们著名的外籍军团。故而，多数欧洲强国只是当它们在世界各地的主要节点，受到来自“原住民”或欧洲对手的威胁时，才会使用规模相对较小的军事力量，有选择地
29 进行军事/政治干涉。因为，对于构建或维持某种特定的世界贸易和收支体系来说，这些关键性的节点是不可或缺的。对于英国和其他几个欧洲强国来说，这些节点既维持着它们本土的繁荣，也保障着它们在海外的进一步投资。

只是到了 19 世纪的最后 25 年，军事/政治干涉才更加频繁起来，规模也才更加庞大起来。这是欧洲帝国主义列强之间到处竞争的结果，它们竞相在自己的欧洲对手到达之前抢占立足点。这种竞争主要是为了应对 1873—1895 年长期的经济危机，在此期间北方的需求下降，关税壁垒被再次加强。英国首相帕默斯顿勋爵曾这样说过：“中国、葡萄牙、西班牙和美国等地的半开化政府，每过个十年八年就需要修理一番，以使它们都规规矩矩的。”（Arrighi et al. 1996：36）当然，这不过是他的夸夸其谈罢了。不过，这倒很好地反映了英国那时的空想：如果我能，我会那么做（美国布什政府后来也有过类似空想）。为了达到此种目标，也为了应对与欧洲对手之间的竞争，英国海军变成后来被称为“炮舰政策”的主要手段。这种政策后来也被美国效仿。不过，英国的军事优势并非压倒性的，也并没有所谓的“不列颠统治着海洋”。另一方面，军事凯恩斯主义，以及国家对工业的直接支持，在英国的发展过程中，也扮演着非常重要的角色。奥布赖恩（O'Brien 2002，2003）和阿瑞吉（Arrighi 1994：chap. 3）的研究，都强调了这一过去常常被忽略的事实。

有关英国霸权的神话

> 英国继荷兰之后，在美国之前，在19世纪成为世界霸权。并非如此：

对整个世界，特别是亚洲，做简单的考察便可发现，小小荷兰对全世界行使霸权根本是不可能的。事实也确实如此。不过，体量同样不大，但在经济、政治和军事上更具实力的英国，是否就能在全世界广泛行使霸权呢？同样，对真实情形的考察，肯定会给出否定的答案。正如本章所论证的，没有任何一个国家，即便是英国，在19世纪上半叶拥有霸权地位。1850—1873年之间的这段时间，常被视为英国霸权的巅峰期。不过，英国那时肯定没有控制北美，加拿大在1860年代获得独立，英国在美国的南方盟友输掉了内战，北方的胜利者推行了保 30
护主义政策。拉美的情形也类似。在拉美几乎所有的国家，英国的影响都受到了来自它们本土利益集团的竞争。此外，法国占领墨西哥，以及美国门罗主义的扩张，也挑战了英国在拉美的势力。非洲此时依然保持着独立，其在世界经济中的地位也一如既往；英国的政治、经济实力的施展，只局限于南非和埃及的小部分地区。在奥斯曼帝国，英国消除了穆罕默德·阿里在埃及的挑战，并将不平等的商业条约强加给了土耳其人，但土耳其国内的坦志麦特（Tanzimat），一种与中国洋务运动相似的改革，仍然可以算是非常成功的。在俄国和中亚，英国人不得不打了他们在19世纪规模最大的一场对外战争，以保护他们在克里米亚的利益。英国在这场战争中的真实意图，是捍卫前往土耳其和印度的通道。在印度，土兵哗变是对英国利益和势力的严重挑战。阿瑞吉和希尔弗（Arrighi and Silver 1999）在论及这次哗变，以及中国同时期的太平天国起义时，就强调说，印度人和中国人仍然具有相当的实力。

在东南亚，英国的扩张那时才刚刚开始，并且还面临着在印尼的荷兰人，以及在越南和柬埔寨的法国人的竞争。中国和日本依旧保持着全面的独立。例外的情形是，中国将香港割让给了英国，并被迫签订了一连串的不平等条约。这些条约使英国等欧洲列强，以及稍晚些时候的日本，在一系列的中国港口拥有了特权，但它们的影响尚未扩散至内陆地区。此时，外国势力对中国和日本的国内政策，也没有实质性的影响。

此外，根据霸权理论领域权威学者的说法，英国霸权在 1873—1913 年经历了衰落。1873 年的危机标志着衰落的开始。1873—1896 年的萧条期间，法国再度成为非洲的政治玩家，美国和德国也开始在经济领域挑战英国。德国那时正热衷于建设柏林通往巴格达的铁路。因此，我们必须同意奥布赖恩的这一观点："英国霸权是个神话"，"历史学家和社会学家所鼓吹的"，英国和美国是"两个相互联系的霸权（且后者是前者的进化版本），也是一个神话"。（O'Brien 2001：49，55）

有关美国例外主义的神话

> 美国在 19 世纪的经济发展，以及它从世界经济的边缘走进中心，确实是一个有目共睹的奇迹。这一奇迹之所以会出现，主要
> 31 基于通往其"天定命运"的"美国式道路"所"特有的禀赋"。
> 并非如此：

以往大多数对美国经济发展的研究，大多着眼于它从世界经济的边缘走向中心的历程，不过非常奇怪的是，这些研究，尤其是美国本土史学界的相关研究，对美国从中崛起的全球经济及其结构，却关注甚少。此外，关于不断扩张的美国经济在同样不断扩张的世界贸易和支付体系中的位置，对美国的发展起到了什么样的促进作用，大家实际上也知之甚少。这个体系对美国国内的经济增长、收入提高，以及其他一些发展，所起到的重要促进作用，至今尚未得到应有的关注和

认知。正是在这个不断扩张的全球体系中，涌入美国的移民数量，得到了大幅的扩张；为已有居民、新近移民及其子孙兴建的铁路和其他设施，得到了大幅的扩张；供应出口市场的棉花、小麦及后来的肉类生产，得到了大幅的扩张；供应本土市场的进口替代产业，也得到了大幅的扩张。

美国已有人口的自然增长，加上新移民的大量涌入和繁衍所导致的人口增长，引起了消费品生产的扩张及相关投资的增长，尤其是在经济基础设施和住房领域。铁路建设也获得了前所未有的扩张，同样获得迅速扩张的，还有货物和旅客运输规模。美国建成铁路的里程，迅速从1840年的4 800千米，上升到1850的14 400千米，上升到1860年的48 000千米。铁路建设在1861—1865年的内战期间放缓，在那之后，铁路里程又迅速增加到1870年的84 800千米，1880年的148 800千米（Chandler 1965：13）。与此同时，货运车厢的尺寸和载重都得到了增加，货运列车的编组数量也翻了一番（Woytinsky and Woytinsky 1955：266）。铁路网络及其运力的扩张，打开了内陆的广大地区，使之与其他地区的交通更加便捷，从而使移民的定居和垦殖获得了新的进展，使供应国内外市场的粮食生产获得了新的增长。同样重要，但几乎完全被忽视的是，美国经济在世界经济多边的生产、贸易和支付体系中地位和角色的变化。下文将会对之加以考察。

有关劳动性质发生变化的神话

工业化同样意味着工厂自由劳动和无产阶级化。并非如此：

另一种被广泛接受的观点主张，伴随着工业化的不断进展，还出现 32
了一个主要聚集于工厂之中，为工资而劳动的自由劳工群体。在这个过程中，农民和手工业者被资本剥夺了生产资料，不得不被动地无产阶级化了。某些派别的理论，以及社会大众的普遍看法都认为，这是资本主义不可或缺的特征。

然而，历史记录并不支持这种理论或看法。首先，工资劳动被引入19世纪的欧洲之前，已经在世界不少地方有了数千年的历史。另一方面，大多数工作直到今天也没有工资，尤其是女性从事的很多工作。如果工资劳动上升为劳动的支配形式，才是实现向资本主义转变的标准，那我们周围到今天也没有多少资本主义。还有，工业革命实际上促成了更多不自由劳动的出现，比起自由劳动力，它使用了更多的奴隶、农奴和契约奴，尤其是在农业领域。更何况，在工厂里连轴转工作的妇女和儿童，也谈不上拥有什么“自由”。当奴隶制已经被视为“异常”事物的时候，它在种植园和矿井中仍在继续扩张，生产着工业化所需的原材料。时至今日，仍有大约2 000万的奴隶劳工，他们多数集中于印度，不过，人们也可以在洛杉矶和纽约这样的城市发现他们的踪迹。

有关西方对外移民占主导的神话

> 从离开欧洲的庞大移民数量，从迫使移民迁出欧洲的原因，从吸引移民迁入某些地区的原因，可以看出洲际移民的重要性。
> 并非如此：

在所有堪称巨著的研究当中，只有刘易斯（Lewis 1978）似乎已被人遗忘了的《增长与波动，1870—1913》（*Growth and Fluctuations 1870 - 1913*），将国际移民作为一个子主题进行了探讨。不仅是刘易斯的巨著已被遗忘，他就移民问题所表达的观点也是如此。这个问题曾因与他的研究主题相关而引起了他的兴趣。刘易斯这样写道：“欧洲人向温带垦殖地的迁徙［据他的统计，移民数量在1871—1915年之间为3 600万，其中2/3去往了美国］，规模并不及中国人和印度人向热带国家的迁徙。”他研究发现，1880年时有300万华人生活在海外，这一数量在1922年上升为800万。其中80%去了东南亚，开始时主要是泰国，之后主要是现在的印尼，另有15%去了南亚的一些地区。当然，还有相当数量的中国移民，主要是以契约劳工的形式，去往了大洋洲、拉丁 33
美洲和加勒比海地区。他并未统计迁往北美的华人数量。此外，就如我们会在下文指出的，他也没有注意或统计迁往中国东北和俄国远东地区的华人移民。刘易斯对印度的国际移民，甚至是更为关注。1871—1915年，有近1 600万印度移民离开印度，不过，其中的1 200万后来又返回了印度，净迁出数量为400万。他们主要是迁往南亚邻国，也有一些迁往太平洋及印度洋中的海岛上，此外还有一些迁往了非洲。数量相对少一些的日本人，迁往了夏威夷、巴西和东南亚地区。这些移民中的很大一部分，去往了欧洲人所拥有的种植园及矿井工作，生产出口商品供应正在进行工业化的国家（Lewis 1978：185—186）。

维科里（Vecoli）在介绍他所编的《百年欧洲移民，1830—1930》（*A Century of European Migrations, 1830 - 1930*）时的说法，也会让人感到有些惊喜："我们需要超越专注于'大西洋移民'的研究框架，它使我们［一直］对［移民的］全球性视而不见。"（转引自McKeown 2004：168）可惜，他所说的事情他自己并未做到。不过，19世纪的移民确实是全球性的。美洲方向的移民过去几乎吸引了所有注意，其实亚洲北部和东南亚方向的移民同样重要，却被人忽略掉了。中国对外移民的重要性与欧洲的大体相当。

在刘易斯写下上述观点之后，进一步的研究显示，实际上有更多的华人移民去了海外。来自中国南方的移民，数量可能达数千万，他们迁往了东南亚，迁往了太平洋中的诸多岛屿，迁往了美洲诸国。另有数千万的中国人，迁往了中国东北地区，其中有些更是进一步迁往了西伯利亚和俄国远东地区。日本人和朝鲜人也在向西迁徙，加入中国人向亚洲北部的移民大潮。还有数量被低估的俄罗斯人，从乌拉尔山以西地区向东迁徙。此外，在中国、印度、奥斯曼帝国和非洲内部，也都有着长距离的"内部"移民。另外，还有欧洲内部向东的移民，其规模至少与美国向西的移民相当。当然，各地都存在着大量从农村向不断扩张的城市的人口迁移（假如他们没有迁往海外或国外的话）。正如麦基翁（McKeown 2004：167）所言："世界各地同时期的增长并非偶然，它们都与日益一体化的全球经济相关。整个世界都在迁徙，迁往工厂、建筑工地、矿井、种植园、农业边疆，以及遍布全球的商业网点。"此外，正如刘易斯观察到的，各地出现的移民潮，与迁出地或（及）迁入地的商业周期息息相关。刘易斯就此进一步写道："迁出地的推力与迁入地的拉力，共同促成了移民潮的出现。没有推力的存在，拉力也不会起作用……没有拉力的存在，推力也无法促成移民。……［就欧洲的移民而言，］主导因素是迁入地的拉力。"（Lewis 1978：183）

34 既往研究赋予 19 世纪大规模移民的重要性基本属实，但并未揭示出其全部的重要性。至少还有两点需要考虑到：一是世界多边贸易和支付网络呈"扇形"（希尔格特的说法）的拓展与增殖。移民并非只是填充原来的网络。伴随着美国的西进，以及欧裔的阿根廷、加拿大、澳大利亚、新西兰，还有南非、西伯利亚、亚洲北部和东南部等，都加入了原有的世界贸易网络，它不仅是变得更为复杂了，在结构上也变得与以往不同了。收入和熵从一个地区向其他地区的转移方式，也变得不一样了。原来在网络中处于"高位"的群体，在多边贸易和支付体系中的位置得以巩固，此外还多出了一些处于中/高位的群体，不过世界人口中的大多数，则降至难以脱身的"低位"。

需要多加考虑的第二点是，移民在熵从人口密集地向稀疏地的耗散中所扮演的角色。欧洲很多地区早已不堪人口的重负，生存、生产所需的一些资源也日益枯竭。中国的情形亦是如此。这些地区将大量的人口疏散了出去，避免了资源状况的进一步恶化，避免了自然熵和社会熵的进一步积累，进而避免了更多政治纷争的出现。在大量移民新迁入的国家，来自其他地方的富余劳动力，将自然资源转化为产品和收入。这些产品和收入既提供给"新"国家的人口，也提供给移民故国的人口。后者可以以更低的价格，进口数量更多的产品了，比如小麦和牲畜。这些产品需要有大量的土地才能被生产出来，土地则是故国匮乏、新国充裕的资源。熵从欧洲向外的耗散，也是通过这种特别的方式进行的。在那些新开垦的国家，更多的土地和资源被利用时，物理熵的产生速度要慢一些，而且，其中一些也同样被耗散到了“第三世界”。因此，欧洲与欧裔移民的“新”定居地，都从这一大规模移民中获得了收益。大量廉价的进出口货物，也支撑了两地人口的继续增长。不过，在那些“新”国家，原有的本地居民，并未一同获益。他们被迫吸收数量未知的自然及社会熵，并因而陷入了失序。此外，在美国的例子中，墨西哥也被掠去了半数的土地，墨西哥人也因数量同样未知的熵，而付出了大量的代价。

所有这些引出了一系列几乎从未被提及的新问题：大规模移民的涌入，对接收他们的不同地区，都产生了怎样的影响？为什么？还有，为什么向北美的移民迁徙，看起来比向南美、东南亚、东北亚、西伯 35
利亚的移民迁移，产生了更好的效果？或者，果真如此吗？

有关自由贸易的神话

19 世纪是自由贸易的黄金时代。并非如此：

1846 年英国废除《谷物法》之前，自由贸易的政策甚至尚未出现。在之后的 26 年当中，它也没有被统一和全面地执行。1873—1895 年的“大萧条”，更是埋葬了其大部分的政策与实践。总体来说，即便是在其全盛时期，自由贸易也没有走得很远。一个非常重要的事实是，在与其最重要的殖民地印度之间，以及印度与其他地区之间，英国从未允许过任何自由贸易的进行。中国不实行自由贸易，日本也一样，甚至当西方国家迫使它们降低关税时，亦是如此。荷兰与其殖民地印尼之间不存在自由贸易，印尼与其他任何地区之间也是如此。事实上，三个国家的贸易比其他国家的更为自由，它们是最为重要的殖民地或半殖民地：印度、中国和印度尼西亚。它们在 1870—1914 年有着水平最低的关税。其殖民主子英国和荷兰，分别只需缴纳 3%、5% 的关税；德国、法国和日本，需缴纳 12% ~ 14% 的关税；美国则需缴纳 33% 的关税（Dubey 2004：61）。其中，或许最值得注意的是，与已有观点或理论正好相反，这一时期世界各国的发展速度，与其关税水平成反比！

亚历山大·汉密尔顿早就在美国推动了高关税政策。高关税也是他的“制造业体系”（Manufacturing System）的组成部分。在内战之前的 19 世纪三四十年代，克莱（Clay）和卡尔霍恩（Calhoun）还就高关税有过激烈的辩论，其背景是工业的北方要求维持高关税，而出口棉花的南方则要求降低关税。1873 年之后，美国再次提高了它的关税水平。弗里德里希·李斯特，汉密尔顿的追随者，这一时期在德国发起了关税同盟（Zollverein），德意志也因而第一次结为一体。探究哪些世界贸易是“自由”的，可能还来得更有价值一些。

有关自由放任的神话

> 自由放任（Laissez faire），或最好的政府是最小的政府，早已证明了其优越性，它也是致使西方兴起的原因。没有国家干预的
> 36 私人企业，促成了 19 世纪的大多数进步。并非如此：

前文对自由贸易神话的反驳，也使自由放任成了谎言，因为正是国家行为（state action），使贸易变得不自由了。多少让人感到有些不可思议的是，这一法文短语竟然侵入了英语及其他多种语言，因为，法国这个高度中央集权的殖民国家，从未有过任何自由放任的实践。事实上，国家对各种经济项目的“干预”、促进和资助，是无处不在的。自由放任应该主要意味着，“在”国家的介入中没有偏向，而不是“没有国家的介入”。不过，即便这样理解，它也更多是种理论，而非实践。在欧洲各国建立起自己的殖民地之后，国家行为就理所当然地在那里发挥着作用，尤其是在 1870 年以后的非洲，但实际上，它在世

界各地早就已经存在着了。它既发生在殖民国家（colonizingstate），也发生在殖民地国家（colonized or colonialstate）。后者存在的理由（*raison d'être*），便是在殖民地为殖民国家及其资本的利益运用国家权力，这经常是为了应对来自其他殖民国家的竞争。1820 年之后，拉美那些法律上（*de jure*）获得了独立，但实际上（*de facto*）陷入了新殖民主义的国家（政府），也在扮演着这种角色。现如今，国际货币基金组织、世界银行、世界贸易组织这类国际机构，同样扮演着这种角色，无论它们的美国主子，有没有在背后发号施令。那时的情形跟现在一样，大家抵抗各种全球政治经济势力时，都会诉诸国家权力（state power）。阿什沃思回顾道：

> 在欧洲大部分地区，政府管制的传统从未真正中断过，虽然它不断地受到挑战和修正。即便在发生了深远变革的英国和美国，自由放任也被证明是一种难以实现的理想，因为，为了扩大某一方面的经济自由，往往必须引入一些新的限制措施。这种新的状况既提高了未受限制的私营企业的优势，也带来了一些意想不到的后果。对于这些后果，越来越清晰的事实是，它们只有通过集体性的办法才能得到补救。（Ashworth 1962：137—138）

贯穿 19 世纪的国家军事冒险，不管其是否是穷兵黩武的，都在支撑着经济领域的生产。这种情形在 20 世纪也未发生变化。许多国家都推动和资助了其各自农业边疆的扩张、工业的发展，以及服务于两者 37
的基础设施建设，尤其是在运输和通信领域。运输领域如铁路和运河的修建，通信领域如电报和邮政网络的建设。也许，基础设施中最为重要的，是公共教育体系。国家的、州的、省的，以及基层的政府，都源源不断地，或是建立或是变革一些规章制度，以服务于各种各样的利益集团。各级政府本应该是服务于人民大众的，不过，他们的利益却总是被放到最后来考虑，并且被置于最不重要的位置上。

有关金本位的神话

> 金本位（gold standard）及其主导地位，是英国在 19 世纪统治世界经济的重要武器。并非如此：

先不提英国统治世界经济的夸张说辞，有证据显示，在 1813—1848/1850 年，实际上（*de facto*）处于主导地位的，是之前盛行了几个世纪的银本位（Frank 1998，尤其是第三章）。1848/1850—1873/1880 年，则是银/金双本位。白银依旧扮演着重要角色，世界经济的运行仍需依赖它，也有超过半数的国家在继续采用银本位。由此看来，在 19 世纪的前 3/4，白银先是占主导地位，后来也依旧发挥着重要作用。黄金主导货币是在 1873 年之后，而且，这一情形仅持续到了 1913 年。有趣的是，正是在这 40 年当中，金本位的主要支持者英国，逐渐丧失了其在世界经济中的优势地位，而英国的这一地位到 1873 年时，也仅存在了二三十年。此外，一直持续到 1895 年的“大萧条”，也正是开始于 1873 年。即便是在那一时期，墨西哥依然在实行银本位，它仍旧是最大的白银出产国，中国和英属印度则继续是最大的白银进口国。其他一些大国，包括俄国和奥斯曼帝国，也在继续实行银本位。另外，美国直到 19 世纪末，仍在实行金/银双本位。由此可见，与常见的看法相反，金本位并未主导 19 世纪的世界，它只是部分地占据了主导地位，而且，这只是局限在 19 世纪的后 30 年，以及 20 世纪的前 10 年。第一次世界大战之后，英国曾试图重回金本位，然而，这在后来被证明是一场灾难。罗斯福在美
38 国推动立法，使美元与黄金挂钩（35 美元 = 1 盎司黄金），此举实际上（*de facto*）在全世界推广了美元本位，直到尼克松在 1970 年代早期使美元与黄金脱钩。在那之后，布雷顿森林体系让位于浮动汇率制度。肯伍德与拉菲德（Kenwood and Lougheed 1999：109）这样总结道：“简而言之，国际黄金本位居于支配地位的情形，可能仅出现在 1897（有些人可能会主张 1880）至 1914 年之间，持续了不到 20（或仅 40 多）年。”

有关传教士的神话

传教士前往非西方国家和地区是为了传播上帝之道。并非如此：

非洲有过这样一条谚语："过去我们有土地，你们有《圣经》；现在我们有了《圣经》，可土地归你们了。"事实上，尽管很多传教士个人都抱有良好的意图，但作为一个群体，他们是殖民主义和新殖民主义在世界各地的开路先锋。至今依然如此。在最好的情况下，他们是在"唱红脸"（good cop），殖民主义的军事和行政部门，则在"唱白脸"（bad cop）。在当今欧美对外的军事行动中，他们通常被用来在军事入侵前夕"安抚"民众。即便他们所从事的教育与医疗服务，也是这一过程的组成部分。这也就是为什么他们能从送他们出去传道的人那里获得资助与支持的原因。贝利（Bayly 2004：154）正确地观察道："大部分基督教代理都是本地人，而非来自欧洲的传教士和行政人员。"但是，这种情形并不支持他的结论：欧洲人的角色不应被夸大。正好相反，这种情形显示了欧洲传教士的影响通过当地代理人及他们的活动，而得到了大幅的延伸。毫无疑问，基督教在全世界的快速传播，往往伴随着（通常是跟随着）帝国主义的扩张，或者说，前者是后者的组成部分。反之亦然，帝国主义扩张过程伴以所谓的上帝之道，从而使文明的使命（*mission civilisatrice*）中"白人的负担"得以合理化。

有关殖民主义和帝国主义没有回报的神话

欧洲的殖民主义和帝国主义，以及所有"北—南"政治（殖民的）、经济（自由贸易或其他）关系，对北方的发展，贡献并不显著。统计数字显示，与第三世界（甚至是全世界）直接的双边

> 39 贸易与支付，以及从中所能获得的利润，份额显著较小，对英国、欧洲或美国的发展，其实影响不大。奥布赖恩（亦可参见他于 1998 年列出的“欧洲诸帝国海外收益、持有和损失的资产负债表”）、贝洛赫、罗斯托等人，就持有此类观点。贝洛赫（Bairoch 1997：II—673）曾多次明白无误地表示，殖民主义对于殖民地是坏东西，不过，对于殖民者也不是什么好东西。并非如此：

英国不少首相都坦率地说出了殖民地的意义所在，迪斯雷利更是直接指出，印度帝国应该负担起自己的开支，印度的资源应当为英帝国的事业所用（Tomlinson 1975：338）。这里的关键词是“英帝国的事业”，因为其中真正重要的，是印度对整个体系的支持，而非它与英国的双边关系。

因此，所有对英国、欧洲及（或）美国从它们殖民地、新殖民地（neocolony）获利状况的计算，从一开始（*ab initio*）就都是错误的，因为几乎所有的计算，都只是统计了双边的投资、贸易和支付金额。多数对自愿或非自愿、平等或不平等的双边交换中获利状况的评估，亦存在这种只统计双边数字的情形。此外，“左”派的计算和估计显示，“北方”国家从其与“南方”国家的不平等关系中获利良多；“右”派的计算和估算则显示，获利在总体上是微不足道的。你支持哪一“派”都不重要，因为，所有这些从双边关系出发的计算，都无法呈现出实际的损益情况。要想将其真实地呈现出来，必须考察整个多边体系，而非双边（甚至是三边）的贸易和支付情况。正如我们将会看到的，对于本书所分析的 1873 年后那个时期来说，把考察重心放在多边关系上是必须的。这一点之前被严重忽略了。在 1873 年之前的两个时期，多边关系表现得稍微弱一些，但它依然有着非比寻常的重要性。正如希尔格特所言：“这些贸易所具有的重要性，绝不能用其在总量中的占比来衡量。”（转引自 Frank 1979：175）

我们考察机会成本的增减和熵的耗散，也需要从前面所说的多边贸
易出发，因为它们都是在多边贸易中实现的。18、19 世纪的两个例子，
可以很好地说明这一问题。英国人和其他欧洲人都能从海外进口卡路里，
先是以糖和鱼（大西洋鳕鱼）的形式，后来是以小麦的形式。出产这些
东西的地方，因为生态经济方面（大量的土地与湾流）和社会政治经济
方面（奴隶制及其他）的原因，生产它们的成本比较低。这使欧洲人从
生产等量卡路里以供应自身消费的生产中解脱了出来，并可以将日益稀
缺的土地和相关资源用于利润更高的生产，或是留给他们的子孙后代。
衣物方面也有类似的后向关联。英国有一种“羊吃人”的说法，因为公 40
用土地被圈起来养羊了，对羊毛的需求将农民驱离了土地。此事还涉及
了森林砍伐，由此开采出的木材被用作燃料或造船材料等，空出来的土
地则迅速地变为牧场。英国能够从印度进口棉纺织品，后来又从印度和
美国南部进口棉花而在本土生产它们，使英国得以避免为了生产更多的
羊毛制品，而将面积非常庞大的土地变为牧场，那肯定会导致规模更大
的森林砍伐和“羊吃人”。英国和欧洲在早期进口棉纺织品时，不得不依
靠从与西属美洲的三角贸易中获得的白银，来支付相关进口费用。后来，
本土生产的棉纺织品替代了额外所需的羊毛衣物，这是英国在多个贸易
和支付的三角中的特权及优势地位所致的。本书会在后面详细考察这些
三角。如果用本土出产的羊毛替代进口的棉花纺出等量纱线的话，仅是
在 19 世纪的前 1/3，就要动用英国全部的牧场和农田来养羊。由于煤炭
取代木材被用作燃料，同样规模的林地被节省了下来。所有这些所可能
产生的熵，以及由于资源枯竭而会产生的熵，大都因为英国在其中占据
优势地位的、刚出现不久的多边贸易和支付体系，而得以消除了（Po-
meranz 2000a：274—278；Frank 1998）。彭慕兰这样写道：

> 土地密集产品进口的稳定增长，使英国可以在制造业和商业领域变得更加专业：尽管需求大涨，初级产品的价格依然稳定；此类进口还意味着，英国可以将劳动力从农业中释放出来，因为它

> 只需保持大致稳定的农作物产量即可，不需投入更多劳动力以尽可能获得更多的农业总产量（就像在东亚很多地区，以及丹麦那样的西欧非典型地区发生的那样）。因此，西欧部分地区，从其对外围市场的限制（被束缚的劳动力、殖民垄断等）中获利。……甚至是在北美商品大量涌入、人均糖消费量增长5倍之前的1830年，如果要用本土产品取代来自新世界的进口的话，将会需要大约1.38亿亩土地（多数用于替代进口棉花的生产）。……这一数字超过了里格利（Wrigley）所估算的、替代1820年左右的煤炭消耗所需的额外林地
> 41 数量，也超过英国全部耕地和牧场合在一起的总量。（Pomeranz 2001：334—335）

在耗费了20多年用来证明殖民地回报无几（理由是它们在殖民国家的贸易中所占份额极小）之后，甚至是奥布赖恩，现在也开始接受他曾驳斥过的观点了。首先，“欧洲列强在1846—1914年，‘低成本’地扩张、维持并保卫了它们在海外的帝国”。克鲁泽甚至还注意到，现在“奥布赖恩告诉我们……军力、安全、外贸和帝国的确事关重大，英国也的确从它对战争［及海军］的庞大投资中获利颇丰”。（Crouzet 2002：69）

那时，由于可以向被占领的殖民地市场出口制成品，并且可以从相关的运输和服务业中赚取大量利润，英国的工业化得到了进一步的发展。此外，国民收入中“不小”的份额，也可以归功于大英帝国，1870年时为1.2%～4%，1913年时为5%～6.2%。不过，这些双边的计算，并未显示出事情的关键：全球经济的结构、组织、功能和转型，以及某一特定国家在其中占据的位置（宗主国或殖民地），在很大程度上决定了它的富强或贫弱。

结论

如果有关19世纪“各国财富的性质和原因”的既有观点，都因为

新出现的证据而不再站得住脚的话，我们拿什么来替代呢？或者，我们必须朝哪个方向思考？对19世纪的事实，做更仔细的考察便可发现，至今还在流行的一些看法是错误的：西方并没有在19世纪的大部分时间里，成功地对外（尤其是对亚洲经济）进行渗透。这里并不是要对帝国主义、殖民主义及其后果，给出任何的道德辩护或政治支持，不过已经是时候回顾和修改之前那些基于意识形态的观点了：西方易如反掌地战胜了其他地区的“传统主义”，以及其他地区主张“守护”“传统”价值的民族主义者对“第三”世界经济受损程度的夸大。这样一种颠覆性的研究，不可避免地要对古典的、新古典的和凯恩斯主义的“科学”分析，对依附理论和世界体系理论式分析的政治宣传，进行一些意识形态方面的批评。下文对事实和其他替代性分析方法的再考察，不仅会批评当下的“传统”分析、新的依附理论式分析和世界 42
体系理论式分析，还会批评近些年出现的对它们的批评：后现代主义研究、后殖民研究和底层研究，因为这些批评并未走出太远，还存在着诸多的问题。之所以要对它们展开批评，是由于它们并未对任何的政治经济现实及其历史进行考察，相关的分析则更少。最成问题的是，它们的考察或分析，并不具有全球视野。一个囊括全球的世界经济，其结构与活力不仅决定着世界各地在地理、政治、经济、社会及文化方面的不断变化，也决定着这些变化所具有的可能性、实际走向，还决定着世界各地的成败与否。

下文将要重点关注并给出初步解释的问题是：不断扩张和深化的多边世界体系，以及其不平坦的运动场中的“位置、位置、位置”，如何促成（如果不是决定）了各国的富裕或贫穷，以及熵在各国之间（和内部）的耗散与吸收。还需要指出的是，有些国家是被迫加入这一多边体系的，它们所处的位置就更为不妙了。[1]

---

[1] 此处略去了7行原文，一来其中的表述有误，二来与这里的论述无关，而且，这7行原文涉及的内容，下文会有更详尽的表述。——译者注

第二章

43 延续与变革：文献及方法论介绍

对于本书接下来的理论性主张和经验性证据，本章会给出一个大致的概念性框架。本书与之前的《白银资本》（Frank 1998）有着相同的主张：首先，无论是分析世界政治经济的整体历史变迁，还是探究其中地区性的、部门性的、阶段性的具体情形，都必须要有一个全球性的分析框架；其次，我们这样做时就会发现，历史的延续性远比不连续性显著。那些主张世界历史在1500年发生重大转型，或者在1800年出现明显断裂的观点，基本上都是欧洲中心主义的偏见。当我们摒弃了欧洲中心主义，转而采用一种着眼于全球的视角时，历史的连续性看起来就会远超不连续性。当我们采用一种仅是着眼于欧亚大陆的视角时，情况甚至也是如此。事实上，西方的兴起似乎就源自这一全球历史的连续性。此外，正如伯克（Burke 1998：16）所言："我们必须重新探究殖民时期的历史……［并且视］殖民史为独立自存的事物，而非至今依然盛行的［西方］进步叙事的组成部分。……这种做法有着巨大的知识和政治风险。"

非常遗憾的是，从全球视野出发对整体世界政治经济的分析，至今尚未出现，甚至本书所探讨的主题，在过去的60年当中，也只有另
44 外6名学者涉及过，平均约10年一位。在这些早已淡出大家视野的学者当中，只有一位采用了与本书类似的研究方法。这位学者就是福克·希尔格特（Folke Hilgerdt），他在6人中最早进行此类研究，也是

做得最为出色的，相关著作是《世界贸易网络》（*The Network of World Trade*，1942）。其次是 W. S. 沃伊廷斯基和 E. S. 沃伊廷斯基夫妇（W. S. Woytinsky and E. S. Woytinsky），他们在 1953 年出版了《世界人口与生产：趋势与展望》（*World Population and Production：Trends and Outlook*），在 1955 年出版了《世界商贸与各国政府：趋势和展望》（*World Commerce and Governments：Trends and Outlook*）。不过他们这两本书，都只是做了一些相关的统计，而未进行全球性的分析。拉马丁·耶茨（P. Lamartine Yates）在他的《对外贸易四十年》（*Forty Years of Foreign Trade*）中，明确拒绝了做一些分析的尝试，他只是分类整理了 1913—1953 年的相关数据。（Yates 1959）不过，为了要做一点儿比较，他也提供了一些 1876—1880 年的数据。J. B. 康德利夫（J. B. Condliffe）在他的《各国商业》（*The Commerce of Nations*）中，稍微做了一点儿相关的分析（Condliffe 1950）。在下一个 10 年里出现了阿尔弗雷德·梅泽尔斯（Alfred Maizels）的《工业增长与世界贸易》（*Industrial Growth and World Trade*），但此书仅仅关注了标题所示的内容。（Maizels 1963）接下来在法国出现了弗雷德里克·莫罗（Frederic Mauro）的《世界经济史，1790—1970》（*History of the World Economy 1790 - 1970*），不过此书只是考察了欧洲及其在全世界的扩张。（Mauro 1971）除了希尔格特，最为值得关注的研究是阿瑟·刘易斯（W. Arthur Lewis）出版于 1978 年的《增长与波动，1870—1913》。正如此书标题所显示的，刘易斯的兴趣在于将此处（中心国家，在他那里只包括英国、德国和美国）与彼处（世界其他地区，尤其是欧洲移民的新定居地及欠发达的“热带地区”）的增长联系起来。

不过，刘易斯并未进行整体性的全球分析，他认为我们应该做的正好相反。刘易斯这样写道：“如果不能首先理解部分发生了什么，我们就不可能理解整体发生了什么。……大家必须分别考察每个殖民地，而不是试图将所有殖民地都装进同一个模式。……有效的归纳应该在对大量（最好是全部）个案有深入了解之后得出；与此同时，对个案的充分理解，也必须基于合理的一般性理论。”（Lewis 1978：17，32，195）可惜，刘易斯的建议和做法，正好与真正需要的相反。因为，正如老话所说，整体大于部分之和。此外，整体还帮助塑造了部分的面貌，以及各个部分之间的关系。所以，如果我们想了解任何部分（无论其属于殖民地与否），以及各个部分之间的关系（这是刘易斯的主要研究意图），我们就必须研究整体的结构、运行与转型。

彭慕兰的研究应该可以使我们意识到，经历了 19 世纪的大转型的是作为一个整体的世界。这也是需要我们来加以探究的问题，因为经过了那么多年，这一问题仍未被研究过。刘易斯等人的研究，出发点就是错的，而在刘易斯之后，就没有别人尝试过此项研究了。罗斯托的《世界经济：历史与前景》（*The World Economy：History and Prospects*），是由零散的国别研究组成的，书中的内容与标题严重不符。当
45 罗斯托将 1820—1860 年的“世界”作为一个整体进行探讨时，他发现，那时全世界所有的工业生产，都集中在欧洲和美国，其他地区则踪迹全无。（Rowtow 1978：52—53）这与事实并不相符。罗斯托对“世界贸易”的探讨，也出现了类似的问题。他发现，甚至在一个更长的时期当中，亚洲在世界贸易中占到的份额，基本上可以说是微乎其微。只是印度占到了总量的 3%，奥斯曼土耳其帝国（只是部分领土在亚洲）占到了 2%，亚洲其他地区的份额，则几近为零。鉴于亚洲在 1750 年时，拥有世界总人口的 66%、全球 GNP 总量的 80%（Frank 1998），罗斯托的“零”根本就不可信。

几乎所有其他著作，都仅是在名义上与“世界”有关，少数例外也充斥着欧洲中心主义的（或西方人的）偏见。一个重要的例子是戴维·哈克特·费舍尔（David Hackett Fischer）的《大浪潮：价格革命和历史节奏》（*The Great Wave：Price Revolutions and the Rhythm of History*），它基本上只是在谈论欧洲的情况（Fischer 1996）。还有贝洛赫（Bairoch 1997）三卷本的《世界经济与社会史》（*World Economic and Social History*），此书问世不久后作者就过早离世。尽管贝洛赫进行了几

点大胆的尝试，至少比较了中心和外围的增长，但此书仍尽是欧洲中心主义的见解，依然只是有关欧洲对外扩张的零散记录。兰德斯（Landes 1998）的《国富国穷》也是如此，作者声称要写一部“世界史”，不过他根本就未曾放眼世界。作者对自己的做法，甚至还颇为得意。在近些年出版的研究中，找到一本超越国家与地区层面的，也变得困难起来了。它们多是将研究限定在欧洲及（或）北大西洋经济，或其他几个地区和帝国，其中，将目光聚焦于英帝国的尤多。也许有一个例外，肯伍德和拉菲德的《国际经济的增长》（*The Growth of the International Economy*），此书在1971—2000年共出版了四版。虽然它探讨的是国际，甚至是全球/世界（从他们选择使用哪个术语，可以看出一些重要的事情），还对前文提及的学者有所援引，不过它自身的副标题是“一个介绍性的文本”，所以也就不能指望它对原有认知有什么实际推进了。另一个例外是安格斯·麦迪逊，不同于上述的希尔格特、刘易斯，尤其是贝洛赫等人，他通过自己的辛勤努力，在一系列研究中建立起了对各种世界经济数据的估计。不过，麦迪逊所给出的数字却很成问题，因为它们背后有着欧洲中心主义的偏见，下文对此会有所讨论。最后，马立博（Marks 2002）对1500年后的全球经济与环境史，给出了初步的介绍，其中就包括了19世纪的情形。不过，他的相关探讨，也是分地区进行的。以往最好的研究，出自其他领域：人口学家对世界人口所做的概略。总而言之，19世纪的全球经济（更不用说政治经济）史，尚待被书写，有关的数据也尚待整理和构建。

在开始此方面的尝试之前，不妨先回到希尔格特和刘易斯的研究，我们可以从他们的研究方法中，得到正、反两方面的启示。刘易斯大胆勤奋地整理和分析了“中心”及“边缘”的经济增长数据。尽管 46
（或因为?）出身于加勒比海地区，刘易斯的中心偏见仍使他未能正确地理解自己的证据。他这样写道：“工业国并未阻碍热带地区粮食生产的发展。……我们不能说殖民主义带来了多少不同。……总而言之，很难说殖民地地位对经济增长率，产生了多大的影响。……我们必须聚焦于［殖民主义造成的］社会心理效应……它植入了自卑情结……［所以，］欠缺的因素并非国家政策，而是推动现代化的骨干人员。”（Lewis 1978：213—215）

不过，同一个刘易斯，在书中同一页中还提及，殖民列强“认定，阻碍殖民地的工业发展，符合它们自己的利益”。（Lewis，1978：213）在非洲，

> 每种手段都被用于……迫使本地居民从事工资劳动，或者，阻止他们获得土地……以便以他们为代价创造出财富。……从在法国、比利时、葡萄牙的殖民地，为其私营企业征集劳动力，到削减部落的土地数量，禁止经济作物的种植，或只以现金（可以通过工资劳动获得）的形式征税，都成为英属东非和中非偏好的举措。在这种情况下，非洲农民的经济生活遭到了破坏，经济扩张也与他们没有关系……而且，最糟糕的情形尚未到来。（Lewis 1978：211）

这里之所以引述这段文字，是为了揭示刘易斯分析中的内在矛盾和局限，不过这仍是我们所能看到的最好的表述之一，因为它给出了一些有关非洲的重要细节。刘易斯还写道：“当政治史家对个体的性格或冲突群体的行为感兴趣时，研究经济发展也就理所当然地成了他的任务，就像经济学家专注于市场、价格和盈利时所应该做的那样。”（Lewis 1978：167）刘易斯似乎并没有意识到自己与之前几代学者对古典政治经济学的抛弃。此外，他还坦言自己无意，也并未尝试着去分析在单一的世界市场（而非在诸多不同市场）中，在不同的要素价格之间追求获利的冲动，如何引发了各群体之间的冲突与行为。刘易斯将这方面的研究工作，傲慢地指派给了对“个体性格”感兴趣的人。如果我们也像几乎其他所有人那样，将自己局限在刘易斯那样的水平和分析，就确实“不能说殖民主义带来多大不同”了，也不能说一些

其他相关内容了。随之发生的，就是我们会对真正关键的世界贸易网络视而不见。希尔格特对这一网络多有研究，他这样总结他的发现：

> 短短数十年之内，多边贸易体系就发展了出来。它如扇形般展开：越来越多的国家被卷入其中，它们都遵照一个既定的秩序进入体系，而且，越是后来进入的国家，在此多边体系中得到的位置，离着英国就越远。这一体系的发展，无疑与现代经济的增长同样重要，不过却被经济学家忽略了。（Hilgerdt 1943：400）

21世纪又出现了另外一个例子。伊尼科瑞（Inikori 2002：7—8）在《非洲人和英格兰的工业革命：一项对国际贸易与经济发展的研究》（*Africans and the Industrial Revolution in England：A Study of International Trade and Economic Development*）的“前言”和“导论”中两次写道：“本书是首个有关国际贸易在英国工业革命中所扮演角色的长篇考察。”很难（如非不可能的话）弄懂作者为何会这么认为，因为有明显的证据在两方面反驳了他的说法。其一是作者自己之前长达66页的评论文章《有关第一次工业革命的史学研究》。其中有10多页内容，大体来说专注于对国际贸易的探讨，具体来说专注于对“商业革命”的探讨。其二，作者在此书中也并未按自己所说的那样去做。尽管他确实探讨了国际贸易，这一点我们会在下文看到，不过作者自己指出，这一贸易仅限于他所称的“大西洋经济体”。作者在书中也引用了王国斌、彭慕兰，以及本书作者等“加州学派”成员的新近研究，引用了他们有关亚洲及其与英国之间的贸易在英国工业化过程（它是一个世界性的国际进程的组成部分）中所扮演角色的论述。不过，他还是将亚洲对国际贸易和英国工业化的参与都给忽略掉了（尽管没有印度就不会有英国的工业化），被他忽略掉的还有整个“国际贸易”。事实上，他的“大西洋近视”使他看到了与实际完全不符的情形：“大西洋经济秩序向世界其他地区的扩张……造就了大家后来所知道的世界经济秩序。”

（Inikori 2002：482 n）

新近出现的最为重要的相关研究，是 C. A. 贝利（Bayly 2004）的《现代世界的诞生，1780—1914：全球性的关联与比较》（*The Birth of the Modern World 1780 - 1914: Global Connections and Comparisons*）。此书封面上的广告语宣称它是"一部杰作"，如果它能在我们主张的研究方向上稍微迈出几步的话，此言也就可以算作属实了。虽然这样说，贝利此书仍然对我们这里的研究，提供了一些非常有价值的补充。贝利指出并
48 强调了一些全球性的关联，但远没有解答我们两个都曾提出过的基础性问题。这个问题用他的话说就是："解释一个世界性的转型，如何及为何在短短三代人的时间内发生……并使欧洲在全世界上升到主导地位，在解释这一问题时，要顾及这一转型的多中心起源。"（Bayly 2004：27）我完全认同这一表述，也赞赏贝利对多中心主义的再三强调并将其列为四大主题的第一位。布劳特（Blaut 1993，2000）、古迪（Goody 1996）、霍奇森（Hodgson reprinted 1993）等人，也早有过此类探讨。

贝利和我都使用了一种重要且罕见的史学方法。他将之称为"横向的历史"，我则稍笨拙地称之为"水平的历史"。不管怎么样称呼，它都明显有别于"纵向的历史"。"纵向的历史"专注于研究某一地区或群体随时间的变迁；我们两个则主张，要重点研究同一时期的所有（至少是几个）地区或进程，因为这可以向我们展现出它们是如何相互影响的。可惜在实践中，贝利做的甚至比我还有限。我除了将其作为一种观察角度，还探讨了一些同时期发生的事件之间的关联，贝利则没有这样做。举例说来，贝利指出，在 1840 年代和 1850 年代，发生了几个重要的事件：欧洲 1848—1851 年的革命归于失败，印度与中国都出现了叛乱，以及克里米亚战争（和他未提及的西方金融危机），这些事件的"后果，使世界再次紧密地交织在一起"（Bayly 2004：125）；不过，贝利并未解释其中的关联，也并未解释它们的前因后果。

贝利将 1840 年代后期和 1850 年代，作为世界历史上的重要节点来考察。我也认为需要对这一时期给予特别关注。他还将 19 世纪中期作

为世界历史变迁的一个基准点。实际上，很多人都在这样做。我在开始计划本书时，亦是如此。不过，在对证据做进一步考察的过程中，我发现，1870—1880 年是一个更为理想的时期。此种对修正主义研究的再修正，至少会产生两大方面的后果。首先，它通过展现 19 世纪中期以后的数十年中，那些后来变为“第三世界”的地区，如何继续保持抵抗（很多抵抗甚至尤其是出现在这一时期），延长了前文提及的“世界上大多数人都参与其中的转型”。其次，它还推迟了“前述变革开始急剧加速，并被生活在当时的人和后世历史学家都明确意识到其存在”（Bayly 2004：21）的时期。我在本书中对“后世历史学家”多有挑战，还将西方殖民和帝国主义统治时期缩短至不到一个世纪！

贝利还正确地写道：“任何世界史都需要认识到，在政治组织、政治理念和经济活动三者之间，存在着一种更为复杂的互动。其中，经济起到的作用，仍是基础性的。”（Bayly 2004：6）我之前曾提出过生态/经济、社会政治，及文化 - 宗教“三脚凳”的说法。（Frank and Gills 1993）贝利的这种观点，是我之前提法的一种（稍弱些的）共鸣。我常常被人指责，没有按照自己所说的去做，没有着力对政治和文化 49
之脚加以分析。至于贝利，在对政治组织和政治理念有着很好的分析的同时，却直接放弃了对起着基础性作用的经济活动的探讨。在他书中的 12 章中，只有第 2 章可以说是探讨了经济方面的问题，而有关 1850 年后情形的中心章节，则都忽略了经济方面的问题。这也是本书可对之加以补足的地方，因为我在本书中提供了对经济之脚的分析，尤其是 1870 年之后的。

贝利还写道：“与重新定向（reorient）世界史相比，我们更需要的是使其去中心化。”（Bayly 2004：470）我甚至会同意他的这一观点。我之前经常提及，几乎没有任何历史依据可以证明存在过英国的、美国的、西方的或任何其他“霸权”。另一方面，我也认为（我想贝利也会同意），他所希望的去中心化的历史，眼下正在变得越来越多，“东方”在世界史中的存在和影响，也在变得越来越吃重。

贝利认为，所有国家或地区的历史也都必定是全球史，涵盖世界很多地区的欧洲统治，其实只是部分或暂时的。（Bayly 2004：3）这可以视为对近年来的修正主义历史（尤其是有关亚洲的）的简单概括。事实上，这也可以视为对本书的简单概括。贝利和我，都无意为欧洲或西方的殖民主义和帝国主义辩白。对这段历史的“修正主义”解释和分析，让我们自然而然地得出了这样的观察。不过，我还需赶快说明的是，贝利和我的史学修正主义，并未采取相同的研究路径。我们的研究也许可以互为补充。若能如此，那将甚好。

我更希望读者自己去阅读贝利的书，在其中发现有关政治及文化的重要表述，并将之添加到本书的相关欠缺之处。不过，为了避免混淆，我在这里还必须指出贝利的一些错误，以免它们将我们引向错误的方向：（1）大体而言，中国在 1800 年前后开始衰退。（Bayly 2004：31）不，直到 1854—1862 年[1]的太平天国起义，以及 1858—1862 年[2]的第二次鸦片战争之后，中国的情形才开始出现转折。（2）美洲的变化在 1760—1783 年第一次直接影响到了亚洲。（Bayly 2004：45）当然不是。涉及大量动、植物的“哥伦布大交换”（Crosby 1972，1986），早就发生在美洲和亚洲之间。中国也早就从美洲输入了对其影响巨大的玉米和白银（美洲白银有一半最终被运到了中国）。（Frank 1998）（3）“勤劳革命”在西北欧的影响，比在其他地区的影响更大。正好相反，杉原薰（Sugihara 1990）已经有力地证明，它在日本和中国
50 产生了更为重要的影响。按照罗利（Rolly）的说法，在印度可能也是如此。（4）中国的金融业发育不完善。（Bayly 2004：62）不，并非如此。欧洲人在中国和其他东方地区，为自己融到了大量的“外国投资”。（Frank 1998）此外，贝利在其书中的下一个段落，就转向了与先前相反的观点，并且还援引特殊法律关系和担保制度来加以证明。大体说来，没有证据支持有关亚洲金融业发育不完善的观点，也没有证据

［1］　原文如此。——译者注
［2］　原文如此。——译者注

可以用来证明亚洲金融市场那时不曾繁荣过。事实正好相反。（5）法国革命是世界历史上的重大事件。（Bayly 2004：68）怎会如此？法国革命的理念，在亚洲和非洲（埃及除外）的历史变迁中，也具有“世界级”的影响吗？这里还应该提及，即便是在法国，拿破仑二世和三世也不得不抨击相关理念。（6）1780—1820 年，民间机构（civil institutions）在欧洲比在非洲或亚洲更为密集。（Bayly 2004：82）没有证据支持这一观点。另外，1780—1820 年，欧洲在军事方面的领先还非常有限，只是征服了印度部分地区，但尚未击败中国、东南亚、撒哈拉以南的非洲和拉丁美洲。如此一来，又从何种意义上说那是一个“革命的年代”呢？（82—83，100，119）（7）贝利正确地质疑了所谓的“17 世纪危机”，不过他很可能被托尼·里德误导了，从而认为那时的东南亚出现了危机。实际情况并非如此，毕竟东南亚的商贸活动，是与中国和印度紧密地联系在一起的，而中国和印度当时并未出现危机（69）。奥斯曼帝国的衰落（90—91），也已经被近年来的修正主义学者驳倒了。故而，贝利没有给出具体时间的首次“真正的全球性危机”，也就变得不那么明显了（90）。至少在 18 世纪末和 19 世纪初，中国和东南亚所经历的是繁荣而非危机，美洲和非洲此时（如不是在进步的话）也在进行着民族主义的抵抗。欧洲在军事方面的变革，仍不能使其在全球维持军事存在（91）。“西北欧特殊形式的勤劳革命与后来的工业革命处在一个［特殊的］经济和社会背景中”（59）；“欧洲看上去似乎能保持一种商业革新的连锁反应。与之相反，甚至最为成功也更具活力的中国公司［也无法做到这一点］。……欧洲部分地区具有的决定性的竞争优势，在于战争与金融之间的关系”（62）；亚洲“航海技术在 1700 年以后也落在了西方的后面”（64）。以上这些观点，都早已经被布劳特（Blaut 1993）、古迪（Goody 1996）、弗兰克（Frank 1998）、王国斌（Wong 1997）和彭慕兰（Pomeranz 2000a，2000b）等人驳倒了。贝利还引用过后面四人的观点，但并没有把它们当回事儿。（8）“欧洲和北美在技术、政治和社会革新方面，长期占据着优势。……［之所以会这样，缘于欧洲的］……政治单位相对较小……而且，在一个相对较小的区域里竞争更激烈……欧洲人［因而］发动了更多的战争……［这］迫使国家……在军事方面……花钱。……欧洲在军事方面的优势……［带来了］金属加工、化学、玻璃制造，以及其他前现代产业的革新。”（Bayly
51 2004：81）欧洲和北美“密布着更多政府外民间机构”，其他地区则并非如此。“这些都是欧洲决定性的有利条件”（82）。前文引用的研究已经显示，证据与这些说法正好相反。(9)“［由于欧洲人的传播或强迫］土地及财产权、商业活动、政府的形式，甚至是意识形态的形式，在全球大部分地区，那时看起来就已经愈发相似了。”（119）并非如此。

在全球层面上来看，没有证据支持上面的主张。正好相反，它们仅是基于欧洲一隅得出的，真正放眼全球就会发现，它们全都不成立。接下来的章节会说明，在世界其他地区，尤其是在亚洲，事情仍在继续着原先的进程。亚洲大部分地区，在 1780—1820 年远未经历危机，那时它们在经济上和政治上，都正处于一个繁荣期。非洲和拉美受到了欧洲事件更为直接的影响，也正是由于这些影响的存在，拉美在此期间涌现出了很多新独立的国家。此外，此时期的大部分时间里，它们在经济上的表现都还不错。事实上，甚至对于欧洲和北美的情形，贝利给出的时间也是错的。它们遭受经济危机是在 1762—1790 年之间，之后直到 1815 年都处在经济扩张期。1790—1815 年的这段时间，也常被视为康德拉季耶夫周期的“首个”A（上升）阶段。（Frank 1978）

贝利还写道：

> 就加长的 19 世纪中的全球性变化，寻找单一（甚至是主导）原因的做法，未免太过还原主义了。……政治上、经济上和思想上的变迁，在很多不同层面上的互动，产生了一系列的关联变化，这才是事情的关键。这既可以解释欧洲及非欧洲在 19 世纪初的大分流，也可以解释社会冲突及社会变迁在 19 世纪末的急加速。（Bayly 2004：475）

虽然我会因其轻蔑含义，而避免使用“还原主义”一词，但我还是会同意他不要“寻找单一（甚至是主导）原因的做法”。贝利在自己的书中用了大量的篇幅，来谈论思想观念和意识形态：“本章以及接下来的一章，是有关思想观念和意识形态的。”（Bayly 2004：284）不过，我发现它们实际具有的影响，远小于贝利和其他许多人所以为的。事实上，贝利所说的那些互动，根本无法用来解释任何事情，更别说我们两人都试图解释的欧洲与非欧洲之间的大分流了。首先需要指出的是，贝利在这些问题上，要落后时代一个世纪。近年来有关亚洲多地的研究（有些贝利还曾加以引用）显示，这些地区也存在着大量工业生产，而且，它们在农业生产率、预期寿命、工资和收入等方面，与欧洲的水平大体相当，或者还有所领先。回想一下，就在1800年前不久的1776年，亚当·斯密还提及，所有研究亚洲的学者，都给出了此类报道。另一方面，贝利自己正确地观察道：“在19世纪相对较晚的 52
时候，工业化才得以到来，而且还常常是乡村的工业化，其影响力虽然强大，但迟至1914年才成为气候。”（198）如此一来，1800年时欧洲与亚洲之间，还存在什么样的重大差异呢？贝利在论及发展时，所重点强调的国家（state）和意识形态？在我看来，国家还可以算是，但意识形态不算。然而，不管怎么样，在过去30年当中，历史学家已经将两者都抛弃了。我的研究生室友马歇尔·霍奇森（Marshall Hodgson）早已预言，认真考察过这些多样的社会之后，就会发现，此类所谓差异并不存在。非常可惜，他在1968年就去世了，没有活着看到自己的预言变为现实。顽固坚持陈旧观点的人现在还有很多，比如自觉的欧洲中心论者兰德斯（Landes 1998），以及亨廷顿（Huntington 1996）；试着做出改变的人却很少。很难再发现像贝利这样的研究者了，他反复强调自己要写一部非（实际是反）欧洲中心主义的书，也因而给我们的研究提供了不少借鉴。

为了写出一部非欧洲中心主义的书，就应该竭尽全力去考察文化、艺术、想象、意识、宗教、种族、社会、民族、帝国主义等方面的情形，以及原住民所遭遇的生态破坏。贝利在这些问题上做得很好，而我只是考察了后两样（帝国主义和生态破坏）。这也就是为什么说他的研究可以对我的研究起到重要补充作用。不过，要解释这一多重起源的转型如何及为何出现，我们就必须将考察作为单一整体的世界政治经济及其全球性的转型，视为首要的工作。我们必须在其中寻找系统性的关联，并寻求在地区或部门之间，以及同时期的进程之间进行比较，正如我试图在本书中所做的。另一方面，贝利（Bayly 2004：6）并未试图进行任何此类系统性的分析，这也许因为他在自己的著作中，“并不打算专注于此类深层次问题”。所以，他将自己的工作限定在对前文列出的特征进行分别考察，并不时给出零星的评论，例如贸易条件变得对第三世界不利。他将大部分的章节，都用于讨论那些导向现代化的事物：国家和社会，艺术和想象，社会等级，革命，工业化和城市。他在书中确曾提及，“经济在这一论证中当然依旧扮演基础性的角色”（Bayly 2004：6），但他并未拿出多少篇幅来讨论经济，尤其是世界经济，仅用不到6页的篇幅论及了帝国主义，而且还主要是在理论层面上。贝利对自己关注问题的讨论颇具启发性，不过，无论它们多具启发性，也不可能“解释如何及为何”会发生世界性的转型。要解释这一转型，我们需对整个世界政治经济，对其内部系统性的政治经济关系，对世界不同地区之间的关联，进行一种真正全球性的分析。因为，正是它们引起了19世纪的全球大转型，还使转型仅仅花了三代人（或许更短）的时间便告完成。

53 我们的分歧表明了一些更为重要的东西。所有这些分歧都说明，贝利并未按其所说的，在论证中让经济“依旧扮演基础性的角色”。他完全没有这样做。我们的分歧几乎都是有关制度（institutions）的，而并非有关经济力量、危急形势，或危机、萧条、贸易和收支平衡等问题。在贝利和其他一些人那里，经济或其他领域的制度有着重要影响。我的观点是，就已有的证据来看，当遭遇真实世界的经济力量时，这些制度几乎没有什么影响力。

我们已经回顾了诸多不能令人满意的研究路径，现在可以来看看另外一些了，它们与我将要在下文提出的颇为相似。阿瑞吉（Arrighi 2005）在总结过“加州学派”王国斌、弗兰克、彭慕兰等人（现在这一学派也扩及杉原薰和阿瑞吉了）的论述之后，提出了自己的方法。阿瑞吉也继王国斌之后，颠覆了过去常见的问题，不再问为何中国没有走上欧洲那样的道路，而代之以欧洲为何能够逃离“高水平均衡陷阱”。“高水平均衡陷阱”曾被伊懋可（Elvin 1973）用来描述中国，弗兰克（Frank 1998）则将之推广到作为一个整体的全球体系。在此种情形之下，低工资的充足劳动力与稀缺的资源和资本相结合，使得在眼下被称为东方和南方的地区，指向节约劳动力的投资非常不划算。然而，1800 年前后，先是在英国，随后在西欧和北美，出现了一种偶然的情形：稀缺的资源（尤其是土地）与充足的资本和高工资相结合，使得节约劳动力和资源的投资，非常划算且回报丰厚。大西洋周边的奴隶贸易与种植园农业，极大扩张了海外资源的可用性，也极大降低了海外资源在欧洲的使用成本（Frank 1998）。后者正是彭慕兰（Pomeranz 2000a，2000b）所论述的重要内容。他强调，加勒比海地区和美国南方，与英国和西欧之间的“生态交换”，使后者不必为了卡路里生产而投入更多的土地。[他还可以再算上在那些土地上劳作的奴隶，就如威廉斯（Williams 1943）在其《资本主义与奴隶制》中所做的那样。] 他也可以再算上源自大西洋西北部的鳕鱼和棉纺织品。欧洲人所使用的棉纺织品，最初是用美洲的白银购买自印度，之后则是在英国、比利时等地自己生产，用的主要是来自美国南方、埃及和印度的棉花。上述每一种情形，都使欧洲节省了大量土地。否则，欧洲人就不得不通过降低国内森林覆盖率，来放牧更多用于取羊毛的绵羊了。

杉原薰通过追随德·弗里斯，将西方劳动力短缺/资本密集导致的
“工业革命”，与劳动力密集充足的“勤劳革命”区别开来，拓展了上 54
述论证。德·弗里斯强调，“勤劳革命”出现在了前工业时代的西方；

杉原薰则发现，东亚和南亚在 18、19 世纪，甚至是 20 世纪，更普遍地存在着此种情形。事实上，杉原薰（Sugihara 2003）指出，动员人力但节约其他资源的“勤劳”生产，曾经（并依然）是东亚等地通向发展的一条替代性道路。与西方资本密集型的“工业”生产道路相比，这条道路在过去（主要是西方）的相关著述中，颇受冷遇。阿瑞吉正确地指出，在这一分析当中，仍有许多问题尚待解答。如果西欧和东亚都具有充足的资本，而且还都来自欧洲在美洲的殖民地（中国的方式是通过白银的进口），那为什么它们的发展道路却大不相同呢？

阿瑞吉（Arrighi 2005：260）继续问道：“王国斌、弗兰克、彭慕兰、杉原薰等人，在探讨大分流的起源时所遗留的很多问题，是否可以追溯至西欧和东亚地区所处地缘政治环境的差异呢？”如果可以的话，那这些影响深远的差异是什么呢？“其次，地缘政治环境与不同国家或地区的发展道路之间，存在着什么样的关系？这些道路是相应环境的产物，还是构成它的关键要素？”（261）阿瑞吉继而指出，（1）有两个有所互动，但大不相同的地缘政治国家体系：大家熟知的、西方的威斯特伐利亚体系，以及滨下（Hamashita 1988，2003）探讨的以中国为中心的东亚朝贡体系。（2）在 17、18 世纪，前者将“国家与国民经济的建构”置于首位（滨下的研究业已表明，虽然不同于欧洲和西方，东方的经济和政治单位，在朝贡体系中亦是既有合作，也有竞争，有时甚至会兵戎相见）。西方的体系“凭借着资本主义和帝国主义的新颖结合”，逃离了高水平均衡陷阱。（3）“这种新颖结合是真正的‘独立’变量，在 19 世纪和 20 世纪早期的大分流中，它就潜藏在所有其他决定性因素的背后”。（Arrighi 2005）不过，阿瑞吉还注意到，此种政治变量，无法解释西方的资本充裕。

通常情况下，很多问题的答案，都可以从它自身的构成和表述方式中得出。在阿瑞吉的例子中，他首先指出了西欧与东亚两个分立（也有所联系）的体系。这样一来，未被这两个体系“纳入”的世界其他地区，就被他排除在外了。因此，相较于很多其他研究，阿瑞吉的构想已经向前迈出一大步，但若是从全球视野来看，它仍只是数量和质量上的一小步：数量上，它仍将世界很多地区排除在外；质量 55
上，它仍未将全球作为一个整体来考察。如果阿瑞吉将全球政治经济视为一个整体（至少是从 1492 年起）的话，他就不会在他的问题（1）和（2）中，给出两个彼此不同且相互分立（尽管有所接触）的体系了。

将时间定在 1800 年是很成问题的。它代表着一种对历史的进步式理解，这种理解仍旧坚持欧洲从 1400 年起就处于领先位置（比如：Landes 1998）。幸运的是，阿瑞吉主张的是1840 年，第一次鸦片战争爆发的年份。顺便说一下，此时再过 100 多年（也就是“二战”结束之后），东亚的经济增长率变成了西方的两倍。事实上，王国斌也存在着与阿瑞吉类似的问题，他坚持对东、西方的社会政治单位做独立的分析。彭慕兰和杉原薰也是如此，他们分别处理两个（或更多）经济体或“体系”，当试图将它们联系起来时，又搬出一个全球的经济体或“体系”。早在 1998 年的《白银资本》中，我就主张存在一个单一的世界经济体和全球性的政治经济体系，其中几个地区在 19 世纪的衰落与另外几个地区在 19 世纪的兴起，共同造成了大分流。在本书中，我就更是这样认为了。

我首先要解决的问题是，这些变革“何时”发生。本书对此给出的时间，与《白银资本》所给出的并不相同。我那时可能夸大了印度在 18 世纪上半叶的衰落的重要性，对证据的进一步考察使我发现，亚洲、非洲和拉美的衰落，都发生在 19 世纪。具体说来，正如我在本书其他地方强调的，中国“急剧的经济衰退”，应该是在第二次鸦片战争之后。1860 年代出现了很多重大事件：中国开启了有着重要影响的“洋务运动”；日本 1868 年开始了明治维新；印度的工业化发端；俄国解放了农奴；等等。这些使得西方主导全球的时间，缩短至不到一个世纪。此外，近年来的研究表明，欧洲真正的工业兴起，在本土源于

1870 年后的“第二次工业革命”（它主要发生在德国和美国，而非已经衰退的英国），在国际上则源于“帝国主义”。我还认为，帝国主义必须通过贸易与支付的多边和多角体系才能运作，而这一体系也是在 1870 年之后才占据了主导地位。下文对此会有详尽的论述。因此，更多证据显示，如果有一个可以确定的转折点的话，那它肯定出现在 1870 年或之后，甚至是 1880 年。赛米尔·艾登（Cemil Aydin）就将奥斯曼帝国的转折点放在了 1880 年。（Aydin 2005）这样一来，西方主导全世界的时间，就被缩短为 19 世纪的 20 年，加上 20 世纪的前 40 年。
56 另外，如果再拉长时间跨度来考察全球史，以及东亚在其中的地位的话，甚至是这几十年也需要被重新评价。

阿瑞吉的那些核心问题，都来源于他武断地将世界划分为若干部分，并认定它们都有着自己独特的历史道路。如果他（或我们）从“一个世界”出发进行思考，这些问题甚至不会被提起，更不用他来给出解释了。如果从一个整体世界出发，就像本书这样，或许接下来要探讨的问题，可以就单一全球政治经济体的结构、运行方式和转型而提出。这种出发点下的研究，不需要也不会将阿瑞吉坚持的政治经济分析排除在外。事实上，在这个单一的体系中，此类分析会变得更为简单。这种出发点下的研究，也不会将杉原薰的生产要素价格分析，以及奥罗克和威廉森（O’Rourke and Williamson 1999，2000）的相关分析排除在外。它只需将分析范围拓展至一体化的全球经济即可。它也会试着将彭慕兰对生态交换的考察，置于另一个更为广阔的领域进行。无论怎样，真正的核心问题，只有通过全球性的分析才能发现；大转型发生的原因，以及它在各地的影响或表现，也只有通过全球性的分析才能找到。因此，前面提到的这种情形似乎不太可能：西方资本主义和帝国主义的结合，将会生出潜藏在其他一切背后的独立变量。更为可能的情形是，此类变量将会被发现只是一种意识形态的建构，正如我早在《白银资本》中就已经主张的。

对其他研究路径的一番评论之后，本书的路径也就慢慢显现出来了。《经济与政治周刊》（*Economic and Political Weekly*，2004）曾刊出过一组“关于经济史”的讨论，参与者有罗伊、弗兰克、杉原薰、彭慕兰和王国斌。开头的一篇文章，是罗伊对印度经济史的哀叹。这实际是罗伊对要素禀赋和价格在当前及历史上的经济选择中的基础性作用加以再确认的反映。我们称自己所进行的是一次“讨论”，而非一次“辩论”，这是因为我们在以下方面有着基本的共识：要素禀赋和可用性的地区性差异及其造成的显性和隐性要素价格差异，在供给和需求两个方面都有着重要影响。这也使得至少可以与那些来自新古典主义经济学、研究要素禀赋及价格的学者，结成战术上的同盟，因为我们都在某种程度上依靠微观经济学提供的要素价格分析工具。我们的差异在于将这些工具应用于多大规模的经济体。罗伊更愿意将它们限定于印度，甚至是印度的某些特定地区。王国斌则将欧洲与中国进行比较。彭慕兰对它们既做比较研究，也做联系性的分析，他还将欧洲与大西洋周边联系起来考察。奥罗克和威廉森（O'Rourke and Williamson 2000）是来自其他不同传统下的经济学家，仅仅是将他们的研究应用到（或限定在）北大西洋经济体。

杉原薰在他更为关注通向工业化的替代性道路，而非哪些地区在 57
工业化过程中占据主导地位的研究中，也将这些同样的观察作为讨论的起点。他的研究既侧重于比较，也部分地侧重于综合。杉原薰先是发现在资源匮乏和劳动力过剩的日本，发展出了一种可以吸收大量劳动力的劳动力密集型“勤劳”生产（或“革命”），并指出它是西方那种更为人熟知的节约劳动力，但耗费更多资源的资本密集型“工业”生产和革命的替代与补充。杉原薰继而在中国、东南亚、印度和世界其他（甚至包括欧洲的部分）地区，发现了同样是资源匮乏但劳动力充裕的状况。在这些地区，劳动力密集型的生产，以及为使用大量廉价劳动力而发展出来的新技术，还有相关的制度安排与金融体系，都很好地经受住了来自西方资本密集型生产的竞争，尤其是在供应本土市场的低附加值生产领域。此外，在1800年之前，印度棉纺织品以及中国的丝绸和瓷器，用相似的技术就能统治世界市场。勤劳生产也有能力征服国外市场。日本先是向与其禀赋相似的中国、东南亚和印度市场出口粗棉布料和其他制造业产品，继而又征服一些早已实现工业（即资本密集型）发展的地区的市场。不过，彭慕兰（Pomeranz 2004）并不认为，中国某些地区的此类状况可以被日本人利用，因为中国人早已经在其本土这么做过了。罗伊还强调了印度供应本土市场粗棉布料的能力，并指出，在使用了进口及后来由本土生产的低成本机器纱线之后，印度织布产业所提供的棉织品甚至变得更为廉价了。

这种勤劳生产的分布是如此广泛，以至于杉原薰主张，应该将之视为通向工业化的第二条主要道路。它早就已经开始，然后在 19 世纪面临西方挑战时继续发展，并最终在 20、21 世纪加入或融入后者。杉原薰在谈及通向工业化的勤劳生产时，习惯称呼那些曾经（并继续）以之为特征的地方为东亚和南亚（或东方）“地区”（region）。用维特根斯坦的术语来说，他这是错置了具体性。因为，并非亚洲或其他地区大多以勤劳为特征，而是供给方面的勤劳式要素组合，主要在亚洲等地被发现，因为它们的劳动力/土地要素禀赋更高。在这里，要素禀赋是主要因素，其亚洲所在是次要因素。这也意味着，对于那些劳动力相对较少、工资相对较高、低成本资本更为丰富的地区，迈向“工
58 业”道路成为一个可行且理性的选择。这种情形碰巧发生在了西欧，然后扩散到了欧裔移民的新定居地。当然，新定居地数量较少的原住民，被这个过程排除在外了，等待着他们的往往只是被淘汰和被消灭。在这些地区，土地和矿产资源尤为丰富（如果情况不是这样的话，没人会跨海越洋到那里去），因此所有东西的成本都很低。这些因素与输入的劳动力相结合，或者，这些因素被输入的劳动力加以利用，既促成了高生产效率，也造就了高工资劳动。这些地方不仅向旧欧洲供应廉价的白银、木材、糖、烟草、棉花、小麦和肉类，以降低那里的工资水平，还从欧洲大量吸收跨大西洋移民，并以此提升那里的工资水平。这些欧洲移民还提高了海外的劳动力供应，并因此对那里依旧很

高的工资有所制约。虽然亚洲移民在数量上与欧洲移民相当，但他们当中的大多数，都迁往了与原居住地差异不大的亚洲其他地区，因而未能对劳动力/土地要素禀赋和价格，产生那么大的影响。换句话说，认为“西方”在本质上区别于“其他地区”的想法，也是错置了“西方”的具体性，没有将其要素禀赋当作首要因素。有关亚洲或东亚的观念亦是如此，尽管我们提及的这几位学者，都力求发现另外一些独特事物。正如我将在其他地方论证的，包括很多文化与制度在内，东、西方之间可能会有些不同，但此类不同不会产生重要影响。事实正好相反，制度基本上衍生自这些要素禀赋，也反映着这些要素禀赋，还需要适应这些要素禀赋。很大程度上，文化也是如此。

这可能听上去很像经典比较优势理论。确实如此，也并非如此。要素禀赋和价格运作起来，就像是在遵循着比较优势理论。不过，其中的差异更为重要。首先，要素禀赋并非最初就给定的，它们会发生变化，可以被人类活动重新配置。其次，相关分析可以容纳两个以上的国家，只要它们的要素禀赋可以获知。最后，就彭慕兰和杉原薰来说，虽然他们看见的仍是不同的“地区”，但这些地区彼此联系和相关，几乎构成了一个单一的世界经济体。如果奥罗克和威廉森将他们对北大西洋的要素禀赋及价格分析，拓展到作为一个整体的世界经济的话，他们也会得出几乎相同的分析。

在我自己的想法和方法中，肯定只有一个世界经济体，只有一个全球政治经济体。这也许就是我的理论和方法最能区别于前面与我最相似的几位之处了。此外，还有三个问题群，也使我疯狂的方法有别于其他人。首先，建立一个图表或模型，用来反映世界经济范围内区 59
域间的要素禀赋与价格、由它们衍生出的租金或其他收入，以及这些衍生收入在全球的分配情况。正是在这一全球性的体系中，要素禀赋因为人们的活动而发生着变化。同样发生着变化的，还有某一“地区”在全球体系中的结构性地位，那里的居民所能获取的收入再分配，正是由这一结构性地位决定的。其次，我会试着绘制一个类似的全球模型，用来描述全球经济增长中熵产生和耗散的不平衡：一些地区产生的熵，被耗散给了另一些地区；由此，一些地区经济增长的代价，被强加给另一些地区承担。最后，我将试着描绘整个全球政治经济体系的结构、运行和历史变迁，正是这一体系最终决定着各国的富裕或贫穷。

肯伍德和拉菲德（他们几乎是当下唯一仍在引用希尔格特的人了）也承认，“国际经济是 19 世纪的‘增长引擎’，但可惜的是，对于它具体的运转情况，我们至今远未能给出恰当的理解”。（Kenwood and Lougheed 1999：126）不过，在过去的一些年里，许多学者加入了前文提到的那些人的行列。他们并未组成一个单一的研究团队，而是分成了一些小规模的研究团体。其中几个彼此独立，但又有所联系的学者，已经得到了“加州学派”的称号。

何种理论与分析？

马克思在一个半世纪之前写道，不可能写出一部世界史——因为它根本就不存在。他声称只是有很多碎片和片段散布在全球。我们可以将马克思这一席卷全世界的错误，从他同时代的其他一些错误中辨识出来，作为“整个司空见惯、迷惑人心、不切实际的神话”（约翰·F. 肯尼迪之语）的源头。从那时起，这一主要神话就作为一种基础性的观点，存在于大多数对历史的错误解读中，存在于大多数对社会理论的错误建构中。其中有一些我已经在《白银资本》中加以分析和驳斥了，本书第一章又驳斥了与之相关的 25 个子神话。我们从中可以看到，那一潜在的神话直到今天，仍在致使历史（甚至是“世界历史”）和社会理论研究频频出现问题。几个例子（它们覆盖了从左翼到右翼的整个政治光谱）应该足以说明这一现实和困境。

先说左翼。英国（也许是全世界）首要的马克思主义历史学家，资深的共产党员，艾瑞克·霍布斯鲍姆（Hobsbawm 1975：49—50），在《资本的年代》（*The Age of Capital*）中试图让我们相信，直到 1848 年

（他这项研究的起始之年）时，仍旧不存在一个整体性的世界，因为各地之间的相互了解甚少，而且各地居民之间“经济联系微弱”。1997年时，他还撰写了一篇评论文章，高度评价了兰德斯（Landes 1998）的《国富国穷》。不过，霍布斯鲍姆所肯定的兰德斯，未能认识到全球经济的存在，也未能对之加以分析，并因而使自己的研究问题重重。 60

来自制度上仍占据主导地位的“右翼”的例子，是奥布赖恩、奥罗克和威廉森。奥布赖恩（O'Brien 1997）在一篇经济史的文章的第二页，写下了这样一个小标题：“全球经济的形成，1846—1917”。仿佛在1846年之前，全球经济并不存在。奥罗克和威廉森撰写了《全球化与历史：19世纪大西洋经济的演变》（*Globalization and History: The Evolution of a Nineteenth-Century Atlantic Economy*，1999）一书，以及另外几篇同一主题下的文章。他们在这些著述中提出，如果之前曾有一个单一的世界经济，那全世界的工农业产品和部门（不包括劳动力?），就会有着一个单一的价格。他们指出，并没有发生这种情形，之所以会这样，首先是因为之前长期贸易的那种商品根本就不会产生这种效果，其次是因为之前的贸易不足以使各贸易地区之间的商品要素价格趋于均等。后一种观察成为他们一篇文章的关键，他们在那篇文章中问道：“全球化何时开始?”与弗兰克和本特利不同，他们对此给出的答案是：1820—1828年，因为直到那时，商品要素价格的均等化，甚至是趋同化，才开始在全球范围内出现。在邮件往来中，我对此提出了反对意见：地区间要素价格的均等，并不能作为世界经济存在与否的标志，因为，即便在当今“全球化”的世界经济中，甚至在一国之内，要素价格（尤其是劳动力的工资价格）仍是不均等的。二人中的奥罗克，也同意了我的这种看法。

[1]其他一些认为世界经济不存在的观点，实际上已经被《白银资

[1]　此处略去了11行原文，因为它们与上一段后半部分内容有所重复，应是同一表述的早期不成熟版本。——译者注

本》提出的证据推翻了。事实上，亚当·斯密早在 1776 年时，就注意到了一个世界经济的存在，并对之进行了分析。还有，从左翼的马克思主义专家到 20 世纪几乎所有经济史学家，都试图让我们相信，英国
61 在 19 世纪上半叶就已经是“世界工厂”了。如果这一说法属实，也就不能认为那时不存在世界经济了。

针对奥罗克和威廉森的《全球化与历史》，我写过一篇评论文章。我在文章中提到，他们在将分析范围限定在“大西洋经济”的同时，也限定了自己能得到的发现，限定了自己研究结论的有效性。因为，如果他们将大西洋经济从全球经济中分离出来的话，他们就不可能对大西洋经济进行充分的考察，因为它是全球经济的组成部分，其诸多特征也是后者帮助塑造的。这就是问题所在！英国人对美洲的跨大西洋投资，就是一个重要的例子。一些研究显示：英国用于这一投资的资金，大部分来源于印度。对此，索尔（Saul 1970）早已给出了有力的证明，我也会在下文详加说明。连英国人跨大西洋的投资，都需要在全球视野中加以考察才能搞清，更别说奥罗克和威廉森要探讨的“大西洋经济”了。顺便说一下，美国那些众所周知其狭隘的历史学家，甚至连奥罗克和威廉森的主题本质为何，都不能理解。唉，所有这些“科学”的经济学分析和理论，以及历史研究，其实都有意识形态的成分在作怪。

这种意识形态中最具名气也最具破坏性的版本，是哈佛大学的亨廷顿在其声名卓著（狼藉）的《文明的冲突》中，对多样性中统一性的否定。它明显是为了替西方（特别是美国）据说是防卫性的对外政策，提供意识形态辩护和合法性而被设计出来的。在“9·11”恐怖袭击事件之后，它又被具体化为布什政府对世界“其他”地区的挑战：“你要么是我们的朋友，要么是我们的敌人。”

本书想要传达的，是一个正好相反的社会政治和伦理命题：“多样而统一”（Unity in Diversity）。我们会在本书对 19 世纪（确切说来是 1750—1913 年）全球经济的历史、结构、运行，以及转型的再解读和

再建构中，清晰地看到这一点。为此，本书对近几十年来的修正主义研究多有借鉴。我在对相关著述进行评论的同时，实际上已经将本书的研究内容和方法介绍了出来。在接下来的章节，本书会按照时间顺序，对 19 世纪进行再定向（*ReOrient*）。在这个过程当中，我会尤其关注全球各地同时展开的一些事件，是如何相互关联在一起的，又如何从当时的全球情势中衍生出来。本书的分析始于 1750 年，这与我的前一本书有所重叠，其中主要有两方面的原因。其一，还是历史的连续性。18 世纪和 19 世纪所经历的，是同一个连续的历史进程。其二，是为了修正《白银资本》中有关东方衰落的一些说法。新证据已经使旧说法变得不合宜了，亚洲的衰落要比我之前认为的晚得多。同样晚得 62
多的，还有西方的兴起，以及东西方之间的大分流。

要解决这些问题，我们必须舍弃全部既有看法，去到另一盏路灯底下，寻求世界经济之手表。我们需要在这样一盏灯下进行探究：它可以照见那时是否存在“国际劳动分工”和世界范围内的市场竞争，以及贸易和支付网络是否已遍布全球。依照现有证据来看，这两个问题的答案都毫无疑问是“肯定的”。一个囊括全球的世界经济存在与否，可由以下任一（更不要说两个）标准来判断：（1）一种单一的商品——白银，既可以在所有地方交换某些货物，又可以在任何地方交换所有货物；（2）不同地区的贸易与支付三角关系，通过一个共同的顶点联结在一起。英国就是那个共同的顶点，它联结起了每个指向它的“区域”三角：中国、印度、英国之间臭名昭著的鸦片三角；已经联结在一起的多个大西洋“三角贸易”；英国、欧洲大陆、美洲之间的多个三角；美国、中国、英国之间新生的三角；等等。这两个标志着世界经济存在的条件，每一个在 19 世纪上半叶都得到满足了，而且，在更早的时期也是如此。不过，更为重要的是，这两个条件并不是单独出现的，它们相互之间还有所关联：当时确实存在着一个涵盖多地区和多部门的世界经济体系；在这一体系当中，贸易和支付活动是以多边结算（可以使用并经常使用白银）的方式进行的。故而，之前有关贸易和收入（可能还得算上价格）的数据和百分比计算，都在很大程度上归于无效了，因为它们都是基于错误的理论和混淆的事实得出的。它们都偏离了重要之处，更糟糕的是，它们甚至还妨碍了对多边贸易（更不用说熵的多边耗散和吸收了）的分析和文献整理。

《白银资本》（Frank 1998：44—51）早已引用过很多这类例子。其中一个例子是"世界"历史学家菲利普·柯廷（Curtin e. g.，1984）。正如另一位学者所评论的，"在他所有的著作中，他都将呈现整体性的世界作为目标。不过，柯廷在他的写作中，并没有去分析世界历史的主要线索，而且还避免尝试建构任何有关世界历史的'主叙事'（master narrative）"。（Manning 1999：14）我的看法更进一步：柯廷反对少数同代人将研究推得更远的尝试。将世界作为一个整体呈现其过往，本已是很艰难的事情了，此种反对意见无异于又束缚了我们的手脚。
63 处于这种自我限制状态下的研究，会得出一些很成问题的观点，比如本书前一章评论和质疑的那 25 个有关 19 世纪的神话。

经济学家们做得更糟。他们有一个研究和教学的领域，他们称之为"国际经济学"（注意是"国际"，而非"世界"或"全球"）。民族国家及国际组织已经统计了数以吨计的外贸信息。然而，正如耶茨（Yates 1959：16）观察的："奇怪的是，这个仓库几乎完全被经济学家们忽略了。从来没有一个领域，统计信息如此丰富，却如此少地被考察。经济学家们转而去考察据信在其中起作用的各种力量。……对于国际贸易的走向，至今尚缺乏比较深入的研究。"耶茨明确地将自己的工作限定在收集和整理统计数据，而将"深入研究其走向"的工作留待了日后。可惜，直到近 50 年后的今天，这个"日后"仍未到来。此外，耶茨（Yates 1959：20）在其《对外贸易四十年》（*Forty Years of Foreign Trade*）中，考察了 1913—1953 年的外贸数据。时间上限定在 1913 年，是因为"1913 代表了一个时代"。他在自己这项研究当中，只是偶尔会涉及 1913 年以前的数据。尽管如此，耶茨对本书的讨论也有一定的帮助，因为就 1928 年的情形而言，我们可以将他的数据与希尔格特的数据稍做些比较。

第一章对有关 19 世纪的神话的展示与驳斥，以及本章前面的文献及方法论介绍，在理论和分析方法方面，至少有着三重启示。随着对 19 世纪研究的深入，这三重启示的重要性也会增加。

其一，《白银资本》考察的那几个世纪的情形得到了延续，存在于 19 世纪的仍是那个结构完备、运行良好的单一世界经济。此外，在 19 世纪的大部分时间里，18 世纪延续下来的连续性，都要比任何所谓的转型更加显著。与过去绝大多数的看法相反，英国（或欧洲）没有在 1800 年（或更早）突然开始转型，19 世纪独特形式的世界经济，如果不是始于 1870 年的话，最早也只是始于 1850 年。还需提及，至今还有很多学者，或隐晦或明确地主张，在 1846—1850 年之前，并不存在"世界"经济。

其二，研究和理解世界经济中的任何一个部分，都要考虑到它与其他部分之间的关系，考虑到全球性世界经济的结构和动态，否则，所有的努力都注定会白费。在研究据说是专制独裁和自给自足的中国和日本时须如此，在研究印度时须如此，在研究欧洲（尤其是英国）时就更须如此。当然，研究美国时亦须如此。过去有关美国的历史书写出了名地狭隘，因为它们大多只着眼于本土的事件。另外，如果不能从全球整体出发，比较历史学研究和比较政治经济学研究，甚至同样会注定失败。这是因为 A 地的"特征"与变化，部分地源自它与 B 64
地和 C 地的关系，甚至部分地源自 B 地和 C 地的存在本身。反之亦然。在第二次世界大战以后，"发展"研究变得甚为流行。不过，相关研究经常会忽略，发展从来就不是任何单一地区的事，也从来不是任何的单一进程；发展离不开作为整体的世界经济和体系，其中各个部分所获得的财富，也都主要源于它们在整体中的位置和角色。

其三，大多数原先有关英国、欧洲和/或美国，从它们的殖民地或新殖民地获利与否的计算，从最开始就是无效的。这是因为此类计算大多只是涉及了投资、贸易和支付的双边流动。有着同样情形的，还有很多理论和分析对自愿或非自愿的双边交换关系中的利益关系平等与否的评估。相关计算可能会得出这样的结论：直接的双边外贸、支付，以及从（或因）第三世界，甚至是所有世界其他地区，所获得的利润，占的百分比很小，难以影响英国、欧洲或美国的发展。贝洛赫、罗斯托、奥布赖恩（也可参见 O'Brien and Escosura 1998）等“右翼”学者，大都这样认为。另一方面，“左翼”的计算结果（或经常只是假定），则往往指向相反的方向：“北方”或其中的部分地区，确实都曾或显著或轻微地，从它们与“南方”的殖民、帝国主义或新殖民主义（实际是帝国主义）关系中获益。以上所有这些有关双边关系的计算都是无效的，因为藏在背后的研究意图左右了最终的结果，更因为所有这些计算都仅简单地考察了双边（至多是三边）关系，而没有考察多边贸易和支付的整个体系。正确的计算结果，只能通过后一种方式得出。正如我们将在下文看到的，多边性是尤为重要的，不管是在我们放在最后考察的 1873 年之后的时期，还是在它之前的两个时期（这时其重要性可能会显得稍低一些）。总而言之，正是各地在全球体系中的“位置、位置、位置”，决定了它是否能从 19 世纪的全球发展中获利。

世界发展成本的分布，同样依据这一原则。“位置”决定了英国，然后还有其他欧洲和美洲经济体，可以将它们产生的熵，强加给印度和中国等地来吸收。因此，欧洲甚为缓慢的工业化进程所产生的熵，也被输出到了它们在美国南方的棉花来源地，输出到了加勒比海地区
65 的种植园经济。这些地区日益增加的生态、经济和政治“失序”，不管其中多少是源于“本土”的，都因为从英国和其他欧洲国家输入的熵，而变得更加严重了。但是，这却反过来促进了英国等地经济、社会和政治的稳定。在美国，从欧洲输入的熵，部分被继续耗散到西部地区。俄国的情形也类似，它把熵继续向东耗散到西伯利亚和中亚，让那些地区来承受代价。

《白银资本》主张，从 1500 年起，就有了一个结构完备、运行良好的全球性单一世界经济，而且，直到 1750/1800 年，在其中占据主导

地位的，是亚洲（尤其是中国），而不是欧洲。如果这种状况从那以后就结束，我们应该去解释这如何及为何发生。不管怎样，大分流，以及亚洲和欧洲（之后是美国）的位置大颠倒，都发生在全球经济的“单一世界性体系”当中。

此外，甚至是有关工业革命的修正主义研究，有关德·弗里斯（De Vries 1994）开创的勤劳革命研究，都需要试着进行一种全球性的分析。查尔斯·莫尔（More 2000）在《理解工业革命》的概览性导论中，并未做这方面的尝试；他所概览的经济史和其他领域的专家，在探究英国不同方面的情况时，也没有做这方面的尝试。普拉克（Prak 2001：19）在其所编《早期近代资本主义》（*Early Modern Capitalism*）的导论中，倒是这样写道：“现在并非另一种有关资本主义兴起的宏大理论的出现时机。……但如果新的‘宏大理论’最后还是出现了的话，它也必须考虑到本书的两个重要成果：早期近代欧洲的区域动态，以及资本主义是在至少三个世纪的时间里，从一个基本上是非资本主义的世界中挣扎出来的。”一位此书的供稿者写道：“对于工业革命的特性或起因，现在学界还没有达成什么共识……但不言自明的是，现代经济增长……以及工业化的根源，都可以追溯到之前的几个世纪，甚至是中世纪晚期。……其深厚的历史根源……以及崭新的制度建构，都不能被否定。”（Horlings 2001：88，101，102）即便激烈批评旧观点的杰克·戈德斯通，甚至也相信，“英国对‘发动机技术’和‘科研风气’近乎垄断的状况”（Goldstone 2002：369，367），造就了工业革命和大分流。

相关讨论中至少还有两个主要问题，需要进一步的实证检验和分析证明。这两个主要问题是：一、工业化在那一时期的全球发展进程中，到底有没有发挥重要影响；二、英国、欧洲，或是大西洋经济体，在何种程度上主导了那一时期的发展。本书会挑战关于这两大问题的假设。前一个早已被其他人挑战过了。例如，凯恩和霍普金斯曾加以引用的刘易斯观点：

66 “英国在世界制造业贸易中的异常份额终结之后，通过其在世界航运业、保险业和其他商业服务领域取得的异常份额，暂时维持住了国际收支的平衡。”英国在这些行业“取得了长足的发展，因之而产生的大量盈余资金，还不断转化为资本输出到海外。不断增加的海外投资，又以利息和分红的方式，为英国提供了一项不断增长的收入”。（Lewis 1949：77，转引自 Cain and Hopkins 2001：158）

凯恩和霍普金斯拓展了刘易斯的观察（除了英国不再主导世界制造业的说法，因为此事从来就没有发生过），并以之为基础提出了他们有关“绅士资本主义”的观点。虽然凯恩和霍普金斯讨论的还是同一主题，但他们的研究有着很好的实证基础。此外，凯恩和霍普金斯还将他们对服务业的研究，与体系中的多边贸易联系了起来。例如，他们有关中国的讨论正确地指出，印度之所以能向英国偿还债务，是因为中国在其中所起的重要作用。在有关英国和印度的讨论中，他们强调了英国在对外贸易中对印度的依赖，至少2/5的贸易赤字需要印度来平衡，而这些赤字产生于英国与其他欠发达地区，以及与北美之间所进行的贸易。（Cain and Hopkins 2001：310，296，201）他们还提到，来自服务业的收入，总体上增强了英国偿还其外部债务的能力。不过，他们的关注重点，仍是服务业账户上“无形”支付的流动，而非它们在其中发生的那个贸易和支付的多边体系。这也是本书打算超越凯恩和霍普金斯的地方。

在凯恩和霍普金斯的引文中，甚至有些是可以用熵来再解释的。比如，他们引用了生活在那个时代的人，在19、20世纪之交时的焦虑：在即将到来的“英国不能维持其世界地位的时代，它将面临社会秩序的崩溃和产业经济的解体”。（Cain and Hopkins 2001：191）然而，他们对英帝国主义详尽的再考察，在有关英国与世界之间关系的问题上，能让我们受益的，也就只有这一引用了。在本书中，使熵的负面效应在本土得以减弱（尤其是使熵的破坏性作用和成本被散播到海外）的结构和进程，是我们会重点加以讨论的内容。

在这些有关世界如何走上了它已走过的道路的重大问题上，尤其是在从整体到部分这种分析步骤和方式上，本书与原来的研究观点和方法截然对立，本书还否定了大量被一些人认为是不言而喻的命题。是时候建立一种新的宏大理论，并用它取代原来破绽百出的那些了。此事即便短期内不能实现，也需要开始着手了。本书研究的是全球体 67
系，上述以及其他有关英国的特征和事件，都出现在这一体系之内，也都是全球发展的地方性表现。本书会对 18 世纪后半叶进行再考察，并修正部分《白银资本》中所给出的、对这一时期全球体系的性质的理解。然后，本书将试着确认并描绘全球体系在 19 世纪和 20 世纪初的结构与进程。大体说来，正是这一结构与进程，作为系统性的原因，引起了世界各地在体系中位置和角色的明显颠倒。

何者？　全球、地区与国家层面的参与者

《白银资本》的副标题是“亚洲时代的全球经济”（*Global Economy in the Asian Age*）。它有两层含义：其一，1500—1800 年的经济是全球性的；其二，亚洲在此时期的全球经济中居于主导地位。先不提亚洲在其中占主导地位这一新颖观点，即便是全球经济事实上更早些年头的出现，似乎还在面临着不可逾越的感性和观念障碍，甚至对于一些专业研究者来说也是如此，他们仍然固守着原来的正统观点，例如，1998 年后就全球转型问题出版过两本书的几位学者（Held et al. 1999; Held and McGrew 2000）。问题不仅在于他们写的是什么，更在于他们怎样去写。事实证明，他们没有能力意识到（更别提构想了）一个单一的全球性整体。他们脑子里仅有一些据说是先在的“实体”，他们有时称它们为经济体，有时称它们为民族，还有时称它们为国家。具体称呼，视情况而定。它们先是变成国“际”的，只是到了很晚的后来，才变成全球的。

> 国际经济主要是由诸多民族 - 国家（nation-state）经济组成的。……国际经济是国家范围内各种功能的聚集……其过程仍然主要在国家层面上被决定，而国际现象，则源于各国经济有着各自的独特表现。……贸易和投资，使这些国家经济体之间产生关联（并未使它们的属性发生变化）。……贸易关系是一种结果，可以从中看出各国的专长和国际劳动分工的状况。……全球化的经济，是一种源自国际经济的特殊理想型，可以与后者相比拟。在这一全球体系中，各个不同的国家经济体，被国际上的进程和交易纳入并连接。（Held and McGrew 2000：70—71）

68　这些及其他很多研究者，在谈及贸易和其他诸多关系时，使用的概念是“国际”。在此类视野和术语中，世界史始于分立的、先在的“国家”实体。只是到了后来，它们才开始因一种新的力量而遭遇全球化。所有这些，不过是一种民族 - 国家所推出的、弥漫在 19、20 世纪的意识形态的表达。这些民族 - 国家还在意识形态层面宣称，它们即是早就存在并已经形成“民族”的“国家”（country）的政治表达。根据这种民族主义的意识形态来看，全球经济不过是一种“理想型”，在现实中根本就没有对应物。甚至对现实的最粗略考察，也会显示历史进程实际上正好相反：过去不是、现在也不是民族构建了国家（state），其实是国家培育了民族主义。此外，二者都主要是 19 世纪的产物，为的是应对存在已久的全球经济的新情势。全球竞争的压力，导致主要的经济利益集团组建起了这些国家，用作在全球经济中促进（或至少是确保）自身竞争力的工具。这是一个部分地发生在 18 世纪，主要发生在 19 世纪，并且在非殖民化之后，继续发生在 20 世纪的进程。不是部分联结起来组成整体，而是整体塑造了各个部分。故而，本书将对全球政治经济的研究，视为理解 19、20 世纪，以及 21 世纪的唯一途径，视为理解全球政治经济体内部，如何及为何出现大分流的唯一途径。在此项研究之前，也必须先认识到，问题（群）都是全球性的。没有这种认识，我们肯定会在步入森林的那一刻迷失，以至无法看清树木的模样，就像长久以来的情形那样。

前一章指出，至少是在 19 世纪中期以前，亚洲仍在主导世界经济，就像先前几个世纪那样。对 19 世纪上半叶更切近的考察显示，亚洲大多数地区的本土经济，以及它们之间的劳动分工和贸易，基本上在维持过去的状况。这样一来，对于欧洲或西方在世界经济中所扮演角色的旧有看法，不仅是有关 1800 年之前的那些，已经不再能成立，有关 19 世纪上半叶（甚至是 19 世纪大部分时间）的那些，亦是如此。欧洲的经济影响，在中国和日本十分微弱，在印度和东南亚，也比先前西方和亚洲的历史学家和政治经济学家所宣称的小得多。甚至是穆罕默德·阿里治下的埃及，以及坦志麦特时期的奥斯曼帝国，也仍能增强
其在经济上的防御力量，以对抗西方的控制。此外，它们在这一时期 69
还扩大了出口，而且幅度比通常认为的还要大。在非洲多数地区，我们会注意到，至少是在 19 世纪上半叶，以往的情形还在延续。拉美在某种程度上也是如此。总而言之，以下这种看法完全是一种虚构：“第三世界”的“传统”经济体，在 1800 年之前就已经开始陷入低度发展，而且，这一情形通常由其先前的虚弱导致。对于非洲和拉美来说，甚至是到 19 世纪中期时，这种看法还是站不住脚的。

欧洲的帝国主义和殖民主义入侵，直到 19 世纪下半叶（甚至是最后 25 年），才在经济方面显现出其重要性。重大的例外是印度，它在世界经济中的重要性，本书会在后面加以探讨。1873 年之后，普遍的萧条、通货紧缩，以及随之发生的保护和争夺市场的企图，诱使西方（此时包括了美国）转向了帝国主义和殖民主义。尽管欧洲诸国以及稍晚些时候的美国，努力在全世界扩张其政治、军事势力，不过多数欠发达地区仍在很大程度上，继续维持着其经济领域绝对和相对的昌盛。出现这种情形的也包括中国，尽管欧洲人此时已经迫使其开放了诸多通商口岸，还会在之后进一步迫使其向西方打开国门。此外，这种情形也适用于荷兰控制下的印度尼西亚。至于印度，英国的确未曾制定

多少殖民政策，来促进它在那里臭名昭著的“攫取”（the Drain），但进一步的考察显示，这一“攫取”在经济方面的重要性，之前似乎被严重低估了。实际上，印度（以及相关“攫取”）的最为重要之处，是以其特有的地位和作用，参与构成并维持了一个复杂的贸易和支付的全球体系。正如我们将会在下文看到的，主要是英国，其次是西欧大陆，都依赖源自印度的财富。这些地区的部分消费支出来源于它，大量的国内投资来源于它，大部分流向美国、阿根廷和英属自治领的海外投资，同样来源于它。

英国之外的欧洲其他地区，以及后来的北美（此外还有亚欧大陆另一端的日本），都能够从 19、20 世纪横扫亚洲的危机中占到便宜。它们先是通过进口替代，继而又日益通过面向全球市场的出口促进，设法变成了新兴工业化经济体。基于它们先前在全球经济中的边缘位置和相对“落后”的这一成功，也可能会被证明是无法长期维持的。这些新兴（也可能只是暂时的）的世界经济中心，现在正经历着绝对和相对的社会经济衰退，这与早先亚洲各中心经济体的情形相似，后
70 者中有些似乎正在恢复其经济和社会的脉动。19 世纪全球性的转型如何、为何以及何时发生？那些比以往十足欧洲中心论更好的答案，也许还可以就 1949 年以后世界的重新定向（*ReOrientation*），给出一些有价值的洞见。在 1949 年以后的世界，中国获得了解放，印度赢得了独立，其他诸多殖民地，随后也摆脱了殖民束缚。而且，在过去的半个多世纪，东亚地区贸易和生产的增速，是同时期世界其他地区的两倍。

国家（政府），无论它是宗主国的，还是（新）殖民地的，向来都是管理全球竞争的一种重要工具，这里所说的全球竞争，主要是在以下三个方面的结构和过程中进行的：（1）全球政治经济体；（2）其多角和多边组织；（3）熵的生产与耗散。在相关的全球竞争当中，国家的职能就是趋利避害。美国总统格兰特在 1860 年代的以下观察不是凭空的：

> 几个世纪以来，英格兰一直依靠着贸易保护政策，它将其运用到了极致，并因而获得了不错的结果。毫无疑问，它现在的强大应归功于这套政策。200 多年之后的今天，英格兰觉得它最好还是实行自由贸易，因为它发现自己已经不能继续从贸易保护中得到什么好处了。很好，那么，先生们，我自己对我国的了解使我相信，不出 200 年，当美国也从贸易保护中得尽好处的时候，它也将实行自由贸易。（quoted in Spanish in Pedro Santos M. 1961：125，and retranslated into English and cited in Frank 1979：99）

格兰特估计错了时间，不过观点没错。之前有过这样一种说法：英国最重要的出口产品，其实是它的自由贸易学说。在过去的 50 年多年当中，美国的每届政府，都努力在海外推动自由贸易，但并未在国内将之扩及农业、钢铁等领域，这并不是偶然的。为什么？因为，自由贸易并非只是简单地使贸易能够在世界上自由进行，甚至不是让美国能自由地出口其产品。它更为重要的作用，是使美国在某些国家（政府）不仅实行保护性关税，还将其公民保护起来以免受外国竞争时，可以“自由”地去削弱（有可能的话就去摧毁）它们。英国之所以能在 19 世纪一度占据主导地位，并非主要源自它的工业竞争力，而是源自英国的国家政权可以在世界各地，将不平等的贸易（及其他）条约强加给弱国。今天，正如格兰特总统所预见的，美国在做着同样的事情，而且，还称之为“捍卫自由”。以下情形甚为典型：在苏联经互会包括的地区，福利国家全都被摧毁了，政府非常虚弱，无力抵挡来自西方的投机商以保护其民众免受损害。

正因如此，自由贸易的学说和政策在 19 世纪遭到了激烈的反对。 71
这些反对主要来自当时已陷入欠发达的地区，来自那里各种受其影响的利益集团。这些反对至今仍在继续，不过近年来已经弱了很多。当然，自由贸易的学说和实践，也受到了来自美国人亚历山大·汉密尔顿和亨利·克莱，以及德国人弗里德里希·李斯特的反对。在 19 世纪，他们成功地促使其强大的祖国，参与世界市场上的竞争，正如欧盟和美国在当今所做的。

以前的殖民地国家，以及现在的第三世界新殖民地国家，都有着类似的机构。它们都主要是被用来促进宗主国资本的利益的，这些宗主国的资本，也在世界各地与其非常初级的合伙人结成了联盟。不过，在 19 世纪中期（甚至更晚些）之前，除了在印度和爪哇，英国人以及更低程度上的其他欧洲人，大都无法成功地运用此类政权，在与亚洲、非洲或拉美的贸易当中，或在将它们的熵耗散到这些地区时，获取额外的利益。1884/1885 年瓜分非洲的交易，在伦敦和柏林达成，就像 1990 年代的“华盛顿共识”和世界贸易组织；它们都是北方当权者之间竞争性合作或合作性竞争的结果，北方用之来瓜分南方战利品，或至少为瓜分行为定下准则。任何诉诸国家行动（甚至是形式最为温和的那些），以保护它们（南方国家）自身的尝试，都会立即被指责是对“自由”的侵犯，并且，北方国家还会援引百年前的炮舰政策，去“矫正”此类“错误”的做法。正如我之前写道的，提出“邪恶轴心”的说法，通过政变“民主化”委内瑞拉的尝试，入侵伊拉克，威胁朝鲜和伊朗，这些举措都对准了四个敢于挑战美元作为主要世界货币（尤其是石油货币）地位的国家（伊拉克使用欧元为其石油定价；伊朗威胁要这样做；委内瑞拉用部分石油换商品，避开使用美元；朝鲜则完全抛弃美元，转而投向了欧元）。塞尔维亚和白俄罗斯，这两个处在欧洲的国家，一个被入侵，一个被威胁，恰巧它们都拒绝屈服于国际货币基金组织的“指导方针”。

何时？　时间上的连续性和各地事件的同时性

《白银资本》认为，在“西方的兴起”之前，“亚洲的衰落”就已经发生。这一观点源自珍妮特·阿布－卢格霍德。(Abu-Lughod 1989)

在史料和理论方面，它都有着相当的可信度。不过，进一步的证据显示，事情发生的时间，需要从 1760—1770 年推后一个世纪，或至少2/3 72
个世纪。阿布－卢格霍德在其探讨 13 世纪的《欧洲霸权之前》（*Before European Hegemony*）中，构想出了这样一种形式的过渡。我之前在《白银资本》中主张，她所给出的时期，以及她所质疑的那些旧观点给出的时期，都早了几个世纪。我那时将过渡和分流的时期定在了 1800 年左右。将中国置于整体世界变迁中加以研究的汉学家王国斌（Wong 1997）和彭慕兰（Pomeranz 2001），也给出了相近的时期。本书的进一步考察显示，亚洲各地的衰落时间和程度，都被《白银资本》夸大了。此外，还有一个更为重要的事实：欧洲工业化初期的程度和速度，以及欧洲相对和绝对的快速兴起，甚至更是被过去的观点夸大了。进一步考察之后，我将过渡和分流的时期，移到了 19 世纪中期。然而，本书的探究现在使我相信，时间至少还须再推后一二十年：中国的衰落始于 1860 年，西方的兴起则始于 1870 年。

对于 19 世纪中期这一说法，更为传统的观点，会将之具体到 1848/1850 年。我承认，在此书的早期草稿中，我也采纳了这一时期。因为，我注意到 19 世纪中期出现的一个快速转变：从拿破仑战争之后相对缓慢的经济增长，或首个公认的康德拉季耶夫 B（下降）阶段，转变到 1850—1870 年（更确切说来是 1872 年）之间，长达 20 多年的罕见快速增长。这一时期的快速增长，出现在 1848 年欧洲各地的革命尝试之后。它也可以算是给马克思和恩格斯在其同年发表的《共产党宣言》中，所倡导和期待的那种政治变革，来了个釜底抽薪。他们两人是应劳工组织之托撰写此宣言的。在此前的一个时期，那些劳工因为剧烈的经济衰退备受煎熬。不过，突然之间，欧洲的经济形势发生了变化，随之发生变化的，还有欧洲的政治可能与前景。这不但使马克思和恩格斯的预期落空，也使其他 1848 年革命者的希望破灭。后来，他们中的很多人，出发前往了美洲。

我之后才意识到，19 世纪中期并不适用于世界其他地区，这一时期在它们的历史上没有什么特殊意义。当意识到这一点时，我就决定放弃这一传统转折点。一方面，亚洲、非洲或拉美的多数地区，都未曾在 19 世纪中期经历什么可见的突变；另一方面，这些地区在 1870 年代似乎都发生了重要的转型突变，过去传统的历史记载也可以表明这一点。

此外，本书的研究覆盖了整个加长的 19 世纪，有关“19 世纪”的研究近年来多有变化，很多（如果不是全部的话）之前的观点，都得到了某种程度的修正。科学/技术革命、金本位、殖民主义、大规模移
73 民等，这些之前通常被认为是整个 19 世纪的主要特征，其实大多是从 1870 年代开始的。直到 19 世纪的最后二三十年，大分流才真正发生，差距才变得显著。然而，不久之后，随着上述多边体系在两次世界大战以及大萧条期间的崩溃，西方与非西方之间的差距再次缩小了。大萧条在一些工业国被迅速克服，例如德国、俄国，以及稍低程度上的日本。在其他一些地区，尤其是在中国、印度，以及欧洲和拉美的部分地区，在战争期间和之间的数十年，也出现了政治和经济层面上的复兴。时至今日，差距又开始变大，而且速度惊人。

以下按照年代展开的各章，将会试着用历史证据来证明这些。此外，也是在 1870 年后，世界经济的多边贸易和支付体系，才最终确定了其形态，并占据了主导地位。亚洲、非洲和拉美，也最终陷入了不利的结构性位置。正是这些不利的位置，而非系统性的剥削和经常性的压迫，导致了低度发展的发展（development of underdevelopment）这一恶果。西方各国的情形正好相反。当时已属于发达国家的西方各国，在这一体系中占据了或是绝对有利或是相对有利的位置，并通过此类位置获得了大量收入，进而还将之应用于科学研究以促进技术（以及其他方面的）发展。西方各国也是通过这一体系，将它们自身产生的熵，耗散到了当时已成为第三世界的地区。

1850 年后的快速增长与经济扩张，只持续了 20 多年，在 1873 年

危机来临时终结，之后便是持续到 1895 年的“大萧条”。不过，这一“大萧条”的存在，并不是确定无疑的，就此可见索尔（Saul 1969）的《1873—1896 年大萧条的神话》（*The Myth of the Great Depression 1873 – 1896*）。在此期间，部分大西洋经济体继续扩张，甚至它们的增长还加速了。对于德国和美国这两个后来居上者来说，情况尤其如此，它们就是从那时起开始挑战“不列颠治世”的。欧洲和亚洲移民大量涌入，并以原材料出口为支柱产业的一些地区，经济也得以快速增长。为快速发展地区供应原材料的矿业和种植园经济体，同样经历了类似的情形。此外，因为西方消费者的收入和市场需求都在不断增加，一些大规模生产并出口小麦和肉类的国家，也获得了一定程度的发展。

以上所有这些情形，使我们有理由放弃用 19 世纪中期来划分以下各章的分析，划分 19 世纪的全球性发展，并转而采用 1870 年代。接下来的第三章，将考察 1750 年代至 1810 年代全球相对缓慢的经济增长，第六章的考察对象与此相似，不过时间范围是 1810 年代至 1870 年代。（这两章所考察的时期，都跟随着一个快速增长的时期：1850—1872；1896—1913。）在这些章节当中，我会尽可能多地去关注那些世界各地
在几乎同一时间发生的重大事件，这也是为了响应我早在 1978 和 74
1998 年出版的书中，就已经提出并尝试过的分析方法：“尝试去考察那些在整个历史进程中，或在整个体系的转型中，同时发生的不同事件，并试着将它们联系起来……这就是朝着正确方向迈出的第一步（尤其是在这一代人必须‘重写历史’的时刻，新的历史需要符合当今的历史视野，也需要符合当今对此单一世界的单一历史进程的理解）。”（Frank 1978：21）《白银资本》也曾引用过已故的约瑟夫·弗莱彻（Joseph Fletcher）的话。他的英年早逝，使他无法贯彻自己的构想：

> 无论那些个案研究的马赛克把历史这一“学科”装点得多么

> 美丽，没有一个宏大历史……某一特定社会的历史特性所具有的完整意义，是无法被看清的。……其中的方法说起来很简单，付诸实践可能就要难多了：首先，寻找历史相似性（世界各地大致同时期的相似发展），然后，确定它们之间是否有着因果关联。(Fletcher 1985：38)

在原则上，本书全书都应该照此办理。为此，我会对三个较长的时间段分别加以考察，考察其间整个全球体系的状况，以及各个部分之间的相互关系。本书也会试着考察并确定在一个比较短的时间段（比如一两年）之内，各地出现的类似情形之间“是否有着因果关联”。如果可行的话，我会尽量在这方面多做些努力。

举例说来，甚至是在那时的几个经济扩张期，也出现了 1838、1857、1883、1893 和 1907 年的严重金融危机，而且，在每次危机之后，都会出现剧烈的衰退。除了 1873 年开始的重大危机，以及 1783—1787、1837 年的几次显著危机之外，我们还会对这些危机加以特别的关注。在这些危机当中，最早的一次（1783—1787），正如我们会在下文看到的，在从印度到葡萄牙再到北美的广大地区，都导致了重大的政治经济变化。在美国产生的直接后果是，邦联条例在 1787 年被联邦宪法取代，出现了一个更为强大的（名为联邦，但实际是）单一制国家。在 1850 年代中期，则同时出现了欧洲和美洲的严重金融危机、克里米亚战争、中国的太平天国起义及随后的第二次鸦片战争、印度土兵哗变，以及其他一些重大事件；它们很可能是有所关联的。如果确实如此的话，那我们的分析也应该将它们之间的关联呈现出来。

相应地，我们可以将我们所要探寻的整个这段时间分作三个时期，
75 然后针对每一时期，用一章的篇幅进行分地区的考察，再用一章的篇幅进行全球性的分析。虽然《白银资本》的研究时限终止于 1800 年，本书还是将第一个时期的上限划定在了 18 世纪中期，武断地说是 1750

年。这一时期涵盖了60年左右的时间，终止于1810年代。故而，首先在第三章中进行的，就是对这一时期的分地区考察。第四章将考察世界各地是如何因为或新或旧的三角贸易，以及全球劳动分工，而联结在一起的。第五章会分析通过进一步的三角化，以及那时已经出现的多角化，而变得日益复杂的全球政治经济体。接下来的第六章涵盖了接下来的另一个60年（1810年代至1870年代）。罗斯托（Rostow 1978）以及他之前的莫罗（Mauro 1971），都曾按照传统的康德拉季耶夫周期，将这一时期划分为1790—1815、1816—1848，以及1848—1873年，不过，这种划分只是着眼于欧洲及北大西洋经济体。第七章聚焦于1870年代至1913年的情形。在这一章的开始，我将对那时覆盖全球的贸易和支付的复杂多角及多边体系加以分析。1870年代至1914年之间，全球各地的变化及重要转型的互动情况，将在第八章中加以考察。

这种全球性的考察，可以以类似的方式延续到1913年之后，虽然1914—1918年的第一次世界大战，以及苏联在1917年十月革命后的诞生（在更为次要的程度上），标志着19世纪的体系开始步入衰落。我已经将从《世界贸易网络》（Hilgerdt 1942）中得到的数据，进行了重建和综合性的分析。故而，我们的分析可以再延后20多年，至1930年代的大萧条。当然，那次萧条也并未遍及全球。不过，它的确在世界范围内开启了一些重要的新变化。

如何？数量与质量

数据的局限性

毫不奇怪，越是久远的过去，留下的定量数据越少，其可信度也越低。我们暂且略过这些“天然的”或“科学的”局限，先来探讨一下定量数据在“意识形态”方面的局限。研究和出版过程中的数据选择，尤其是不会被加以检验的那些，在很大程度上取决于研究者和编年者的兴趣。他们对于相关数据的价值评估，受到了来自宗教、政治或其他意识形态偏见的高度影响。举个例子，除了中国之外（中国人几乎记录下了他们眼界内的一切），我们对于世界其他地区的了解，很大程度上都得仰仗来自欧美的资料。理所当然，这些资料的记录和保
76 存工作，主要是根据欧美的独特偏好进行的。例如，就东南亚而言，资料先是有关葡萄牙的海上贸易的，后是有关荷兰的海上贸易的。中国人规模更为庞大的贸易，受到的关注就比较少；东南亚大陆上商业和政治方面的活动与关系，则基本没有受到什么关注。此外，我们需要认识到，世界是透过欧洲中心主义的镜头被认知的，这一镜头放大了所有欧洲（尤其是西欧）和大西洋地区的活动，也缩小了所有非欧洲地区的活动。

前一段提到的第一种局限，涉及相关数量统计中的数值估算。希尔格特的《世界贸易网络》，是我们有关全球贸易数据的主要资料来源，然而它仅提供了 1928、1938 和少量 1913 年的数据。沃伊廷斯基夫妇两卷本的概要，有着更佳的历史深度。不过，对于越发久远的过去，它提供的数据也越少。麦迪逊近年来雄心勃勃的努力也存在这种情况，尤其是他出版于 2001 年的《世界经济》（*The World Economy*）。此外，麦迪逊的估算还有着其他严重局限，这种局限源自他清晰表达出来的欧洲中心主义偏见。正因为这两方面的原因，他对 1820 年之前 8 个世纪的估算非常成问题，必须被加以矫正。特别是，它们还包含着一种针对亚洲的系统性偏见。两个例子即可说明这一点。关于他所估计的世界航运，他这样提及，“我另外加上了 10 万吨，作为对亚洲各国 1470—1780 年船舶的粗略估算”。（Maddison 2001：95）这一数量连他给出的总量的 10% 都不到，而《白银资本》已经表明，那时这一比例更可能是颠倒的。麦迪逊还拒绝考虑任何有关中国的新研究。他尤其轻视彭慕兰的研究（Pomeranz 2000a），正如他在一次有关《大分流》的讨论会议上的表现，那次会议是 2002 年在哈佛大学专门召开

的。这些状况的存在，使他对 1820 年的一些估算也变得可疑起来，而 1820 年是他大多数研究的参照基准。如果他的基准数字出了问题，我们在使用他给出的 19 世纪的增长率和其他相关数字时，就必须非常小心了。

有什么相关补救措施呢？一是对照使用不同学者的同类数据，并在它们之间做好相关核对（有时是在同一学者的同类数据之间，比如说改变想法前、后的麦迪逊）。贝洛赫几项有关世界经济的实证研究，在这种情况下就可以被用到了，尽管麦迪逊对它们多有批评。幸运的是，我们还可以诉诸仍在不断进展中的中国研究和西亚研究，它们并没有把自己装扮成是全球性的，不过它们所提供的地区性数据，仍可以被用来比较和核对那些据称是世界性的数据。

定性的、描述性的和分析性的研究，也可以作为补救措施。它们并不能提供额外的数字，但可以帮助我们确定已有数字的可信度。在微观层面上，日记对于那些也许会因税收等原因而被篡改的账簿，可以提供一种真实性验证。在宏观层面上，有关人们过去的生活的描述和分析，也可以给后世研究者的数字（这些数字被后世研 77
究者用来“衡量”那时人们生活和生计的诸多方面）提供一种真实性验证。

人口与劳动力

19 世纪最为重要的历史事件或进程，无疑是世界人口的增长与迁徙。人口规模及其预期寿命，出现了前所未有的飞跃。此外，人口的聚居形态在新、旧世界都发生了重大变迁。另外几项重大的发展分别是大规模移民的出现、新土地（和资源）的开发，以及使各种人口变化成为可能的新技术的进展。幸运的是，这些变化可以很好地用数据来加以衡量，而且，我们也有着很多、很好的相关数据。麦迪逊（Maddison 2001）做了很多此类统计。我们的表 2. 1，也对一些相关数据进行了总结。

表 2.1　世界各地的人口（1700—1850 年）　（1700 年 = 100/单位：100 万）

	1700 年	1750 年	1800 年	1850 年
世　界	617 = 100	749 = 121	919 = 149	1163 = 188
亚　洲	402 = 100	608 = 151	612 = 152	743 = 185
俄国的亚洲部分	15 = 100	16 = 106	17 = 113	19 = 127
西南亚	31 = 100	32 = 103	33 = 106	34 = 110
印　度	100 = 100	130 = 130	157 = 157	190 = 190
中　国	205 = 100	270 = 132	345 = 168	430 = 208
日　本	27 = 100	32 = 118	28 = 104	33 = 122
东南亚	24 = 100	28 = 117	32 = 133	37 = 154
非　洲	90 = 100	90 = 100	90 = 100	95 = 105
美　洲	10 = 100	11 = 110	29 = 290	59 = 590
欧　洲	115 = 100	140 = 122	188 = 163	266 = 231

资料来源：Frank（1998）：Table 4.1，p. 168，based on M. K. Bennett（1954：Table 1）。

表 2.1 的数据来源于班尼特（Bennett 1954），班尼特的数据，则来源于他对其他许多研究的估算。这也是为什么我会认为他的数据，相对于克拉克（Clark 1968）等人的要更为可靠的原因。此外，班尼特的数字，还较好地吻合了其他人的估算，如沃伊廷斯基夫妇的（Woytinsky and Woytinsky 1953：34，Table 14），而他们夫妇俩的数字，则源自卡尔 - 桑德斯（Carr-Saunders 1936）和威尔科克斯（Willcox 1931）的著名估算。利维 - 巴奇（Livi-Bacci 1992：31）的权威之作《简明世界人口史》（*Concise History of World Population*），就这一时期的全世界及各地人口，提供了相似（尽管更为简洁）的数据：世界人口在 1700 年
78 时为 6.80 亿，在 1850 年时为 12.41 亿，增长指数为 182；同一时期，亚洲从 4.33 亿，增长到 7.90 亿，增长指数为 182；欧洲从 0.95 亿，增长到 2.09 亿，增长指数为 220，相比之下，我们表中的增长指数为 231。

表2.1揭示出了1700—1850年的一个半世纪中，世界人口所经历的几次显著增长。在1750年之前，亚洲人口的增速明显快于全世界，鉴于其占总量2/3的人口比例，亚洲的人口增速也拉高了世界平均水平。中国和印度的年均增长率大约为0.6%，并且中国的数字稍高一些，其人口规模在50年间增长了近1/3。与之相对的，在1750年之前的整整一个半世纪中，欧洲的年均人口增长率仅有0.3%。1700—1750年，欧洲人口占到世界总量的约1/5。不过，1750年前后，欧洲人口增长率突然上升到年均1.2%，这一增长率维持到了一个世纪之后的1850年。到1800年时，欧洲的人口指数，达到了163，世界同期为149，亚洲则为152。在19世纪上半叶，欧洲的指数最终上升到了231（1700年=100），比1750年的高出90%（按照沃伊廷斯基夫妇的数据，这一数字还要加上5个百分点），几乎翻了一番；相比于1800年时的数字，甚至也要高出42%（班尼特和沃伊廷斯基夫妇的数字都如此显示）。此外，欧洲在19世纪上半叶的这一人口增长，并未统计此时开始的大规模向外移民。同样是在这50年当中，日本和非洲人口也摆脱了之前的相对停滞，获得了不同程度的增长。世界各新定居地区的人口增长最快，这既源于外来移民持续的大规模迁入，也源于这些地区已有定居人口的高生育率。1700—1850年，美洲人口增长了近6倍，而1750—1850年，美洲人口增长了5倍多。

不过，在美洲以及其他新定居地区，更大规模的人口增长之后才到来。1850—1900年，中美洲的人口从1 300万增长到了2 500万，几近翻番；南美的人口从2 000万增长到了3 800万，同样几近翻番；美国和加拿大的人口，从2 600万增长到了8 100万，扩张至之前的三倍多。在1700（甚至是1750）年时，美洲总人口仅为1 000万左右，不过到了1900年，这一数字变成了1.40亿（或1.65亿，根据利维-巴奇的数据）。澳大利亚和新西兰的人口，也从200万增长到了600万。同样是在1850—1900年，亚洲人口从7.49亿缓慢增长到了9.37亿；非洲的增速稍快，从0.95亿增长到了1.20亿；欧洲的人口仍在快速增长，从4.10亿增长到了5.43亿，尽管19世纪有6 000万人迁出了欧洲（Woytinsky and Woytinsky 1953：34）。大体而言，在19世纪，亚洲在世界人口中的份额，从66%下降到了54%，欧洲的份额从21%上升到了
79 25%，美洲的份额从2.6%上升到12%（有可能更多），其中仅北美就占到了5.1%，将近当时美洲总份额的一半（Woytinsky and Woytinsky 1953：36）。（基于麦迪逊相关研究的人口数字，会在后面的表2.2中加以呈现。）

移民、土地和资源

新定居（或者说伴随着本土居民灭绝的再定居）土地，获得了巨幅的扩张。新定居者比原住民的数量更多，他们对土地的利用也更集约，这使得在其中一些地区，土地等资源的使用量和效益，迅速增长了数倍。北美地区尤其如此，还有阿根廷、巴西和智利等南美部分地区，以及澳大利亚和新西兰。所有这些地区，接受了来自欧洲的6 000万移民，以及来自亚洲的数百万移民。与此同时，欧洲人也在向东移民到东欧和俄国；俄国也在号召“年轻人去东部”，鼓励他们前往西伯利亚和俄国远东地区，正如《纽约先驱论坛报》（*New York Herald*）的编辑霍勒斯·格里利（Horace Greeley）向他的美国同胞们所号召的：“去西部吧，年轻人（Go West Young Man）。”东亚也有数百万中国人迁往中国东北地区和俄国远东地区定居。加入他们行列的，还有西迁的日本和朝鲜移民，当然还有数量被低估的俄国人，他们正不断从乌拉尔山以西地区向东迁徙。另有数百万中国人南迁至华南/岭南地区，继而又迁往东南亚、太平洋诸岛和美洲各地。印度人也在向东迁往太平洋诸岛，向西迁往非洲和加勒比海地区。在奴隶制名义上被废除之前，新的奴隶、农奴、契约奴，以及其他形式的受迫劳动力，继续在种植园农业中蔓延。这在向西扩张了的美国南部如此；在加勒比海地区也如此，尤其是古巴；在巴西也如此，那里的奴隶制从东北部的糖产业，转移到了圣保罗地区的咖啡产业，以及米纳斯吉拉斯州的金矿开采中。

非洲奴隶制也在非洲继续蔓延，并且还散布到了阿拉伯地区。奴隶制还在英国治下的印度繁荣了起来，印度的契约劳工也遍布了全世界。“内部”但长距离的移民，也在中国、印度、奥斯曼帝国、非洲各地展开，与之类似的，还有欧洲向东的移民，以及北美往西的移民。

在所有这些地区，广阔的森林被砍伐，土地被转而用于农作物种植，或是放牧牛羊。在以下这些地区，丛林被开垦成种植园：西非、加勒比海地区、巴西、中美洲、华南、东南亚，以及非洲东海岸外和大西洋中的诸多岛屿。

对于农田效益的增长，我们有一些估计。对牧场效益的估计比较难。此外，正如美国西部片所展现的，牧场主和农场主有着持续不断 80
的竞争；在其他一些地区，牧场主和农场主也有竞争。1700—1850 年，全球农田总量增加了 1. 20 亿英亩（1 英亩≈6 亩），那之后到 1920 年，又增加了 2. 50 亿英亩。在 200 多年的时间里，总共增加了 3. 70 亿英亩。正如这些数字所显示的，在 1850 年之后半个世纪的土地增加量，相当于之前一个半世纪的两倍。这些土地中多数源于森林砍伐，其中有些是为了获取木材，不过这种砍伐所占比例很小。在整个 19 世纪，单是美国就砍伐了 1. 2 亿英亩的森林。之前数个世纪中，巴西一直在其东北部为糖产业清理着土地；19 世纪，它又在南部为咖啡种植业清理出了超过 700 万英亩的土地。到 19 世纪末，中国和东南亚大约有 2 亿英亩的土地，被用于生产大米、糖、棉花、橡胶，以及其他种植园出口作物。英属印度也在继续扩张着农业用地的规模，单是德里一地，短期内就新增了 600 万英亩的农田。（Chew 2001：132—136）

具有讽刺意味的是，工业革命增加了早已日益稀缺的木材的使用。在被煤炭取代之前，大量木材被烧成木炭用于炼钢。木材也被大规模地用作铁路枕木和桥梁建设材料，以使蒸汽机的用途得以拓展。它还被用于房屋建设、家具制造，以应对人口的快速增长。当然，木材还得满足人口增长所导致的燃料需求增长。此外，木材还是造纸等产业的原材料，甚至新兴的化工产业，对之也多有需求。农业的产业化，伴随着耕作、收割、脱粒、捆扎等机械的应用，使得主要农作物小麦和玉米的生产，规模得到了大幅扩张，成本得到了大幅降低。这不仅促进了森林被开垦成农田，奇怪的是，它也促成了农业劳动力的非（或去）无产阶级化，大量大型农场散播开来。在美国，农业劳工在工人总数中所占比例，从 1870 年代开始就一直在下降。（Friedman 1978：573）

不仅有数量更多的土地被用于农业、畜牧业、人类居住，以及林业产品生产，还有数量更多的土地，被用于地下和地表的矿产开采。煤炭、铁、铜、锡和其他金属，包括黄金和白银，以及后来的石油，所有这些资源的利用量，在 19 世纪都增加了数倍。

能量的消耗规模不知道扩大了多少倍，其来源先是煤炭，后来又增加了石油和天然气，它们都是不可再生的化石燃料。1800 年的世界煤炭产量为 1 200 万吨，40 年后的 1840 年，这一数字就变成了 4 500 万
81 吨。那之后的增速进一步加快，煤炭产量几乎每十年就翻一番：1850 年 8 100 万吨，1860 年 1.42 亿吨，1870 年 2.13 亿吨，之后的萧条使增速放慢，1880 年 3.40 亿吨，1889 年 4.85 亿吨；大体算来，世界煤炭产量在 90 年里增长了 40 倍（Rostow 1978：155）。麦克尼尔（McNeill 2001：14）就此指出了一个百倍的增长：1800 年 1 000 万吨，1900 年 10 亿吨，1990 年 50 亿吨。麦克尼尔父子（McNeill and McNeill 2003：231）估计，工业社会的年人均能量消耗，大约为 260 千兆焦耳，与之相比，农业社会的数字为 73 千兆焦耳。化石燃料供应了今天 90% 的能量消耗，也正是由于这些化石燃料的存在，使工业社会的年人均能量消耗，可以远远高于农业社会的。当今美国的能源消耗总量，占到了世界总量的四分之一；美国的人均能源消耗数量，则是埃塞俄比亚人均水平的 330 多倍。（Hornborg 2001：28）

在收集和建立有关世界经济活动的数据库方面，到目前为止，最重要的努力来自麦迪逊。（Maddison 1995，2001）他甚至也将自己的基准年份选在了 1820、1870 和 1913 年。前两个跨了我们的两个时段，因而使我们无法从中得知从 19 世纪上半叶到下半叶，增长率是维持在同

一水平，还是发生了显著的变化。（此外，前文也早已经提及，麦迪逊的数字存在着反亚洲的偏见。）麦迪逊（Maddison 2001）还提供了一套新的估算，并将之与他 1995 年的那套估算做了比较。他对欧洲数据的修正幅度只有 0.2 个百分点，却将亚洲的下调了 3 个百分点。表 2.2 即是对他的数据的简单总结。

表 2.2　19 世纪的经济数据（1820 年 =100）

人口/单位 =100 万	1820	1870	1913
西　欧	133 =100	188 =141	261 =196
东欧和俄国	91 =100	140 =153	235 =258
欧裔地区（美国、加拿大、澳大利亚、新西兰）	11 =100	46 =418	111 =1 000
亚　洲	710 =100	765 =108	978 =138
拉丁美洲	21 =100	40 =190	122 =581
非　洲	31 =100	40 =129	73 =235
全世界	1 041 =100	1 270 =126	2 705 =260
GDP/单位 =10 亿美元（按 1990 年时的币值计算）	1820	1870	1913
西　欧	163 =100	370 =226	906 =555
东欧和俄国	30 =100	64 =213	176 =586
欧裔地区（美国、加拿大、澳大利亚、新西兰）	13 =100	112 =861	585 =4 500
东　亚	397 =100	405 =102	638 =162
亚　洲	411 =100	422 =103	664 =161
拉丁美洲	14 =100	28 =157	96 =686
非　洲	31 =100	40 =129	73 =235
全世界	695 =100	1 102 =159	2 705 =389

（续表）

人均GDP/单位=1美元 （按1990年时的币值计算）	1820	1870	1913
西　欧	1 232 = 100	1 974 = 160	3 473 = 282
东欧和俄国	662 = 100	907 = 137	1 507 = 228
欧裔地区（美国、加拿大、澳大利亚、新西兰）	1 201 = 100	2 431 = 202	5 257 = 438
东　亚	580 = 100	552 = 95	679 = 117
非　洲	579 = 100	552 = 95	679 = 117
拉丁美洲	623 = 100	705 = 113	1 461 = 234
非　洲	418 = 100	444 = 106	585 = 140
全世界	667 = 100	867 = 130	1 510 = 226

资料来源：Maddison 2001。

除了近年来彭慕兰（Pomeranz 2000a）、戴维斯（Davis 2001）、马立博（Marks 2002）等少部分人的努力之外，包括麦迪逊在内的所有其他人的既有研究，总体上并不能让人满意。他们的研究并未以来自全球的证据为基础，尤其未以来自其亚洲部分的证据为基础。这主要是因为，此类研究以及相关的实证和分析路径，大都派生自欧洲中心主义。它们也因而丧失了其有效性。有个例子很能说明这一情形：兰德斯曾写道，如果有些数据与我们已知的情况不符，那它们就肯定是出问题了。

根据表2.2中对麦迪逊的总结，在1820—1870年的50年间，世界人口增长了1/4，GDP的增长则超过了1/2，这意味着人均收入也在增长。不过，增长的分布非常不均衡，无论是GDP总量还是人均。在东欧（包括俄国的版图）和西欧，产值增长了一倍多（值得注意的是，若将南欧包括在内，西欧的数字只比东欧稍高），按人均算的话，东欧
82 增长了2/5，西欧增长了3/5。当然，这种大幅增长也出现在了欧洲移民的新定居地。那里的人口翻了两番，GDP总量的增长是它的两倍，人均则增长了一倍。其中，占到最大份额的是美国，那里的人口翻了

两番，从1 000万增长到了4 000万；GDP则增加了6.5倍，从130亿美元到980亿美元；人均增长了60%，从1 232美元到1 974美元。同时期的亚洲则经历了负增长。它的人口有所增加，总产值几乎未变，人均则有所下降。根据麦迪逊的数据，中国的人口从3.81亿，下降到 83
了3.58亿；GDP的降幅更为明显，从2 280亿美元，下降到了1 900亿美元；人均水平下降了12%，从600美元降至530美元。至于印度，人口从2.09亿升至2.53亿，GDP从1 110亿美元升至1 350亿美元，人均还是保持在533美元。亚洲总量的85%出自中国和印度。麦迪逊对于亚洲的估计，与我们从这两个国家的资料中所了解到的，并不相符。仍处于独立地位的中国，在19世纪得以继续扩张，这一扩张可能持续到了1860年。同一时期的英属印度殖民地，则遭受了其持续到1870年的著名“衰退”。尽管现在看起来，印度民族主义者夸大了衰退的幅度和时间跨度，不过我们还是可以从中推断，麦迪逊就印度给出的20%的总量增幅，以及人均水平的基本稳定，很可能是站不住脚的。

在这些有关总量的数字差异背后，还存在着类似的增长率差异，也正是增长率方面的差异，在19世纪里造就了东西方之间的差距。我将试着说明，与过去的普遍看法不同，差距真正出现是在19世纪下半叶，甚至是在1870年以后。然而，根据麦迪逊（2001，especially 186ff.）的估计，差距在1820年时就已经存在了，自那之后还被迅速拉大。1820—1870年之间，西欧主要国家的GDP总量年均增长率为1.71%，年人均增长率为1%，英国相应的数字则为2.05%和1.26%。将增长缓慢的南欧也纳入统计的话，西欧GDP总量的年均增长率为1.65%，年人均增长率为0.95%。在东欧及俄国版图内的地区，这两个数字分别为1.48%和0.63%。毫不奇怪，在欧洲移民的新定居地，增长要快得多，GDP总量年均增长率为4.3%，年人均增长率为1.42%。这再次与亚洲形成鲜明对比。（Maddison 2001：216ff.）亚洲GDP总量基本未变，只有0.05%（不算日本的话为0.03%）的年均增长，人均水平50年间下降了5%。在这一估计中，印度的年均增长率为0.4%，中国的年均降幅为0.4%。西亚相应的增长率为0.38%，人均GDP水平则保持稳定。麦迪逊的估计，既反映了以往的普遍观点，也帮助塑造了以往的普遍观点。他的这些估计必须被加以认真的质疑。我们在前面曾提及，现在有关中国部分地区的证据，显示出了至少持续到19世纪中期的增长。衰退发生在那之后。而麦迪逊的数据显示，中国GDP在1820—1870年的年均降幅为0.25%。麦迪逊的数据也不符合印度的情况。在印度，英国的殖民统治，经常被指责制造了巨大的衰退和臭名昭著的“攫取”。即便印度的民族主义学者纳若吉（Dada Bhai Naroji）、达特（R. C. Dutt）和威廉·迪格比（William Digby）在19、20世纪之交时曾对这些情况有所夸大，麦迪逊的数字仍然不可靠。

84 尽管麦迪逊（Maddison 2001：87）对此情形也有所提及，并且将印度1868—1872年的GDP调高了一个百分点，他的数据还是显示了人均GDP的上升，这不免让人心生疑问。就东南亚的情况而言，里德（Reid 2001）指出了一个年均4%的国际贸易增长，这一增速持续到了1840年，它肯定反映着GDP在某种程度上的增长。麦迪逊还记录下了印尼年均0.13%的增长。整个1870年之前的东南亚，也只有印尼一国有着单独数据。在相关的文字叙述中，他也只提到了荷兰人的活动，他这样写道，“从1830年代开始，荷兰人在从印尼获取收入方面，取得了显著的成功”，这些收入在1868—1872年，占到荷兰GDP总量的7%（Maddison 2001：86—87）。麦迪逊此处之所以选定1868—1872年，是为了与英属印度的同期数据做对比。此外，按照麦迪逊（Maddison 1995）给出的数据，西亚15国一直是零增长。

在本书开始分析的1750年，我在《白银资本》（Frank 1998：171ff.）中给出的估计，是亚洲在世界GNP中占到80%的份额，非洲、美洲和欧洲则一起分享了剩下的20%。马立博（Marks 2002：124）从戴维斯（Davis 2001：293）有关GDP的数据中，得出了类似的估计，而戴维斯的数据，则来源于麦迪逊。根据麦迪逊（Maddison 1998：40）

的数据，在 1700 年时，中国、印度和欧洲，各自占到世界总量的 23%，或者换种说法，总共占到了 70%（Maddison 1998：40）。1750 年，中国的占比升高到了 27%，印度下降到了 20%，欧洲则升高到了 25%。关于 1750 年的制造业情况，马立博接受了肯尼迪（Kennedy 1989：49）的估计，中国的份额为 33%，印度和欧洲则同样为 23%，或者换种说法，这三个地区总共占到了世界总量的 80%。1820 年，根据时间较早的三个资料来源，欧洲在世界 GDP 中的占比提升到了 27%，印度下降到了 16%，中国则继续以 33% 的份额领先。麦迪逊（Maddison 2001：127）的估计稍有不同：亚洲在世界总量中总共占到了 59% 的份额，欧洲及其海外分支则占到了 25%。

在 1913 年，这些数据都完全颠倒过来了。西欧及其美洲分支，占到世界 GDP 总量的 55%（欧洲 33%，美洲 22%），亚洲则下降到了 24%（Maddison 2001：127）。就制造业的情况而言，根据西方资料来源，差距甚至更大：1900 年时，欧洲占 60%，美国占 20%，中国占 6%～8%，印度占 2%。（Davis 2001：294；Marks 2002：125）

不过，麦迪逊对早些年的估计，仍不适合被直接接受，因为他顽固地拒绝考虑近年来出现的，有关亚洲（尤其是中国）的新研究。对于 1820 年前的三个世纪，麦迪逊（Maddison 2001：262）就西欧 GDP 的年均增长率，给出的数字是 1.65%，东欧是 1.36%，而亚洲只有 0.29%。彭慕兰和我，以及其他一些人，早已经证明，对于亚洲的这些估计，尤其是针对中国的，远低于实际情况。然而，麦迪逊只是简单 85
地忽视了彭慕兰有关中国的研究，认为它们不值得他加以关注。在有关印度向外剩余转移的再估计中，巴格奇（Bagchi 2002：2235）这样写道：对于麦迪逊在他数不清的著述中有关印度国民收入的估计，我们必须非常小心对待。麦迪逊在同一篇文章中，对于印度的资金外流及其在印度国民收入中所占份额的估计，也是明显偏低的，因为他没有"计入欧洲商人在离岸价格和到岸价格之间的利润"。（Bagchi 2002：

2235）不过，即便我们考虑到他的欧洲中心论偏见，将他的估计调整 1.5 到 2 个百分点，亚洲，尤其是中国，与欧洲及其白人定居地分支之间的大分流与差距，仍有很多问题尚待解释。正如马立博（Marks 2002：124）引用费尔南·布罗代尔的话所说："要解释这一差距，就是要解决近代世界史的基础性难题。"

贝洛赫（Bairoch 1997）提供了一个补充性的估计，尤其是有关工业化方面，他还提供了相关年份的人口数量和分布情况来做对比（见表 2.3）。虽然贝洛赫大部分的研究早于麦迪逊，但他给出的估计依旧更为可信，因为它们更为符合新材料中的定性场景和数据碎片。

表 2.3　欧洲的工业化（包括俄国在内，1800 年 =100）

	1700	1800	1860	1900
人口				
数量（100 万）	135	206	294	414
指数	65	100	150	200
城镇人口				
数量（100 万）	15	23	54	126
占总人口百分比	11	11	18	30
指数	65	100	230	550
制造业指数	20	100	300	800
作为棉纺织产业指数的棉花消费量				
数量（单位：1 000 吨）	4	50	730	2 000
指数	8	100	1 500	4 000
钢铁产量				
数量（单位：1 000 吨）	140	650	6 500	25 500
指数	20	100	1 000	4 000
出口量				
指数	40	100	600	1 700

资料来源：Bairoch 1997：I－592。

就 19 世纪的欧洲人口总量而言，尽管存在着大规模的对外移民，还是在 1800—1860 年增加 50%，以 1800—1900 年计则是翻了一番。1700—1800 年，城镇人口与总人口在同步增长；1800—1860 年，城镇人口的增长稍快于总人口的增长；1860—1900 年，城镇人口的增长则明显快于总人口的增长。各项经济数据的指数，增长得都非常快。不过，1860 年后的增速明显快于 1860 年前的。也只是在 1860 年（很可能是在 1870）之后，制造业生产的增速，才更为显著地高于人口的增速。在 1860—1900 年的 40 年间，欧洲的人口指数从 150 增长到了 200，制造业指数则从 300 增长到 800。几个重要行业的增长，在 1860 年之后也更为显著：相比于 1800 年时的情形，棉花消费量从 1860 年时的 15 倍，增长到了 1900 年时的 40 倍；钢铁产量从 1860 年时的 10 倍，增长到了 1900 年时的 40 倍；出口则从 1860 年时的 6 倍，增长到了 1900 年时的 19 倍。不过，制造业增长的地区分布并不均衡，如表 2.4 所示。[1] 86

以英国 1900 年的情形为指数 100，欧洲其他一些领先的国家，如瑞士、比利时、法国和德国，各自的人均制造业指数都在 52～67 之间；居于中游的意大利和西班牙等国，指数都在 20 左右；一些比较落后欧 87
洲国家，主要位于南欧和东欧，它们的人均制造业指数大约都在 10 左右。在那些欧洲人新定居的地区，人口的增长都非常迅速，不过人均的制造业产出，大多只是处在欧洲的中、下游水平。这方面的例外是美国。1830—1913 年，美国制造业的总规模，增长了 60 倍，人均水平也增至欧洲的两倍。（Bairoch 1997：I—464）不过，鉴于其工业化的起点非常低，美国在 19 世纪的大部分时间里，都落后于英国和欧洲其他领先国家。据表 2.4 中贝洛赫的估计，只是到了 1900 年，美国才达到欧陆国家的最领先水平，但还是明显落后于英国。不过到 1913 年时，美国在制造业人均水平方面，已经居于世界领先地位。在其广袤的良

［1］　因为表 2.3 中 1860 和 1900 年的人口指数出现了严重的计算错误，解读表 2.3 中数据的这一段原文，也相应地出现了严重错误。此处的译文及表 2.3 中的数据，已经做出了相应的修正。——译者注

田上，美国的农业生产率在 1830 年时，就已经与英国的水平相当，且为欧洲平均的三倍；根据贝洛赫（Bairoch 1997：I—467—468）的估计，美国的人均 GNP，很可能在 1875—1880 年，就已经居于世界首位，在 1880—1885 年，则肯定已居于世界首位了。从表 2.4 中的数据中，还可以看到另一显著现象：那时正逐渐陷入欠发达境地的第三世界，人均制造业水平在不断下降，它正在经历"低度发展的发展"。

表 2.4　世界的工业化（以 1900 年时英国人均制造业产量为指数 100）

	1800	1830	1860	1880	1900	1913
欧　洲						
英　国	16	25	64	67	100	115
高水平国家	9	9 ~ 16	15 ~ 26	23 ~ 46	52 ~ 67	85 ~ 88
中间水平国家	8 ~ 9	8 ~ 9	11 ~ 15	14 ~ 24	20 ~ 23	20 ~ 33
低水平国家	5	5 ~ 8	6 ~ 8	7 ~ 15	8 ~ 12	10 ~ 20
其他发达国家	7	9	13	16	45	82
美　国	9	14	21	38	69	126
加拿大	5	6	7	10	24	46
澳大利亚和新西兰			5	7	10	17
日　本			4	5	8	13
所有发达国家	8	11	16	24	35	55
第三世界	6	6	4	3	2	2
世界总量	6	7	7	9	14	21

资料来源：Bairoch 1997：I－404。

注：高水平的国家主要包括：瑞士、比利时、法国和德国；中间水平的国家主要包括：意大利、西班牙、荷兰、挪威和瑞典；低水平的国家/地区主要包括：俄国、中/东欧、希腊和芬兰。在这一时期结束时，德国将其他的高水平国家都甩在了后面，瑞典则从中间水平跃居到高水平。尽管贝洛赫将日本、澳大利亚和新西兰都列为"发达国家"，但它们的指数仅相当于欧洲低水平国家。

对于欧美地区人口和 GNP（总量和人均）的增长比例，贝洛赫也给出了自己的估计，本书将之制作成表 2.5 列在这里。根据表 2.5 中的数据，1830—1913 年，人均 GNP（相当于人均收入），在欧洲增长了

1.3倍；在整个“发达”世界，则增长了近2倍。这一差别源自美国，其GNP同期增长了30倍，人均值增长了3.6倍。这拉高了整个“发达”世界的平均水平。与此同时，如表2.4所示，世界其他地区的制造业产值，经历了明显的下降。由基于麦迪逊数据的表2.2可知，亚洲的人均GNP在1820—1870年稍有下降，不过在1870—1913年，又恢复了缓慢的增长。

表2.5　1830—1913年的增幅（1913年时的水平相对于1830年时的倍数）

	欧洲	美国	发达国家
人口	2.0	7.5	2.3
国民生产总值	4.6	3.1	6.3
人均国民生产总值	2.3	4.2	2.8

资料来源：Bairoch 1997：I-468。

要素价格 88

作为对前面在宏观经济维度下的分析的补充，我们还需要对要素价格差异以及各政治经济主体的相关反应，进行一些新古典主义的微观分析。事实上，正是它们（要素价格差异与各政治经济主体的反应）构成了以下两种分析的背景：我在《白银资本》（Frank 1998）第六章中对“西方为何（暂时）胜出?”的分析，以及彭慕兰（Pomeranz 2000a）对生产要素导致大分流的分析。这还是奥罗克和威廉森（O'Rourke and Williamson 1999）在《全球化与历史》中，对要素价格的变动及相关反应进行详尽分析时所采用的方法。对于他俩这项分析的成功和局限之处，弗兰克（Frank 2002）已经在之前的文章中做了评论。奥罗克和威廉森的分析表明，在大多数情况下，产品的贸易与相关劳动力和资本的流动是互补的。这也就意味着，在贸易的规模获得增长时，移民和资本流动的规模，也会获得增长；反之亦然。它们之间的关系是相互加强，而非此消彼长。不同地区之间资本流动和移民的增加，也会在它们之间带来更多的贸易。

不过，我们还会从中发现，不仅贸易本身主要是派生于要素流动，贸易对工资/收入趋同（convergence）的影响，也远比要素流动自身的影响小。另一方面，国际贸易确实对国内的收入分配起到了重要影响。不过，它们的效果并非在所有地方都一样。它们可能会致使国内经济更不公平，也可能会致使国内经济更加公平，这取决于其原有政治经济结构。通常情况下，国际贸易会强化原有国内收入分配情况，使其变得更加平等，或者，使其变得更加不平等。

他们两人最重要的发现是，各经济体之间的趋同，不仅取决于相互之间的贸易，还取决于它们对要素流动的开放程度。这种流动是要素可用性和相对价格在各地之间的潜在不同引起的。最重要的一个例子，是劳动力市场通过移民和边疆的扩张实现了全球化。而且，移民与边疆的扩张，在这个过程中所起到的作用，是可以等量齐观的。

奥罗克和威廉森的主要局限是研究范围，他们将之局限在了大西洋经济体，确切来说，局限在了大西洋经济体的北大西洋部分。此外，他们的微观分析，还脱离了所有的宏观进程和相关分析。无论如何，在一个全球经济体中，某地的要素价格和反应，受到了其他地区（例如亚洲这一仍未进入他们研究视野的地区）的要素价格和反应的影响，还与整体全球经济的宏观结构、过程和转型相呼应。当然，此类分析也面对着实证方面的难题：相关数据不敷所用。

89 从三角到多角和多边

我在 30 年前就已经论证过，世界资本主义的不均衡发展，并未伴随以迈向发达的宗主国与迈向不发达的殖民地和国家之间的贸易平衡，正好相反，它其实是基于二者之间根本性的贸易不平衡（Frank 1976，1979）。在 19 世纪末及 20 世纪初的经典帝国主义时期，宗主国有着不断扩大的贸易赤字，欠发达国家则有着不断扩大的贸易盈余。理论和实证分析当中，对国际收支平衡（收入盈余）几乎排他性的关注，给角色更为基础性的潜在商品贸易不平衡（进口赤字），盖上了一层“货币的面纱”。大体说来，欠发达国家的商品出口盈余，对发达国家发展为发达国家、欠发达国家沦为欠发达国家，起到了一种基础性的作用。

希尔格特指出，直到1930年代的混乱将其打翻，“这一体系还未曾受过任何关注”（Hilgerdt 1942：394）。那之后的情形也没什么明显变化，除了以下几个例外：索尔（Saul 1960）探究和分析过印度在这一体系中的地位和角色；康德利夫（Condliffe 1950）在一本教科书中提到过它；肯伍德和拉菲德（Kenwood and Lougheed 1st ed.，1971；4th ed.，1999）在另一本教科书中提到过它。还有一个例外，是上一段提到的我自己的研究。我在那项研究当中，花了大量精力对希尔格特有关173个国家的数据，进行了重新编组和计算，将它们归入了19个大组和96个小组。这些数据是关于1928年的，距离这一体系的崩溃已经不远。很可惜，对于1913年及更早些时候的情况，希尔格特在《世界贸易网络》中，只给出了一些零散的估计。他之后在《工业化与对外贸易》（*Industrialization and Foreign Trade*，1945）中，也给出了一些相关估计，对此下文会有所引用。鉴于早期数据的相对匮乏，我们必须试着从这一网络在1928年表现出的模式中，导出一些可以帮助我们理解其在先前时期情形的东西。

全球经济体的这一多边（沿着边）或多角（指向角）结构，使得在体系中居于特权位置的地区，可以从整个体系当中强索贡品或租金，尤其是向那些居于劣势位置的地区。后者的角色就是创造财富和收入，并通过这一多边/多角体系的结构和运行，将之转移到居于特权位置的地区去。在19世纪，大不列颠开始占据了特权位置；正是它在体系中的特权位置，而非自身的任何特点和能力，作为核心因素造就了“大”不列颠。美国在后来取代了英国，占据了拥有最多特权的位置，也正是这一位置，而非美国的生产力，使它拥有了它多数的财富和收入。

为了更好地想象这一多边体系，可以设想一个多边的抢椅子游

戏。在这个游戏当中，玩家们环绕着全球坐成一圈，椅子A、B、C、
90 D、E……则由链条连在一起。还有，玩家们之间也建立了纵横交错的关系。此外，稍看几眼就会发现，其中有些椅子更好些，有些椅子更坏些。不过，椅子的品质很少由它自身的状况来决定，它的品质好坏以及它能带来多少好处或坏处，从根本上取决于它在圈中的地位或位置。这方面的特征对于椅子才是最关键的。还需要补充的是，就像多数真实世界的游戏，这个抢椅子游戏的场地，也是不平坦的。当音乐停下来的时候，玩家们不仅绕着圈快跑，还会在圈子当中穿行。他们在这样到处跑时，还会遵从先前与其他玩家建立的双边和多边的战略或战术关系。玩家们还为了使自己能够占到一个更好的位置，在游戏中建立起了各种相互针对的联盟。实际上，竞争不仅发生在不同联盟之间，也发生在同一联盟内部。在整个游戏过程中，发生的是霍布斯式的冲突，即所有人针对所有人，尽管每个人都参加了一些双边或多边的联盟。在这些联盟的内部，一个人的行动可能会惠及其他成员，不过每个人加入联盟都只是出于他/她自己的利益。好了，这一游戏的大致情况已经讲清，现在就等音乐（周期性的?）暂停了。之后，大家就四处奔跑着抢椅子坐，有些人抢到更好些的椅子，有些人抢到更坏些的椅子，还有些人甚至什么都抢不到，剩下的其他人还是像先前那样，坐到那些并不算坏的椅子上去。（还有一个重要的事实需要搞清：抢椅子游戏实际上也在“国内”进行着，一国的椅子上也可以不平等地坐下多个玩家；那么，“国际”游戏的不平等和“国内”游戏的不平等，有着怎样的关联呢?）

以上有关抢椅子游戏的冗长叙述，是为了说明一个本来很明显却很少被人注意到的事实：世界经济发展是一个全球性的游戏，当音乐周期性地暂停时，玩家们就在其中快跑起来，有些在设法为自己变换位置。此外，每个玩家在游戏中的位置，很可能作为最具决定性的因素，决定了他能获得的财富与收入，以及他在下一轮游戏中抢到好位置的机会。每个玩家的位置，还决定了他能否将熵传递出去的能力，

不仅是传递给邻居，还传递给圈子中远一些的其他玩家。他们都坐在
了比较不利的椅子上，正是因为椅子的位置，使得他们不得不经常吸
收这些熵，并承担相应的代价。之所以会存在这些情形，正如希尔格
特所解释过的，是因为我们生活在一个“世界经济体中，它通过一种
囊括全球且为特定样式的多边贸易体系……［及其包括了］各类国际
账户的多边结算体系，而得以运转：相较而言，多边结算体系更是尚
未得到足够认知”。（Hilgerdt 1942：67）在这一“尚未得到足够认知”
的多边贸易和结算体系中，参与者所处的位置决定了其他的一切，这 91
简化成房地产经纪人的口头禅就是：“位置、位置、位置。”

在历史上和分析中，我们可以将这一进程的欧洲起源，追溯至17世纪发展中的西欧与低度发展中的东欧之间的波罗的海贸易，以及18世纪著名的跨大西洋“三角贸易”。当时实际上存在着多重的三角，它们连接起了英国、英属美洲殖民地、法国和西班牙及它们的殖民地、加勒比海地区，以及非洲。对此，弗兰克（Frank 1978）等人早有论述。他们已经达成的共识是，在所有的三角中，都有一个角被英国占据，占据角的数量次多的是北美，而且，所有这些三角都以奴隶贸易和白银贸易为基础，二者为其余的贸易提供了资金。中国、印度和英国之间始于18世纪末，繁荣于19世纪的“鸦片三角”，为英国提供了大量资金。之后，在中国、美国（携墨西哥白银）和英国之间，又出现了一个三角。在整个19世纪，越来越多的三角加入其中，从而出现了一个更为复杂的多角/多边世界贸易网络。劳动分工和赃物分配，就是在其中进行的。在所有这些三角的组合中，先是英国居于其顶端，后来又换成了美国。正因为越来越多的三角加入其中，才造就了复杂的多角和多边的贸易与支付体系。本书后面的各章，会针对这一体系的不同发展阶段分别考察。特别要指出的是，第七章将会就“一战”前那一时期的情况展开分析，正是在那段时间，这一体系达到了最完备的形式。详细的讨论会在第七章进行，不过，这里稍微介绍一下相关的讨论内容和分析模式，应该有些用处。有关这一体系最简单的图

形说明（图 2. 1），来自康德利夫（Condliffe 1950：285），康德利夫的版本，则改造自希尔格特（Hilgerdt 1942），他在其《世界贸易网络》中，针对 1928 年时的情形给出了一个复杂版本。

从欠发达地区开始，顺时针观察图 2. 1 所示。首先会注意到，这一地区向美国、欧洲移民新定居地和欧洲大陆，出口得多、进口得少。然后是美国，它与新定居地、欧洲大陆以及英国之间，都存在着进口赤字（出口盈余）；这些赤字，通过它从南方欠发达地区获得的进口盈余得到了平衡。欧洲移民的新定居地，在这一贸易环路中占据了一个居间的位置。它们一方面从欠发达地区和美国获取进口盈余，一方面又与欧洲大陆和英国之间存在出口盈余。欧洲大陆与之前的三个地区存在着进口盈余，但与英国之间存在着出口盈余。最后，英国与之前的三个地区之间存在进口盈余，但与欠发达国家之间存在出口盈余，尽管规模并不是很大。在表面上看起来，最后的关系“完善”或“闭合”了这一环状贸易平衡体系。（特别参见：Frank 1976：410—412）

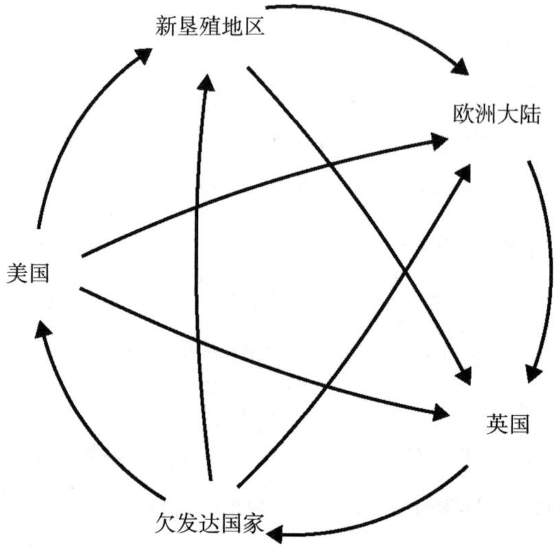

图 2. 1　贸易的环路（1928）

资料来源：Condliffe（1950：285）。

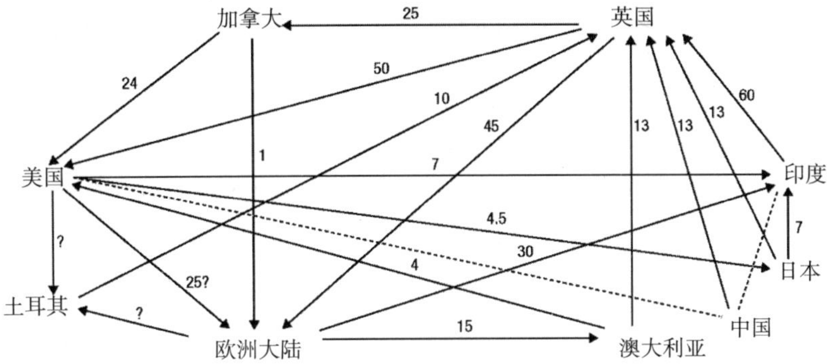

图 2.2　世界结算模式（1910）

资料来源：改绘自 Saul（1960：58，Figure 2）；弗兰克把中国与英国的支付加了进去，但没有加入中国与印度、美国的支付方向和金额。

注：图 2.2 中的箭头代表结算支付方向

单位：100 万英镑

还有一版更为复杂和精确的图示（图 2.2），它聚焦于 1910 年左右英国在体系中的特殊地位。这个版本原由索尔（Saul 1960：58）所绘，我对之做了一点儿修正，将中国也包括了进去。

图 2.2 中还标注了 1910 年时英国的国际收支状况，其总支出为 1.45 亿英镑，相应的总收入为 1.18 亿英镑。从中可以看到，英国国际支出的一多半（5 000 万 +2 500 万）流向了美国和加拿大，但这些支出可以通过来自印度（6 000 万）和中国（1 300 万）的收入补足。[1]

这一全球体系的结构和运行，可以通过一件似乎发生在偏远角落的小事件看清楚：

> 黄金从澳大利亚流向印度，与澳大利亚—印度之间的双边贸易关系不大，它实际与英帝国几个部分之间的多边结算有关。要想理解 19 世纪末及 20 世纪的世界经济发展，我们必须超越帝国的中心与殖民地之间的简单双边“帝国”关系，去观察和考量世界经济体各部分之间的复杂关系。……流向印度的黄金，产生自澳大利亚与其

[1]　此句原文的描述与图 2.2 中的数字不符，还出现了图 2.2 中不存在的南非，译文已经按照图 2.2 中的数据做了修改。——译者注

> 他国家的贸易关系，它们是被用于购买进口商品的。中国出口到澳大利亚殖民地的茶叶……就是用黄金来支付的。……然而，这些黄金并没有作为双边结算款项，直接从澳大利亚被运往中国，它们实际被运到了印度。……在印度被换成卢比之后，被用于购买鸦片，之后鸦片装船运往中国，接下来再在那里换取茶叶。相关贸易就这样不断地循环运转着。(Pope 2001：174，158)

艾莱（Ally 2001：114）评论道："真正重要的事情是，其他国家是否成为，以及在何种程度上成为英国主导的国际体系中的有机组成部分。"

有关这一多边体系的发展、结构和运行，希尔格特这样总结他的重要发现：

> 刚才描述过的世界性体系，并非已经存在了很久。它们在 19 世纪的后几十年才出现，并且一开始就与英国投资收益的转移联系在了一起。……虽然被经济学家忽略了，但毫无疑问，这一发
> 94 展与现代经济的增长同样重要。我们通常认为现代经济始于 1870 年左右，这并不是偶然的——正如我们已经看到的，这一多边贸易体系正是在那时出现的，或者，我们应该认识到，国际经济在 20 世纪初就已经达到成熟状态了。那时，这一多边体系也已经成形，在接下来的 30 年中，它只是在规模上获得了些许增长，但模样还是世纪初的模样。(Hilgerdt 1943：397，400，394，转引自 Frank 1979：173—174.)

因此，生产、贸易、资本流动、移民，以及通信的全面全球化，在 20 世纪初就已经变为现实。这一全球体系的结构和运行，在 20 世纪的大部分时间里都备受破坏，这种情形开始于第一次世界大战，然后在"大萧条"和第二次世界大战期间继续延续。在第二次世界大战以后，它也并未得到完全修复，直到 1990 年代和 21 世纪初，它才重现其

原来的情形。现在，美国正试着占据其中的特权位置，那个位置曾在之前造就了“大”不列颠。对于美国占据特权位置来说，最为重要的工具是它对世界货币的垄断，这种垄断通过五角大楼得到保障，此二者即为美国当今世界地位的两大支柱。（Frank 2003）

因此，对于这些问题（谁能否得到些什么、何时得到、何处得到，以及如何得到）来说，最重要的决定性因素是它们在体系中的位置（地位和角色）。这个全球政治经济体系，虽然在不断变化，但还是延续到了今天。对于每个人的命运而言，更为重要的决定性因素，是他所处的地位，而非据称归他所有的优点、缺点、成功或是失败。对于那些部门的、区域的或是国家层面上的参与者来说，情况就更是如此了。

为何？熵的产生及耗散

熵为第三因素。

> 耗散结构……这一由伊利亚·普里高津（Ilya Prigogine）提出的术语，指的是复杂系统向其他地方转移熵的能力。……我们忽视了每个系统内社会秩序的达成，都必须要有人在某地、某时为之付出代价。我们之所以难以看到这一基本现实，是因为人类可以非常熟练地将他们自身行为的代价，通过耗散结构转移给其他人。……当一个系统有意愿，也有能力强迫其他系统承担它自身增长和繁荣的代价时，熵的耗散就会发生……这是诸多殖民主义系统的关键特征，但它是通过不具有人格的市场机制转移的，所 95
> 以边缘的受害者们并没有意识到别人在对他们做什么。（Clark 1997：5，10）

普里高津和斯唐热（Prigogine and Stengers 1984），以及他们两人的研究同事，对发生耗散的系统有着深入研究，他们在物理和社会两个方面，分析了一个远离平衡的开放系统的耗散结构。Zhan[1]（2003）坚持认为，与大多数的社会科学不同，世界历史体系的特点是非平衡。黛博拉·斯特劳斯福格尔（Straussfogel 1998）将这一理论应用于世界体系，这样做的还有彼得·艾伦（Peter Allen），以及理查德·亚当斯（Adams 1982）。这些研究都指出了这样一种事实，那就是熵和社会失序从中心向边缘地区和部门的转移。更为重要的是，在一个非线性、非平衡的体系内，不平衡态的临界点可能会导致分岔，在那一点上，一个小变化就能制造一个大不同。这是因为，路径选择会变为一种不可逆的决定，一旦沿着选定的新路径出发，原先存在的其他选项就会消失。19 世纪的大分流也是这样一种情形吗？如果是的话，它何时发生的？为何会发生？还有，怎样发生的？

正如上文那段引文所言，在那些有着良好秩序的地方，秩序的维持，甚至是秩序的建立，都主要源于它们可以将它们所制造的失序转移到被迫吸收它的地方，后者也因而变得更加失序。这一耗散过程所沿的路线，有些容易被察觉，有些不容易被察觉。容易被察觉的，是从 A 指向 B 的单向路线。一个明显的例子，是核废料从欧洲和日本（A），向非洲（B）的出口。欧洲和日本都是相对强大的地区，其实力还因核电站而得到维持或增强，不过它们在国内处理核废料的经济和社会成本都很高；非洲是实力弱小的地区，收点儿小钱（对于北方是小钱，对于南方不是）就愿意承担这些熵。

还有一些不容易被察觉，却更经常发生的例子：A 使用大量的煤炭和石油做燃料，这造成了全球变暖和臭氧层破坏，其后果和代价也被散播给了 B（A 所耗费的燃料，很多还是从 B 进口的）。在那里，它们扩大了疾病多发区，引发了洪水，也许很快会使低洼地区被海水淹没，还导致了原始雨林的大规模破坏，这只是因为要维持 A 的工业和消费。如果考虑到，在 A 更高的国民收入中，有部分是来自从 B 向 A（在先

[1]　此人应为华人学者，但其中文姓名无从查考。——译者注

前或在当下）的收入转移，那这些例子就更加刺眼了。

其实，熵从 A 到 B 的耗散，以及收入从 B 到 A[1] 的转移，也是沿着多边的路径和网络发生的。这些可能更不容易被察觉，甚至是无法被察觉，不过还是须特别指出，耗散和转移主要是通过它们进行的。对于世界贸易，希尔格特（Hilgerdt 1942：9）这样写道：“一小群国家之间进行的三角或多边［更不用说双边］结算，相对来说不那么重要……几乎 96
所有的收支活动都属于一个世界范围的体系，它也提供了资金转移可以大致沿着进行的路线。”熵的转移和耗散也是通过这个体系进行的。此外，熵从 A 到 B 的耗散和转移，不一定是沿着 A 到 B 的简单路线，它也可能是经由 C、D、E……而实现的。还须补充的是，一个国家加入这个多边体系，并不一定需要直接跟英国发生联系，如果它原来所属的双边或多边体系，已经被纳入世界范围的网络中，它也就是这个多边体系的成员了。

霍恩伯格（Hornborg 2001）在其《机器的力量》（*The Power of the Machine*）中，对熵及其作为全球经济发展和工业化过程的基本组成部分的重要性，进行了细致的讨论。他强调指出，机器（及整个工业体系）不只是一种技术现象，还是一种社会现象。建造并运行一台机器要求大量的投入，包括原材料、土地、燃料和工人的劳动，所有这些投入加起来，要超过这台机器的产出。而且，要使机器能够保持持续运行，还需要它的产品能够卖出比所耗投入更多的钱。此外，根据热力学第二定律，机器生产过程中一定会产生熵，换种说法，失序，它也必须被以某种方式处理掉（Hornborg 2000：250）。工业革命带来了机器生产，与基于太阳光的有机生物生产不同，这是一种基于化石燃料的生产。另外，机器生产的规模至今仍在不断扩张。化石燃料的特点是，储量有限且不可再生，而且还会产生熵。这些熵以污染和环境破坏的形式出现在我们身边。还有，熵并不需要（也确实不会）停

［1］　此处原文为从 A 到 B，但从上下文看，应是从 B 到 A。——译者注

留在机器所在的地方。工业生产过程中的很多原材料来自非工业化地区，其产生的熵又被耗散（或出口）回那些地区，与之相伴的还有一些有用的机器产品。负熵从非工业化地区向工业化地区的转移，以及熵/失序的反向耗散或再出口，是利用世界市场这一机制完成的，它的运行则以不同地区的要素价格差异为基础。而且，在整个运行过程中，价格差异一定对机器（的所有者）更为有利，另外一些人则要为此承担代价，他们通过不平等交换的形式，供应了机器建造和运行所需的资金。世界市场机制也经常辅以政治军事力量的运用。

霍恩伯格还指出了一些重要的理论启示。我们会在对 19 世纪的全球再考察中，一再发现有关它们的多种多样的例子。在机器（或者说整个工业）生产过程中，总投入总是比总产出包含更多的秩序或更少
97 的熵，因而，工业增长与“发展”是不能独立自存的，它们是负熵/秩序向内转移，熵/失序向外转移的结果，在物理和社会层面上来说都是如此。这也就是说，“非工业部门经受着熵的净增加。与之相伴随的，是自然资源的大量消耗与传统社会结构的解体。边缘地区的生态恶化和社会贫困是同一个硬币的两面，因为在那里，无论是自然资源还是人力资源的付出，所得到的回报都是过低的”。(Hornborg 2001：11)

工业的存在本身就依赖非工业的贡献，还有，将工业产出和收益平等分配给所有人的想法，无异于试图将牛肉还原成青草（Hornborg 2001：125）。霍恩伯格还正确地指出，既然这一生态结构和过程，以及这一经济结构和过程，都是工业过程的本质，那现在所耗费的这些成本，也就不可能通过使整个第三世界工业化，或是通过用清洁绿色产业替代污染严重产业，而得到改善或降低。这些清洁绿色的产业，比如高投入、高回报的信息产业，同样“也会在全球变成少数人的特权，这又意味着环境质量地区分布的不平等，边缘地区的资源被用来维持中心地区的清洁和‘绿色’”。(Hornborg 2001：17）事实上，如果想要将“其他地区”的收入，提升到“西方”的水平的话，那还需要有额外的三个地球。(Hornborg 2001：31)

因而，一些地区的资本积累、技术发展以及经济增长，是与“其他地区的低度发展和环境破坏有机地联系在一起的，二者是同一枚硬币的两面”。（Hornborg 2001：33）霍恩伯格因此认为，实际上，“此地”的 GNP 是衡量它与“彼地”贸易条件的尺度，它“反映了一国在全球商品贸易谈判中的地位”。（Hornborg 2001：32）

这也是本书三个主要分析对象的关联之处。这三个主要的分析对象是：（1）全球经济与市场；（2）它的多角和多边结构及构成，全球范围内获利与受损的不平等分配，就是通过它们来进行的；（3）“中心”产生的熵向“边缘”的耗散，前者在这个过程中获利甚多，后者则只能被迫承受相应代价。

优势地区的增长制造出的熵或失序，会损坏其增长的可持续性，除非它能将它们耗散或转移出去，强迫那些与之处于同一体系但位置不利的地区，吸收那些熵，承受那些失序。弗里曼指出：“在世界范围内，我们见证了技术进步与社会退步的结合。技术进步的内在法则解释不了这一悖论，解答它需要将它们与价值法则关联起来。”（Freeman 1999：18）

迈克·戴维斯（Davis 2001）在一本副标题为“厄尔尼诺饥荒与第 98
三世界的形成”（*El Niño Famines and the Making of the Third World*）的书中，分析了熵在大分流过程中的重要作用。戴维斯在开头所呈现的，是对一些地区有负面影响，而对其他地区有正面影响的气候事件，接下来他又揭示出，后者如何能从这些事件中谋取利益，又如何将它们自己产生的熵耗散给前者。少数人的发展是以多数人的付出为代价的。更准确地说来，少数人所处的地位，允许他们比多数人获得更大的利益，并且避免更多的损失；处于不利位置的多数人，却不得不忍受“全球”发展的单一结构和进程所产生的损害。

这个时代关于熵的最为刺眼，也最不为人关注的例子，当属军工复合体。艾森豪威尔总统曾经针对它提出过警告。这很可能是全世界最具有污染性的产业了。它也是关于熵的极好案例。工业大国使用本地或进口原材料，生产出有着巨大经济价值，会带来巨大的环境成本，且毫无社会效益的“商品”。这些“商品”被大量出口（回）到提供各种原材料的地区。这些地区用出口低价值商品得到的外汇，来支付相关的进口款项，这些低价值商品本来是可以在本国居民中分配的。正因如此，饥饿的非洲人和亚洲人，才会向富裕国家出口食品。总而言之，通过各种消耗巨大、污染严重的产业，熵从富国被耗散到了穷国。

也许更为严重的是社会政治熵从富国向穷国的耗散。前者出售它们的武器装备和军事训练给后者，以使它们更好地在本国维护“民主秩序”；后者进口这些武器，并用其在不断吸收着熵并因而更加混乱的“第三世界”厮杀。尽管出口武器，这些武器生产国仍然给自己留足了武器装备，以加强、维持，甚至是拓展这一不平等的世界分工。它们利用其获得利润并耗散出熵，却让其他所有人为之付出了巨大代价。这就是所谓的“维护人权、自由、民主、文明”，最近它又被称作“打击恐怖主义”。在 19 世纪，西方这种向世界其他地区耗散其生态和社会熵的行为，则被称为“白人负担着的文明使命”。霍恩伯格在研究中指出了这些机制的很多细节，不过他并没有试着向我们展现，它们是如何在 19 世纪运作的。本书将会试着至少是开启这一被忽视的任务。如果不对其加以探讨，可能就无法对大分流给出任何合乎情理且细致入微的解释了。

第三章

连续多于变化的世界

(1750年代—1810年代)

不可否认，1750这个年份有些随意，但它并不是我随意选定的。之所以选定它，并非因为世界自那一年起发生变革，而是我想在开始19世纪的考察之前，再次回顾一下18世纪下半叶。我之前在《白银资本》中所描绘的世界经济图景，就1500年到18世纪末这段时间而言，很大程度上还是可靠的。它后来已经被彭慕兰（Pomeranz 2000a）、马立博（Marks 2002）、戈德斯通（Goldstone 2002）等人证实了，它还被一些学者加以补充：巴伦兹（Barendse 2002）对阿拉伯海的研究，阿瑞吉等人（Arrighi et al. 2003）对华人贸易和东亚朝贡体系的研究，弗林和吉拉尔德茨（Flynn and Giraldez 1997）对白银流动的研究。

在那一时期，日本正处在其18世纪增长的平台期，中国还在迅速扩张，中亚和东南亚也是如此，它们都与中国和印度有着紧密的关联。西亚从扩张转向了收缩，不过，进一步的考察会发现，这一收缩只是暂时的。欧洲走出了一场长达20多年的萧条，其加勒比海地区的糖业殖民地也是如此。那场萧条还导致了始于1740年的奥地利王位继承战争。那几乎是一场世界大战，冲突各方也几乎都仅为了商业竞争而战，就像亚当·斯密和其他人在后来所评论的那样。不过，在1750年代，繁荣在欧洲和加勒比海地区再次降临。有着如此经历的，自然还有北

100 美殖民地。拉丁美洲也在经历着繁荣。在世界各地，人口几乎都在上升，尤其是在中国、美洲和欧洲。这方面印度是个例外，那里的人口出生率有所下降。法英之间的对抗，引发了 1754 年的本地治里战役，这次战役之后，法国在印度大势已去。本地治里战役还引发了 1757 年的普拉西战役，后者使英国东印度公司控制了孟加拉。值得一提的是，在普拉西战役中，东印度公司投入的兵力并不多，但它得到了当地盟友的军力支持。这次战役也开启了“孟加拉暴行”（Rape of Bengal），以及将印度资本转移至英国的“攫取”。

就目前的情况而言，《白银资本》的主要问题，是误判了亚洲这一时期衰落的广度与深度。我们需要在本书中将衰落发生的时间延后到 19 世纪，确切地说，延后到 19 世纪下半叶。《白银资本》主张，“东方的衰落”先于“西方的兴起”。修正主义的研究，已经对亚洲的衰落开始于 1800（甚至是 1850）年以前的观点，提出了有力的挑战。这些及其他一些研究，还对以往有关此衰退广度和深度的观点，提出了越来越多的疑问。新的历史书写，质疑了帝国主义和殖民主义视野中那种叱咤风云的西方，并要求对相关的历史进行重新定向。这样去做的话，也会使全球史的再书写受益。对于至关重要的 19 世纪，确实需要从全球角度加以历史再书写，这也是本书所要做的。

中国

对于中国经济、社会和政治的新一轮考察表明，需要摒弃之前宣称其长期停滞的主流观点了，因为中国这一时期依旧在增长。另外，如果我们必须要给中国的“衰落”定个时期的话，那它也应该是在 1860 年之后。与存在已久，且仍被兰德斯（Landes 1998）、麦迪逊（Maddison 2001）等人所接受的假设相反，这一时期中国的实际工资、人均收入和消费水平，至少与欧洲富裕地区同样高，而中国类似于长

江流域那样的很多地区，则显著高于欧洲当时的最高水平。（Wong 1997；Pomeranz 2000b）

根据《白银资本》中的研究，中国在 18 世纪的快速增长，确实延续到了 19 世纪初。近年来的研究进一步显示，这一增长还持续到了更晚些时候。增长放缓出现在 1830 年以后，部分是因为 1840 和 1850 年代的气候灾害，以及 1854—1862 年[1]的太平天国起义。不过，真正的转折只是出现在 1860 年以后，在太平天国起义和第二次鸦片战争之后。理查德森在他的《中国的经济变迁，1800—1950》（*Economic Change in China, c. 1800 - 1950*）中，回顾并概述了修正主义的研究：

> 在过去的 25 年［我会再算上那以后至今的 5 年］当中，我们 101
> 对于中国变迁进程的理解，出现了一次重大的范式转变。新范式更强调其适应性和活力。现在看起来已经毫无疑问的是，中国早已商业化了的，或者说，早已商品化了的农业经济，在 18 世纪经历了相当长时期的增长，［只是！］到了 1830 年代，原工业化的扩张才开始出现疲软状态。停滞论已经被颠覆。（Richardson 1999：4，20，12）

在王国斌、马立博、彭慕兰等人的历史叙述中，1800 年左右的中国，或者它最为发达的地区，与欧洲最为发达的地区，尤其是英格兰，表现出的状况非常相似，而且，前者还经常优于后者。彭慕兰在其《大分流》中提供了几个附录，分别对中国陆地运输情况、影响农业产出和生产率的肥料使用及固氮情况、森林覆盖和木材燃料供应情况、纺织工人的收入情况、棉花及丝的生产情况给出了他的估计（Pomeranz 2000a：301—338）。从中可以看到，在 1753—1853 的 100 年，中国的森林覆盖率下降了超过 1/3；因为半数木材外运供给他处，岭南地区的人均木材占有量，更是下降了 3/4。关于纺织品消费，彭慕兰（Pomeranz 2000a：

［1］　原文如此。——译者注

338）总结道：“我们对中国的估计，包括了它最为偏远和贫穷的地区。考虑到这一点的话，18 世纪中后期中国的纺织品消费水平，仍大致与欧洲的水平相当。”

在对英格兰与江南各自情形的比较中，彭慕兰（Pomeranz 2003）发现，两地农业中人均热量的生产率基本上是相同的，不过就每英亩/公顷的生产率或土地产出而言，江南是英格兰的 5 倍多。彭慕兰的这一比较，也使用了艾伦建立起来的数据（cited by Pomeranz 2004：5272，notes 6 and 11）。在英格兰，包括各种作物在内，每人日均生产 2700 卡路里热量，这一数字在江南为 2651，但它仅计算了谷物。还有，这一数字完全超出维持生存所需，所以，中国农民也能凭借其收入购买其他商品。

此外，马立博对岭南各地市场的描绘显示，1775 年后的市场数量和密度，经历了一个缓慢但稳定的增长；唯一的例外是广东南海县，那里的增长异常惊人。（Marks 1998：Figure 5. 8[1]）另外，前面提到的彭慕兰等三人，以及其他一些近年来做了相关研究的学者，都认为中国的市场运转得比欧洲或北美的更为有效。他们还都同意，中国政府
102 对于市场的干预也更为有效。在中国，内陆运河由国家组织建造，并进行后续的相关维护，以使粮食可以实现远距离的运输。此外，粮食也在国家的组织下储存起来，待需要时运到缺粮地区，或是用来平抑那里的粮价，或是用来救济那里的饥荒。

对于加州学派的王国斌（Wong 1997）、弗兰克（Frank 1998）、彭慕兰（Pomeranz 2001），以及研究人口的李中清和王丰（Lee and Wang 2002）、研究中国农业的李伯重（Li 1998）、研究“中国资本主义”的 Wang[2]（2000），与他们的主要批评者黄宗智（Huang 2002）、布伦纳和依赛特（Brenner and Isett 2002）之间的整个争论，戈德斯通（Goldstone 2004）进行了细致的评论。对前者基于在英格兰和长江三角洲之

[1] 原文误为“Figure 5. 12”。——译者注

[2] 此人应为华人学者，但其中文姓名无从查考。——译者注

间所进行的农业生产率和人口增长的微观比较，所得出的特定和总体结论，后者提出了他们的疑问。戈德斯通对他们所有人的估计，进行了再计算和再评估，并在《只见树木不见森林》一文中，给出了自己的一些估计。他还指出，那些自微观层面出发的批评，其实是（被他们的数据误导）捡了芝麻漏了西瓜（一幅宏大的图景）：

> 总体来说，如果我们聚焦于长三角和英格兰两个经济体的人均产出水平，而非 18 世纪早期的趋势，我们就会发现，中国在 18 世纪早期的表现，要明显超过同时期的英格兰，并且，英国农业劳动力的人均生产率，直到 1750 年之后才开始赶超中国。……以此标准来看，中国在 18 世纪做得很好——与英格兰相当，或比它更好。……甚至是到了 1800 年，江南农业主要谷物的总产出与其总人口之比，仍比英国高出 20%。因此，证据支持“加州学派”的观点：直到 18 世纪很晚的时候，中国和欧洲各自核心区域的农业经济，并没有面临彻底分流（前者人均产出低，后者人均产出高）的形势。（Goldstone 2004）

加州学派有关商品消费和收入情况的主张，还因有关农业中其他作物的生产，尤其是非粮食作物的生产，以及热量消费和收入情况的补充考察，得到了加强。当然，戈德斯通也有参与其中。

中国的出口从 1760 年代的年均 100 万余两白银，增长到 70 年代和 80 年代早期的年均 150 万两，之后又在 90 年代达到了 400 万两（其中有两年的数据缺失），在 1817—1833 年更是超过了 600 万两。在这一时期的后 2/3，约有 90% 的出口商品是茶叶。广东相应的海关年收入，在 1781 年时约为 20 万两[1]，之后 5 年间增加了 20 万两到 40 万两，到 103
1800 年时又增加了 10 万两。白银的进口波动更大，在 18 世纪中期，

［1］ 原文为 50 万两，根据上下文来看，应该是 20 万两。——译者注

年均50万两左右，在18世纪后40年，平均每10年700万两，但从300万~1600万两波动不定。（Hung 2001：478－489）换种说法，贯穿18世纪晚期和19世纪早期，中国的海外贸易在继续迅速扩张。

孔华润在他的《处于中心的东亚》中，描述了这一时期的政治形势：

> 清朝统治中国（到18世纪末）的前150年，实现了自统治欧亚大陆的那群蒙古人以来的最大扩张。缅甸人、朝鲜人、越南人和欧洲人，无论他们来自陆路还是海陆，都被迫按照清朝的要求行事。……直到18世纪末，清朝依然处于支配地位。……来自欧洲的荷兰、葡萄牙和西班牙，很快就学会了不去挑战中国。……当然，行事的基本规则都是清朝定下来的。美国1784年到来时也很快学会了这一点，并且顺利地被广州体制（Canton system）接纳。[所有的对外贸易和关税征收，通过这一体制被集中在一起办理。]（Cohen 2000：243—244）

关于中国在19世纪前半段维持下来的力量，本书会在第六章的相关考察中提供更多证据。

东南亚

东南亚与中国紧密相连，它的大多数外贸都掌握在中国人而非欧洲人的手中，因此可以预期，它此时期的表现在按照中国的节奏变化。在安东尼·里德（Reid 1997）所编的《亚洲自主的最后一站：东南亚各国和朝鲜对现代性的反应，1750—1900》（*The Last Stand of Asian Autonomies: Responses to Modernity in the Diverse States of Southeast Asia and Korea, 1750－1900*）中，十几位作者写下了他们各自新近的修正主义历史叙事。里德这样评论道：

> 出口迅速增长和商业化快速进展的现代阶段，并非开始于 19 世纪末，而是开始于欧洲人的垄断被打破的 18 世纪末。1780—1850 年的这段时期，出口实现了持续的快速增长，年均增长超过 4%，同时期的总人口增长仍低于 1%。这也就肯定意味着，人均出口收入的实质性增长。……东南亚 1760—1850 年的人均出口增长率，看起来比 1850—1950 年的增长率更高，甚至比 1870—1927 年殖民主义的巅峰期的增长率更高。（Reid 1997：78） 104

1740—1840 年之间的这段时期，是东南亚地区的“中国世纪”。根据里德的估算，这一时期东南亚的海上贸易增长了两倍，而且，这些贸易几乎全部是由中国人和马来人的船只来完成的。（Reid 1997：33）英国的海军和商业力量，这时还不是东南亚的重要角色，但此事实“被欧洲语言写就的书籍忽略掉了”（Reid 1997：14），不过，照目前的“各种情形来看，在历史学家和政治决策者们那里，轻视东方的态度已经开始出现变化”。（Reid 1997：8）

在东南亚大陆，

> 1750 年代，缅甸在雍籍牙（Alaungpaya）的领导下，突然成为该地区的一个强国。雍籍牙是在英国东印度公司的少量协助下，将缅甸领向复兴的。……他们四处征战，目标有中国的云南省、若开王国（kingdom of Arakan）……以及最重要的泰国大城及其宣称归自己所有的马来半岛。……1760 年代，缅甸军队进入北京认为属于其帝国版图的地方。（Cohen 2000：235）

中国人予以反击，但并未获得胜利，事情后来陷入了僵局。缅甸人还向印度方向进发，这在他们、英国人和当地势力之间，造成了数十年的三方冲突，直到缅甸人向孟加拉发动大规模入侵，并最终败于英国人的手下。与此同时，越南人一直处在和平状态，直到内部发生叛乱，出现王朝的新旧交替。

西亚

有关西亚以及欧洲资本、政治/军事力量对它的渗透，修正主义的历史和政治经济分析显示，与过去通常的看法不同，它开始衰落的时间要晚得多，程度也要弱得多，欧洲对它的渗透并没有那么强。有关于此，有些文章值得关注：达林（Darling 1992）的《调整奥斯曼帝国衰落的范式》（*Revising the Ottoman Decline Paradigm*），格兰特
105 （Grant 1996）的《对奥斯曼帝国衰落的再思考》（*Rethinking the Ottoman Decline*），其中最重要的，是胡里・伊斯兰奥卢－伊南（Islamoglu-Inan 1987）主编的一本论文集。《白银资本》提及了 1760 年后的一次周期性经济衰退，并指出它可能跟西欧在康德拉季耶夫周期 B（下降）阶段的危机有关，那次危机在商业上波及了欧洲在西亚的贸易伙伴。不过，达林提出了这样的疑问：为何在那时的所谓“衰退”之后，没有紧跟着出现衰落，后者直到 19 世纪上半叶才出现。她提出用“去中心化”（decentralization）的概念来取代“衰退”（decline）。“去中心化”确实能更好地反映奥斯曼帝国的防守及进攻性进口替代，更好地反映对欧洲和俄国新技术的借用（奥斯曼帝国单是在 1790 年代，就借用后者的技术建造了 45 艘现代军舰），还能更好地反映面向本土市场的棉纺织业在 18 世纪末及 19 世纪上半叶的发展（Grant 1996）。此外，伊萨维（Issawi 1995）还指出，相对于“19 世纪的恢复”而言，1800 年是“中东（很可惜这是这个欧洲中心论的术语，他应该用西南亚替代它的）历史上的低点”，不过他依然将自己文章的标题定为“1100—1850 年中东贸易的衰落”（Issawi 1970）。

在 1736—1747 年的纳迪尔沙（Nadir Shah）统治期间，以及

1751—1779 年的卡利姆汗（Karim Khan）统治期间，波斯对外发动了军事扩张，其中包括对巴士拉及其商业的占领。这是一段经济兴旺、商业繁荣的时期，尽管随后发生的是长达 20 来年的内战。

中亚

至于中亚，我在《白银资本》及其他一些论述中主张，“中亚的角色持续到了 1800 年”（Frank 1998）。我还指出，在伯顿（Burton 1993）对 1559—1718 年布哈拉贸易的考察中，诸多地图和文字资料证明了以下事物的存在：涉及广阔地区的贸易路线、规模庞大的贸易，以及相应的劳动分工，这些甚至发生在日用品这类价格不高的领域。这些贸易涉及的商品，比较值得关注的是：来自世界各地的奴隶（包括来自德国和东欧的奴隶，但更多是来自西边的“非基督徒”奴隶与来自南边的“非穆斯林”印度奴隶）；马和其他牲畜，以及皮革、皮草；各种纤维和纺织品；靛蓝等染料；金属和金属制品，尤其是小型武器；瓷器和陶器；包括谷物、糖、水果在内的各种食品，还有大黄；药品；茶叶和烟草；稀有的宝石；当然了，还有贵金属和铸币。贸易路线连接起中亚的诸多商业中心，例如希瓦、布哈拉、巴尔赫、撒马尔罕、喀布尔等等。它们向北穿过阿斯特拉罕和奥伦堡到达莫斯科，并从那里继续去到东欧和西欧。向西，它们 106
去到波斯、黎凡特和安纳托利亚，并通过黑海，到达伊斯坦布尔和地中海周边。向南，它们到达印度。向东，它们沿着古丝绸之路到达中国。向东北，它们去到西伯利亚，并从那里继续去往中国（Frank 1998：122）。总之，把内亚和中亚排除出早期近代，排除出连续的世界史，是非常草率的做法，这是近代以来的欧洲中心主义造成的后果。从现有的证据来看，中亚所扮演的角色，至少是维持到了 18 世纪末。

由此可见，世界经济的结构和运行方式的转型，以及其内部出现

“北方”和“南方”的分野，实际上是 1850 年以后的事，而且，它的规模和程度，也不及我们被引导去相信的那般。

印度

我早在 30 年前就已经强调过，依赖武力使“交易”天平向欧洲一侧倾斜，使其不用一盎司金银就可将与印度的贸易继续下去，这种做法恰好开创于巴西金矿枯竭、英国无法再从那里获得黄金的 1760 年之后，开创于经济萧条等因素促使墨西哥重新增加白银供应之前（白银供应的新一轮增长，大约开始于 1775 年，增长加速出现在 80 年代，而增速在 1790—1810 年尤快）。(Frank 1978：150)

印度本土的纺织品生产和出口，在 1760 年之后迅速下降，先前纺织产业领先的孟加拉地区，也因而经受了严重的打击，尤其是在“孟加拉暴行”及 1770 年的饥荒期间，那时就像马克思所描述的，很多村庄都遍布着累累的白骨。不过，印度的纺织品生产，在 1730 年就已经开始明显下降（Frank 1998），之后直到 1800 年左右都是如此。此外，城市化和商业化的程度也随之下降。事实上，直到 70 年后的 1830 年代，英国才得以对印度次大陆的其他地区，建立起殖民控制。从穆勒和马克思至今，有关英国统治下“印度的衰落”已经被讲述过很多遍了。在《世界积累，1492—1789》（Frank 1978）一书的第四章，我已经回顾过苏联和印度的马克思主义学者，就封建主义、资本主义等问题进行的争论。我曾希望这些争论，都已经在过去的几十年里尘埃落定，结果并没有。一些相关的研究持续了下来。在这些研究当中，18 世纪时的文档（主要是英
107 国人留下来的）被大量引用，有些还曾在 19 世纪和 20 世纪初，被印度民族主义学者达特和迪格比使用过。对于英国与印度之间的交往，有研究回望了 1783 年的特别委员会报告，说它实际上不应该被称作贸易。对于英国与印度之间的贸易而言，英国长期保持着大幅的赤字。

（注意：贸易商品的价格还是英国人定的！）1772—1778年，英国通过东印度公司的年均出口为51.2万英镑，进口为310万英镑，其中半数直接来自印度，半数来自中国（部分通过印度中转）。在1792—1798年，年均出口升至150万英镑，进口升至590万英镑；在进口总量中，310万来自印度，280万来自中国。在此前一个时期，法国的相关贸易就已经衰落到不及英国东印度公司总量的1/5（Deveze 1970：134—138）。英国最初从印度进口纺织品，并将之转口和销售到其他地区，后来才转而向印度销售纺织品（一项与1790年后“起飞”进入工业革命有关的政策）。在这一变化出现之前，英国和印度之间的贸易天平，确实长期明显偏向印度一侧。换种说法，印度的出口远超进口，就像下面的表3.1所显示的（Frank 1978：163）。

表3.1　英国印度之间的贸易（1766—1805）　（单位：1 000英镑）

	印度从英国的进口	印度对英国的出口
1766—1771	399	1 562
1772—1777	392	2 149
1778—1784	363	1 826
1785—1791	493	1 765
1792—1798	670	3 109
1799—1805	1 586	2 770

资料来源：Deveze（1970：163），cited in Frank（1979：164）。

计算从印度“攫取”财富的方法千差万别。就普拉西之后那些年的情况，穆克吉（Mukherjee）估计：

> 即便仅计算从孟加拉王公处劫掠来的（从农民和工商业者那里的劫掠数据缺失，无法计入统计），总数就已经达到了5 940 498英镑（东印度公司在获得权力之后的8年间获得的），这已经超过了纳瓦布在1765—1766年所征收岁入（1 470 000英镑）的4倍。

> 这就是劫掠所达到的规模。（Mukherjee 1955：193）

108 根据时任孟加拉总督的哈里·维雷尔斯特（Harry Verelst）的计算，1766—1768 年，出口总计达到了 6 311 250 英镑，相应的进口只有 624 375英镑［Dutt 1970（1901）：31］。1765—1766 年度到 1770—1771 年度，英国人在孟加拉的征收总计 2 000 多万英镑；其中大约有 700 万，作为献金给了印度的统治者，也作为佣金给了代理人（其中部分最终还是被输往国外）；有 900 万被用于各项民事及军事开支，从本质上来讲，这部分花费也可以算作是使收益持续下去的投资；余下的 400 万英镑被直接汇往了海外（Mukherjee 1955：196）。《1783 年特别委员会的第九份报告》（*The Select Committee's Ninth Report of 1783*），在谈及了 1770 年的饥荒之后，继续写道：

> 用在当地所获得的岁入、销售欧洲商品的所得，以及因垄断权而得的收入，所购买的来自孟加拉的商品……从未低于年均 100 万英镑，通常情况下接近 120 万英镑。100 万英镑是送往欧洲的最低货值，根本不足以满足那里的需求。大约每年还有 10 万英镑，在东印度公司的账户上，从孟加拉被汇往中国，并在那里被换成运往欧洲的商品。除此之外，在和平时期，孟加拉还定期供应着印度其他地方的很多官职，而这些官职仍旧是名不副实的。［Quoted in Dutt 1970（1901）：I－46］

这些“名不副实”的官职，来自新近征服的地区。在当地可以负担起英国人的统治之前，这部分费用由孟加拉的岁入来承担。就所有这些早期（1757—1780）“攫取”而言，根据印度历史学家马宗达（Majumdar）、赖乔杜里（Raychaudhuri）和达塔（Datta）在《高级印度史》（*Advanced History of India*）中的估计，总共约为 3 800 万英镑（转引自 Deveze 1970：160）。

根据辛哈（Sinha 1961：I—231）的估计，1780 年左右英国人从孟加拉的年均攫取，在 1 600 万英镑左右。格兰特估计，单是因英国东印度公司的投资而产生的攫取，每年就有 1 000 万英镑，此外，还有每年用在与中国贸易的 200 万英镑，以及其他欧洲公司和商业冒险家的所得，这些总计为每年 1 800 万英镑。（转引自 Sinha 1961：I－232，236）在研究了 1783—1792 年英文、法文、荷兰文和丹麦文的发票和账单之后，弗伯（Furber）以不同于格兰特的统计基础，同样给出了从印度年均攫取 1 800 万英镑的估计。（转引自 Sinha 1961：I—232，236）对于 1757—1815 年的整个时期，迪格比写道：

> 从印度榨取的财富到底达到了何等规模？没有人能够给出一 109
> 个准确的数字，因为当时没有人拿着一个精确的“计数器”，一笔一笔计算过那些从印度运出的财富。估计多种多样，从 5 亿英镑到 10 亿英镑不等。很可能，在普拉西和滑铁卢之间，有 10 亿英镑的财富，从印度的密窖被转移到了英国的银行。[Digby 1969（1901）：33]

不管攫取的规模究竟几何，毫无疑问，它代表着英国与印度之间的关系，甚至是整体世界关系的历史性转向。克莱武手下的一个中尉施克拉夫顿，早在 1763 年就报告说，公司及其雇员“这三年没支出过一盎司金银，就成功运营了整个印度贸易”（Frank 1978，转引自 Mukherjee 1955：194）。在这一时期，英国人也没有用他们对印度的出口收入，来支付他们从印度进口商品的费用。这一点很容易从前文援引的进出口数据中看出。以同样原则建立起来的英国政策，导致了 1770 年的孟加拉饥荒，在这次饥荒中，估计有 1 000 万人（孟加拉人口的 1/3）死去，有 1/3 的耕地被撂荒。《世界积累》（Frank 1978：202）已经提及，当东印度公司获得了英国议会的专卖许可，试图在英属北美殖民地直接销售茶叶，并以此来弥补它自己在印度的亏损时，波士顿倾茶事件发生了。

英国对印度的出口，1796 年以前几乎为零，随后增长到了 1797—1799 年的年均 5 000 英镑，1800—1804 年的年均 2.1 万英镑，1805—1810 年的年均 5 万英镑，1811—1820 年的年均 10 万英镑。[Dutt 1970 (1901)：176] 当时，印度市场被认为可以用来取代欧洲大陆市场，后者因为拿破仑战争的原因向英国关闭了。

即便如此，自从东印度公司接管了孟加拉岁入的 1765 年开始，"印度出口的商品总是比它进口的多，贸易差额则通过金银的反向流动，而得以平衡"。（Chaudhuri 1983：825）这些金银有很多来自中国，是印度的鸦片和原棉换来的。早在 1780 年代，印度的年均进口额为 200 万英镑，年均出口额为 700 万英镑。（Chaudhuri 1983：817）"印度每年都要向英国提供大量资金，即所谓的政治'献金'，其规模在 1850 年之前是如此之大，以至于印度无法单独用其在印英双边贸易中的出口所得，来支付这部分费用。其中的缺口还需从中国得到的贸易盈余来补足。"（Chaudhuri 1983：862）后者被以往的历史叙事过
110 分轻视了。其实，中国、印度、英国之间的"鸦片三角"，在 19 世纪东、西方之间差距的出现，以及"西方的兴起"中，发挥了一种基础性的作用。

就这里讨论的这段时期而言，我们也可以来看一下"权威"的《剑桥印度经济史（卷二：1757—1970）》（Kumar and Desai 1983），看一下我们能从中得到些什么。跟《白银资本》一样，《剑桥印度经济史》也认为，在 1757 年的普拉西战役之前很久，印度经济就已经开始下降了。关于那之后的情形，书中这样写道："尽管存在东印度公司垄断的负面影响，棉纺织业这一主要制造业，仍旧兴旺昌盛……孟加拉经济的真正下滑，主要是一种后普拉西现象，甚至是一种后 1813 现象。"在孟加拉，像巴特那和贝拿勒斯那样的地方，糖业"并未受到影响"；尚未被东印度公司控制的印度大部分地区，就更是如此了。实际上，《剑桥印度经济史》指出，在其他地区出现了一些新的贸易和产业中心，并且：

> 所有证据都显示，整个次大陆的经济并没有崩溃，对于大多数人而言，事情与之前并没有什么大不同……农业生产的传统体系明显没有衰退，它仍在……继续供应着本土广阔的市场。(Raychaudhuri 1983：7)

自从 1983 年《剑桥印度经济史》第二卷出版之后，出现了更多对印度历史的修正主义研究。关于印度经济的“衰落”程度，关于“攫取”对印度经济和社会造成的毁坏程度，这些研究都向以往的观点发起了挑战。罗伊（Roy 1999）等几名学者还主张，面向本土市场的手工业生产，在英国工业产品的竞争之下，也依然存活了下来，并且通过一些调整，继续供应本土的大部分市场。另一方面，正如王国斌（Wong 1997）观察到的那样，使英国人得以操纵印度商品市场的，并不是欧洲生产的商品，而是他们在印度具有的政治影响力；总体说来，他们仍在继续利用亚洲的生产优势获利。

克莱武曾扬言，东印度公司从 1765 年起，就不再需要送金银到印度，《剑桥印度经济史》也证实了这一点。不过，乔杜里（Chaudhuri 1983：189）给出的进一步证据显示，早在 1758—1759、1759—1760 和 1760—1761 三个年度，金银就已经消失了。他在自己书中的表 10.1 中，对 1780 年代的印度贸易给出了估计。从他的估计可以看到，典型殖民主义模式的出口盈余早已出现，印度的进口仅为 240 万英镑，出口则达到了三倍于此的 730 万英镑。其中，通过东印度公司出口的，有 200 万英镑；英 111
国人暗中在其他国旗下出口的，也有 200 万英镑；通过其他欧洲国家的公司出口的，则有 270 万英镑。英国东印度公司在进口中所占份额为 15%，在出口中所占份额则为 28%（Chaudhuri 1983：817）。

孟加拉是印度最先被征服的地区，也是最为重要的地区，它包括今天印度的西孟加拉邦、比哈尔邦，以及首都在达卡的孟加拉国。在乔杜里的文章中，关于孟加拉，数据非常丰富，总共占了有五页。表 3.2 即是通过简化它们得来的。

表 3.2　孟加拉的出口与进口　　　　（单位：100 万卢比/以当时币值计算）

	出口	进口	用于再出口的进口	贵金属进口
1795/1796 至 1788/1789	649	219	16	139
1799/1800 至 1803/1804	1 575	495	83	475
1804/1805 至 1805/1806	734	199	17	244

资料来源：Chaudhuri 1983：820 – 823，Table 10.3。

注：此表中年份的分组，依据的是资料来源中的分组情况。

乔杜里（Chaudhuri 1983：825）在《剑桥印度经济史》中这样评论道：“印度出口的商品总是比它进口的多，贸易差额则通过金银的反向流动而得以平衡。对于这一奇特而持久的贸易顺差，很难给出完全令人满意的解释。”正好相反，奇特的是这一表述本身。乔杜里自己的数字显示，印度和孟加拉的出口盈余，并不是通过金银的反向流动而得以平衡的。即便我们将金银考虑在内，经常性的出口盈余依旧存在，尤其是去除了随即被再出口的进口之后。此外，孟加拉凭借着向中国出口鸦片和棉花从中国得来的那些白银，也被再出口到了英国。乔杜里指出，1795—1812 年，孟加拉全部进口中的 1/3，被用于再出口，这当然是它在中国、印度、英国鸦片三角中的地位和功能所致。再者，个中缘由也无甚“稀奇”：对于世界大多数地区而言，出口大于进口都必然是一种常态，在 19 世纪渐渐陷入欠发达的“南方”是这样，更早些时候就成为殖民地的印度也是这样；之所以会如此，是因为这是此类经济体（不只印度），向英国和其他欧美强国转移“攫取”的唯一方式。这是从别人的土地上揩油的唯一方式，正是它促进了北方/西方的发展与南方的低度发展。对于北方/西方的发展而
112 言，其重要性超过了它们自己的努力，以及它们在技术方面的优势。这正是本书将要说明的。表 3.1 中年份稍晚些的数据，还反映着欧洲贸易在拿破仑战争期间的受阻，虽然这里没有相关数据可以提供，不过在那之后的几年中，英国与印度之间的贸易规模得到了进一步的扩张。

亚洲内部的贸易

前面的评论已经显示，在 1750—1850 年，亚洲各地的生产在继续扩张，收入也经常能够得到增长。与之相伴随的，还有这些地区之间的亚洲内部贸易的继续增长。此外，贸易还是继续主要掌握在亚洲人而非欧洲人的手中。我们在前面已经指出，东南亚内部的贸易，以及东南亚与中国之间的贸易，都在继续增长，而且，后者主要是通过中国船只进行的。欧洲在印度与东南亚之间的货运量实际有所下降（Frank 1998：84—104），然而，亚洲贸易无论在相对意义上，还是在绝对意义上都获得了增长（Reid 1997）。另外，中国北部海域的贸易也在继续。

非洲

大西洋三角贸易建立在奴隶的基础上，正如在它之前出现的印度洋贸易主要建立在鸦片的基础上。以奴隶贸易为主题的著述，已经多到数不清了，这里不可能对它们细致评论。其中一项最重要的努力，是评估奴隶制在其原先社会里的人口学后果；在这方面最重要的研究，是帕特里克·曼宁给出的。所以，毫不奇怪，他在这方面所给出的估计数据和模型，是其他类似研究（估计和建模）的起点。此外，艾利夫（Iliffe 1995）还断定，非洲还因数不清的传染病而受到了损害。对于这一事实，我们大多尚不知晓。

奴隶制对非洲的人口学影响，很可能是致使人口出现下降，或至少使其停止增长。在 19 世纪后期，受影响最严重的是贝宁湾地区，随后是西南非洲中部的安哥拉。无论是西部的奴隶贸易，还是东部的奴隶贸易，都改变了非洲的性别比例。不过，非洲东部的奴隶贸易有着更大的人口学影响，因为那里更倾向于使处在生育期的女性成为家庭用人，大西洋贸易则需要让成年男性变身为种植园劳工。不管怎样，到 1850 年时，西部非洲的人口，从 2 500 万下降到了 2 000 万；东部非洲的人口，则从 2 000 万上升到了 2 500 万。（Manning 1990：82）

113 奴隶贸易也产生了政治后果，其具体形式因时因地而异：它有些时候摧毁了先前存在的国家，使之变为小型的政治单位；它有些时候重建了它们，在少数情况下，还会使其变成非常强大的国家，例如达荷美和阿散蒂，后者还有金矿可以开采并出口。简而言之，很多族群所面临的选择是：要么是变成奴隶，要么是把其他人变成奴隶。此外，“奴隶贸易几乎能与任何政治体制共存……还有，政治和商业力量是交融在一起的，要么是统治者控制了贸易，要么是贸易商取得了政权”。（Iliffe 1995：139）

实际上，正如曼宁（Manning 1990：22）所观察到的，各地的奴隶市场，是一个高度互联的单一世界市场的不同部分。奴隶市场的运行，也会对要素生产率和要素价格的地区与部门差异做出反应。与加勒比海地区的免费土地结合起来之后，非洲黑人奴隶劳工的生产率，要高于他们之前在家乡身为自由人时，其中的差异已经大到使奴隶运输有利可图，并使所有相关行业利润丰厚。亚当·斯密当年考察奴隶贸易时，就称之为世界上最赚钱的行业。到 1820 年时，就已经有 1 000 余万非洲人在新大陆了；相比之下，当时只有 200 万欧洲人在那里。（Manning 1990：37）

从非洲跨越大西洋的奴隶出口，在 18 世纪达到了巅峰，共有超过 600 万人被运到了美洲，此前的 17 世纪不到 200 万，之后的 19 世纪则为 300 多万。以 10 年为期计算的话，最高点出现在 1780 年代，10 年间总共有 80 万非洲人被当作奴隶贩卖到了大洋彼岸，当时欧洲和北美正处于一段衰退期。（Iliffe 1995：131）此外，到那时为止，奴隶价格在 18 世纪已经上涨了三倍，那之后则开始再次下跌。穿过撒哈拉沙漠、红海和印度洋，北去和东去的东部奴隶贸易，早在 1750 年就达到其峰值，随后的下降也许是因为受到了来自大西洋地区的竞争，但当 19 世纪大西洋的贸易数量和价格下降之后，东部的奴隶贸易又有所恢复。对此，我们会在第六章加以考察。

拉丁美洲

对于北美的殖民者，克兰斯基（Kurlansky 1999）观察道：

> 真正的革命者是马萨诸塞的中产阶级商人，他们与商业利益息息相关，起来革命主要为了捍卫赚钱的权利。……马萨诸塞的激进派寻求的是一场经济革命，而非政治革命。……革命关乎自由……不过那一自由的核心表现，是能够自己决定自己的经济。 114

对于 19 世纪初争取脱离西班牙独立的拉美来说，是否也存在北美殖民地的这一情形呢？18 世纪的最后几十年，那里的白银产量在增加（尽管赶不上世界经济活跃程度和需求的上涨速度）。在 1778 年，西班牙政府（也是在英国的促使下）对其美洲殖民地居民做出让步，大幅扩大了自由贸易的程度。在英国人及其殖民地居民与法国人的战争期间，自由贸易达到了最大限度，这场战争也对西班牙的领地产生了深远影响。这一点也被勒维拉格吉多总督（Viceroy Revillagigedo），在他的新西班牙总督辖区（墨西哥）观察到了。1794 年（之前的 1793 年，英国在印度推出了“永久协议案”），他在留给继任者的“指南”里写道：

> 在贸易自由化的这些年，没有发生过任何衰退，正好相反，进口商品的数量大幅增加，农业和其他产品的出口也大幅增加……几乎达到之前的三倍。……近年来，矿物的产出大幅提高。……这并不是因为发现了富矿脉或好矿石；这主要是因为在矿井里干活的人更多了。……很多早先时候的商人……因为（将其资本）转到农业

> 和采矿业，获利丰厚。（Revillagigedo 1794：198，202，205，209，210，转引自 Frank 1972 and 1978）

然而，总督还指出了同一枚硬币的另一面：

> 即便没有得到任何帮助，没有受到任何来自政府的直接保护，某种特定方式的制造业，主要是棉纺织业，也已经推进到令人惊叹的程度了。作为原材料的粗羊毛仍在供应着很多工厂。……很难阻止这种情形在美洲各地的出现。……唯一能摧毁新西班牙这些工厂的，是相同或类似的欧洲低价商品。这就是正在发生的事情。……欧洲的工厂已经进步到能以亚洲同样低的价格，生产出这些纺织品。……结果，从 1789 年开始，纺织品及其他商品，被引进得越来越多。（Revillagigedo 1794：191—192，200，203，转引自 Frank 1979）

115 当然，总督在这里所提到的，是英国转口到墨西哥的印度纺织品。我前文援引的那些著作，就整个西属美洲商品（尤其是白银）出口扩张的情况，提供了无数对同一时期及之后时期的历史描述。德国地理学家和博物学家洪堡（Baron von Humboldt），在他 1800 年左右的几次旅行中，观察到了拉美别处的类似情形。他后来将自己的观察写进书里："在安第斯山脉旅行，或在新西班牙的多山地区旅行，我们到处都看到了矿山对农业的有利影响，很多例子都非常令人惊讶。"（Humboldt II 1811：407，转引自 Frank 1972）

西班牙的改革，就像很多迟到的改革一样（例如我们时代的戈尔巴乔夫改革），产生的效果与其意图正好相反。正如我（Frank 1967/1969）曾解释过的那样，地主和商人在经济扩张的过程中，榨取了农民的利益。这些有产者后来也加入了革命，开始还处于秘鲁的图帕克·阿马鲁、墨西哥的伊达尔戈和莫雷洛斯的领导之下，后来又轻而易举地推翻了他们。在革命过程中，地主、矿主和商人的利益占了上风。之前的经济繁荣时期，他们的经济和政治力量得到加强，1810 年（那时，拿破仑的军队已经占领了西班牙和葡萄牙）以后，他们在争取独立的斗争中成为政治和军事的领导，并因而获得了国家权力来保障自身的利益，我们将在第六章论及。

在葡萄牙及其巴西殖民地，经济领域的情形与西属美洲非常相似，虽然政治反应正好相反，不过结果却是一样的——独立。葡萄牙女王在 1786 年，也注意到了这一情形，并采取了应对举措：

> 我，女王，将此昭告于众……在知悉大量工厂和制造厂，近年来广布于巴西各辖区之后……它们对葡萄牙的商品出口收入多有损害，我认为最好还是命令：所有的工厂，包括造船厂、纺织厂……丝织厂……棉花或亚麻加工厂，以及布料店……全部关停……在我的巴西领地上。（转引自 Frank 1967/1969：161）

第四章

116 资本积累与熵耗散的三角

本书在第一章论及首个神话时就已经指出，世界经济在 19 世纪前半段（从 1810 年代至少到世纪中期），除了一两个（数量取决于我们如何统计）变化之外，基本上还是保持着原来的样子。先前的各种世界经济关系，都得以延续了下来，甚至还有所扩张。我在这里要论证的是，多数经济活动和政治权力的结构，以及由它们造就的东西方之间的关系，大体上持续到了 1870 年。真正的大分流及其导致的差距，只是在那之后才最终到来。

印度洋/中国海三角

较早就发生了重要变化的，是印度及其与英国的关系。从 1757 年的普拉西战役开始，印度越来越多的地区，在政治上被英国人占领和征服。当然，英国人在此过程中借助了印度军队的力量。英国人的胜利，与其说是因为自身军力，倒不如说多亏了印度的四分五裂。早在一个半世纪之前，印度就已经再次分裂了。在被英国人占领之后，印度纺织业长期领先世界的地位不再，从一个纺织品的净出口国，变为一个纺织品的净进口国，进口的主要来源地则是英国。这就是大家所熟悉的、印度经历的首个“去工业化”。然而，近年来的研究（例如
117 Bagchi）显示，这一过程所涉及的广度、所达到的程度，其实都不及之

前的通常说法。与此同时，土地所有制度也发生了变化，1793 年变成正式法律条文的“永久协议案”（Permanent Settlement），在印度引入了大的柴明达尔制和小的莱特瓦尔制。它们以各自的方式，组织生产富余的谷物和原棉，以供越洋出口到英国，也供附近的政治和军事管理者及其印度下属消费。二者的出现都与 1770 年的大饥荒有关。农业领域的另一相关变化，是鸦片种植规模变得越来越大，以供应英国人向中国的出口。这也成为臭名昭著的“鸦片三角”的基础。

英国长期存在着商品贸易赤字，或者换种说法，它进口的商品数量长期大于出口，这一情形贯穿了整个 19 世纪，并且一直持续到 1913 年。实际上，在 1816 年之前，这一情形甚至就已经出现了。在 1816 [1]—1913 年期间，以五年为期来计算，英国只是在一个五年期内，商品出口超过了进口，不存在进口盈余。（Imlah 1958：40）伊姆拉（Imlah 1958：21）是这个领域最重要的学者，他指出：“其中一个因素需要更为切近的考察，那就是英国的商品贸易。……大家长期使用的‘官方’数字，并未体现出当时的实际市场价值。”不过，正如巴格奇（Bagchi 2002）等人所指出的，伊姆拉所使用的进口数字，也不符合实际情况。伊姆拉不得不如此结论：

> 毫无疑问，在这半个世纪当中，英国是一个进口国。重新确定的外贸数字显示，1854 年后英国存在着的是进口盈余，这并非 40 年代起更为自由的贸易政策的结果，在那之前的数十年情况一直是这样。……因此，不可避免地要得出这样的结论：英国的新工业体系，未能创造出出口盈余。其海外收入在 19 世纪的显著积累，也不能通过工业出口增加使其收入增加这一历史悠久的假设而得到解释。这种假设没有充分考虑出口价格下跌这一因素，还犯了倒果为因的逻辑错误，并且也错误地相信了“官方”的旧数

[1] 原文误为 1716 年，与上下文不符。——译者注

> 值。19 世纪上半叶跟下半叶一样，英国的无形收入——商船利润、贸易佣金、外国投资的收益，以及其专家、技术人员和殖民官员在海外的储蓄——平衡了其有形贸易的赤字，并且还提供了用于海外投资的新资本。（Imlah 1958：40—41）

118 伊姆拉区分了“旧的官方货值”、“海关编制的真实货值”，以及他自己“重建的真实货值”。对于他的“测算年份”（1854—1869），官方对于出口和再出口给出的数字，每年都约为进口的两倍。从官方的数字看上去，英国有着大量的出口盈余。不过，海关更为真实的数字显示，出口数量要少得多，英国外贸实际有着大量的出口赤字/进口盈余，它要占到英国制成品出口额的 30% ~40% 。[就像我早在 1979 年时就已经指出的（Frank 1979），我们不能再用“习惯”术语，来描述进出口贸易的差额了。商品出口盈余并非“有利”的差额（favorable balance of trade），商品进口盈余也并非“不利”的差额（unfavorable balance of trade）!] 在伊姆拉重新估算的数值中，进口盈余比海关的数字还平均高出 5% 。即便再算上进口货物的再出口，英国依然存在着进口盈余。在 19 世纪上半叶，英国的出口增长迅速，不过，进口的增长更为迅速。实际上，后者的增速是前者的两倍。因此，进口盈余与出口总量的比值，从 1810 年代和 20 年代的 1∶10，增长到了 30 年代和 40 年代的 1∶5。（Imlah 1958：37—38）

这一三角的贸易和支付体系，是为了维护英国东印度公司的利益而建立起来的，那时候它刚刚丧失了其贸易垄断地位。当然，有些英国散商的利益也被考虑到了，例如今天仍在运营的怡和洋行。一方面，英国从中国进口商品，无法也不愿为之付款；另一方面，首先是英国东印度公司，稍后则是在印度的英国臣民和利益集团，都在寻求将他们的收入和利润转移回国的办法。这些收入主要来自印度，但也有一些来自亚洲其他地区。一个办法解决了这两个难题：如果中国能被说服或者被强迫从印度进口鸦片（超过英国向印度出口的金额），中国就会转移金银到印度，来平衡其与印度之间的贸易差额。然后，英国人（而非印度人）就能利用这些中国资金，把他们在印度的利润汇回英国，并将欠中国人的进口货款支付给中国人。印度也可以用它从海外（主要从中国）得来的收入，补充它本土产品的出口［主要是原棉和英国因“管理”印度而在那里强征的“国内费用”］。18 世纪后期，英国在印度站稳脚跟之后，这种商业安排就已经出现了。它在 19 世纪上半叶，获得了进一步的发展。当然，也碰到一些问题，不过很快就被解决掉了。19 世纪中期之后的几十年间，这种商业安排达到了它的巅峰。1880 年代以后，这一 119
鸦片贸易的绝对数量和相对重要性逐渐下降，并最终在“一战”之后淡出了历史舞台。一个生活在那个时代的人这样解释道：

> 鸦片仍然与此三角贸易体系有着密不可分的联系。中国是英国的贷方（因为前者向后者的丝绸和日益增长的茶叶出口），英国是印度的贷方（因为前者向后者的纺织品出口，1816 年之后，英国向印度的纺织品出口，超过了从印度的同类进口，英国也在向印度出口一些资本货物），印度是中国的贷方（因为前者向后者的鸦片出口），鸦片作为最大的单一项目，平衡了三者之间的贸易，使印度可以还款给英国，英国可以付款给中国。（Fairbank 1953：226—227）

中国对鸦片进口设置了法律障碍，不过它很容易经由走私绕过。鸦片贸易其实与合法贸易没什么区别。然而，白银的大量外流，使中国禁止了鸦片进口。此举威胁到了整个三角体系的运行，英国的主要利益又源自这个体系，于是，第一次鸦片战争爆发。中国的国民收入和人均收入，也因而发生了一些变化。对于这些变化的程度和分布，下文会有进一步的考察。

中国、印度、英国之间的三角贸易与支付体系，以及与之相对应的经济和金融关系，在图 4.1 中有着简要的图示。乔杜里在《剑桥印度经济史》中，对此也有所阐释：

> 贯穿这次考察的整个时期（涵盖了本书考察的三个时期），印度的外贸都有一个不同寻常的特点，那就是大量出口盈余的长期存在，而且，这部分出口盈余，并不能与外汇储备和对外贷款的增加相抵。实际上，与长久存在的贸易顺差（即前面提及的出口盈余，包括金银的流动在内）相伴的，还有 1850 年代以后的资本净流入。解开这一迷局的关键，是英国国际收支中的无形项目，以及在海外通过政治手段获得并部分汇回英国的钱款。这一因政治（以及经济！）朝贡而生的支付款项，正是著名的从印度“攫取财富”（drain of wealth）理论的渊源。（Chaudhuri 1983：869—870）

因为这一三角体系，中国变成了一个鸦片进口大国；为了支付鸦片进口的货款，中国也（尽管只是暂时是）变成了一个白银净出口国。
120 中国的白银（再）出口，在 1814—1824 年，达到了年均 150 多万两；在 1824—1837 年，达到了 200 多万两；第一次鸦片战争爆发前那几年，更是跃升至年均 550 万两。（Arrighi et al. 2003：292—293）这使中国的

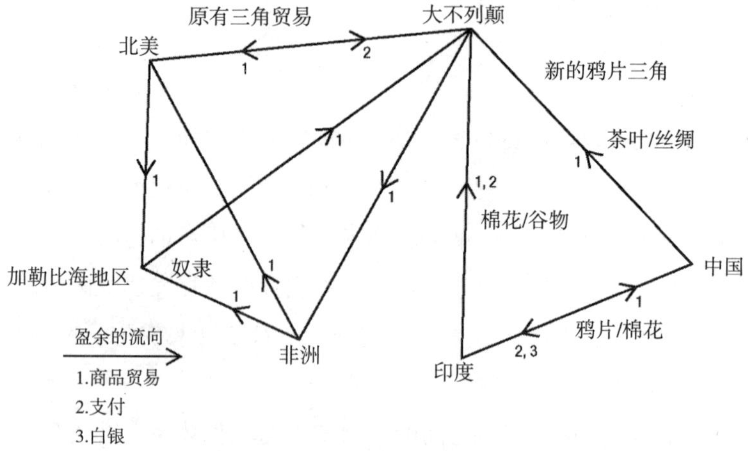

图 4.1　19 世纪早期的贸易与支付三角（1816—1850）

外贸严重失衡，也使其政府为之警醒，随即加强了原有的鸦片禁令，继而引爆了1840年的鸦片战争。事情突如其来，为了遏制鸦片贸易，中国政府在一番考量之后，没收和销毁了大批鸦片。这跟之前波士顿人将英国人的茶叶倒进海里的行动有些相似。在这两个事件中，主要起因并非厌恶茶叶或鸦片，也并非厌恶茶叶或鸦片消费，道德和政治层面上都是如此。对于中国来说的大问题是，它在"传统"上是世界上最大的白银进口国，现在却因为鸦片进口的原因，眼睁睁地看着越来越多的白银流向海外。中国国内的税收依然以白银的形式征收，白银供应的减少，使其价格相比于铜钱和其他商品大幅提高，此举使很多人陷入了贫穷。这就是为何鸦片换白银的贸易会在那时引发政治问题。还有，外国人当时不得不通过广州十三行与中国人贸易，这也在他们当中引起了很多不满。接下来，在第一次鸦片战争中，一支小型的英国铁甲舰队（它们是为了内河航行而特别建造的），轻松打败了中国人，并与之 121
签订了第一个不平等条约。1842年的南京不平等条约，使英国人在几个中国港口获得了一些特权，一些其他欧洲人还不曾有过的特权。

这一鸦片换白银的贸易，也导致了其他一些国家间和世界性的政治经济后果。印度从中国的进口，除了第一年[1]之外，从未达到过印度总商品进口的5%。印度对中国的巨大出口盈余，主要是来自鸦片，其次是棉花及棉纺织品。中国为此支付给印度大量的白银。这些白银主要是进口自墨西哥，或是直接，或是通过美国。对此可见图4.2底部所示。这些白银中的一部分，又被印度用于平衡它与英国间的支付差额。（Arrighi et al. 2003：864）在1850年代早期，印度的此类出口余额外加其他再出口，从390万英镑上升到了540万英镑，平均占到印度总出口的20%，商品总进口的40%；如果将相关白银进口也计算在内的话，则占到印度总进口的25%。在1850年代后半段，印度曾有几年出

[1] 原文并未明确指出此"第一年"属于哪一时段，照下文来看，此"第一年"应该是1850年。——译者注

现过小幅的进口盈余，不过很快就被“正常”的出口盈余取代了。印度外贸的这种模式，已经在图 4.1 中有所展示（注意图中南—北方之间的纵向连线）。

我们可以来稍微考察一下这一三角带来的一些重要关系和发展。关于它们的大致情形，可从图 4.1 和图 4.2 中有关印度的部分看到。印度的主要出口商品，是运往中国的鸦片，以及运往英国的原棉。正如凯恩和霍普金斯所指出的：

> 大体说来，这些发展之所以会出现，是因为印度无法通过向英国的直接出口，来支付其外部债务（包括“国内费用”），故而不得不依靠向中国的（主要是鸦片）出口来加以补足。中国拒绝在广州之外再设口岸，加上钦差大臣林则徐[1]在 1839 年的销烟之举，对原有的多边结算体系形成了严重的威胁。过去，中国人的一些做法仅会引起英国人的抱怨，这次，问题的严重程度要远超过去。（Cain and Hopkins 2001：362）

从 1850/1851 年度到 1870/1871 年度，鸦片和原棉加起来，总是能占到印度出口的一半多。在 1850 和 1860 年，鸦片大约占 30%，棉花大约占 20%；在 1870 和 1880 年，鸦片降至 18% ~ 19%，棉花则先是升至 1870 年的 35%，后又降至 1880 年的 18%。在这一时期开始时，数量次之的出口品为糖和靛蓝，以及正在迎头赶上的粮食和油料作物。（Chaudhuri 1983：844）此外，印度向英国的出口占其总出口的份额，长期徘徊在稍高于 40% 的水平上；印度从英国的进口占其总进口的份额，在大多数时候都超过了 80%，而印度向中国的出口占其总出口的份额，在开始时为 35%，后来降至了 20%。

122 这一时期，另一个重要的三角，也并入到了上面讨论的那个。如

[1]　原文误为“Commissioner Liu”。——译者注

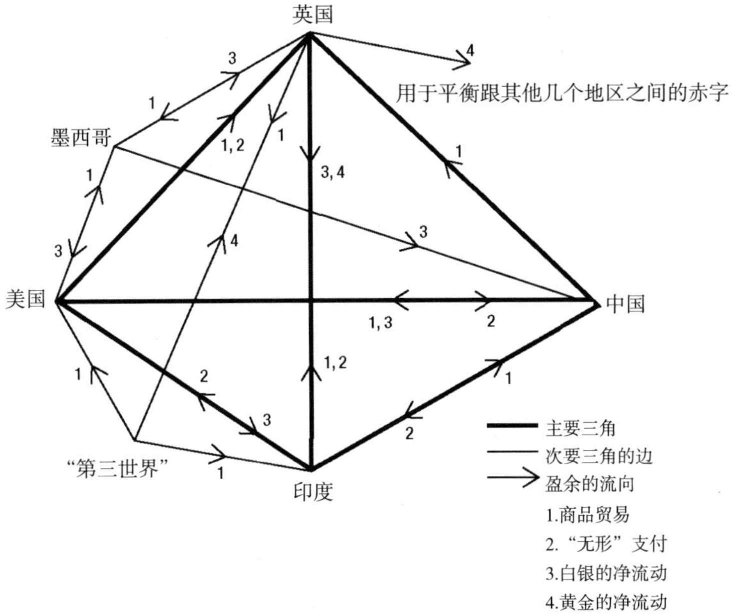

图 4.2 19 世纪后期的贸易和支付三角（1850—1873）

图 4.2 所显示，此新三角依旧包括了处于右侧（东方）的中国，处于顶端（北方）的英国，以及已经处于左侧（西方）的美国。两个主要的三角，东方的处于右侧，北方的处在上方。此时，四个顶点（英、中、印、美）组成了初期的多边贸易和支付体系，两个主要的三角则在相互补充和加强。

美国在这一体系中的重要性急速提高。它穿过太平洋连接中国，穿过大西洋连接英国，二者都是体系中的重要关联。美国人这时已经取代了西班牙人的角色，成为中国的主要白银供应者。西班牙人在此前的几个世纪里，一直都是中国的终极白银供应者（或是通过阿卡普尔科或是直接）。现在是美国人在将墨西哥白银运往中国，而且大多是向西直接穿过太平洋。除了这一路线之外，美国人，还包括墨西哥人，也在向东通过欧洲将墨西哥白银运往中国。之前，西班牙人更多采取这一路线，他们那时也更依赖这一路线。在 19 世纪的大部分时间里，中国商品的出口依然大于进口，还需要进口白银以平衡进出口差额。

不过，中国现在不得不使用来自美洲的部分白银，来支付从印度进口的大量鸦片和棉花，其中有些是以白银的形式，有些是以商品的形式，
123 包括用白银购买的黄金。之后，它们被继续运往英国及欧洲其他地区。由此可见，特别是在 19 世纪后半段，出现了一种与早些时候大为不同的情形：中国已经不再是世界白银的终极窖窖。它在之前的 18 世纪，以及更早的几个世纪当中，都在扮演着这一个角色。在这种新的三角贸易中，中国出口白银到印度，它先前都是进口白银的。英国和欧洲向中国的出口规模比先前更大，但仍不足以平衡它们的相应进口盈余。这些差额中的一小部分，继续通过从欧洲运往中国的白银来补足。这些差额中较大的部分，则通过一个更为复杂的途径补足，先是英国向美国出口商品，其中部分商品又被美国人转口到了中国，这部分商品占到美国对华商品总出口的半数。另外近一半的差额，则由前文提到的美国向中国的白银出口补足。这些白银被用来支付美国对华（也包括对印）双边贸易中的进口盈余。最终，英国在其中占据最有利位置的贸易与支付体系，得以平衡。英国处于所有这些三角的顶端，这使它能够利用自己的位置四处揩油。当这一体系在 19 世纪后期，也就是本书所考察的第三个时期，达到其完备形式时，英国更是能利用它的位置到处瓜分别人的财富了。［编辑注：手稿中强调，这里还需更多讨论。］

印度

1850—1880 年，印度收入了价值 1 亿多卢比的黄金，其中，在 1850 年代收入了价值 1 000 万卢比的黄金，这一数字在 60 年代升至 5 000 万，70 年代又下降到 3 500 万。在这一时期，印度还总共收入了价值 2. 3 亿卢比的白银，50 年代为 700 万，60 年代升至 1 亿，70 年代又降至 6 000 万。［所有数据均采自 Digby 1969（1901）：181ff. ］这些金银流入印度并在那里被铸成钱币流通。它们中有些还是作为英国的资

本输出进入印度的，例如，作为铁路建设投资。不过，这些投资很快就会产生反向流动的无形支付。

使英国从印度获利尤为丰厚，也使英国有能力向美国及其自治领投资的，是印度的“国内费用”。这些费用包括支付给在印占领军（由英国人指挥，印度人组成）的款项，支付给印度行政部门的款项，还包括其英国雇员所领的退休金，以及他们汇回国的个人利得。以第二个时期为例，从1858/1859到1876/1877财年，英国人在印政府的岁入总额，从3 600万英镑，增长到了5 100万英镑，“国内费用”同期从700万英镑，增长到了1 000万英镑。这也就是说，贯穿这一时期，英国从印度得到的“国内费用”，要占到印度岁入的20%，后者则源于印度人负担的税收。［Dutt 1970（1901）：271］

所有这些英国从印度取得的收入，都充实了英国本土的金库，还 124
向其海外投资提供了部分资金。在英国的海外投资中，特别重要的有两项：一是投向铁路建设的直接投资，它们会在之后产生大量利润；二是以多种形式借给外国政府的贷款，这可以使英国获得相应的利息收入，另外，这些贷款在国外通常也被用于铁路建设。

无论如何，从18世纪后期到19世纪早期，印度在世界贸易体系中的角色和地位，在英国的殖民管理之下发生了根本性的变化。1816年，印度从一个净出口国，变成一个净进口国。它对西方长期的出口盈余，变成了出口赤字和进口盈余，尤其是在与英国的贸易中。英国利用其在印度殖民地的行政权力，主要是通过关税、运费，以及金融操纵（既包括在英国进行的，也包括在印度进行的）等手段，促成了这种转变。

此外，正如前面有关中国的讨论提及的，在1816—1850年之前、之间和之后，印度成为三角贸易和支付体系的关键节点，正是它使得中英之间的贸易得以平衡。这一三角的贸易和支付体系，是由英国在中国和印度的合作之下，组织起来的。中国和印度也是利益相关方，也从中获得了一定的利益。这一体系更主要的作用，是让英国可以维持其长期的、结构性的进口盈余，其中既包括普通商品进口盈余，也包括金融资本进口盈余。这两项盈余有个共同点，那就是它们都来自亚洲。

即便是对 19 世纪上半叶中国—印度—英国三角运作方式的简单考察，也会使前文对有关 19 世纪世界经济发展的诸多神话的挑战，变得更容易被人接受。尤其是对有关英国是一切的“中心”的那些神话（换句话说，认定英国是世界工厂的神话）的挑战。我们现在可以明白，英国之所以能够维持当时的盛况，主要受惠于世界经济的多边特性。

在东、西方之间，至少还有另外两个重要的贸易和支付三角，它们在 1750 年代至 1810 年代（本书探讨的第一个时期）就已经出现，在 1810 年代至 70 年代（本书探讨的第二个时期）达到其完备形式。二者都有两个顶点是英国和美国，另外一个顶点则或是中国或是印度。举例说来，大量棉花从美国向英国的出口，使美国在大西洋贸易中获得贸易顺差，这些顺差再加上墨西哥白银，则被美国用来支付它与亚洲（尤其是中国）之间的贸易逆差。再加上，中国、印度和英国早就参与构成了之前提到的鸦片三角，故而，中、印、英、美四国构成了几个交错的三角。此外，还有一套早已存在，且这一时期仍在运行的跨大
125 西洋三角贸易，它同样包含着四个顶点。对此我们以前曾考察过。这套三角贸易的四个顶点分别是：一、英国（所有三角都有一个顶点是英国），较小的程度上还有法国和其他一些供应奴隶的欧洲国家（主要是葡萄牙）；二、北美殖民地，后来变成了美国，它既有地方扮演着“北方”的角色，也有地方扮演着“南方”的角色；三、大西洋东岸的西非和西南非；四、大西洋西岸的加勒比海种植园。这一三角（其实是有着四个顶点的“三角”）贸易，包含着数个贸易和支付的次级三角，在这些次级三角当中，沿着一条边所进行的贸易或支付活动，也需要借助另外两条边的贸易或支付活动来平衡。

过去，大多数人关注的都只是在那些三角中朝向英国的双边资本流动。更值得去调查和分析的，是因为居于顶端的英国而交织在一起的大西洋和印度洋三角如何通过英国进行互动。这里仅举一个显而易

见的例子：印度生产的纺织品，先是运抵英国，之后很大一部分又被用于再出口；其中一些被运到了非洲，并在那里换取奴隶，这些奴隶继而被运往加勒比海地区；还有一些被运到了加勒比海地区，以供被贩运到那里的奴隶穿着；另外一些印度纺织品，则被运往了拉丁美洲，并击垮了那里的纺织品生产。北美殖民者，以及后来的美国公民，也趋之若鹜地参与到这两大三角贸易中。1800 年以前，美国人就在通过他们加入的三角贸易，输送利益给英国。1800 年以后，这种状况又持续了相当长的一段时间。需要注意的是，北美殖民地与英国之间有着大量的商品进口盈余/出口赤字，它们不得不通过非洲—加勒比海—北美三角，来赚钱支付与英国之间的逆差。因而，它们也在向居于全部三角顶端的英国贡献着资金。

所有这些主要涉及四地的三角，早就渐次通过英国和美国连接在了一起。在 1816—1850 年（后拿破仑战争时代），它们之间贸易和支付活动的交叉关联，以及相应的劳动分工，都得到了一定程度的加强。在下文考察的后一个时期（1850—1873），将会出现更多的贸易与支付的三角（实际是多边）关系，这些三角关系涉及的地区，既包括我们已经讨论到的那些，也包括另外新加入的一些。

结论

这一三角安排预示着下一时期（1850—1873）更具多边性的那个三角的到来，也预示着它在那时会呈现出的完备形态：一个包括全世界在内，结构更为复杂，规模也更为庞大的贸易与支付的多边体系（multilateral system of trade and payments im/balances）。因此，正是这一不断扩张且日益复杂的国际贸易和多边结算体系，构成了世界经济发展的真正基础，也正是它，造成了发展成本与收益的更不平等分配。126
谁能得利，谁受损失，都主要取决于其在这一投资、移民、贸易和支付的世界经济体系中，所占据的地位及所扮演的角色。

第五章

127 19 世纪后期的三角

移民及其后果

19 世纪出现了近代史上的第一次大规模移民。移民主要来自欧洲（尤其是英国），他们先是前往美国，之后又以小得多的规模，迁往其他新垦殖的地区。正如前文已经指出的，在 19 世纪中期以前，前往美国这一主要目的地的移民数量，从未有年份超过 20 万的水平，移民总量也不超过 200 万。不过，1850—1870 的 20 年，移民总量就超过了 500 万；在之后的 10 年，又增加了 300 多万的移民。在 1850—1880 的 30 年间，移民的总量大约为 850 万。其中，有超过 1/2 的移民来自英国，有超过 1/3 来自第二大移民来源地德国，还有 1/10 左右来自斯堪的纳维亚国家。在接下来的一个时期，还会有另外 2 000 万移民到来，其中有不少人来自意大利。（Woytinsky and Woytinsky 1953：77）几乎所有这些移民都是因为经济原因而出现的。那些离开亚洲外出工作的移民，同样是出于经济原因，不过他们在海外的选择有限，大多前往了其他地区（也包括大西洋地区的圭亚那、特立尼达，以及太平洋地区的斐济）的种植园工作；还有些中国人去了美国，在那里的铁路建设工地工作，当然，也有些中国人是被那时新发现的金矿吸引去美国的。还应该指出的是，移民在各地的流动并不均衡，其规模也会随着时间
128 起落，因为大规模移民行为的发生，取决于出发地和接收地双方经济

状况的周期性变化。

大体说来，世界各地的人口增长率差异很大。1850—1880 年，北美（美国和加拿大）的人口翻了一番还多，从 2 500 万增至 5 400 万。同一时期，北大西洋欧洲的人口，从 1.52 亿增至 1.82 亿，增幅为 20%（如果我们将俄国人，以及他们前往西伯利亚的移民也算在内的话，人口则是从 2.12 亿增至 2.7 亿，增幅为 27%）。特别值得注意的是，英国人口从 1850 年的 2 700 万，增长到了 1880 年的 3 500 万，增幅为 30%。德国相应的增幅为 25%。在 1850 年时，北美只占北大西洋地区总人口的 10%，但在 1830 年时，这一份额上升到 30%，而欧洲相应的人口份额，则从 90% 下降到了 70%。（Woytinsky and Woytinsky 1953：44，我对数据做了取整处理。）

大规模移民的经济影响，已经不能用深远一词来形容了；更为合适的说法是：它带来了很多重大变革。在欧洲，移民的外流减少了劳动力的数量，从而使工资和收入获得了某种程度的增长，也抑制了失业人口数量的进一步上涨，还降低了福利开支继续扩大的压力。所有这些都充当着应对政治抗议和叛乱的安全阀。在那些接收移民的国家，移民带来了工人数量的大幅提高，从而使当地工资的上涨不至于过快。移民也带来了消费品需求和基础设施投资的增加。此外，移民还使这些地区获得了一项额外的收益，那就是不用再花 20 来年的时间把他们养大，也不用再投资让他们接受教育。他们来到新定居地的那一刻，就大都已经是成熟的劳动力了。还有，接收地也受惠于一些移民的工业技能，这些技能也是移民来源地花钱培养出来的。另一方面，移民来源地也因移民的外迁而受惠，海外移民对于来源地商品和服务有需求，尤其需要来源地的资本货物和建筑材料，此外还有航运。航运业不仅是将移民送离“故国”，还继续将供应他们的“故国”商品运过去。换句话说，移民在大西洋两侧扩大了消费和投资需求，如果没有移民存在的话，它们是不会出现的。

因此，有必要将在北大西洋各经济体（还包括其他新移民定居地，它们都因为这一时期的大规模移民获利良多）出现的，投资、工资、收入的快速增长与整体经济的发展，与那些无法从此类移民中获利，且日益陷入欠发达的地区（如亚洲的大部分地区）的状况，做一些比较。此外，移民在美国及其他新定居经济体，所带来的额外的人口和
129 经济增长，又在不断壮大中的世界多边贸易和支付体系中，引入了一些新的重要联结。也正是这一体系，使那些已经（或能够）在其中获得更有利位置和角色的成员，可以有着更高的生活水平。当然，这是以其他一些成员的牺牲为代价换来的。换句话说，这一移民不能被简单地视为人口跨大西洋的流动，也不能简单地满足于比较“北方”与“南方”各自的发展，即便是将前文提及的不平等获利计算在内（其他研究连这点都没有做到）。再强调一次，对于 19 世纪及随后发生的事情，任何严肃的研究，都必须要考虑、分析和评估此次移民在各地、各部门确定其在世界经济体中地位和角色时所起到的作用。

同样需要考虑、分析和评估的，还有经济学家所说的前（尤其是）、后向关联。移民，以及某些制造业、农业或服务业，从一个部门或地区，转移到另一个部门或地区，这带来了怎样的前、后向关联和影响？以前这方面的分析，大多局限于特定国家或部门，例如，对铁路与钢铁、煤炭产业的投入之间后向关联的分析，以及对铁路与一些经济活动（此类经济活动因为有了铁路才成为可能，或者直接就是因为铁路才得以出现）之间前向关联的分析。然而，即便关联从一个“经济体”和民族（people）向另一个的简单转移，正如我（Frank 1979）在《依附性的积累与低度发展》中曾探讨过的，也还几乎未曾有人考察过，更别提这些前、后向关联在世界范围内构成的网络了。举个例子：对于欠发达国家的矿业、林业或大规模农业来说，只有当它们的产品出口到正在工业化的北方国家时，它们才会使这一欠发达国家愈加欠发达，因为这些产业在国内只产生了很少（或没有）的附加值。在这种至今仍普遍存在的状况中，这些出口产品的相关前向关联，甚至是一些后向关联，也跟随着这些产品一起被出口到了海外。

这种出口造富于接收它们的国家，而不是送出它们的国家。非但如此，这甚至可能会使后者进一步陷入贫困。若这些国家的矿山和种植园，还归属于外国所有，那情况就更是如此了，因为如果那样的话，连本地的利润也会被输送到国外，而不会留在本地（或本国）进行一些投资。哈罗德·英尼斯（Innis 1933）及其之后的梅尔·沃特金斯（Watkins 1963），曾经阐述过“大宗商品理论”（Staple Theory）。这一理论探讨了特定的状况，为何及如何使加拿大创造出了使其受益的前、后向关联（出现这种情形的还包括澳大利亚与某种程度上的阿根廷），并因而使其出口到一些工业国的商品实现增值。时至今日，这些国家还高度依赖它们的出口产品，当这些产品的市场萎缩时，它们的处境就会跟着变糟。不过，对于大多数那时正经历低度发展的国家来说，将产品在本土增值后再出口到国外的做法，在很大程度上是不可能的。 130
对于前、后向关联及其影响，从“南方”国家向“北方”国家的输出，所造成的收益、损失和机会丧失，虽然意识到它们的存在并不太难，甚至做一些相关的计算也不太难，不过，描绘某一时期这些关联的整个世界性网络，并计算贸易中相应收益和损失的工作，却还从来没有被尝试过，更别提它们的累积效应了。当然，更没什么人，将因这些关联而生的世界性收益/损失网络，与因贸易和支付体系而生的收益/损失网络，联系起来加以考察了。二者很可能一直在相互加强，而且，这种加强很可能还是累积性的。不管怎么样，只有这种全球性的世界经济和世界体系分析，才能解释为什么有些国家会富有，有些国家会贫穷。

根据已有的估算，世界贸易的规模在 1800 年时达到了 2.8 亿英镑（亚洲的贸易规模很可能被大为低估了），之后，在 1830 年时达到了 3.8 亿英镑，在 1850 年时达到了 8 亿英镑。（Ashworth 1962：17）不过，欧洲人对其他市场的渗透和占领，绝没有达到以往大家通常认为的那种程度。由前文所述可见，欧洲人此时尚未触动中国市场，对印度市场的影响也不及以往的通常看法，对于日本和朝鲜市场，就更没有什么影响了。西欧凭借其工业产品对西亚市场的渗透程度，要比对东亚市场的渗透程度更深，或许，也要比对南亚和南美市场的渗透程度更深，这些地区的市场早已被本土产业很好地供应着了。欧洲人对非洲和中亚市场的征服程度更高一些，但这些地区的市场比较狭小，购买力也非常有限。此外，在 19 世纪后期，俄国的工业也增长迅速，比之前人们通常以为的更加迅速，因而，俄国在中亚地区的市场，在成长中的西伯利亚市场，也占据了很大一部分的份额。当然，欧洲仍然据有其殖民地市场，以及不断扩大且获利更丰的英属自治领和美国市场。这种状况一直持续到美国在高关税壁垒下成功地实现了进口替代，继而推动其产品向世界市场的出口为止。

结论

我们可能还需要弄清，前文探究的那些发展，对于资本积累、生产、国民收入、人均收入等，都产生了些什么样的影响。是导致了它们的增长，还是造成了它们的衰退？相应的增长和衰退率几何？世界各地的人口增长和预期寿命，因而出现了什么样的变化？我们会在后面对这些问题，以及相关的政治经济政策，进行一些分地区的考察。

第六章

各地的连续性和一些转变

（1810 年代—1870 年代） 131

孔华润为他的书选定的名字——“居于中心的东亚”（*East Asia at the Center*），很好地反映出了他对欧洲中心论的摒弃。不过，尽管他的关注和侧重有了可喜的转变，但他在书中的论述仍旧存在这一问题。有关亚洲各地的证据显示，19 世纪中期最多只是一个转折的开端。此时，真正的转折点还远未到来，更谈不上转型已告完成了。可以肯定的是，来自数以百万计的亚洲人的抵抗，在此时还尚未被制服。印度的土兵哗变发生在 1857 年，第二次鸦片战争发生在 1860 年；亚洲各地发展经济的努力，依然与欧洲人无关；亚洲主导的秩序，此时仍旧未被打破。从下文的证据来看，我们似乎应该得出这样的结论：如果我们必须要为亚洲的衰退和屈服确定一个时间的话，那它更可能是 20 年后的 1870 年，而这一转变或许开始于 1860 年。

孔华润给出了一个修正主义的总结。他的记述是从“杯子半空”（glass half empty）的视角出发的，不过他之后给出的评价，则是以“杯子半满”（glass half full）的视角进行的。杯子半（或四分之三）满式的说法，似乎提供了一幅更为准确的历史图景，尤其是孔华润指出，
转变的关键时期并不早于 1870 年。然而，即便在那之后，亚洲各地依 132
旧在继续抵抗，经济增长也得以恢复，工业领域甚至还出现了革新。另一方面，欧洲在 1850（甚至是 1870）年之前的增长，也并非我们之

前被屡屡告知的那样。有关这一点，将会在下文看到。

中国

现在，一些观点依然主张，“要理解 19 世纪的中国经济史，就必须考虑到它陷入半殖民地处境这一事实。……从两次鸦片战争（1839—1842、1856—1860）开始，清朝就不再能完全掌控中国的局面。……与西方……相比，中国的统治者变得虚弱穷困了”，还不得不将大笔财富用于军事行动与战争赔款。（Vries 2003：31，32，30）然而，证据并不支持这种主张，尤其不支持以下观点：中国在第一次鸦片战争中的战败，开启了它的末日。

根据《白银资本》的研究，中国在 18 世纪的快速增长，一直持续到了 19 世纪初。现在看起来，这一增长在其后仍在继续，增速在 1830 年之后有所放缓，但真正的转折出现在 1860 年之后，出现在太平天国起义与第二次鸦片战争之后。理查德森总结道：

> 有关贸易与投资单向地损害中国的负面看法，现在看来已经再也站不住脚了。以下观点也都已经不再能成立了：中国经历了严重的资源净流失；长期遭受着贸易条件的恶化；自身新生的现代工业被国外竞争者压制；自身的手工业部门被进口产品摧毁；无力阻止农业生产者被卷入危险的国际经济作物市场，并因而使自身的粮食供给出现了问题。（Richardson 1999：41）

中国停滞论需要被彻底颠覆了。如果我们必须给中国的“衰落”定个起始时间的话，那它应该是 1860 年。

以大米的购买力为对比，长江流域纺织工人的实际收入，到 1800 年时降低了 25%，到 1840 年时降低了 37% ~50%（有多种不同估计）。就经济作物（主要是桑叶和棉花）而言，在南方及长三角主要的丝绸产区，1753 年总共产出了价值 7 000 万英镑的丝绸，人均 2 英镑；以重量计的话，全中国人均水平为 5 ~ 6 盎司。之后年份的数据大都欠缺，只有一组 1820 年的相似数据。在 18 世纪下半叶的江南，每年的棉花产量为 5 亿 ~ 6 亿磅，人均可用于纺织的棉花约为 14 磅。这种情形一直 133
持续到了 1840 年。以全中国计的话，总产量要高出三倍以上。不过，19 世纪中期，棉花生产出现衰退；1880 年的产量，低于 1750 年的，甚至低于 1900 年的；在 1900 之后，棉花产量才开始再次增长。

马立博（Marks 1998）重点研究了珠江三角洲和岭南地区的经济/生态变迁。丝绸出口从 1750 年的 30 万担，稳步增长到 1834—1845 年的 250 万担（仅在 1839 年经历过一次急剧的下降），1850 年的 300 万担，之后，又跃升至 1860 年的 600 万担。（Marks 1998：182）与此同时，从印度进口的原棉，直到 1780 年时数量尚微不足道，之后，这项进口在 1800 年增长到了 20 万担，在 10 年代增至年均 30 多万担，[1] 在 20 年代更是增至年均 40 余万担。以银两来计算的话，18 世纪末为年均 150 多万两，1815—1830 年为年均 400 多万两。（Marks 1998：179）

直到 1825 年，英国才开始向中国出口棉布；两年后，中国的同类出口也开始下降。双方各自的棉纺织品出口曲线，也因而在 1830 年左右出现了交会。不过，这两项出口的数量始终有限。既然英国人无法用自己的棉纺织品在中国换得足够的茶叶，他们就需要其他东西来平衡不断增长的赤字：首先是鸦片，其次是原棉，它们都产自印度。中国主要用白银来购买它们，这也正是英国人希望的。

马立博（Marks 2002）还认为，1750—1850 年的 100 年间，在人口从 2.25 亿增至近 4 亿的同时，尽管 1800 年左右开始良田已日益短缺，农业和林业面临的生态约束也日益上升，中国的农业生产率还是有所提高。此外，彭慕兰和马立博都指出，当欧洲能跨越大西洋维持并扩张其殖民

[1]　此处原文的两个数据有误：1800 年 200 担，10 年代年均 300 担。它们与弗兰克引用的马立博（Marks 1998：179）的数据不符，原文应是漏掉了一个量词“thousands”。译文根据马立博给出的原棉进口货值，将这两个数字做了相应的修正。——译者注

垄断市场时，中国人却在逐渐失去其内地的市场。彭慕兰主张，南方及长江流域的富裕地区，很可能维持住了它们先前（以世界标准）相对较高的收入水平，甚至还有所提高，人口却只有适度的增长。中国人口总量在 19 世纪的几近翻番，主要缘于较为贫穷地区的人口增长，这拉低了全国范围的平均收入。人口向更边缘地区的扩张，以及大规模的森林砍伐，也导致了严重的生态破坏。中国北方频繁的干旱，打击了那里的农业生产。黄河 1853 年[1]向北 640 千米的改道，也带来了同样的恶果，它淹没了大片的农田，夺去了大运河的水流。财政和行政上的困难，当然还有持续了 7 年[2]的太平天国起义，严重限制了公共服务的进行，使情势危急的地区无法得到救助。（Pomeranz 2000b：29 – 30）

134 在三角贸易的中国一角，主要的贸易活动是白银换鸦片。白银的流动也最能说明问题。在之前的几个世纪里，世界白银产量的一半，被输入了中国。（Frank 1998：chap. 3）在 19 世纪初，每年的白银进口有 250 万 ~ 400 万两。拿破仑战争时期，中国的白银进口量减少，但仍是净流入。进口量在 1816 年再度达到了 400 万两，在 1820 年时，更是增长到了 550 多万两。之后，中国的白银净流入逐年降低；在 1827 年，白银开始流出中国，用于支付日益增长的鸦片进口，而鸦片进口数量在 1815 和 1830 年经历了两次大幅提升。（Marks 1998：181）因之产生的白银供应不足，导致了银贵钱贱的局面。铜钱是中国日常交易的主要支付手段，也是人们工资和报酬的主要支付手段。银贵钱贱的局面使普通人的生活陷入了窘境，因为他们获取的收入是按照铜钱计算的，但向国家缴纳的税收，依然在按照银两计算。1828 年时，英国人向广州输出了 2 000 万美元的商品，其中包括价值 1 100 万美元的鸦片，以及价值 600 万美元的棉花，它们都来自印度，中国也因而向在印的英国人输出了价值 600 万美元的白银。（Fieldhouse 1973：213）

---

[1]　原文如此。——译者注
[2]　原文如此。——译者注

1834 年，美国变更了它的金/银兑换比率，此举使白银留在其本土市场更为有利可图。中国也是在这一年之后，变成了白银净出口国。美国当时流通的硬币中，逾 1/5 是墨西哥比索，它在美国被宣布为法定货币。结果，中国能获得的白银数量大减。这些事件及其引发的需求，在 1830 年代后半段抬高了白银的价格。这使得白银流入的数量减少，并导致了白银的净流出，中国出现了白银短缺。中国流出的这部分白银，之后又转化为印度对英国的另一项出口盈余。因而，尽管英国将在别处获得的金银送往印度，用来补偿其对印度的部分进口盈余，双方之间的贸易和支付仍旧难以平衡，印度在商品贸易和支付方面，依然对英国保持着出口盈余。换句话说，商品和货币在单向地从印度流向英国。这种不平等的关系，可以从图 4.1 中的南—北主轴线看出。

即便如此，英国也并未打开中国的本土市场，对之加以渗透或控制。此外，中国大规模的对外贸易，也依然未被英国人掌控。马克思在 19 世纪中期曾在著作中写道，英国的工业品出口将会变身重锤击破长城。实际上，在过去、现在，以及可见的未来，没有任何来自外国的经济体或强权，能够占领中国拥有几亿或十几亿消费者的市场。这个市场从马可·波罗时代开始，就一直在吸引着西方人。不仅哥伦布和达·伽马在 135
探寻前往中国的道路，即便是穿越北美的探险和西进，也受到了探寻前往中国的“西北航道”这一热门事业的推动。直到 1860 年代，状况依旧如此。当时蒙特利尔的商人，对跨加拿大铁路计划的出台，表现出了热烈欢迎的态度。他们早就对中国市场抱有兴趣，如果铁路能如其所愿，穿过蒙特利尔建成的话，他们通往中国市场的方式，除了之前的圣劳伦斯河航路之外，就又多了一条甚为便捷的铁路。

正如我们可以通过表 6.1 看到的，在 1850 和 1860 年代，英国向中国的出口，依旧远小于从中国的进口，出口收入无法平衡进口费用。1870 年时出现了平衡，不过之后的 10 来年里，又恢复到之前的状况，这一直持续到了 80 年代中期，在之后的 1890 年，形势才出现了逆转。这是因为，中国无法抵挡来自印度茶叶的竞争，对英国的茶叶出口在

1875 年后锐减，并在 1890 年后继续降低。1880 年时，中国 3/4 的对外贸易，都是与英国及其领地进行的。

不过，那时中国的本土市场，依旧掌握在中国人自己的手中，尽管来自海外的商品、资本，以及海外（主要是东南亚）华人的汇款，正在纷纷流入中国。中国对棉花及其制品的消费，仍旧基本上依赖国内的生产。中国对棉花产品的进口，主要来自印度，而且，其中大部分都是原棉，它们是用来供应本土仍在增长的纺织工业的，尽管中国纺织品进口的规模也在扩大，并在 1834 年后超过了其纺织品出口的规模。也正是在这段时间，中国从一个白银净进口国，暂时地变身为白银净出口国。

理查德森还指出，从地理上来看，西方人的存在从未越过海岸线，借由通商口岸进行的贸易，对内陆经济整体上只有比较温和的影响，而且，西方商品与本土商品也基本没有形成竞争关系。所以：

> 简单说来，来自西方的冲击无论在哪个方面，都未能对整体
> 136 经济的表现产生重大影响。西方对中国的主要影响，似乎是在心
> 理方面，而非其钱袋子。中国对之所采取的反应，也基本上是按
> 照中国的方式直接应对相关问题。(Richardson 1999：9)

表 6.1　英国与中国之间的贸易，包括香港

（单位：100 万英镑/以当时的币值计算）

	1854	1860	1865	1870	1875	1880	1885	1890
出口	1	5	5	10	6	9	9	9
进口	9	9	11	10	18	13	9	6

资料来源：Fieldhouse（1973：222），from *Statistical Abstract for the UK*（various years）。

除此之外，亚洲经济实力得以延续这一事实，在中国身上表现得尤其明显。美国汉学界的领军人物费正清，在其 1992 年出版的《中国新史》（*China：A New History*）中，用“没有发展的增长之悖论”（Paradox of Growth without Development）作为书中一章的标题。事实上，

这一悖论并不存在。中国先前领先世界的经济生产率和商品出口盈余，那时仍在继续。中国大量出口盈余的存在，早期主要基于它的瓷器和丝绸在世界市场上的支配性地位，后来还基于向英国及欧洲其他地区的茶叶出口。由于继续存在的出口盈余，中国的进口商品中仍旧包含大量的银条与银币。它们像以往一样主要是来自墨西哥。新出现的状况是，白银运输越来越多地依靠经由旧金山的跨太平洋航线。中国对外贸易的最大变化，并不是印度鸦片进口数量的增长，而是印度棉花进口产品数量的增长，后者主要是由英国人通过广州贩运到中国的。

中国的主要进口货物一直是白银，这种状况从之前的数个世纪，一直延续到了 1929 年，其间只中断过一个较短的时期。在 19 世纪中期时，白银仍主要产自墨西哥，它们被美国人和英国人运到中国，用于平衡中国对西方各国的商品出口盈余。美国对中国的出口商品，几乎全都是来自英国的转口货物与来自墨西哥的银圆（鹰洋）。鹰洋变成了香港和广州的标准贸易货币，之后甚至还成为通商口岸的法定货币。当美国变更了官方的金/银兑换比率之后，其白银出口大量降低。“与过去通常认为的不同，更可能是美国货币政策的一个变化，而非英国东印度公司贸易独占权的废止，引发了促使中国打击鸦片贸易的经济危机。也正是中国的这一行动，导致了第一次鸦片战争的发生。”（Schell n. d.：14—15）

中国在第一次鸦片战争中战败，随后被强加以“不平等”的《南京条约》，使西方（尤其是英国）利益在一些口岸获得了某些特权保障，不过，中国对世界市场的上述“传统”参与方式，仍在 19 世纪中期得以维持。这场战争及相关条约的重要性，现在看起来是被过分夸大了，它们的实际影响并不如过去通常以为的。无论是西方人还是中国人，一直以来都将它们视为中国羸弱的表现，视为中国告别其强盛国家状态的开始。历史证据并不支持这种看法。中央政府在国内的力量并未被严重削弱；除了 1830 和 1840 年代因气候寒冷造成的几次谷物减产，以及太平天国起义导致的一系列破坏之外，中国经济依旧沿着 137

之前的轨道，继续增长了至少20年。

尽管理查德森感叹19世纪各项直接统计数据的稀缺，从人口增长、货币供应，到物价水平都是如此，可他还是推断：人均“生产率的某种增长”一定存在；“紧张的迹象直到1830年代才开始出现”。不过，他并未说明为何将1820—1850年加剧的干旱和洪水排除在考虑之外，也并未说明为何增长在1850年开始放缓。（Richardson 1999：20—21）事实上，即便是在那之后，增长仍在继续！

气候问题确实给中国农业带来不少困难。马立博（Marks 1998：198）的研究指出，1830年代频频出现的火山爆发，导致了全球气温的剧烈下降，使得岭南地区的稻米大幅减产（日本在1832和1833年也遭遇了同样的状况）。低温持续到了40年代，在19世纪下半叶才得以恢复。1846—1848年发生在南方（这也是外国贸易主要涉及的地区）的洪水和饥馑，以及中部省份移民的涌入，促成了太平天国起义的爆发。

中国当时还面临着货币供应量的下降与贮藏量的上升，物价因而下降幅度高达40%，这加重了私人和公共债务的负担。社会也因而变得动荡不安，声势浩大的太平天国起义，正是以此种社会状况为基础的。

太平天国起义确实严重削弱了以北京为中心的帝国，还几乎将其推翻。当它在1854年威胁要占领上海时，为了应对来自它的进一步进攻，中国政府与外国人结成了针对太平天国的战术同盟，并将税务司的职位让与了外国人，令其来管理上海港的关税征收事务。伴随着太平天国在战场上的进展，北京受到的威胁日益加重，英国及其他外国势力趁机攫取利益，将中国拖入了第二次鸦片战争，并在1860年时占领了北京。它们迫使中国在条约中做出了更多的让步，加上此时中国经济的进一步衰弱，“广州体制”（Canton System）最终解体；在此之前，外国人与中国的贸易，一直是在这一体制下进行的。这导致了鸦片进口规模的进一步扩张，以及白银外流数量的相应增加。直到此时，中国与世界经济的联系，才变得对自身不利起来。这也是中国出现“洋务运动”的渊源之一，中国人试着以此来应对外国的进一步威胁和入侵。

正如菲尔德豪斯（Fieldhouse 1973：210）指出的：“在 19 世纪上半叶，中国仍被欧洲人视为主要的世界强国，认为其在体量和重要性上，类同于俄国……直到 1890 年代，任何国家都不可能从中国获取大 138
片领地。”我因而主张，中国与欧洲之间大分流更为准确的时间，应该是在 1860 年左右；以中国本土的叛乱为开始信号，第二次鸦片战争则使其明显起来。1858 和 1860 年的和约，存在不少有惠于外国人、有损于中国人的条款，其中包括鸦片贸易的合法化，这使鸦片的进口出现了戏剧性的增长。在此之后，“洋务运动”开始，那是一场聚焦于强化军事实力的失败努力。事实上，“洋务运动”进一步削弱了中央和地方政府干预国内经济事务的能力。传统上，中国政府有责任兴修和维护有关农业和交通的基础设施。这些基础设施的缺乏与失修，会使民众因气候灾害而备受苦难。后来的研究表明，那些年，厄尔尼诺现象在世界各地频现。在政府最无力保护其民众的时候，异常气候却频频造访中国。

另一方面，在中国 19 世纪中期及之前的缓慢增长中，白银扮演了重要的角色，它仍被作为税款的支付手段，并在 1842 年后的香港和 1853 年后的广州，被作为法定货币使用。1849 年之后，加利福尼亚和澳大利亚出产的黄金大量涌入市场，进一步改变了金/银/铜/商品的比价和流向。中国也受到了这一新状况的影响。

总而言之，中国国内外的政治经济状况，在这一时期倒转了方向，开始变糟。在国内，生产和收入都出现了下降。与之同时出现的，还有一些棘手的国际、国内政治问题，它们也经常被视为经济衰退的主要原因。

东南亚

在东南亚，农业及相关的生产、收入和贸易，在 1800 年左右经历了短暂的低潮，之后又恢复了增长，与中国之间的进出口贸易，也获得了一定程度的扩张。另外，这些贸易那时主要是掌握在华人和马来人的手中。里德（Reid 1997）主编的《亚洲自主权的最后抵抗》一书，收录了十余名学者的相关研究。在他们的文章中可以看到，东南亚各地，以及某些东亚国家，原先的经济状况都延续了下来，甚至还实现了新一轮的扩张，尤其是在 1820—1840 年。另外，来自中国的商人和移民，在其中发挥了重要作用。当然，鸦片的转口贸易和本土消费，也起到了一定的作用。针对东南亚的情形，里德指出：

139 快速的出口增长及商业化的现代阶段，并非开始于 19 世纪末，而是始于欧洲垄断崩溃的 18 世纪末。1780—1850 年，出口实现了明显的快速增长，年均增长率逾 4%，同时期的人口增长率还不到 1%。这就意味着人均出口有着较大幅度的增长。……东南亚在 1760—1850 年的人均出口增长率，要比 1850—1950 年的更高，甚至比 1880—1929 年的还高，而那是一段殖民地资本主义高歌猛进的时期。（Reid 1997：78）

里德（Reid 2001：50—51）还推测了促使东南亚经济扩张的几种可能的原因：

荷兰东印度公司垄断局面的打破，使东南亚的出口商受益良多。拿破仑战争期间，英国人的封锁使荷兰通往东方的海运陷入了困境。新近赢得独立的美国人现身东南亚海域，他们不仅填补了荷兰人留下的空白，还为胡椒和咖啡创造了新的自由市场。印度尼西亚的种植者对更高的价格（尤其是 1816 年之后战后景气时期出现的高价）做出了反应，大幅扩大了他们的生产规模。……中国在 18 世纪经历了明显的经济和人口增长，这既促进了与东南亚之间贸易的大幅增长，也引发了前往东南亚的大量移民。成千上万来自中国的矿工和种植园工人，前往东南亚各地的金矿、锡矿和胡椒种植园工作。

里德强调，东南亚这一时期的人口增长，主要缘于 1755 年后这一地区的和平（仅中南半岛的部分地区出现过持续了 20 来年的军事冲突），而非荷兰人带来的卫生事业。他还提到了东南亚各地的人口增长。在越南，纳税男丁（仅这一群体的数量被记录了下来）的数量，从 1769 年的 50 多万，增至 1829 年的 72 万，又增至 1847 年的 100 万。暹罗（泰国）的人口数量，从 1822 年的约 280 万，增至 1854 年的约 525 万。缅甸人口也从 1826 年开始，以年均约 1% 的速度，增长到了 19 世纪末。在印度尼西亚，荷兰人发起的殖民战争使人口大量减少，之后在稳定的殖民统治时期，人口规模又开始上升（并非缘于稳定的殖民统治）。爪哇人口以年均 1% ~2.5% 的速度在增长。另外，在印度尼西亚，还出现了荷兰殖民统治所强加的乡村化。（Reid 2001：52，55）

东南亚早就出现了高度的城市化，甚至曾比欧洲的城市化程度更高。（Reid 2001：53）可之后闯入的欧洲殖民统治，强力推动了去城市 140
化，使这一地区出现了乡村化。于是，在爪哇，居住在两万居民以上城市中的人口比例，从 1815 年的 7% 降至 1890 年的 3%。在缅甸，仰光人口占总人口的比例大幅下降，曼德勒的人口数量也从 17 万降至 13.5 万。下缅甸地区城市人口占总人口的比例，也从 1861—1865 年的 9.5%，降至 1881 年的 6.3%，此时，农产品的出口还未真正起飞。（Reid 2001：55）

所有欧洲人的殖民统治当局，都试图将其殖民地变为热带经济作物（包括大米）的出口平台，变为其本（宗主）国制造业产品的销售市场。这些作物只能在本地区种植，而从事相关种植业的，要么是不得不卖出这些作物以换取现金的农民，要么是使用本地或进口劳动力的欧洲人的种植园。在东南亚的大陆部分，正如前文（见第 104 页[1]）述及的，缅甸在实力恢复之后，对中国的领土发起了军事行动。中国人加以反击，但并未获得胜利。缅甸人也朝着印度的方向扩张，但在 1824 年对孟加拉发动入侵时被英国人击败。

[1]　此为英文版页码，即中文版边码。——译者注

印度

乔杜里（Chaudhuri 1983：844—846）在《剑桥印度经济史》中，根据印度事务部 1813—1840 年的统计数据，整理出了相关的材料；我们可以利用它们估算进/出口的差额。1813—1828 年，孟加拉的出口增长了 28%，进口（主要是从英国进口的棉纺织品）增长了 77%，几近前者的 3 倍。即便如此，孟加拉仍年年保有出口盈余。印度的纺织品出口那时已经不再能主导世界市场，19 世纪中期时，印度出口产品的 3/5 是由鸦片（仅此一项就占到 1/4 ~ 1/3）、原棉和靛蓝构成的。1813—1828 年，孟加拉的出口总额为 9.34 亿卢比，或年均 6 200 万卢比。其中有两年，1/5 的出口品为金银；其中有四年，5% ~ 10% 的出口品为金银；在其余的年份中，此项出口无足轻重。相较而言，进口总额为 6.80 亿卢比，或年均 4 500 万卢比，这比出口低了 27%[1]。出口盈余总共 2.54 亿卢比，年均 1 700 万卢比，或相当于进口的 37%。而在全部进口品中，金银大约占到了一半。根据现有资料，我们无法得知它们来自哪里，又去往了何处。如果它们是中国人为印度鸦片和棉花支付的货款，而且大部分又会被汇去英国，那么孟加拉的真实进口，只不过稍多于其出口的 1/3。（Chaudhuri 1983：838，Table 10.4）此外，英国向印度的出口占到了印度总进口的 2/3，在双边贸易中却仅吸收了印度 2/5 的出口商品。对于英国
141 来说，其中的差额是通过中国补足的。中国大量向英国出口茶叶，但也用白银换取印度的鸦片和棉花，从而维持了英国的全球性地位。（Cain and Hopkins 2001：362）

出口盈余是一项“印度外贸的典型特征”，不过，与经济学的一般理解不同，这种“顺差”并未使印度得利。此外，1813 年丧失其贸易独占权之后，

[1]　原文误为 37%，属于计算错误。——译者注

东印度公司被要求用在印度的财政收入，偿还公司于英国成立时的股本，名义上有 50 万英镑需要支付给公司股东。不过，在 1850 年之前，实际支付的总额却有 150 万～300 万英镑。这还得额外加上个别年份公司被要求在英格兰清偿的债务。在大多数其他服务项目及短期资本流动方面，印度也存在着负的差额。(Chaudhuri 1983：870)

1813—1821 年平均 1 700 万[1]卢比的出口盈余中，有 600 万被用于服务业支出，有 1 100 万被用于英国人的个人汇款，这些资金转移都是通过印度的出口盈余实现的。(Chaudhuri 1983：871）并且，这还是扣除了东印度公司自己从孟加拉国库汇回英国的款项之后的数据。正如英国商人普林塞普（G. A. Prinsep）在 1823 年时所估计的，在计入运费及保险费等项目之后，真实的出口价值要比账面数字高出大约 9%。乔杜里（Chaudhuri 1983：872）提供的“贸易与金银账户的收支状况(1828—1829)”，就是一个很好的例证，本书将其简化成了表 6. 2。

表 6. 2　印度的贸易与贵金属账户（1828—1829）

（单位：100 万卢比/东印度公司发行的卢比）

总　量	商品		贵金属		出口与进口的差额
	出口	进口	出口	进口	
英国	54	35	3. 4	0. 3	22. 0
中国	28	7	—	10. 8	10. 0
东南亚	8	3	0. 6	3. 7	2. 5
波斯湾地区与非洲	10	4	0. 6	3. 1	4. 0
法国	6	3	—	0. 5	3. 0
美国	3	1	—	1. 9	0. 1

资料来源：Chaudhuri（1983：872，Table 10. 22），笔者做了重新分类，并对数据做了取整处理。

[1]　原文误为 1 600 万，与前文及本句的数字不符。译文已做修正。——译者注

142 表 6.2 显示的 1828—1829 年度的进出口状况，从多个方面反映出了印度外贸的典型模式。首要的特征是出口总是大于进口，即便计算进口数量时把白银或黄金计入也是如此，更别提单单计算商品的进口了。次要的特征是英国占据着印度外贸份额的半数或以上。再次的特征是中国为印度的第二大贸易伙伴，因为双方之间的贸易是中国—印度—英国鸦片三角的组成部分。将二者称作“贸易伙伴”，实际上掩盖了一个重要事实：双方之间的贸易是通过英国人进行的，在其中获利的也主要是英国人。印度外贸的其他特征，没能在表 6.2 中很好地展现出来。这是因为多数与东南亚的贸易，其实也是鸦片贸易的组成部分，这部分贸易中的大部分鸦片，又经英国或中国商人之手被运到了中国。

美国当时在其中扮演着一个小角色，尽管美国商船队伍已经颇具规模，不过，美国很快就会成为中国的另一主要贸易伙伴，并因而会间接地与印度发生贸易关系。中国，作为印度的第二大贸易伙伴，与印度的贸易也有着大量进口盈余，它用白银的再出口支付了其中的半数。这些白银是它从其他地区（尤其是美国）赚得的。根据表 6.2 中的数据，印度向英国的白银再出口，只占到从中国进口量的 1/3，从其他地区进口的白银则都留在了印度，这种状况似乎很值得怀疑。更为可能的情形是，印度向英国输送了更多的白银，不过，它们并未被东印度公司的英国“公仆”，登记到他们的个人账户上。

乔杜里（Chaudhuri 1983：828—829）逐年估算了 1828—1840 年的进出口数据。在这些年当中，进出口大体上都在以 6% 或 7% 的速度增长，尽管在有些年份，出口的增长要快过进口，幅度可达 25%。乔杜里在他的表 10.5 中，还记录了每年的大规模出口盈余，它相对于进口的比率从 49% 到 104% 不等，年均数字为 71%。最为重要的是，进口中包含着大量的金银，它们要占到商品进口的 1/4～1/3。乔杜里的表格没有告诉我们的是，这些金银中有多少被欧洲人作为汇款，再出口到了他们自己的国家。1834—1850 年，进口的增长率为 5.6%，高于出口的 3.6%；1850 年代，进口的增长率达到了年均 10%。（Chaudhuri

1983：833）不过，乔杜里有关“印度外贸”的表 10.7A（未计入金银）显示，出口盈余依旧存在，而且还获得了进一步的增长。我在这里以十年为单位来总结一下 1834—1865 年的数据：1834—1843 年，进口总量为 5.79 亿卢比，或年均 5 800 万卢比，出口总量则为 20.39 亿卢比，或年均 2.04 亿卢比——后者几近前者的四倍！1844—1853 年（其 143
中包含着缓慢增长的 1840 年代），进口总量为 10.07 亿卢比，或年均 1 亿卢比，出口总量则为 17.30 亿卢比，或年均 1.70 亿卢比。从 1854 年到表中最晚统计到的 1865 年，进口总量为 25.52 亿卢比，或年均 2.13 亿卢比，进口总量则为 46.87 亿卢比，或年均 3.90 亿卢比，后者又几近前者的两倍。

《剑桥印度经济史》指出，1835—1870 年，商品和金银账户的出口盈余，年均约为 3 000 万 ~6 000 万卢比。之后，出口盈余在 1871 年时跃升至 1.80 亿卢比，在接下来的约 20 年当中，年均约为 2 亿卢比。其中，臭名昭著的“国内费用”在 1870 年以前，年均约为 700 万 ~1 000 万英镑，之后直到 19 世纪末，则达到了年均 2 000 万英镑。（Chaudhuri 1983：873）乔杜里接下来写道：

> 在大多数其他服务项目与短期资本流动方面，印度也存在着负的差额。其现金账户借方一侧的多种要素，可以总结为：（1）政府用于支付外债的款项，（2）私人储蓄和欧洲公司利润的转移，以及（3）航运、保险及银行等服务业所收取的费用。很明显，这些借方项目所需的资金，是由商品账户上的出口盈余供给的，而大规模铁路建设在印度开始之后，则变成了由资本输入来供给。1833 年之前，东印度公司一直采取一种比较麻烦的办法，将其每年在印度获得的“国内费用”送回英国。它首先用其在印度的岁入，购买印度的出口商品，然后将商品运回伦敦，进而在那里将商品售出，所获钱款则进入其在英国的金库。当然，那些想背地里将资金汇出印度的人，则不得不依赖公开的外汇市场。正是在这一时

> 期，也正是因为这一原因，印度存在着对伦敦市场上的英镑票据的大量需求。(Chaudhuri 1983：870)

因此，印度因长期的出口盈余而获利的说法，只可能存在于乔治·奥威尔式的叙事中。很显然，从中获利的是它的最大贸易伙伴英国。英国才是真正从这种结构性安排中获利的一方。也正是通过这种结构性的安排，英国输入了数量远超出口的进口商品。对于印度而言，对于在印度的英国人而言，唯一将资金汇往英国的方式，就是长期持续的商品出口盈余。

144 印度、中国和英国构成了一个贸易与支付的三角体系，印度则是使这一体系维持平衡的关键。这一贸易与支付的三角体系，是由英国人组织起来的，当然，这也多亏了印度与中国那些亦可凭借其获利的利益集团的合作。正是这一三角体系，使英国可以长期保持结构性的商品进口盈余，并且还使英国获得了大量的金融资本。

中亚

西方与苏联/俄罗斯的传统观点认为，在 1750—1810 年之间，或在这一时期之前，就已经出现了所谓“中亚的衰落”，本书第三章对那一时期状况的回顾，已经挑战了这种观点。很多西方学者贬低中亚此时的地位，其实是基于与事实不符的理由，他们认为中亚的商队因为海运的兴起而消失了。正如我在《白银资本》中的引用所显示的，俄国及苏联的学者，或贬低或抬高中亚的地位，为的是或贬损或夸赞俄国及苏联对中亚的影响，以响应当时流行的意识形态。《白银资本》以及本书第三章，已经给出证据证明了在世界经济中，在沟通东、西方方面，中亚仍旧占有一席之地，其角色甚至是变得更加吃重了。此外，中亚在印度与俄国之间南北向的运输方面，也发挥了重要的辅助功能。还有，中亚自身的生产活动，以及与周边的邻居之间的贸易活动，也都获得了一定增长。有关于此，利瓦伊观察道：

> 当俄国对棉花的需求增长了之后，它从浩罕的棉花进口，也获得了相应的增长。根据众多研究乌兹别克斯坦历史的学者所言，俄国与浩罕之间的进出口贸易，在 1758—1853 年增长了近 10 倍。最重要的商品是棉花，而且，来自印度的棉花比例在下降。当时，浩罕可汗正致力于在费尔干纳盆地中开拓出更多可灌溉土地，此举显示出，可汗对俄国市场上的需求上涨做出了反应，他把从过境贸易中获得的收入投入了新的灌溉项目中，以扩张面向俄国市场的棉花种植。现在我们可以提及塔吉克历史学家努曼·雷格马托夫（Numan Negmatov）的主张了：在 18 世纪和 19 世纪，（位于费尔干纳盆地的）浩罕地区未曾经历衰落，事实正好与此看法相反，这一地区经历的是强劲的经济增长。……浩罕地区的城市只是略有增长，但乡村出现了手工业及贸易的发展，农民们也开始开垦新的土地。（Levi 1999：541）

一些孤立的数字可在某种程度上显示，中亚的经济和社会在继续发展。1770 年代，印度每年从中亚和波斯进口 5 万匹马。18 世纪中期 145
到 19 世纪中期，俄国与浩罕的贸易在持续增长，以卢布计算，进口扩张了 18 倍，出口扩张了 12 倍。其他证据也显示，在俄国与中亚的贸易中，后者保持着顺差，还有一个与此相关的情形：莫斯科为了平衡贸易逆差，试图禁止外国商人将金银运出。（Levi 1999：539）

对于中亚地区各城市人口数量的估计，也证实了经济繁荣的依旧。对布哈拉 1830 年代人口的估计，从 7 万到 10 万不等，有些甚至认为是 15 万。卡尔希则有 6 万 ~7 万居民。还有其他几个城市，人口在 3 万左右；十余个规模稍小的城市，人口在 4 000 ~ 2 万之间，尽管带有传奇色彩的撒马尔罕，人口已降至 1 万左右，巴尔克的人口数量甚至更少。另一方面，到 19 世纪中期时，塔什干和浩罕的居民数量都增长到了 8

万左右。（Levi 1999：538—539，542）

因此，除了相对短暂的周期性萧条，中亚将其在亚洲腹地的中枢作用，继续保持到了 19 世纪。中亚依旧影响着周边地区的发展，包括东边的中国、南边的印度、西南方向的波斯和奥斯曼帝国、西边的欧洲，以及北边的俄国。一些拥有大规模的军队，并且更为强大的国家的出现，使中亚在政治和军事方面讨价还价的能力大损；与此同时，伴随着欧洲影响力（或殖民主义）的日升，其周边各地之间的往来交通，越来越多地绕行昔日横贯中亚的“丝绸之路”。即便如此，19 世纪后期中亚地区依旧上演着“大国博弈”，参与其中的是英国和俄国。英国在印度有着重大利益，而俄国正致力于向东、向南的扩张，双方在中亚地区出现了严重的利益冲突，这一冲突后来升级为克里米亚的兵戎相见。

西亚

从 1850 年前后到 1913 年，土耳其的对外贸易增长了 6 倍，伊朗增长了 8 倍，叙利亚（当时包括整个黎凡特地区）增长了 11 倍，埃及增长了近 40 倍，总体而言，这些地区的外贸规模，从 1800 年的 1 000 万英镑，增至 1913 年的 1. 20 亿英镑。1840—1913 年，在奥斯曼帝国的核心区域，对外贸易也增长了十来倍。（Pamuk 1987）不过，对外贸易及相关生产的结构也随之发生了变化：制成品的出口消失，被供应欧洲制造业的原材料出口取代。

146 奥斯曼帝国

在 19 世纪的前半段，甚至是前 2/3，在外贸及相关生产发生结构性变化的同时，其内部市场依旧在继续扩张。制成品出口被供应欧洲制造业的原材料出口取代了。几次国家主导下的工业化尝试，在英、法两国的压力之下，到 19 世纪中期时也均告失败。此种衰退，加上约为 2 亿英镑的外国投资（占世界总量的 5%），再加上外债的惊人增长，还有英国以 1853 年的“永久和平”条约的模式，与波斯湾及阿拉伯地区的 26 个苏丹国和酋长国签订的 200 多个条约，都惠及了英国的工业和贸易集团。1853 年的条约签订之前，奥斯曼帝国与俄国之间长期的冲突看上去又要再次激化，它不得不以经济上的让步换取军事上的保护。我们在此事中也可以看到土耳其加入北约的先兆。英国与俄国之间的冲突，早就是 19 世纪下半叶欧亚大陆中部“大国博弈”的组成部分了。

奥斯曼帝国还面临着其他国际问题，首先是它与奥匈帝国的冲突。1683 年时，奥斯曼帝国还曾兵临维也纳城下。不过，在 19 世纪，奥斯曼帝国失去了大部分的欧洲和非洲领土，它们要么是获得了独立，要么是被哈布斯堡家族获得。这最终导致了第一次世界大战。奥斯曼帝国在战争中站错了队，最终崩溃解体，仅在安纳托利亚留下了土耳其。如果不是在与俄国/苏联的对抗中，获得了来自西方列强的支持，博斯普鲁斯海峡也会被俄国人抢占。奥斯曼帝国失去的有希腊、罗马尼亚、塞尔维亚、黑山、塞萨利、波斯尼亚、黑塞哥维那和塞浦路斯。它在非洲失去的是阿尔及利亚（被法国获得）、突尼斯和利比亚。它对埃及的统治权，也越来越仅是名义上的。实际发生的情形是，穆罕默德·阿里不但加强了埃及对叙利亚的控制，甚至将权力的触角伸到了安纳托利亚。此事严重威胁到了英国等西方国家的利益，它们随之支持奥斯曼人对付他们的殖民地。1838 年的条约限定了奥斯曼帝国的关税，严重打击了阿里的工业化方案，阿里本人也在 1848 年下台。在那之后，他所开创的事业，先是被暂停，然后又被完全逆转。

波斯

波斯为何没能像其邻居奥斯曼帝国和埃及那样？在部分内容涉及波斯的《现代近东的形成》一书中（大部分内容是有关 19 世纪的），亚普（Yapp 1987）曾多次问及这一问题。他提供了几种解答：地理上 147
分作几个联系松散的部分（并非事实）；太多个部族；制度问题；传统经济；未能吸引外国资本；只有少数国外少数族裔致力于从事商业活

动（伊斯法罕在 17 世纪时就已经出现了一个由亚美尼亚人组成的聚居区）；什叶派人口；乌里玛及卡扎尔王族所起的作用；以及外国的影响，这一点“确实道出了某种程度的事实”。历史证据（有些已经被他提及）从两大方面否定了亚普的观点：波斯人确曾有多次机会可以像前面提到的他们的邻国那样做；他们之所以会失败（他们的邻居最终也失败了），与来自外国的影响有关，这并不仅仅是“某种程度上”的事实。

19 世纪下半叶在位的纳赛尔丁·沙（Naser ed-din Shah），对此有过很好的阐述：“无论我何时要去南方旅行，沙皇的大使总会加以反对。当我要去北方时，英国大使又会反对。国王不能在自己的国家四处旅行的王国，算什么王国！”（Amineh 1999：87）不过，情况并非总是如此。与本书涉及的其他很多地区一样，波斯/伊朗的衰落出现在 19 世纪下半叶。

大体说来，法塔赫·阿里·沙（Fatah Ali Shah）在位的 30 多年间（1797—1835），以及宰相米尔扎·穆罕默德·塔奇·汗（Mirza Mohammed Teqi Khan）的任期内（1848—1851），波斯经济繁荣，城市化也取得了进展，国家还试图通过纺织、钢铁/军工等产业推动工业化。值得注意的是，宰相还拒绝对外国政治/商业利益做退让，将俄国人的影响限制在了里海，将英国人的影响限制在了波斯湾。（Bairoch 1997：II—969—973；Amineh 1999：101）这也正是他后来垮台的原因。他与穆罕默德·阿里 1848 年在埃及的遭遇一样。波斯在上述几个领域的发展，与奥斯曼的坦志麦特，以及阿里 1805—1848 年的一系列著名工业化改革（涉及纺织、冶金、军工、蒸汽机等产业），大体上处在同一时期。不过，奥斯曼人和阿里的努力，均受到了来自英国与奥斯曼之间签订的商业条约的束缚。

前引纳赛尔丁·沙的话，很好地反映了波斯夹在俄国与英国之间的地理、地缘经济和地缘政治位置。俄国在向南的扩张过程中，与伊朗发生了多次战争。后者在战争中频频失利，丧失了高加索地区和里海周边的大部分北方领土，其中就包括正在成为重要石油产地的巴库和格鲁吉亚。此外，伊朗还被迫签订不平等条约，放弃了其在里海的航行权、珍贵的农业用地，以及相关的财政收入来源，对俄国进口商品的关税也被限定在了 5%，还要付给俄国 2 000 万卢布的战争赔款。伊朗之所以未被 148
全部并入俄罗斯帝国的版图，主要是因为俄国与英国之间的对抗。

英国人在伊朗的利益是多重的：对抗俄国（英国正是因此而卷入了克里米亚战争）；将伊朗起码变成阿富汗那样的缓冲国；保障他们在印度的重大利益。除此之外，英国还有其自身的商业利益。1856—1857 年发生了英伊战争（与克里米亚战争同一时期），英国人获得了战争的胜利，控制了波斯湾周边的巴林，并且还与俄国人一样，迫使伊朗降低了对英国进口商品的关税。在那之后，英国人利用诸多外交和商业条约，逐渐将伊朗的矿业、银行业、铁路及电车、石油等原材料、金银、灌溉系统等，通通置于自己的控制之下。乔治·寇松在 1892 时年写道："在它（一份 1872 年的条约）被公布于世之后，人们从中发现，它将一个王国全部的工业资源，几乎完全拱手让与了外国人。这种情形在历史上都未曾有人梦及，更别说曾经出现过了。"（Amineh 1999：90）1862—1913 年，伊朗与英国签订了 21 份此类特惠条约。1881—1913 年，伊朗与俄国签订了 27 份此类条约。两个国家对伊朗的控制日益加深，英国控制了南部，俄国控制了北部。

由此，伊朗的外贸"构成转向了典型的殖民模式（原材料出口与工业品进口一同增长），国际收支转而出现了赤字，俄国和英国也控制了其绝大部分的进出口"。（Bromley 1994：148，转引自 Amineh 1999：93）英国与伊朗的贸易，从 1875 年的 170 万英镑，增至 1895 年的 300 万英镑（此时的贸易品中包括出口中国的鸦片），继而又增至 1914 年的 450 万英镑；此时，英国对伊朗有着 1 000 万英镑的投资，以及 20% 的贸易顺差。不过，英国人占伊朗外贸的比例，从 19 世纪中期的 50%，降到了 1914 年的 20%。这是因为俄国的占比增长迅速。在 19 世纪中期时，伊朗还对俄国保持着贸易顺差；不过，随着贸易量的增长（19 世纪中期时，两国之间的贸易规模约为 800 万卢布，而 1910—1914

年的平均值，有学者估计达到了 6 900 万卢布，也有学者估计是 8 800 万卢布），以及贸易结构的变化，形势发生逆转，伊朗与俄国之间的贸易出现了逆差。此外，伊朗还向已属于俄国的巴库等地的石油产业输出劳动力。1800—1914 年，伊朗对外贸易的规模，仅仅增长了 11 倍，它的一个邻居埃及增长了大约 50 倍（与世界总量的增长相同），另一
149 个邻居土耳其则增长了 15～20 倍。（Amineh 1999：91ff.）不过，伊朗的外贸构成也完全变了：伊斯法罕和大不里士的大部分棉布和丝绸的生产与出口消失了。1830—1890 年，伊斯法罕九成的丝织机退出生产。在伊朗 1850 年的出口中，棉布还是原棉的 23 倍，但到了 1910 年，原棉变成了棉布的 20 倍。（McNeill and McNeill 2003：236）

与亚普等人在文化角度下的解释相比，艾米涅（Amineh 1999：100）的总结看上去更为可信：

> 欧洲的军事干涉导致了外交让步；外交让步导致了商业投降；商业投降为经济渗透铺就了道路；经济渗透则毁坏了传统的生产组织，社会变迁由此发生。这必然导致伊朗被占领，以及外国人对伊朗政治政策和经济的间接控制。

另外，正如中国有“买办资产阶级”，拉美有“依附资产阶级”一样，来自外国的资本和外交势力，在伊朗也有着重要的本地同盟。他们在上述安排中，虽然只是低级合伙人，但也能获得一些经济利益。也正是上述安排，造成了低度发展。总之，与全球经济的结构及运行相呼应的本土重要因素，是国家（政府）因为国内外的政治事件被削弱，无力去贯彻一些国家发展政策。这正是伊朗等地的处境。最终，上述政治压力在伊朗促成了 1905—1911 年的宪政革命。这一时期还出现了：中国孙中山领导的 1911 年辛亥革命、墨西哥马德罗领导的 1910 年革命、1905 年的俄国革命和 1908 年的青年土耳其革命。

非　洲

在 1760—1772 年阿里贝伊的统治期间，埃及就已经经历了显著的发展；在 1805—1848 年穆罕默德·阿里的统治期间，情况更是如此。不少学者都对此投入了相当程度的关注，其中，约翰·艾利夫（John Iliffe）给出了一个很好的描述：

> 穆罕默德·阿里创办了很多工业企业，尤其是在纺织、造船，以及采用欧洲技术的军工等行业。相关生产通常是由畜力驱动的。埃及的人均棉纱产出，当时位居世界第五。铁、煤炭、设备和技 150
> 术，都需要依赖进口，这对工业化有所阻碍。另一方面，埃及有着廉价的棉花和劳动力，廉价且充足的食物，优越的运输条件，以及相对较高的人均财富水平。……他所创办的初级技术学校，高峰时有在校生 10 000 余人。他还将 500 名左右的埃及人送到欧洲去培训，但教育内容被限制在了国家（政府）需要的领域。这种在欧洲以外只有 400 万人口的国度，创造首个工业化国家的尝试，可能根本就是不可行的；与之相比，联合王国 1801 年时的人口为 1 600 万。……尽管如此，英国人还是非常担心穆罕默德·阿里威胁到他们在亚洲的影响力，于是在 1838—1841 年强迫他将其军队规模削减至 18 000 人，并取消将欧洲制造业排除出埃及市场的商业垄断政策。不受保护的埃及工业迅速崩溃。……这个国家变得比 18 世纪时更加以农业为基础，也更加处于依附地位了。（Iliffe 1995：183—184）

阿里在不经意间使埃及上演了一出希腊式的悲剧。在 19 世纪上半叶，阿里为了埃及本国的棉纺织业，推进了有关棉花种植的基础设施建设，但这却便利了埃及出产的大量棉花，在 19 世纪下半叶时为英国所用，从而助长了埃及的低度发展。在那之后的 30 余年间，埃及的棉花产量增长了 10 倍。另外，美国内战期间的棉花出口锐减，也一度引起了埃及棉花生产与出口的繁荣。

生产、交通及通信设施得到了大规模的兴建，其中包括 12 800 千米的灌溉沟渠、1 600 千米的铁路，以及 8 000 千米的电报线路。不过，这些只是让埃及后来成了一个更好的出口平台。我们可以发现，这种商品出口大于进口的模式，当时在世界各地都存在，埃及也不例外。当然，其中并不包括英国，它是此种结构安排中的主要（并非唯一）受益者。因而，在 1863—1875 年，埃及的出口从 450 万埃及镑增至 1 380万埃及镑，而进口仅从 200 万埃及镑增至 540 万埃及镑。

致使埃及陷入低度发展的，是外债和苏伊士运河（开通于 1869 年）。作为前往印度的通道，苏伊士运河备受英国的关注。当首相迪斯雷利出手购买埃及持有的运河股份时，他向议会给出的理由是：这是一项政治而非金融投资，“旨在巩固帝国的力量”。（Fieldhouse 1973：122）埃及在 1875 年出售了它的股份，为的是筹集钱款偿付外债。长期外债从 1863 年的 30 亿埃及镑，增至 1876 年的 680 亿埃及镑，此外还有 2 600 万的短期外债。这些债务的利率远高于市场利率，并被各种形式的佣金和费用抬高。埃及的收入已经从 100 万埃及镑，增至1 000万埃及镑，但这并不足以用来偿还债务，所以，埃及不得不借新债还旧债。政府岁入的逾 2/
151 3，被用来偿还其债务。埃及出售运河股份所得来的 400 万埃及镑，也都被用于偿还当期应付利息。当这笔钱被用掉之后，埃及就无力偿还借款了。于是，英、法两国接管了埃及的财政，并依照它们自身及其债券持有者的利益来运作。（Fieldhouse 1973：118ff.）

在其有关 18 世纪和 19 世纪上半叶的《西非经济史》中，霍普金斯（Hopkins 1973：132）用连续性一词来总结那些重大事件。艾利夫（Iliffe 1995）也用这一词描述了从 18 世纪向 19 世纪的过渡。此外，他还沿着西非地区的海岸线自西向东，再三论及了塞内冈比亚、阿散蒂、达荷美、约鲁巴，以及尼日尔三角洲地区的奴隶贸易、奴隶制、奴隶贸易的废止，以及向“合法”棕榈油贸易的转变。尽管阿散蒂并不是沿海国家，但它的统治者和其他几个地区的一样，抗拒并反对终结奴隶贸易。事实上，连续性才是撒哈拉以南非洲大部分地区发展的潜在主题。在菲尔德豪斯有关这些地区陷入殖民统治的叙述中，连续性这个词汇同样占据着重要位置。我之所以强调非洲的连续性，是因为与先前西方（包括我自己先前）的研究观点不同，非洲与亚洲、拉美的大部分地区经历了相同的趋势，而亚洲及拉美所经历的趋势，已经被我们在本书其他部分的讨论很好地证实了。

首先，大西洋奴隶贸易的废止，在非洲有一个缓慢渐进的过程。1762 年英国人占领古巴之后，依靠奴隶劳动的糖业生产出现了数十年的繁荣兴盛期，即便 1763 年的《巴黎条约》把古巴归还给了西班牙。巴西的奴隶制，也是到了 1888 年才得以废除，在那之前，它已从东北部没落的甘蔗种植园，扩散至中南部圣保罗周边的新兴咖啡种植区。

19 世纪跨越大西洋被贩运的奴隶数量，约为 18 世纪时的一半，但仍然超过了 300 万。（Iliffe 1995：148）有越来越多的奴隶来自更靠南的地区，其中最重要的是安哥拉，他们大多是在 19 世纪前半段被贩运的。以 10 年为单位计算其数量的话，1820 年代和 1830 年代的奴隶出口达到峰值，仅次于 1780 年代的奴隶出口数量。

其次，海外对奴隶需求的缩减，使其在非洲市场上的售价大幅下降。不过，随着奴隶售价的下降，非洲人提高了他们自己的奴隶使用量，这些奴隶正是来自先前向海外出口奴隶的地区。与先前进行的奴隶贸易不同，此时的出口主要是去往了非洲大陆的北部和东部。那些地区的奴隶制仍在继续增长，那里的买家偏好从事家务劳动的女性，大西洋贸易商之前则惯于求购从事种植园劳动的男性。1850 年时，非洲拥有的奴隶数量要多于美洲，而且在那之后，非洲人在自己的大陆上所购买的奴隶数量，要多于出口到大西洋和东方市场的总和。（Manning 1990：23，140） 152

此外，因为工业化进程中的欧洲对西非植物油（主要是棕榈油，其次是花生油和棕榈仁油）日益增长的需求，相关的出口已经逐渐超过尚在进行中的奴隶贸易。英国进口的棕榈油数量，从 1810 年的 1 000

吨，增至 1830 年的 1 万吨，之后在 1842 年翻番达到 2 万吨，之后又在 1853 年再次翻番达到 4 万吨（Hopkins 1973：128）。其他资料来源则显示，进口在 1820—1950 年增长了 6 倍，价格也上涨了一倍。（Iliffe 1995：149）此类在小地块上的生产，更为平均地分配了相关收入。与之相伴随的，是纺织品等制成品进口数量的相应提高。还需指出的是，这些制成品的价格也在大幅降低，因为在工业化进程中的北方，生产成本和运输成本此时都在不断降低。结果，从 1816—1820 年到 1846—1850 年，西非进口的棉纺织品数量增长了近 30 倍。（Hopkins 1973：128）即便如此，在远离海岸线的内陆，本土的纺织品生产仍在继续。约鲁巴生产的衣物，甚至还被出口到了巴西，与供应奴隶船的西非食物一起。

包括奴隶贸易在内的大西洋贸易，在 1800 年左右的总值约为 400 万英镑；到了 1850 年左右，单是其他商品就已经达到了约 350 万英镑。（Hopkins 1973：127）而且，源自尼日利亚北部卡诺和博尔诺的纺织品出口，也在沿着南北方向穿过撒哈拉沙漠的繁荣商路进行着，时下一种对此的解释是“商业与制造业齐头并进”。（Iliffe 1995：172）的确，非洲内陆贸易在 1840 年后继续增长，在 1875 年时规模增至大约 150 万英镑。非洲大西洋贸易的规模，在同一时期为 750 万英镑。前者为后者的 1/5。在 19 世纪上半叶及以后，所有这些促成了经济的繁荣。

153 表 6.3 中西非与英、法之间的贸易规模显示，从 19 世纪中期至 1880 年，西非在与英国之间的贸易中长期保持着出口盈余。而在英国 1880 年的“出口”当中，有 13% 是对来自其他地区的商品的再出口。英国与出产这些商品的地区之间，有着相似的贸易结构，即从它们那里的进口长期大于出口。西非对英国的出口盈余，在 19 世纪中期时约为相应进口的 50%，在 1880 年时则变为约 8%。西非对法国的出口，在 1875 年时为进口的 2 倍，在 1880 年时则变为进口的 5 倍！[1] 相对于

[1]　此处原文有误，逻辑上说不通，且与表 6.3 的数据对不上。译文已按照表中数据改正。——译者注

它们各自整体的贸易与经济活动，这一贸易对非洲人的重要性，要超过对欧洲人的重要性。英国在 1880 年时的进口总额为 4. 11 亿英镑，出口总额为 2. 86 亿英镑，进口盈余为 1. 25 亿英镑，或者换种说法，进口盈余相当于进口总额的 1/3，出口总额的 1/2。（Fieldhouse 1973：130）英国的非洲贸易，正如表 6. 3 所示，直接的贸易额只有 200 多万英镑，但它们间接地维持并扩大了全球性的多边贸易体系，这一体系则是英国所倚仗的。同样的贸易结构，也出现在了英国与摩洛哥的贸易中。在 19 世纪的最后 20 来年，摩洛哥对英国的出口长期超过进口，超出部分的比率从 10% 到 110% 不等，而与英国之间的贸易，占到其对外贸易总量的一半。对于德国来说，情况同样如此。（Fieldhouse 1973：276，287）

表 6. 3　西非与英国和法国之间的贸易　　（以当时的英镑和法郎币值计算）

西非—英国（单位：1 000 英镑）	1854	1864		1880
出口	1 908	1 360		2 690
进口	1 238	1 054		2 513
西非—法国（单位：1 000 法郎）			1875	1880
出口			9 600	48 474［约合 1 940 000 英镑］
进口			4 800	10 437［约合 416 000 英镑］

资料来源：Fieldhouse 1973：131，Table 10（from UK and French Statistical Abstracts/Yearbooks）。

1850—1750 年的增长，被 1860 年代早期的萧条打断，在苏伊士运河于 1869 年开通之后，还受到了来自印度的激烈竞争的影响。此外，美国在石油之后又发现了矿物油。结果，出口价格到 1875 年时，降到了原来的一半。在 19 世纪接下来的时间里，贸易条件也非常糟糕。我们将会在下一章看到这一点。与此同时，人口还在继续增长，尽管在 19 世纪的前 1/3 和后 1/3，疟疾、霍乱等传染性疾病屡屡造访这一地区。在北非，疾病是一个主要因素。在 19 世纪的前 1/3，瘟疫的流行抑制住了那里的人口增长，并造成了严重的政治动荡，只有埃及除外。

阿里的做法引起了广泛的兴趣，还有不少地区试图将其复制，包括南边的埃塞俄比亚，以及西边的突尼斯和摩洛哥，但都没有结果。阿尔及利亚此时已被法国占领。法国的征服战争进行得并不容易，它派出了 10 万人的军队，相当于其全部数量的 1/3，来对抗当地总计 5 000人的军队。后者装备了更好的枪炮。直到 10 年之后，法国也没有完全制服西部山区独立的柏柏尔人。与其他殖民地不同，到 1870 年代为止，伴随着阿尔及利亚的被征服，还有总数约 30 万的法国白人定居者迁入。在 1950 年代和 1960 年代的阿尔及利亚解放战争之后，他们又被加以驱逐，那时黑脚（pieds noire）的总数约为 100 万。

154 在东非及东南非，奴隶贸易因为其在印度洋的发展，获得了新的生命。马达加斯加和近海岛屿上的法国人种植园在进口奴隶，阿拉伯人在东北方向也在这样做。莫桑比克成为一个重要的出口地。象牙是另一项重要的出口物资，它的价格也随着货源越来越移往更内陆地区而在上升；再者还有桑给巴尔出产的丁香。进口商品主要是价格日益下降的纺织品，以及年均数量达 10 万支的枪，它们是被用来虏获更多奴隶的。艾利夫这样总结道：

> 长距离贸易也曾产生过有益的影响。它促进了专业化，孕育出了专业的商人、猎人、士兵、运输人员和城镇居民。它拓展了本土铁制品的市场，尽管来自进口衣物的竞争摧毁了东非大部分的纺织品生产。商队贸易促进了市场及地区性商业体系的发展，还刺激了沿海和商路沿线的食品生产行业，前者是要供给桑给巴尔和阿拉伯半岛，后者则是要喂饱沿途的商队。……来自维多利亚湖南部的牲畜，从上千千米外被驱赶到沿海地区出售。东非各经济体因而围绕桑给巴尔及相关贸易得以重建，非洲南部的状况与之有些类似，那里是围绕着采矿业而实现重建的。然而，与采矿业不同的是，象牙和奴隶贸易没能在 20 世纪继续维持。相关的后果是，东非经受了严酷的经济挫折。它在 19 世纪的增长，导向

了一种糟糕形式的低度发展，“通往了一个不可避免的死胡同”。(Iliffe 1995：184—186)

以上所有发生在 19 世纪前 2/3 或前 3/4 的发展，意味着非洲 GDP 和国民收入，在总量和人均方面的显著增长。生产的持续增长、出口的大幅增加、更高的出口价格、更低价格水平下迅速的进口增长，以及更为平等的国内收入分配，它们当中的任何单独一个，都表明了更高收入的存在，汇集在一起就更是如此了。商队携带的病菌，致使人口数量出现下降或停滞，从而让增加的收入被更少的人分享。这件事又暗示着，在那一时期的非洲，人均收入的增长快于 GDP 的增长。后者的增长率，为年均 0.5 个百分点。据麦迪逊的估算，以 1990 年的美元等值计算，在 1820—1870 年之间，其 GDP 增长了 30%，从 310 亿美元增至400 亿美元。(Maddison 2001：262—265）这意味着非洲与东亚、西亚，或者还有拉美等地区一样，在 19 世纪上半叶及之后的一段时期， 155
收入都在继续增长。这与以往欧洲中心论的观点正好相反，不过看起来却更符合已有的证据。

非洲南部的情况有些不同，因为它很早就成为殖民地，并且像阿尔及利亚一样，有着大量白人定居者。荷兰白人定居者早在 1770 年代就开始雇用原住民。之后，英国在 1806 年占领了开普殖民地，起初的目的是保护通往印度的航线。但到 1820 年时，它已经在东开普地区，输入了 5 000 名定居者。土地和劳动力的竞争，在三个不同的群体之间展开。说荷兰语的布尔人，在 1830 年代（法国人正是在此时占领了阿尔及利亚），开始了他们向北的“大迁徙”(Great Trek)。到 1870 年时，在他们的奥兰治自由邦，已经有了 4.5 万名定居者。非洲人则越来越多被剥夺土地，变身成为佃农或劳工。1858 年的南非共和国（之后是德兰士瓦共和国）宪法，在法律上确立了种族隔离制度。与此同时，英国人在 1845 年吞并了纳塔尔。1870 年代时，此地的定居者包括了 2 万名白人，5 000（这一数字后来达到了 1.5 万）名印度人，以及大约

30 万名非洲居民。这一时期发生的重要事件，还有数不清的起义、暴动与军事冲突，一系列的干旱，以及发生在 1860 年代早期的高死亡率瘟疫。1867 年在金伯利发现了钻石之后，整个地区的局势开始发生转变，尤其是在下一章将要考察的时期。

拉丁美洲

拉丁美洲白银生产的下降，通常被归因于政治动荡，可是从另外的角度来看，1820 年代和 1830 年代的萧条所导致的市场需求下降，也可能在其中扮演了重要角色。萧条刺激了进口替代的尝试，尤其是在纺织品领域。我之前有关拉美（Frank 1967/1969，1972）和世界经济（Frank 1978，1979）的几本书，记述了大量当时拉美各地对此事所产生影响的评论。其中很多是一些辩论和斗争的组成部分，有时它们还会导致内战，而这些地方性的或全国范围的辩论和斗争，则发生在所谓的“欧洲”与“美洲”利益集团之间。当时身为议员的基佐在法国下议院讲道：

> 南美诸国都有着两大派：欧洲派和美洲派。人数少些的是欧
> 156 洲派，其中包括最为开明的人士；他们对欧洲文明的理念也最为熟悉。另外一派则更接近土地，充满着纯粹的美洲理念，它是本土的派别。这一派寻求凭借他们自己的努力，以他们自己的方式发展这一地区，不借助外债，不借助与欧洲的关系。（转引自 Frank 1972：51）

这两派为了国家的控制权争斗了半个世纪。欧洲派偏好并倚赖与欧洲宗主之间的紧密联系，并因此从后者那里获得了坚定的政治与军事支持，他们还有着“最为开明”的代言人。其中一位是阿根廷的萨米恩托（Sarmiento），他坚定地为所有欧洲派发声。在其著名的书中，他将当时的斗争，称作“文明”与“野蛮”之间的斗争（托尼·布莱

尔和乔治·布什的论调?)。掌控土地、采矿及商业的利益集团，尤其是位于主要城市、港口和地区的那些，都因与欧洲之间的贸易而获利，也都与之捆绑在了一起。他们想要的是“自由贸易”，偏好低（或无）关税，偏好货币贬值，以惠及他们向欧洲（主要是英国）的出口。他们偏好欧洲人用外汇支付货款，以方便他们从欧洲采购奢侈品，方便他们换取更多的本国货币，从而可以更划算地购买本土的产品和劳动力。他们在经济、政治和意识形态上的同盟是英国。

在另外一边的，是基于本土经济和制造业的利益集团。他们想要的是贸易保护，尤其是对于纺织品生产的保护，因其受到了来自英国纺织品出口的严重威胁。他们深知自己正在做什么，也深知自己想要什么，他们在事关其“文明”的对手及自身利益的问题上，也十分清楚地表达出了自己的看法。其中尤其具有启发意义的，是来自其代表墨西哥人马里亚诺·奥特罗（Mariano Otero）在 1842 年所发表的一份声明：

> 现在让我们来看一看，财产的分配如何将我国的居民分为了几个不同阶级，又如何在这些阶级中确立了相互之间的关系，这些关系又产生了怎样的后果。此种研究，对于理解一个国家来说通常是必须的，对于我们的情况来说，则尤为不可或缺。……贸易仅是顺从于外国工商业的工具，故而它与后者的利益是一致的。正是因为这方面的原因，商人们才会致力于维持眼下这种不利于本国的汇率，致力于阻止一切改善本国现状的努力。……我们需要一种总体性的变化，而变化必须始于我们社会的物质条件，以及与之相应的各种关系，直到现在，它们都是造成我们这种处境的原因。（转引自 Frank 1972：ii）

阿根廷准将佩德罗·弗雷（Pedro Ferre）也说过：“我相信，自由 157
贸易对本国来说是致命的。……没有了它的话，少数富人当然会受损，因为他们被夺去了生财之道……但是，从另一方面来说，阿根廷人所有的城镇，处境会开始变得没那么悲惨。”（转引自 Frank 1972：54）还有一名墨西哥人，反驳了“英国作家宣扬的那种理论，它认为我们墨西哥人应该致力于耕作我们的土地……将供应我们各种衣物、各种制成品的任务，留给外国人……此种政策的最终结果，就是我们所有的工场都会关门停业”。（转引自 Frank 1972：56）

在墨西哥、危地马拉、智利、阿根廷和巴西等国，铁路最开始是由国内资本兴建的。只是在随后，它们才被国外（主要是英国）资本接手，以服务于其自身的需要。事实上，拉美第一条铁路兴建于内陆国家巴拉圭，当时它正处于弗朗西亚博士的统治之下。此人与同时期埃及的穆罕默德·阿里相似，也致力于本国的发展与工业化项目。他们俩后来的命运也相同：被欧洲人打倒在地。巴拉圭所遭遇到的事情是，一场与阿根廷、巴西及乌拉圭三国同盟之间的战争。巴拉圭在这场战争中经历了惨败，国内 6/7 的男性人口因之丧命。巴拉圭的男女比例，至今仍未完全恢复。

我在《依附资产阶级与依附性发展》（Frank 1972）中指出，在拉美经济转向农产品出口和制成品进口（对象首先是英国，其后变成了美国）的过程中，还伴随以本土的政治经济变化。当单一产品占到一国出口总量的一半或更多时，国家权力从保守派转到了自由派的手中，后者则骤然施行了自由贸易政策。这在一些国家发生于 19 世纪中期以后，在另外一些国家，则发生在 1870 年后典型的帝国主义时期。一次农业繁荣之后，在贝尼托·华雷斯（Benito Juarez）的领导下，自由主义革命于 1857 年出现在了墨西哥；因为咖啡，一次自由主义者的叛乱于 1858 年出现在了哥斯达黎加；智利则是出现在 1860 年，出现在其向加利福尼亚的小麦出口大幅增长之后；澳大利亚是在发现金矿之后。在阿根廷，自由主义的正式到来，是在 1862 年巴托洛梅·米特雷（Bartolomé Mitre）政府上台之后。在 1870 年上台的胡里奥·阿根蒂诺·罗卡（Julio Argentino Roca）政府时期，在 1890 年上台的卡洛斯·佩列格里尼（Carlos Pellegrini）政府时期，情况就更是如此了。中美洲的情形也与此相似。所以，尽管英国大法官坎宁勋爵，在 1824 年时就说道“西属美洲现在自由了，如果我们不犯错的话，它就是英国的了”（Frank 1972：51），实际上，正如凯恩与霍普金斯所言，“在维多利亚中期时，它还不是英国的”。（Cain and Hopkins 2001：272）这种局面的出现，是在拉美民族主义的“野蛮人”到处被击败之后。此事也有英国人和法国人的功劳。

然而，即便是在这一地区，持续性也要比激进变革更为持久，后者直到 19 世纪的后半叶，甚至是 19 世纪的后 1/3，才真正到来。直到 158
那时，英国才主要通过航运、金融和其他服务业，占据了优势，而且，这还只是在拉美的某些国家，剩下的大多数国家则处在美国的支配下。与其他地区一样，也与一个世纪之后的情形一样，外债（主要来自英国）是议价能力的主要来源；新殖民主义的国家（政府）则是一种主要工具，正是凭借着它，依附状态得以持续，也正是凭借着它，惠及外国利益集团的政策，被加以制定、维持和促进。

加勒比海地区

加勒比海地区确实经历了衰退，但并非单一趋势下的衰退。南克（Nankoe n. d.：2）记述了 1762—1789 年的一次衰退，当时很多种植园都破产了，他还记述了 1815—1848 年的另一次衰退。两次都与康德拉季耶夫周期的 B（下降）阶段一致。1762 年英国人一度占领哈瓦那之后，蔗糖就成了古巴的主要产业。在 19 世纪的大部分时间里，古巴的这一产业都在扩张。不过，蔗糖价格后来经历了下跌，因为受到了来自甜菜糖的竞争。在拿破仑战争之后，甜菜开始在欧洲被广泛种植。

北美/美国

在这一时期，美国的经济地位明显提高，这也为它接下来在本书下一章将考察的时期，更大幅度、更为显著的兴起奠定了基础。尽管有与内战（1861—1865）相关的短时期增长中断，但总体的趋势确实如此。美国在经济领域所取得的进展，跟在其他诸多领域的进展一样，通常被美国的美国史专家和社会公众，归因于美国被屡屡强调的，在道德和政治上的例外性、优越性，在经济上的勤奋等特点。很少人认识到下面这一事实所起到的作用：正在扩张中的美国经济，在同样正在扩张中的世界贸易与支付体系中，地位和角色得到了大幅的改善。这一体系虽然很少被人提及和认知，却有力地推动了美国本土的经济增长、收入增加和其他方面的发展。

迁入美国的移民数量，也从先前的较低水平，增至 1850 年代的 61 万，60 年代的 56.9 万，70 年代的 65.5 万。在周期性的经济衰退期间，抵达美国的移民数量，也会相应地下降，比方说内战期间。在这 30 多年中，有近 200 万的移民迁往美国，相比于 1850 年时的 2 300 多万人口，只此一项就贡献了 8% 的人口增长率。此外，由于新到达的移民大部分都处在生育年龄，在一代人的时间过去之后，他们又使美国人口出现了显著的增长。还有，新抵达的移民大多为青壮年劳动力，他们对美国的熟练劳工队伍增益良多，而且他们早期的成长和教育，也并未消耗美国的资源。

人口的增长引起了消费品生产的扩张和相关投资的增长，尤其是在经济基础设施和住房领域。铁路建设获得了前所未有的扩张，同样迅速扩张的，还有货物和旅客运输规模。美国建成铁路的里程，迅速从 1840 年的 4 800 千米，上升到 1850 年的 1.44 万千米，以及 1860 年的 4.8 万千米。铁路建设在 1861—1865 年的内战期间放缓，在那之后，铁路里程又迅速增加到了 1870 年的 8.48 万千米，以及 1880 年的 14.88 万千米。（Chandler 1965：13）与此同时，货运车厢的尺寸和运力都得到了增加，货运列车的编组数量也翻了一番。（Woytinsky and Woytinsky 1955：266）铁路网络及其运力的扩张，打开了内陆的广大地区，使其与其他地区的交通更加便捷，从而使移民的定居和垦殖获得了新的进展，使供应国内外市场的粮食生产获得了新的增长。

内战一度抑制了这一扩张。因为受到联邦舰队的海上封锁，南方各州的棉花出口大幅受挫，但它并没有被完全消除，大量的棉花穿过边境到达墨西哥东北部的港口城市马塔莫罗斯，并在那里装船继续运往英格兰（显然其中有些也运到了美国北方）。这个城市也因为这项转运贸易，成为当时货运量排名世界第三的港口。英国在此期间的棉花供应，主要依靠埃及、印度，甚至是中国，这几个地方的棉花生产此时都扩张明显。

由此可见，内战在美国暂时引起的变化，也在别处引起了直接且长远的影响。有些是在货币方面。从埃及、印度和中国棉花进口的增长，大幅提高了对用来支付货款的白银的需求，白银则来自扩大了的墨西哥白银生产。墨西哥生产的白银，有很多还是被出口到了美国，然后又被再出口到了东方。故而，印度和中国作为白银输入国的“传统”地位，在此时得到了强化。

与此同时，加利福尼亚在 1849 年发现了黄金，澳大利亚在 1860 年也发现了黄金，二者之后都变成了黄金的主要出口和供应地。吸收这些黄金的主要是英国，此外还有欧洲其他几个地区，这些地区都存在着大量的进口盈余。它们正是用这些黄金，平衡了它们与一些地区之间的进口盈余/出口赤字。不过，世界黄金生产和存量的增长，引起了 160
其相对于白银和其他商品的价格下跌。因而，作为欧洲人的一种交易媒介，黄金的进口价格经历了下降，用于支付进口货款时的价值，也相应地经历了下跌。虽然如此，世界黄金供应的增长，使越来越多的国家放弃了它们的银本位或银/金双本位。1871 年的战争之后，德国人要求法国人用黄金支付战争赔款，这加速了黄金对白银比价的提高，此事反过来又惠及了英国，因为它在半个世纪之前就已开始坚持金本位了。

随着从内战中的恢复，美国也进一步巩固了其在全球贸易与支付体系（如表 2. 1 所示）中的地位，而这一体系正在继续扩张和加强。美国增加了它的商品进口，进口商品主要来自中国、印度，以及其他正在经历低度发展的地区，其中也包括来自墨西哥的白银进口。这些进口中的一部分，被美国用来偿还它从英国和欧洲得到的贷款，用来平衡它对英国和欧洲的出口赤字。此事也可以换种说法，那就是美国日益能够用来自中国、印度，以及其他正在“第三世界化”的地区的进口商品，而不仅仅是用它自己生产的商品，来支付从欧洲的商品进口，来偿还从欧洲得到的贷款。此事也大幅强化并增进了英国的利益，其次还有欧洲大陆国家的利益。当然，这时也包括了美国的利益。

俄国

大约在 1825—1850 年之间，俄国的工业生产也增长迅速，从 1824 年的 4 600 万卢布，增长到 1854 年的 1.46 亿卢布，其中半数是纺织品。出口商品的价格比较高，因而其去处主要局限在两个地方：一是其自己的西伯利亚，那一时期此地的人口倍增至 300 多万；其次是中国，与中国之间的贸易贡献了关税总量的 1/6。（Fieldhouse 1973：156ff.）在之后的 19 世纪下半叶，迁往西伯利亚的俄国人迅速增加，这与北美西部发生的事情十分相似。此外，俄国对奥斯曼帝国和波斯也虎视眈眈，这导致了它与英国在克里米亚战争（1854—1857[1]）中及之后的冲突，部分原因是后者在印度有着重大的利益。俄国与英国之间的“大国博弈”，主导了中亚地区 19 世纪下半叶的局势。同样的局面又出现在 21 世纪初，只是此时英国的位置已经被美国替代。

161 欧洲

“工业革命”实在是一种似有似无的现象。戈德斯通（Goldstone 2002）这样写道：

[1]　原文如此。——译者注

> 英格兰的工业革命过去被误解了，这很大程度上是因为它发生的时间被误判了……1760—1830 年之间的这一时期，其实是前工业增长的时代……并且不存在人均的经济增长。……如果有一场工业革命的话，那它伴随着蒸汽动力的应用开始于 19 世纪初……将要改变世界的、可自我持续的工业增长，到 1830 年之后才得以开始，只是到了 19 世纪中期，伴随着铁路等部门对煤炭和蒸汽的大规模利用……“现代”经济增长才得以现身。（Goldstone 2002：357，355，353，364，354）

查尔斯·莫尔（More 2000：2）考察了更多相关的混乱日期，这些日期所涉及的时间跨度也更大：1750、1760、1780、1830、1850、1860、1880。我自己主张的时间是 1870 年代。普拉克（Prak 2001：14）写道：“对于将工业革命视为历史分水岭的想法，克拉夫茨（Crafts 1995）又给了它一记将其打倒在地的重拳，因为在他给出的表格中，几乎完全看不到它的存在。”在很大程度上，真正的工业革命代表着，可供人类利用的能量和动力，从主要依靠地上的生物来源，变更为主要依靠地下的矿物来源，而且，其总量还获得了极大的提升。马拉尼玛（Malanima 2001：67）对能量来源的研究，得出了同样的结论：他质疑工业化开始于 18 世纪的观点。只是到了 19 世纪的后半段，传统生物能源才丧失其原有的地位，其主要能量供应者的角色，也才被化石燃料取代，最开始被利用的是煤炭。在农业领域，尽管其产品的运输方式发生了变化，但原来的能源仍继续占据主导地位。

在后拿破仑战争时代最初的年头里，天气非常寒冷，比已经比较寒冷的 1810 年代的一般情形还要寒冷。结果，农业产量大幅下降，这一状况遍布欧洲、北美和日本。爱尔兰出现了严重的农作物歉收。1815—1817 年，西方的粮食价格翻了一番。之后状况开始慢慢恢复，不过 1820 年的农业产量，仍比 1815 年时低了 30%。在之后的 20 年代，经济总体处于停滞不前的状态，或者基本处于萧条时期，美国是例外，

它因高粮价而获利良多。(Post 1977)

在 1816—1848/1850 年期间，欧洲的工业化进行得非常缓慢，技术
162 革新的程度与涉及部门的广度也都非常有限，跟“工业革命”这一神圣宏伟字眼所暗示的情形相去甚远。即便是在欧洲，它对于市场的影响力都很有限，更别提渗透和征服世界市场了。在此还有必要指出的是，在 1816—1913 年之间，英国这一“世界工厂”，从来没有能够摆脱它与世界其他地区之间的进口盈余/出口赤字。在这些年当中，赤字从 1 000 万英镑增长到了 1.6 亿英镑。在同一时期，英国也成为越来越大的资本出口国。其中的奥秘，就在于前文提及的多边贸易与支付体系。英国运用小把戏，从中占了大便宜。

纺织品生产领域曾被认为是工业和技术“革命”的先锋，相关的生产变革首先发生在英国，而后又在 19 世纪中期之前传播到了欧洲大陆。不过，在这一时期的纺织品生产领域，手工织机的数量仍超过动力织机，而且，后者多数也是由水力而不是蒸汽机驱动的。纺织机械的制造，仍旧由手工完成。另外，纺织品工业的前、后向关联产业数量很少，相互之间的关联性也很弱。

在 1840 年代中期到 70 年代中期，欧洲各国之间的贸易增长了 4 倍，而英国与其他诸国之间的贸易增长了 6 倍。(Arrighi and Silver 1999：62)

英国

克拉夫茨和汉利二人，校订了有关英国工业产出增长的“最佳估计”，而莫尔（More 2000：7）用另外一种方式将其呈现了出来：以 1750 年时的数量为基准，到 1780 年时的增幅为 18%，到 1800 年时的增幅为 71%，到 1830 年时的增幅为 387%，到 1850 年时的增幅为 714%。需要注意到的是，在工业产出呈现这种增长的同时，人口也增至初时的三倍。因此，在其间的 100 年当中，人均工业产出只增长了一倍稍多，而且主要的增长时期，还是在 1830 年后的 20 年。到 1850 年

时，即便是在领先的纺织品产业，也仅有 60 万名工人，只占到总劳动力的 6%。三倍于这个数字的劳动力，依旧在农田里从事着农业劳作。大转变发生在 1850 年后的 100 年间。（More 2000：4）

在 1820 年时的英国，煤炭所提供的燃料消耗量，如果换作是木材来提供的话，需要 1.26 亿亩的森林来产出，而当年来自美国的棉花进口量，如果换作羊毛替代的话，还需要另外的 1.38 亿亩土地。上述两个数字中的任何一个，都超过了英国农业和牧业用地的总和。（Pomeranz 2000b：48— 49）

1816—1873 年，英国的出口增长迅速，不过非常不均衡。快速的增长始于 19 世纪中期。大体来说，在出现于拿破仑战争之后以及 1840 年代的经济衰退期间，贸易增长得非常缓慢，而且，进口的下降或上升，要比出口来得更为缓慢。在周期性的恢复与繁荣当中，出口的增 163
加也总是发生在进口的跃升之后。（Imlah 1958：128）在 1873 年之后的“大萧条”中，在 1896 年之后的恢复中，尤其是在“一战”爆发之前的数年中，所发生的状况都是如此。据西方学者的估计，英国外贸在世界贸易中的占比非常大，尤其是在此时间段的前期，尽管其份额在不断降低。不过，这些估计应该被加以挑战，因为它们系统性地低估了亚洲的数字。对此更多的探讨，将在下文展开。

英国 1816 年时的出口总值为 4 200 万英镑，在随后的战后经济衰退中，出口总值降至年均 2 500 万英镑左右，直到 1834 年才恢复至 1816 年时的水平。1836 年是其中最好的年份，不过，这一年的数字也仅比 1815 年的高三个百分点。出口在 1840 年飞涨，达到了 5 100 万英镑，尽管之后又有衰退。1842 年的数字仅比 1816 年的高 14%，而在此同一期间，进口增长了 55%，人口增长了 40%。因此，尽管出口可能是增长的必要引擎，但就英国这一时期的情形而言，这个火车头几乎就没怎么动过。在 1850—1875 年之间，快速的出口增长，才真正开始。在又一次的衰退抑制其增长之前，出口在 1873 年达到了顶峰，总值为 2.55 亿英镑。以 1850 年综合不变价格计算，出口从 1816 年的 1 500 万英镑，增至 1834 年的 2 800 万英镑，1840 年的 4 000 万英镑，1850 年的 7 100 万英镑，以及 1873 年的 1. 89 亿英镑。以上两种统计出现的差异，源于英国出口商品价格的下跌。在这一工业化的早期阶段，贸易条件不利于出口。在这之后，贸易条件才转而有利于英国，不利于它大多数进口的来源地。

在此时段早期的大部分时间里，英国出口的主要是棉纺织品。英国纺织产业依赖出口，而且，这一产业是在与其他国家的竞争中产生和壮大起来的。起先是进口替代，之后是出口促进。竞争在 17、18 世纪发生在毛纺织产业，对手是意大利北部、弗兰德斯，以及后来的葡萄牙。对于棉纺织产业而言，竞争对手是印度，后者曾长期领先于世界。英国尝试通过保护本国市场，与葡萄牙等出口市场订立条约，以及最终强占印度本土市场等方式，来取代印度在棉纺织业的地位。它在有些方面获得了成功，在有些方面归于失败。就数量而言，英国所有的出口都增长迅速，1816—1845 年，总量增长了 8 倍，其中超过半数的增长，发生在 1830 年代。（Imlah 1958：94—95）在 18 世纪末以前，英国的棉纺织品出口，远低于毛纺织品出口，可以忽略不计。到 1814 年，棉纺织品已经占到英国制成品出口的 25%，在 1830 年时增至 42%，在 1840 年时又增至 45%。在那之后，其他出口开始增长，棉纺织品的占比开始下降，在 1850—1880 年之间，它在英国制成品出口当中，大约占到总量的 30% ~ 40%。（Imlah 1958：104）

164 英国棉纺织品和其他制成品的海外去向非常值得注意。在纺织品仍占据很大份额的 1830 年代，英国出口商品的总值为 9 400 万英镑。其中，3 600 万被出口到了欧洲，1 500 万出口到了美国，1 300 万出口到了西印度群岛，1 000 万出口到了拉丁美洲，整个亚洲只有 1 300 万。在数值并不大的最后一项中，出口对象甚至还包括了世界上两个最大但也最为自给自足的市场——中国和印度，而且，英国此时已经将后者变成了殖民地。（Imlah 1958：129）表 6. 4 所列出的，是英国向世界各地的出口状况。其中，有关出口的数字是以英镑来计算的，这多少会产生些误解，因为贯穿表中所涉及的各个时期，在纺织品等出口商品的数量获得增长时，其价格却在不断下跌。价格下跌的原因主要有两方面，一是生产成本的降低，二是市场竞争的加剧。不过，英国 19 世纪早期的出口分布情况，还是可以通过此表清楚地显示出来。总体而言，此时显然依旧生产能力强大且人口众多的中国和印度市场，很大程度上在继续对英国的出口品关闭着大门，包括其棉纺织品。英国的渗透主要限于廉价的机器纱线。前文已经提及，这些廉价的机器纱线，实际上有利于维持当地的织布业。

表6.4　英国向世界各地的出口（1816—1842）

（年均市场价值/单位：百万英镑）

	1816—1820	1832—1836	1838—1842
欧洲	18.7	17.3	22.3
美国	7.0	8.6	6.5
加勒比海地区	8.0	6.3	6.9
拉丁美洲	2.8	5.0	5.4
亚洲	3.4	5.2	7.9
非洲	0.4	1.1	1.7
总计	40.3	43.5	50.7

资料来源：Imlah（1958：129 Table 12）。

表6.4 中最为引人注目的，是英国大量的出口商品，越过英吉利海峡去往了欧洲大陆。在这一期开始时，其占到的份额将近一半，在 1840 年代仍占到了 40%。接下来最为重要的目的地，依旧是 18 世纪跨大西洋三角贸易所涉及的地区：1/4（后降为 1/5）的商品，被出口到了美国、加拿大和西印度群岛。拉美所占的份额增长缓慢，但也维持在 10% 左右。非洲的份额增长迅速，增幅达三倍多，不过，总量依旧比较小。在棕榈油出口于 1840 年代开始飞涨之后，非洲的进口才增长 165
到可观的程度。最后，英国向亚洲的出口，总量有所增长，但所占份

额依旧不大，尤其是向中国（就此呈现的数据来看，到19世纪中期时尚不足100万英镑），以及印度这个被占领的殖民地市场。（从表6.5的数据来看更是如此。）在1820年时，再出口仍占到进口的20%左右，这一数字在1845年降至大约10%。(Imlah 1958：132)

菲尔德豪斯考察了19世纪下半叶英国与亚洲之间的贸易，相关的数字就呈现在了我们的表6.5中。基本的模式还是相同的。在1840年代和1850年代，只有12%—15%的英国出口品去往了亚洲，在19世纪接下来的时间里，份额基本上仅略高于前一时段的15%，只是在1880年时曾达到过18%。在去往亚洲的份额中，又有大约2/3去往了英国在印度占领的市场。(Fieldhouse 1973：151－152)

从表6.5中的数据，可以得出几点有关19世纪下半叶英国对外贸易的重要结构特征。

表6.5　英国与亚洲之间的贸易　　（单位：100万英镑/以当时的币值计算）

	1860	1870	1880	1890	1900
进口总值	210	303	411	421	522
从亚洲	28	43	55	52	47
	13%	14%	13%	12%	9%
从印度	15	25	30	33	27
	7%	8%	7%	8%	5%
出口总值	164	244	286	338	354
到亚洲	27	37	52	56	56
	16%	16%	18%	16%	16%
到印度	18	20	32	35	31
	11%	8%	11%	10%	9%
进口盈余	46	59	125	83	168
相对于出口的比率	28%	24%	44%	24%	47%
相对于进口的比率	22%	19%	30%	20%	32%

资料来源：Data from Fieldhouse (1973：152), from Mitchell and Deane (1962) Statistical Abstracts。

注：百分比由本书作者计算。

- 英国的进口量总是远超出口量，正如我们在前文早已指出的那样。
- 随着时间的推移，英国的进口盈余/出口赤字，在进口总量中所占份额呈上升态势，甚至还一度相当于出口总量的近半。
- 英国与亚洲之间的贸易，无论是在进口方面，还是出口方 166
面，仅徘徊在总量的1/6左右。
- 与印度之间的贸易，大约占英国与亚洲贸易总量的2/3。
- 英国向亚洲（尤其向印度）的出口，大于相对应的进口，这与英国外贸的总格局不同。

依照伊姆拉的计算，英国获得了“巨大的收益，它们贯穿整个19世纪的贸易”，不过，巴格奇（Bagchi 2002）对伊姆拉的计算有所质疑，认为他低估了进口的数字。尽管当时的贸易条件正在恶化，在19世纪初至1830年之间，英国贸易额的增长还是使其相关贸易收益翻了一番。它们到1842年时又增长了近两倍，之后到1858年时又翻了一番，到1866年时又翻了一番，到1873年时再翻了一番。只是到了那时，因为“大萧条”的出现，增速开始放缓，到了40年后的1913年，才又再增长了两倍。不过，到此时为止，英国从贸易中获得的收益，在19世纪当中已经扩张了40多倍。（Imlah 1958：113）另外，这些收益中的大多数，并非源自英国与其他地区之间的双边贸易，而是源自它所建构和维持的全球性的世界贸易网络及其复杂的收支体系，英国从中获得了其他国家无法比拟的利益。

蒸汽动力在制造业的拓展和普及，依旧比较缓慢。煤炭和钢铁风行于英国，也是1840年之后的事情。更晚些时候，它们才开始被在欧洲其他国家大量使用。不过，后者跳过了英国经历的大部分的工业学徒期，直接进入了重工业和机器制造业时代。比利时紧跟在英国之后，但是在1840年以前，蒸汽机一直比较稀少。1830年时，法国有625台小型蒸汽机，到1848年时，有了5 200台大型蒸汽机；不过工厂的数量依旧甚少。在德国等欧洲其他地区，情况就更是如此了。1840年时，美国已经成为世界第二大纺织品生产国，不过产量仍只及英国的1/3。（Ashworth 1962：10—13）在1861年时的英国，家庭佣工的数量，依然超过了纺织产业中工人的数量，尽管此时已经引入了“工厂制度”。

接下来的“革命”发生在交通运输业。它始于为四轮马车而进行的道路改善，之后又推进到了蒸汽驱动的铁路。从19世纪初到30年代中期，每年新增的铁路里程，只有七八十千米，在30年代后期和40年代早期，为年均320千米左右；在40年代后期和1851年，上升到1 280千米左右；在那之后，又降至稍高于30年代的水平。（Rostow
167 1978：143）除了铁路之外，还有新修建的运河。蒸汽机也被安装在了船只上，尽管在之后很长一段时间内，这些船只仍旧主要依靠风帆航行。不管怎样，运费在此时期得到了大幅的下降（正如第一章所指出的），纽约运往利物浦的棉花，每磅运费从1823/1825年的0.5便士，降至1851/1855年的0.16便士。某些产品的运费，仅是在1850年代后期就降低了50%。（Kemp 1976：63）交通运输业的这些发展，为能够利用它们的人，提供了显著的竞争优势，也让英国资本可以通过港口和运输业，以及相关的海运和保险业，赚得大量的收入。在19世纪后半段，情况尤其如此。

新的铁路、航运，某些情况下还包括运河，促进了定居和农业边疆的拓展。小麦等农作物的播种面积大幅扩张，由其引起的货运量也获得了大幅提高。冷藏技术也在这一时期被引入运输业。铁路与海运的扩张，在海外市场创造出对英国钢铁与机械的大量需求，还创造出了或是直接投资，或是向外国政府进行组合借款，以兴修铁路及其他基础设施的需求。尽管由政府和个人进行的此类投资，不少都归于失败（几乎都是美国所欠的债务，有些出现在1830年代，更多的出现在19世纪下半叶），不过，它们在整体上还是产生出了大量的资金回流，其中包括“无形”的利息收入、投资利润，以及英国船运业的收入，后者贡献了无形收入的最大份额。其他无形收入来自交易的佣金、货物的保险金、金融服务、技术服务，从印度获取的“国内费用”，以及英国海外臣民或移民的汇款。这些收入形成一种循环运作的资金。甲将赚的钱贷给乙，之后，它们又回到甲的手中，周而复始。

即便在 1850 年后的经济繁荣时期，当时领先世界的英国，也很少有机会扩大其高附加值商品的出口。因此，在 1850 年时，织物、纱线以及其他相关产品，占到了英国本土制成品出口总量的 62%；到 1870 年时，相关产业已经有些老旧，但依然占到英国出口 55% 的份额。与此同时，铁、钢、机械，以及车辆的出口，仅从 1850 年占英国总出口的 13%，上升至 1870 年的 17%。（Hobsbawm 1968：110）

表 6.6 说明了几种趋势。从第 2 列（联系第 1 列）可以看到服务业收入的持续上涨［2］，其中，仅海运费用一项就通常占到总量的 50%，而且，服务业收入还经常比商品账户的贸易赤字高出约一半。利息及分红收入［3］，大约为贸易赤字的一半［1］。将利息与分红收入［3］，以及服务业收入［2］相加，就可以得到无形收入的总和［4］， 168
它大约为贸易赤字［1］的两倍。

表 6.6　英国的商品贸易赤字与无形收入

（单位：100 万英镑/表中数字为五年平均值［第 5 列除外］）

日期	1. 商品贸易赤字	2. 服务业收入	3. 利息与分红	4. 无形收入总量（2+3）	5. 累计海外贷款
1851—1855	27	37	12	49	218［1851］
					250［1855］
1856—1860	94	50	16	66	380［1860］
1861—1865	57	67	22	89	490［1865］
1866—1870	58	83	30	113	692［1870］
1871—1875	62	99	50	149	1 065［1875］
1876—1880	125	101	56	157	1 189［1880］

注：1. 累计海外贷款的规模，从 1851 年的 2.18 亿英镑，增加到了 1880 年的 11.89 亿英镑。它们将会在接下来直到“一战”的时期，产生大量的利息和分红收入回流英国。

2. 服务业收入主要来自外贸服务、保险业和海运业，其中约有半数通常来自海运业。

两倍于贸易账户赤字的无形收入，在抵销了赤字之后的剩余部分，可以重新被投资到海外。此事的结果是，英国在海外的信贷和投资规模，从 1851 年时的 2.18 亿英镑，上升至 1880 年时的 11.89 亿英镑。接下来的时期到“一战”爆发，这些信贷和投资产生了持续的“无形”收入回流。不过，英国的无形收入主要还是来自航运及相关行业。当然，在这一繁荣时期，全球船只的数量（主要是英国的，并且越来越多装配了蒸汽机），以及航线的数量和通行密度，都获得了迅速的增长。不过，蒸汽动力的引入，尚未明显提高航行速度。（此时，蒸汽动力的引入也不是为了提高航速。这与苏伊士运河的开通有关。苏伊士运河大大节省了航行到印度等地的时间，不过它并不适合帆船通行。为了利用运河这一便利条件，很多装备蒸汽机的船只被建造了出来。）

现在应该比较容易看清英国和美国从中获利的多边安排了。这一时期，它仍处在不断扩张的过程中。现在我们需要解释的问题是，英国及其“世界工厂”，如何能够进行规模巨大的投资，使自身变为从中受益
169 的债权国，并相应地使美国变成了债务国。其中的奥妙在于以下事实：英国有着长期稳定且不断扩张的结构性商品进口盈余/出口赤字[1]，正是通过这种方式，美国找到了偿还其债务的手段，当然，在它不至于拖欠（常见的现象）对英国债务的时候。

解释这一问题的答案，不可能是英国所谓的巨大产能和产量，因为它并非事实，而且美国也无力凭自己的努力，生产足够多的出口盈余，来偿还它对英国的债务。答案必须在英国和美国利用其地位和角色从中获利的国际多边贸易与支付体系中寻找。这一体系的规模在不断扩张，其多边性也在不断扩张。

不仅是在这一时期，在 1816—1913 年的近 100 年间，英国都在维持着进口盈余/出口赤字。这怎么可能呢？标准的答案是，贸易赤字被

[1]　进口盈余/出口赤字（import surplus/export deficit），一般作入超/逆差/赤字，弗兰克认为这种用法有误导之嫌，下文对此有解释，详见 215 页（本书边码）。——编者注

“无形”收入的回流“平衡”掉了。不过，这早就已经是鲜明的事实了，因为在现金账户上，所有的进出口总体是平衡的。真正的问题是，这种总体状况是如何被建立和维持的。这个问题的答案，必须去到支持英国和其他国家，利用其占有的特权地位和角色获取利益的、囊括全世界的贸易和支付体系中寻找。对于这一体系，我们在对前一时期的回顾中就已经涉及。在本章所考察的这一时期，它变得日益精巧复杂起来，并且会在我们将要考察的下一时期，呈现出其最终形态。

结论

回溯 1750—1850 年之间的状况，我们应该弄清楚的是，前面考察的那些发展，对于资本形成、生产的升降数额和比率，对于国民和人均收入及其分布，以及它们对人口增长、预期寿命等的影响，都产生了怎样的影响。对于以上这些事情，精准的数据非常匮乏；我们已经拥有的数据，或是能加以估计的数据，以及相关的解读，都还处于不断的争议中。到现在为止，对于世界大部分地区，我们所能获得的最可靠估计，是麦迪逊（Maddison 1982，1992，1995，2001）给出的。他针对 1820、1870 和 1913 年世界范围内的各种经济活动，建立起了相关的数据。不过，正如前文指出的，他对 1820 年的估计很是可疑，尤其是对于亚洲的，因为他对亚洲有着系统性的偏见。

正如我在《白银资本》（1998）中所述的，也被王国斌（Wong 1997）和彭慕兰（Pomeranz 2000a）证实了的，中国在 1800 年时的生产规模、生产能力、竞争力和收入水平，以及我们可以据此推测的资本形成，依然在世界经济中居于领先地位。所有相关迹象都表明，在很大程度上，中国的经济实力与发展状态，继续维持了至少 30 年。现 170
在还没有很好的解释，可以说明此后中国的城市化、商业化和收入水平，相比于欧洲在这些方面的兴起，为何及如何经历了绝对或相对的下降。不过，我们可以根据一些情形推断，在中国，收入的分配从先前绝对的（相比欧洲的话则是相对的）很不公平（尽管彭慕兰对此有所质疑），变得不那么不公平了。印度的农业和工业生产，以及商业化和城市化，在更早些时候经历了更为迅速的衰退，这也减弱了收入分配的不平等，甚至比中国的情形更甚。有关东南亚和西南亚的数据，甚至是更为匮乏，但对于后者来说，有些证据显示，18 世纪的后 1/3 或 1/4 一直到拿破仑战争结束之时，在生产、贸易、出口和收入方面都出现了复兴（衰退在之后才出现），这也通常伴随着收入分配的更不平等。

对于欧洲（尤其是英国）而言，可资利用的数据要丰富和完善得多，尽管如此，有关它们的含义却有很多争论。现在已经基本达成共识的是，并没有出现过罗斯托所言的突然“起飞”，尤其是在资本形成方面。正好相反，在 1750—1850 年左右，资本形成进行得非常缓慢，而且，在很多部门根本就不存在。生产和收入可能得到了一定的提高，但速度并不快。

对于在制造业、农业中工作，以及作为帮佣服务于上层阶级的劳工当中，收入的分配与真实的收入和消费水平，至今依然存在着无休止的争议。“悲观主义者”，包括马尔萨斯、李嘉图、马克思和恩格斯、汤因比、哈蒙德，以及近来最为高声的霍布斯鲍姆，宣称在 1840 年之前，收入分配变得更加不公平了，多数人的收入没能获得提高，甚至还有所下降，预期寿命也是如此。“乐观主义者”，开始是克拉潘，继之还有阿什顿、迪安和科尔、罗斯托等人，还有近来最为高声的哈特韦尔，则坚定地主张，相关证据显示，收入的分配在 1840 年之前，其实已经变得更为公平了，故而，大多数低收入群体的收入水平及预期寿命，也实现了增长。

莫尔（More 2000：138ff.）在他名为“工业化与生活水平”的一章中，对那一时代的文学作品进行了考察，得出结论说：“弗兰肯斯坦的形象表明，悲观主义者在工资水平的问题上，大致来说是正确的。工资增长缓慢，长期来看，它要么就是没有增长，要么就是实际有所下降，而且，严重的经济衰退，也会大幅降低实际工资。”（More 2000：140—141）此外，1770—1850 年，工人阶级的房租翻了一番（与之相比，通货膨胀率为 30%），这使承租人的可支配收入实际降低了 5%。还有，1860 年[1]以后，食品价格才开始下降。对人体数据的研究显示，在 18 世纪的后几十年和 19 世纪的前几十年，欧洲人的平均身高降低了 5～10 厘米。（Malanima 2001：67）另外，1830 年代出台的《济贫法》修正案，也在福利安全网上割出了不少漏洞。总而言之，收入分配变得更加不平等了。它部分是由租金促成的，更为重要的原因，则是拿破仑战争期间产生的国家债务。由包括劳工在内的消费者负担的税金，被征收起来作为利息，支付给了富有的债券拥有者。在那一时期，任何小幅的工资增长，都落后于国民总收入的增长。促进英国国民总收入实现增长的，也仅小部分是本国缓慢进展的工业投资和资本积累，不断扩张但贸易条件正经历下降的外贸，起到的作用也非常有限。（More 2000：138ff.） 171

如果悲观主义者是正确的，那么在这一英国人均收入不断增长的时期，收入分配其实变得更加不平等了（之后在欧洲和美国的扩张中，情形是否同样如此呢?），如果再考虑到此时印度及稍晚些时候的中国，在国民总收入下降的同时，人均收入变得更加平等了，那么，欧洲和美国国民收入的相对上升，以及同时期印度和中国国民收入的下降，就不能说明这一时期西方大多数人的处境在变好，而东方的情况或是保持原样，或是变得更糟了。即便“乐观主义者”是正确的，这一时期先是在英国，后是在西欧其他地区（此时尚不包括东欧和南欧），大多数人的收入水平确实有了小幅增长，那这也仅是对收入增长的个体有着微观层面上的影响，而并未在宏观层面上大幅变革欧洲、亚洲，以及世界其他地区的经济。此外，如果早先时候东西方的人均收入大致平等（中国领先于欧洲）的话，正如贝洛赫和麦迪逊的估算所显示

[1]　原文误为不符合实际的 1760 年。——译者注

的，以及彭慕兰等人的研究已经证实的，那么截至 19 世纪中期，大多数中国人（甚至是印度人）的收入，可能还继续高于英国人，或至少是处于同一水平，更不用说欧洲其他地方的人了。

因此，按照目前的情形看来，世界经济在 1800 年，甚至是在 19 世纪中期，仍未展开其新的阶段。这种状况也必然意味着：欧洲当时经历的，是“制造业进步”，而不是“工业革命”，因此，它也没有能力去入侵和占领南亚及东南亚的大多数市场，更不用说东亚了。这种观点事实上已经被不少人接受了，尽管之前那种老套的研究还在开展，相关的神话还在流行。相应地，亚洲经济史也应该得到重新的认识：它在这一时期延续着之前开始的趋势，而且，在 19 世纪上半叶，亚洲多数地区还在继续发展。近年来越来越多的研究，显示出了亚洲经济的连续性。

172 当然，这两大推论及相关的假设，与过去被广为接受的一般看法大为不同，后者源于欧洲或西方在过去一个半世纪的影响力，至少是在意识形态和历史书写方面。这些推论和假设尚需更多的证据与研究，现在至少大家可以明确在此问题上的努力方向了！不过，无论相关研究会揭示出什么，此类推断和对比的价值都有其限度，因为所有这些地区都卷入了有关贸易、投资、支付，以及某些移民的复杂多边体系。正如我们将在下文论证的，正是这种世界性的关联，在各地造成了不同的结果，而能否在全球视野中考察这些结果，也决定了能否得出较为合理的解释。

第七章

殖民主义与自由贸易的帝国主义

（1870—1913 年） 173

在 1873—1913 年的 40 年间，整个世界出现了革命性的变革。人口及移民规模增长显著，增长率前所未有，世界人口的分布也因而发生了显著的变化。之前定居人口稀少的地区，如北美洲、南美洲、大洋洲及西伯利亚，新增了数以百万计的欧洲移民。之前已有不少定居人口的南亚、东南亚和东北亚，也吸引了数以百万计的印度和中国移民，不过，其中不少后来又返回了家乡。城乡之间的移民，以及相应的城市化，也增长明显。在这一过程中，原先就有的城市得到了扩张，一些新的城市也在新定居地区出现。

在这 40 年里，也发生了所谓的“第二次”工业革命。它比前一世纪的那次，具有多得多的工业色彩，进行得更为迅速，扩散得也更为广阔，而且还引入了很多以前不存在的领域、产品和生产工艺。一些基于科学研究的产业，第一次在历史上出现，比如化工、电力和光学产业。注意，它们开创于德国，而非英国！此外，先前已有的一些产业，比如煤炭等采矿业、钢铁产业、冶金与机器制造业，以及相关的海陆交通工具和相关设备制造业，还有军工产业，也都因为资本密集
型的技术发生了变革。这种工业化主要是发生在后来成为“西方”的 174
地区，特别是在那些资源丰富、人口稀少、劳动力成本较高的地方。

美国是个显著的例子。世界其他一些地区此时也开启了工业化：印度1854年开办了其第一家纺织厂，1870年之后又开办了更多；日本也开始了其工业化进程；拉美一些国家也是如此。亚洲依旧保有充足且廉价的劳动力，事实上工资水平正在变得更低，所以那里专注于德·弗里斯和杉原薰所言的“勤劳”革命，这种经济领域的革命基于劳动力密集且节约资源和资本的技术。

也许最为重要的是，仅在这始于1870年的40年里，全球性的大转型才得以现身：“发达”的西方或北方，与起初是不发达（UNdeveloped），后来是欠发达（UNDERdeveloped），近来是（处于?）发展中（developING）的“第三世界”、东方和（或）南方之间，在经济增长、地缘政治、经济实力、国民收入和人均收入等方面，才出现了巨大的差距。本书的两大论点是：一、这一历史性的转型在这一时期才开启，而非原有观点所主张的在此之前；二、这是一个世界范围的转型，其原因和机制也必须在全球层面探寻。这也意味着，转型成本和收益的分布，并非取决于（也不能归因于）任何特定地区的任何固有特征或特质，而是取决于各地在整体中所占据的结构性和功能性位置（Location）。

在此关键性的40年当中，世界政治经济作为一个整体，经历了以上所述的诸多转型。对这些转型的探究，将主要在本章中进行。各地区、各部门在转型中的遭遇颇为不同，有些非常幸运，有些非常不幸。既往研究对此给出的解释，现在看来已经问题百出了，我们这里的研究就是旨在找出更为合理的替代性答案。相关分析将依赖两大支柱：第一根支柱，部分地取自希尔格特的《世界贸易网络》，部分地衍生于我的《多边商品贸易的不平衡与不均衡的经济发展》（Frank 1972，1979）。它们将各地区在整体世界中所处的结构和功能性位置，作为决定各地富有或贫穷、发达或欠发达的主要因素，来加以分析。第二根支柱，是在中心地区的经济发展过程中，物理和社会熵的产生与不公平的耗散；这些熵中的一部分，也是经由多边的路线，被输出到了边缘地区，正是这些及另外一些熵，促成了边缘地区低度发展的发展。

1873—1913年的40年间，世界贸易网络得到了高度的发展，不过之后，它的大部分结构和功能都损坏了。希尔格特将这一网络视为这一时期的全新事物。不过，如果将眼光放得更久远一些就会发现，它其实可以被视为我们已经指出的，那些有关劳动分工、贸易和支付活动的三角关系的继续发展。随着其他一些三角的加入，这一贸易网络也 175
变得更加复杂起来。此外，在先前的几个时期，明显的大分流并未出现；在1873—1913年的40年间，大分流则确定无疑地发生了。1914年以后的三四十年中，明显的悬殊虽然并未消失，但还是得到了明显的弥合，在那时，这一体系的运行也变得大不如前了。这使得1873—1913年之间的40年，看上去更加不同寻常了，也更值得加以再研究了。

人口

这一时期人口增长的总体状况可见于表7.1中的总结。表7.1显示出，在1870—1913年之间，一个世纪前开始的增长新趋势得以延续，世界人口增长了一倍多。不过，世界各地的人口增长幅度大不相同。在亚洲，尽管有些人认为其人口增长迅速，但根据麦迪逊给出的数据来看，这一时期的人口增幅只有28%，此数字反映着印度和中国的显著衰退。这也意味着，在此40年间，亚洲人口由占世界总量的60%，下降至仅占36%。不过，这看起来似乎不太可能。（像往常一样，麦迪逊很可能低估了亚洲的数字。）与此同时，基数较少的非洲人口几近加倍，拉美则增加了两倍。在西欧，人口增加了40%，东欧则为70%。两者都反映了西欧人口的外迁（迁往海外，迁往东欧，以及继续迁往西伯利亚）。人口变化最为显著的，是欧洲外迁移民（主要来自西欧，也有部分来自东欧）的新定居地区（亦称为“西方分支”地区，这里仅包括美国、加拿大、澳大利亚和新西兰）。在此40来年中， 176
这些地区的人口增长了近两倍，占世界总人口的份额，也从3.6%升至4.1%。

表 7.1　世界人口（1870—1913）　（单位：100 万人/指数：1820 = 100）

地区	1870	1913
西欧	188 = 141	261 = 196
东欧及苏联	140 = 153	235 = 258
西方分支（美国、加拿大、澳大利亚、新西兰）	46 = 418	111 = 1 000
亚洲	765 = 108	978 = 138
拉丁美洲	40 = 190	122 = 581
非洲	40 = 129	73 = 235
世界	1 270 = 126	2 705 = 260

资料来源：Maddison（2000）。

移民

在此短短的 40 年（尤其是在后 30 年）里，更多的人在更广的地区，进行着前所未有的迁徙。越洋与洲际移民的增长，比世界人口的增长还要快。而且，移民可能还大幅促进了人口的增长，因为新迁居地区的收入普遍更高，使其可以负担更多的生育支出，繁育比迁出地更多的后代。西伯利亚的移民，占世界人口的比例，也从 1850 年的 0.36%，升至 80 年代的 0.96%，继而又升至 1900 年代的 1.67%。各地的移民都伴随着经济周期而起落。移民规模在“一战”之前的数年达到顶峰，1913 年的规模为最高值 210 多万。“前往东南亚和北亚的移民，也在 1911—1913 年达到前所未有的顶峰，年均将近 110 万。”（McKeown 2004：167）麦基翁总结道：

> 在 19 世纪的后 1/3，世界各地的移民比率，都出现了戏剧性的增长。经历了 70 年代早期的经济危机之后，70 年代后期跨大西洋的移民数量大涨，这也是它第一次超越了亚洲的移民规模，尽管前往东南亚的移民活动很快在 80 年代又蓬勃起来。前往亚洲北

> 部的移民在之后的 90 年代实现了大幅增长。以上各地交通运输技术的发展，诸如蒸汽船、铁路等，也明显促进了移民的增长。反过来，移民的增长也促进了工业的扩张，继而又促进了更多的移民。在移民增长的同时，前往美洲的移民中的很大一部分，迁入了工业化的城镇，从事着与工业相关的职业，而非迁往边疆地区的宅地。在大约 15 到 20 年之后，这种移民模式也出现在了亚洲北部。在东南亚，乡村人口的增长是超过城镇的，不过这一地区的种植园、矿井和大米种植区，跟北美的工厂和农田一样，都是全球经济的组成部分。（McKeown 2004：166—167）

基于麦基翁的数据而制作的表 7.2，显示的是在 1846—1915 年之间，最重要的移民流向及其随时间的变化。不过，表 7.2 所显示的数据，跟它所忽视的，同样重要。在以往出现的移民研究中，跨大西洋的移民受到了优先关注，因而它的数据多半很是可靠。这部分移民在全球主要移民 177
中所占份额，不同的时段有所不同，从 34% 到 70% 不等。截至 1800 年，大约有 80 万人从英国迁往了美洲。（Grandner and Komlosy 2004）在表 7.2 涉及的几个时段，年均的跨大西洋移民，最低数量也是 1840 年代与 50 年代的近 40 万，尽管此时的移民规模因为爱尔兰的土豆饥荒，以及欧洲大陆 1848 年革命的失败而得以扩张。之后，移民总量从年均大几十万，增长到了 20 世纪早期的年均近 300 万。

表 7.2　世界主要移民（1816—1915）　（单位：100 万人/百分比为近似值）

目的地	1　总量（2 + 3 + 4）		2　美洲		3　东南亚		4　亚洲北部	
年份	世界总量	年均	总量	占世界总量的百分比	总量	占世界总量的百分比	总量	占世界总量的百分比
1846 年至 1850 年代	5.650	0.377	3.990	70	1.620	29	0.400	7
1860 年代	5.860	0.586	2.850	49	2.060	35	0.950	16

（续表）

目的地	1　总量（2+3+4）		2　美洲		3　东南亚		4　亚洲北部	
年份	世界总量	年均	总量	占世界总量的百分比	总量	占世界总量的百分比	总量	占世界总量的百分比
1870 年代	9.610	0.961	3.280	34	3.530	37	2.800	29
1880 年代	13.980	1.398	7.500	54	4.740	34	1.740	12
1890 年代	15.200	1.520	5.820	38	6.510	43	1.270	8
1900—1915	42.690	2.846	20.970	50	10.245	24	11.480	27

资料来源：数据均源于亚当·麦基翁（Adam McKeown 2004），笔者参考众多资料做了重新分组，尤其借助麦基翁关于移民统计资料的附录。

跨大西洋移民在全球主要移民中所占份额，从 1850 年代的 70% 降至 70 年代经济衰退时期的 34%，之后又在 80 年代恢复至 54%，并在接下来的 25 年中保持在 40% 左右。这是因为另外两个地区的大规模移民，滞后跨大西洋移民一二十年涌现了出来。中国与印度前往东南亚的移民，在全球移民中所占的份额，也从 1/3 左右，最高升至 1890 年代的 43%。麦基翁（McKeown 2004）估计，截至 1840 年，总共有2 900万印度人和 1 900 万中国人，迁徙到了东南亚和太平洋地区，而且其中只有少数是契约劳工。数以百万来自广东[1]和福建的中国移民迁往南洋定居。此外，主要是中国人，也有些日本人和朝鲜人，以及一些跨西伯利亚的移民，迁往中国东北和俄国远东地区定居。这部分移民占全球总量的份额，也从 1850 年代的 1%，增长至 70 年代及 1900 年后的近 30%。根据麦基翁的估计，在 1860—1907 年之间，总共约有 1 400 万的移民迁往中国东北，麦基翁还认为，

[1]　原文误为广州（Guangzhou）。——译者注

有其他证据显示，数字可能会更高。根据表 7.2 中他的保守估计，1890 年前的移民总量在 350 万左右。不过，他认为实际情况可能是这一数字的两倍。 178

在俄国，1 300 万人向东迁徙。（McKeown 2004：159）莫罗（Mauro 1971：171—174）对此给出的数字是 500 万，而且，其中大部分是非俄罗斯族人，包括 29% 的波兰人，41% 的（俄罗斯?）犹太人，只有 7% 是“俄罗斯人”。大体来说，他所统计的西伯利亚地区居民数量，从 1850 年时的 300 万，增至 1913 年时的 1 500 万。那时，穿越西伯利亚铁路的建设已经打开了那一广阔区域，前往北京的旅行，也从耗时 40 余天，降至耗时不到 15 天。（McKeown 2004：135）此外，有关这一地区的移民情况，留下的记录较少，已有的研究也不多，其规模很可能被表 7.2 中的数据低估了。不管怎样，这三大主要方向的移民，使得接收这些移民的地区占世界人口的份额，从 1850 年时的 1/10，升至 1950 年时的 1/4。（McKeown 2004：135）另外，此表省略了澳大利亚和新西兰，它们接收的移民数量相对较少：在 1860 年之前，澳大利亚从英国接收了 160 万移民，其中仅 26 万（包括 16% 的女性）是囚徒。（Steidl 2004：190）此表也省略了奥斯曼帝国内部、西欧向东，以及印度内部和向外的移民。印度的外迁移民主要流向了锡兰、缅甸、马来亚，以及亚洲其他地区。其年均数量在 1850 年代时达到了近 10 万，在 60 年代晚期与 70 年代早期升至 20 万，在 1877 年最高达到了近 30 万，在 19 世纪接下来的时间里，则降至年均 10 多万。除了这些从亚洲前往太平洋及加勒比海地区岛屿的移民，还有一些有趣的移民流动，例如前往非洲南端开普敦的移民。到 1860 年时，有 30% 的移民从荷属印尼抵达此地，有 25% 的移民从印度抵达，还有 22% 的移民从马达加斯加和非洲其他地区抵达。（Steidl 2004：187）

正如在第一章中曾指出的，刘易斯（Lewis 1978：185—186）早就写道，“从印度和中国前往世界各地的移民总数，一定已经超过了欧洲向外移民的总数”，仅印度就有 1 600 万的移民迁出，不过，其中

1 100多万后来作为流动劳工，又返回了人口密集的家乡。刘易斯发现，大约有400万印度人和500万中国人，在“一战”结束时身处海外。沃伊廷斯基夫妇对当时的海外华人数量，给出的数字是800万。（Woytinskys 1953：69）新的估计要高于这些数字。欧洲移民通常较少返回家乡，但也不是一般以为的不返回。他们通常都是留在新定居地，或是继续向其他定居地移动。他们的总量在1870年代为300多万，80年代为700多万，90年代为600多万，在1910年代为1 100多万。（Woytinsky and Woytinsky 1953：75）此外，移民的往返迁徙在欧洲也存在。

179 在1876—1913年之间，季节性及其他短期移民，也变得比较平常。每年有80万波兰人前往德国；每年还有超过14万的意大利人，前往德国、奥地利、法国和瑞士。奥地利自身也输出了几十万工人；德国还输入了大量的俄罗斯人、荷兰人和比利时人；法国也输入了波兰人、比利时人和西班牙人。这些工人中的大部分随后返回了家乡，其余的则留了下来。（Pollard 1981：48）

鲁道夫·韦科利（Rudolph Vecoli）在介绍其所编的《百年欧洲移民，1830—1930》时，写下的话还是有点儿让人吃惊：“我们需要超越‘大西洋移民’的框架。……它遮蔽了移民的全球特征。”（转引自McKeown 2004）有关韦科利所说的“‘大西洋移民’的框架”，还有一个新近的例子：资料翔实的《全球转型》［*Global Transformations*，此书被詹姆斯·罗西瑙（James Rosenau）称作“有关全球化的关键性成果”］就移民问题写道，“4 400万出自欧洲，大约200万出自亚洲”，后者是“苦力制度”下的契约或合同劳工，（Held et al. 1999：291，293）尽管在此书别处（294）引用过其他估计：印度净迁出的移民为600万，中国为1 200万。沃伊廷斯基夫妇的权威著作，记录了800万的海外华人，但基本上只是统计了迁往东南亚的移民。这些以及其他很多有关统计，都被对欧裔美洲移民的优先关注遮蔽了视线，而对亚洲同等规模的移民视而不见。

所有这些移民所造成的结果是，在 1910 年时，世界各地国外出生的居民数量，占世界总人口的比例，大约为 2% 到逾 5%。西格尔的《国际移民地图集》（Segal 1993）指出，1910 年时的移民总量为 9 000 万，占到当时世界总人口的 5.5%，不过此书并未给出数据来源。这些移民流动中不少在“一战”之后得以继续，有些规模甚至还有所扩大；此时美洲已经制定了限制移民的政策，使跨大西洋的移民流动有所削弱。

迁往中亚、西伯利亚、俄国远东地区和中国东北的移民，去往的是广阔而空旷但原材料丰富的地区。至少在表面上看起来，它们与北美并没什么大不同。不过，移民迁往俄国和中国这些偏远地区，并未导致北美那种发展和财富，甚至新垦殖的澳大利亚和阿根廷也未像北美那样。它们为何没像北美那样呢？或者，我们也许应该将此问题翻转过来，问一下北美是怎么变成后来那样，以及为何能变成后来那样的。

首要的不同可能是气候。在北美大部分地区，尤其是在美国，所处纬度（纽约和罗马处于同一纬度）、温度条件和降雨量（俄国、西伯 180
利亚及中亚都远不能比），形成了一种非常好的组合。因此，就农业方面而言，这些地区无法真正与北美大部分地区竞争。由此，我们可以在脑海中联想到其他差异和原因。移民在北美多数地区形成的定居密度，也要高于俄国和中国的那些地区、澳大利亚或阿根廷。要达到美国和加拿大小麦与棉花的那种竞争力，是否还有一个其他地区所未能达到的最低门槛？

其次，迁往北美地区的移民，也比其他地区的移民，伴随着更多的资本流入。数量更多的资本本身就是一种生产要素，其与土地和劳动力的结合，或者与可开采矿藏的结合，可以成为收入和财富的额外来源。北美的交通条件可能也更优越，但这一点并不是不可置疑的。

在北美和亚州北部，主要的河流均为南北走向，而非连接各大人口及市场中心，只有五大湖和圣劳伦斯河航道是例外，它们提供了东西向的水运条件。北美可以通过海运与欧洲市场相连，但连接中国东北与内地市场的海运距离更短；通过波罗的海或黑海和地中海，与俄国陆地交通的组合，西伯利亚及中亚地区的产品也能连接广阔的市场。乌克兰和罗马尼亚的小麦，距离西欧市场更近，所以具有更强的竞争力。

此外，美国及加拿大的先后获得独立，这可能是对它们有利的因素。政府对稚嫩产业的保护措施，使得农产品出口带来了工业发展，正如加拿大的大宗商品理论（Canadian staples theory）所指出的。澳大利亚采取了同样的举措，但阿根廷没有，因为阿根廷的内战和其他政治纷争，在 19 世纪后半段（尤其是后 1/3）阻止了相关经济保护政策的出台，并使之更为青睐自由贸易。这也是二者之间的主要区别。美国也曾因为保护主义政策发生过血腥的内战。不过，北美的贸易保护主义者获得了胜利，而拉美的贸易保护主义者，则在内战中输给了自由贸易和英国。

对于这些新垦殖地区发展路径的大不相同，以上这些差别看起来似乎均不足以解释。我的观点是，另一关键因素造成了发展的差异：美国，其次是加拿大和其他英属领地，1870 年以后在仍处于发展状态
181 的多边贸易与支付体系中所占据的地位或位置。反过来，这一多边体系的发展，也取决于这些去向世界经济中不同地区和经济部门的移民流动的不同贡献。

流向美国的移民数量，就像我们已经看到的，从先前的水平增至 1850 年代的 61 万，60 年代的 56. 9 万，70 年代的 65. 5 万。1850—1880 年，北美（美国与加拿大）的人口增长了一倍多，从 2 500 万增长到了 5 400 万。与此同时，北大西洋沿岸的欧洲地区的人口，从 1. 52 亿增长到了 1. 82 亿，增幅只有 20% 。

其中，英国人口从 1850 年的 2 700 万，增至 1880 年的 3 500 万，

增幅仅 30%，而德国人口同期的增幅为 25%。如果我们将欧洲部分的俄国人，及其向西伯利亚的移民，也都计算在内的话，那欧洲人口则是从 1850 年的 2.12 亿，增至 1880 年的 2.7 亿，增幅也仅为 27%。因此，北美在北大西洋地区所占的人口比例，从 1850 年的 10% 升至 1880 年的近 30%，欧洲所占比例则相应地从 90% 降至 70%。（the Woytinskys 1953：44，数据做了取整）欧洲向加拿大、澳大利亚和新西兰等地的移民，也产生了类似（但可能不那么引人注目）的结果。这些地区都包括在麦迪逊所说的"欧洲分支"类别之内。严格来说，阿根廷和乌拉圭也属于此类别，虽然它们地处南美。贝洛赫（Bairoch 1997：II—557）提供了一个简单明了的概括：1700 年时，有 300 万欧洲血统的人，生活在欧洲以外，这占到其全部人口的 2%。正如麦基翁所总结的，在任何情况之下，"世界各地的同步增长都不会是巧合，它们通过日益一体化的全球经济连接在了一起。整个世界都在流动，流向工厂、建设项目、矿井、种植园、农业边疆，以及遍布全球的商业网络"。（McKeown 2004：171）

贸易：总体的、区域的（从产品和贸易条件出发的讨论）

这一时期是典型帝国主义时期，也是欧洲殖民主义在亚洲和非洲盛行的时期，还是"自由贸易的帝国主义"时期。不过，虽然这一时期处在 19 世纪，但它却不能代表 19 世纪。然而，实际发生的状况却是，不断有人或明显或含蓄地以为，它就是 19 世纪。因此，我们必须首先明白，此处探讨的这一时期，仅是 19 世纪的后 30 年（尤其是后 20 年），正是在这一时期，世界的政治经济变迁，在定量和定性的层面上，对先前的历史出现了重大背离。从根本上来说，也（只）是在这一时期，东西方的地缘政治经济形势，才出现了重大变动，发生了彭 182
慕兰所言的"大分流"。因为，正是在 1870 年代，西欧和北美才开启了"第二次"工业革命，也同样是在 70 年代，世界其他地区（东亚、西亚、非洲和拉美）旨在防守（有时甚至是进攻）的民族主义立场和政策，才在欧洲人面前败下阵来。

欧洲人获胜的核心工具有二，它们也是关联在一起的。一是新出现的、分层且多边的世界贸易和支付体系与全球劳动分工。本章将对之展开分析。从中获益最多的，是英国及稍后的西欧和美国，在较低程度上还有温带地区居民尚稀的欧洲移民新定居地；为之付出代价最多的，则是拥有世界多数人口的热带地区。另一工具是殖民地与新殖民主义国家（政府），正是它们使新的全球分工与世界贸易得以运转。这里所说的殖民地国家，既包括那些正在陷入殖民地处境的国家，也包括那些直接或间接被殖民控制的国家。其中，包括"买办资产阶级"的中国，以及西亚新殖民主义的奥斯曼和波斯，还有拉美众多的新殖民主义国家（neocolonial state）。造成此状况的主要手段包括：利用军事、政治及/或债务优势签订"不平等条约"，以获准（或寻求）在低（或无）关税的情况下进入它们的市场，此外，条约还会影响一系列相关财政和货币政策的制定；在"外国投资"的影响之下以优惠价格购买商品，而外国资本所控制和利用的经济设施，如铁路、港口等，通常是本国先前就已经兴建起来的；欧洲帝国主义列强的企业或商人所偏好的其他措施。

殖民地国家（政府）完全默认了这些措施，因为它们已经处于殖民强国的掌控当中。其他国家则是在或强或弱的游说之下，接受并贯彻了此类帝国主义的要求，因为"买办"正普遍在这些国家掌握政权，这使得进出口行业的资产阶级，控制了政治经济及社会的各部门。本土制造业的利益，本国工业化的利益，更不用说民众和劳工的利益，在遍布全世界的一连串政治冲突，以及一些国内、国际战争之后，完全屈服于商品出口利益集团，而后者总是能够获得帝国列强（主要是英国）的政治帮助，有时候甚至是军事支持。第六章回顾了到 1870 年代为止的此类冲突及其后果，第八章将会继续对此进行分地区的讨论。在拉美一个又一个国家，"自由派"的贸易商控制了政府，他们的单一

作物出口也迅速占据了总出口的半数以上。在智利，凭借着向淘金热 183
时期的加利福尼亚和澳大利亚小麦出口的繁荣，“自由派”商人在 1860 年代就已经获得了胜利。此后，他们又在英国人的支持之下，打赢了与玻利维亚和秘鲁之间的太平洋战争，获得了大片出产磷酸盐的土地。借助于接下来繁荣的磷酸盐出口，智利的“自由派”商人又巩固了自己的政权。民族主义的利益集团试图将其为智利本国所用（工业发展协会 1883 年的宣言，在开头就声言“智利可以，也应该是工业国”），不过，他们在 1891 年的内战中被打败。当然，美国是一个显著的例外，北方的工商业利益集团，在内战中击败了南方着眼于棉花生产和出口的自由贸易者。此外，在北美仅有的三个国家中，美国通过 1860 年代的内战得到了巩固，加拿大通过 1867 年的《英属北美法》同样得到了巩固；至于墨西哥，则在得克萨斯战争及美墨战争中，被美国劫去了半数领土。与北美的情形相反，拉美产生并延续下来的国家众多，没有形成一个横贯大陆的西班牙裔美洲国家，如果出现这样一个国家的话，那它将会是英国及之后的美国的强大对手，其力量要比 20 个分立的国家强大得多。历史上曾经有过三次统一拉美的失败尝试：一是 1820 年代玻利瓦尔和圣马丁的尝试；二是 19 世纪中期巴拉圭民族主义的贸易保护者所开启的尝试，这种尝试被三国同盟战争摧毁（获胜方得到了英国的支持）；三是古巴人何塞·马蒂的大陆计划，此计划也因美国在 1898 年占领古巴而告吹。

澳大利亚是更低程度上的例外。1850 年代的淘金热之后，那里的工人和制造业利益集团，战胜了小麦与绵羊产品出口利益集团。正是这一点使得澳大利亚在后来跻身发达国家行列，早期状况与之相似的阿根廷，则因为本国小麦和肉类出口利益集团的获胜，而被强加以自由贸易，这才在后来有了不同的命运，变身为欠发达国家。

低关税和其他鼓励原材料出口的措施，在意识形态上受到了“自由贸易”学说的支持。这种学说后来被称为英国最重要的出口品。不过，英国人自己没有贯彻这一学说，与其同样处于中心的竞争对手也没有，它们反而同时提高了本国的关税。高关税在 1860 年代（甚至是在 50 年代的某些时候）就已经出现，而在之后的 70 年代和（尤其是在）80 年代，更是成为一种非常普遍的做法。之所以会这样，是因为中心国家的第二次工业革命扩张了对农产品的需求。不过，虽然需求在增加，但正如下文将看到的，农产品出口的价格还是出现了大幅下跌。尽管 1873—1895 年的“大萧条”期间，制成品进口的价格也在下降，不过贸易条件还是变得不利于农产品出口国了。此外，前文也已经提及，制成品价格的下跌，使那些地区尚存的工业化努力，也变得举步维艰了。

184 早在一个世纪之前，罗莎·卢森堡就观察道：

> 剥离所有表面上的烦琐环节后就会发现，这些关系包含着一种简单的事实：埃及的农民经济大部分已经被欧洲资本吞食了。从大量的土地、劳动力和数不清的劳动产品那里得来的国家税收，最终都被转化成欧洲的资本。……一方面是资本的戏剧性增长，另一方面的相应后果是农民经济的毁灭，尽管这一国家的农业生产力量已被充分调动了起来，而且农产品交换在此基础上获得了大幅增长。……这些钱之前仅是转化为农民的谷物。……但是现在，它作为一项政府担保，被用来支付铁路的建设和运营费用。换言之，它们所赚得的，既包括生产工具的价值，也包括从亚洲农民以及建设和运营铁路的无产阶级那里敲诈来的剩余价值。……欧洲资本粗暴地吞噬了亚洲农民经济……政治机器服务于资本家的意图，也被用来剥削农民经济……此即在资本主义的帝国主义阶段，东方所有国家（政府）的真实功能。（Luxemburg 1933：369—371，380—382，386，395—396，419—421，434—438，444—445）

虽然卢森堡的研究尤其聚焦于奥斯曼帝国的经济，但在上面的引文中，她也将自己的分析拓展到了整个亚洲。在亚洲范围内，或者在一体化的全球经济内，对于资本积累来源于何处这一问题的全部答案，可以被归纳为一个词——印度。这才是大多数资本的真正来源，而英国也的确从印度获利甚多。印度是英国（通过它，也是全世界及大西洋经济体的）整个经济实力的关键或中心环节。英国用来建设大西洋经济的资本，英国输出到北大西洋地区的资本，也都主要来源于印度。卢森堡的分析也存在缺陷，她没有考虑到全球经济的存在，以及它的结构与功能。她的主张与此相反：资本主义的扩张之所以成为可能，是因为它向外部"非资本主义"区域的渗透。卢森堡没有认识到，资本积累是在全球经济内进行的，其机制也蕴藏在全球经济的运行方式中：世界各地通过一个复杂的多边贸易和支付体系连接在了一起；在其中一个地区产生的资本，被转移到其他地区，尤其是英国，然后，又通过它变身为外国投资，进入海外新垦殖地区，以 185
及欧洲某些地区。

世界贸易

对于世界经济发展及其收益的地区分布，最为全面的估算来自麦迪逊。（Maddison 2001）本书将其总结在了表 2.2 中，并在接下来的段落对之进行了评论。在本章对此最后一个时期的讨论中，我们似乎有必要再进行一次类似的评论。

对 1873 年后借多边体系进行的商品和资金流动的数据重建与估算，目前为止依然十分欠缺。总体说来，世界贸易的增长快于生产的增长，前者的年均增长率为 3.5%，后者则为 2.7%。大体说来，1913 年的世界出口总值对世界总收入（world income）的比率，按照不同的估计，从 12% 到 17% 不等。当然，二者都高度集中在某些地区及其居民那里。相对发达的经济体之间的贸易占到世界总量的 40% ~45%，它们与欠发达（或正陷入欠发达！）国家之间的贸易则占到了 50%，其余的则是发生在后者之间的贸易。英国当然是最大的贸易国，出口额通常占到其 GDP 的 30%，甚至一度占到了 60%。法国的出口额通常占到其 GDP 的 15%。美国有着庞大的国内市场，出口额只占到其 GDP 的 10%，对外贸易额则占到了 15%。“一战”前日本的相应数字为 10% 和 20%。1860—1900 年，拉丁美洲的出口额，甚至也从占 GDP 的 10%，上升到占 GDP 的 18%。在同一时期，亚洲的出口额，仅从占 GDP 的 1% 上升到 5%，其中还包括从印度和东南亚殖民地的商品出口。（所有数据均来自：Held et al. 1999：156—160）换句话说，亚洲相比于其他地区仍旧很少被渗透，其经济依然是偏向自给自足的。不过，有关亚洲的这些数据，很可能严重低估了亚洲内部的贸易，正如杉原薰的研究所显示出的。（Sugihara 的多种著述）

关于 1840—1900 年每隔 20 年的世界贸易状况，在网上可以找到一份内容十分翔实的表格，其中的数据衍生自一些特定的来源。表格是按照国家给出的数据，不过有些国家在有些年份的数据有空缺。我在表 7.3 中将它们重新按照地区分了组。表 7.3 中有关世界贸易的数据所展现出的几方面特征，我们都可以通过其他资料来源看到，除了比较重要的这一个，它让我看起来有些惊讶：世界总出口的增长率经历了
186 下降，从第一个时间段的增长近 2 倍，到第二个时间段的增长 1 倍，再到最后一个时间段的增长近 0.5 倍。在整个这一时期，英国的出口增长最为缓慢（低于 5 倍），比其他各地都低；北美的增长最为迅速，仅美国就增长了 11 倍；甚至西欧的出口也扩张至之前的 10 倍，欧洲其他地区也扩张了 6 倍。1880 年后的 20 年中，英国的出口仅增长了 1/3，西欧及欧洲其他地区则增长了一半多，美国更是扩张了近一倍。英国出口占世界总出口的份额，也从 1840 年的 21%，下降到了 1880 年的 16%，之后更是下降到了 1900 年的 14%。与之相比，欧洲大陆所占的份额，则从 33% 增至 39%。奇怪的是，德国所占份额，一直徘徊在 10% 左右。

表 7.3　世界商品出口（1840—1900）　（以 20 年为间隔/单位：100 万美元）

	1840	1860	1880	1900
英国	250	651	1 085	1 471
西欧	378	1 242	2 577	3 978
法国	134	439	669	793
德国	135	241	688	1 097
奥匈	54	129	275	371
东欧	98	271	530	703
俄国	67	132	248	369
北美	132	358	899	1 528
美国	112	316	824	1 371
拉美	116	233	482	1 109
阿根廷	7	14	56	149
巴西	28	57	96	195
非洲	17	56	195	242
埃及	5	13	69	83
亚洲	140	315	656	923
印度	56	136	325	354
中国	38	78	106	117
日本		4	25	102
海峡殖民地	8	32	63	116
大洋洲	7	79	141	236
澳大利亚	7	76	113	153
新西兰		3	24	57
夏威夷			4	23
总计	1 138	3 205	6 565	10 190

资料来源：http：//www. eh. net/databases/developing/。

亚洲拥有的人口数量为拉美的近 20 倍，其出口在 1880 年前，却仅比拉美高出 1/4 到 1/3；在 1880 年之后，拉美的出口则超过了亚洲。 187

巴西和阿根廷那时的出口加起来，与印度的出口规模相当。此外，仅英属印度的出口就占了亚洲总出口的 1/3 ~ 1/2；中国的出口尚不及印度的一半，或奥匈帝国的 1/3，在 1880 年之前与巴西的出口规模相当，在 1900 年时与海峡殖民地的相当。日本的出口则从开始时的零（如果早期数据的欠缺意味着没有出口的话），增长到了 1900 年的与中国相当。表 7. 3 没有揭示出的是，1880—1900 年，日本因为转向了制造业，其出口迅速扩张了 3 倍。同样是在此 20 年中，拉美的出口也增长了一倍多；阿根廷的小麦及冷藏肉类出口，使其出口增长了近两倍。奴隶贸易衰落之后的非洲出口，也在 1840—1860 年增长了近两倍，此后到 1880 年又增长了 3 倍多，其中也反映着埃及棉花出口在美国内战期间 5 倍多的扩张。之后，随着殖民主义的推进，非洲出口的扩张显著放缓，不过表中数据并没有包含南非的钻石和黄金繁荣。

根据沃伊廷斯基夫妇的数据，世界贸易的规模从 1867—1868 年的出口 50 亿美元、进口 55 亿美元，增至 1880 年的出口 70 亿美元、进口 81 亿美元，增至 1890 年的出口 78 亿美元、进口 90 亿美元，增至 1897 年的出口 81 亿美元、进口 95 亿美元，之后，又快速增至 1913 年的出口 200 亿美元、进口 210 亿美元。进出口数字之间的差额，主要是商品运输过程中产生的运费。这期间的整体价格水平（1890 = 100），也从 1867 年的 137，最高升至 1872/1873 年的 151，之后又下降到 1880 年的 112，1890 年的 100，1896 年最低的 84，之后，又上升至 1905 年的 100，1910 年的 110，1913 年的 117。（Woytinsky and Woytinsky 1955：38）有关生产和贸易更为翔实的数据，可以参考梅泽尔斯（Maizels 1963）的研究，可惜他的数据只聚焦在各工业化国家。制成品出口在各工业国总出口中所占份额，除了英国（所占份额仍为 4/5）之外都在增长；德国和瑞士为 3/4；法国、比利时、卢森堡为 1/2；意大利为 2/5；美国为 1/3，而且处在迅速的增长中；瑞典从不足 1/3，迅速增至超过 2/5；日本则从 2/5，增至 1/2。（Maizels 1963：58）

表7.4　世界人口、生产与贸易（1876—1913）　（指数：1913 = 100）

日期	人口	生产		贸易量		单位贸易价值[2]	
		制成品	初级产品	制成品	初级产品	制成品	初级产品
1876—1880	79	25		31	31	102	104
1896—1900	80	54	76[1]	54	52	82	77
1911—1913	99	95	93	94	97	98	98

资料来源：Maizels（1963：80，Table 4. 1）。

注：1. 此项为 1900 年的数据。

2. 单位贸易价值以当时的美元计算（单位：100 万美元）。

根据表 7. 4 中的统计数据，在第一次世界大战之前，制成品和初级产品的贸易量在同步增长，不过梅泽尔斯（Maizels 1963：79，fn 2）在一个脚注中警告说，制造业的产量很可能被低估了，它的增速实际上很可能更快（见表 7. 4）。

1891—1913 年，制造业产品价格的下跌，造成了单位价值 7% 的下 188
降幅度，以及贸易量 14% 的增长幅度。（Maizels 1963：82）大体说来，1876—1913 年，世界人口增长了 1/5，制造业的生产规模扩张了近三倍，制成品贸易量增长了两倍多（其构成有所变化，质量可能也有所提高），初级产品贸易量也有类似增长，不过因为价格下跌，制成品贸易的单位价值下降了 5%。当然，不同商品的变化率有所不同。1876—1900 年，在贸易量双双增长 70% 左右的同时，制成品贸易的单位价值下降了 1/5，初级产品贸易的单位价值下降了 1/4；二者在 1911—1913 年又得到了较大幅度的恢复。另外，工业国（比利时 - 卢森堡、法国、德国、意大利、荷兰、瑞典、瑞士、英国、加拿大、美国和日本）的出口，在 1899—1913 年都有所增长，其制成品贸易的规模提高了近 80%，单位价值升高了 17%；初级产品贸易的规模提高了 56%，单位价值升高了 23%。

在出口总价值方面，它们的制造业出口从 31 亿美元增至 65 亿美元，初级产品出口从 26 亿美元增至 51 亿美元；两者的总和，则从 57

亿美元增长至 116 亿美元。1913 年时的世界总出口为 173 亿美元，工业国的出口占了其中的 2/3。(Maizels 1963：88) 制成品出口在工业国之间的分配，大致说来还是比较均衡的（见表 7.5)；它们向世界其他地区的制成品出口，也可以说是分配得比较均衡。这些工业国既是初级产品的进口国，也是初级产品的出口国（最重要的是美国，但也不仅仅是它)，而在它们的初级产品出口中，有 3/4 是在彼此之间进行的。(Maizels 1963：89)

表 7.5　欧洲与北美之间的制成品贸易（1899 & 1913）

（单位：100 万美元［以 1955 年时的币值计算］）

	向北美的出口		从北美的进口	
	1899	1913	1899	1913
英国	320	540	290	360
欧洲大陆	340	620	280	560
总计	660	1 160	570	920

资料来源：Maizels (1963：100，Table 4.8)，笔者对数据做了重新计算。

就西欧与北美两地之间的贸易而言，无论是在 1899 年还是在 1913
189 年，前者的制成品出口都大于后者的。[1] 大体来说，在西欧和北美两地之间的贸易中，前者是有着净进口的一方，而且净进口的规模还比较大，正如梅泽尔斯所指出的。(1963：270—271) 另外，工业国向中国的制成品出口规模非常小（包括在“其他地区”中)，根据表 7.6 中的数据，无论是在绝对数量上，还是相对于其他目的地，这项出口的规模都不大。

在 1913 年的所有跨国贸易中，有 40% 是在欧洲各国之间进行的，有 23% 是在非欧洲国家之间进行的。欧洲从欧洲以外地区的进口，占世界进口总额的 21%；欧洲以外地区从欧洲的进口，则仅占世界进口

[1]　此处略去了与表 7.5 中数据不符的一行原文。——译者注

总额的15%。在1913年时，世界进出口贸易的总额为410亿美元，其中的40%，大约160亿美元，发生在欧洲各国之间。更为有趣的是，我们可以从中看出多边贸易体系是如何运作的：欧洲从欧洲以外地区的进口为44亿美元（占世界进口总量的21%），不过，欧洲以外地区从欧洲的进口仅31亿美元（占世界进口总量的15%）。由此，欧洲当年的进口盈余为13亿美元，欧洲以外地区当年的进口赤字亦为13亿美 190
元。这13亿美元在欧洲的进口总额中所占份额不大。不过，对于欧洲以外地区而言，这13亿美元的贸易差额，相当于它们从欧洲进口（31亿美元）的42%。[1]

表7.6　工业国与其他地区之间的制成品贸易（1899—1913）

（单位：100万美元［以1955年时的币值计算］）

出口到	1899	1913
南方自治领[1]	640	1 080
印度	700	1 220
拉丁美洲[2]	650	1 560
俄罗斯	390	690
其他地区[3]	2 350	4 360

资料来源：Data from Maizels（1963：104，Table 4.9），笔者对数据做了重新计算。

注：1. 澳大利亚、新西兰、南非。

2. 阿根廷、巴西、智利、哥伦比亚、墨西哥。

3. 其他半工业化及尚未经历工业化的地区。

表中的“其他地区”当然也包括美国和英属自治领，它们那时在世界贸易网络中，已经处在一个相对有利的位置，由此可以推及，其他地区的出口盈余/进口赤字，规模比这些数据（Woytinsky and Woytinsky 1955：71）显示的还要大。沃伊廷斯基夫妇因此指出，亚洲，尤其是中国和日本，对美国保持着出口盈余，这帮助后者支付了其与欧洲之间的进口盈余。确实，早在1850年，美国对欧洲的出口赤字就达到

［1］　此处略去了三行原文，涉及的是一个假设性计算，意义不大，但与前文的数据有出入。另外，这里的几个段落相对于原文有所调整。——译者注

了140 亿美元，来自其他地区的进口盈余也是140 亿美元。美国内战之后，美国进口中欧洲国家所占份额在下降，而来自其他地区的份额在上升。沃伊廷斯基夫妇还注意到了印度的特殊地位，它对欧洲的进口盈余，被它对其他地区的出口盈余平衡掉了。最后，他们指出："1927 年贸易平衡的方向与 1913 年时的相同，甚至贸易量……也没有发生重大变化。"（Woytinskys 1955：73）这证实了我们之前引用耶茨（Yates 1959）相似数据时的观察：1828 年的情形仍与 1913 年的相似。这些观察的重要性，在于我们可以援引希尔格特（Hilgerdt 1942）有关 1928 年的大量数据，以及我对这些数据的重建（Frank 1979），并借助于它们来弄清 1913 年的模式。

刘易斯（Lewis 1978）建立起来的有关跨国贸易的数据，都是按大组（由许多国家组成）分列出来的，很难将它们再按照"非洲"及"拉美"等条目，分地区整理出来。国联的数据（Hilgerdt 1942，1945）聚焦于欧洲与北美之间的贸易，而且直到 1928 年都没有按照国别分列。耶茨（Yates 1959）的数据要好一些，但主要涉及的是 1913—1953 年的贸易，对于之前的情况只是偶有提及。而且，在 1913 年之前的数据中，他将亚洲、非洲、拉美以及大洋洲，统统归入了一个"地区"。为了探究发展与低度发展，对耶茨的这一数据也须加以援引，尽管其中包含的其他地区的数据，可能会对结论产生些误导。

1876—1880 年，"南方"的出口为 14.48 亿美元（current dollars），
191 进口为 18.60 亿美元。1896—1900 年的这两个数字，分别为 18.90 亿美元和 22.60 亿美元；1913 年则分别为 50.36 亿美元和 48.85 亿美元。从这些数字中可以看到，这些多半已陷入欠发达的地区，只是在 1913 年才有了出口盈余。这是我们可以预料到的。我们没有预料到的是，耶茨的数据显示，在另外两个时期，"南方"都保持着进口盈余。不过，因为进口数据中包括了运费，但出口数据并没有，所以前者需要做出相应的调整。鉴于我（Frank 1979：207）第一次使用这些数据时，曾经在附录中解释过的一些技术性原因，这三个时期的进口数据必须分别下调 15%、

12% 和 10%。经过调整之后，1913 年的出口盈余变为 6.40 亿美元（占总出口的 13%）；1896—1900 的进口盈余变为仅有 9 900 万美元（占总出口的 5%）；1876—1880 年的进口盈余则变为 1.33 亿美元（占总出口的 8%）。为了正确反映欠发达出口经济体的地位及角色，还需要对这些数据再做两次修正。一是将大洋洲的数据从中剔除，前面已经提及此事。其次是估算出在这些进口额当中，有多少是用于投资的，有多少是用于消费的，并且还要从后者中剔除亚非拉的欧洲飞地和白人居民所消耗的那部分。如果我们能做出这些修正的话，那么这些地区在 1870 年代和 90 年代的出口，很可能就已经超过了其真实的进口。

1880 年以后，首先是美国，其次还有德国等欧洲大陆国家，开始占据了与英国相似的位置，也出现了与英国相似的状况：它们从其他地区的进口，大幅超过了相应的出口。例如：1882 年，法国的出口为 35.74 亿法郎，进口为 48.22 亿法郎，进口比出口高出 35%。1890 年，法国的出口为 37.53 亿法郎，进口为 44.37 亿法郎，进口仍比出口高出 18%。在以上两个年份，法国的进口中初级产品均占到了 80%。(Lewis 1978：45)

各项增长率在 1872 年时达到峰值，之后就是 1873 年的周期性崩溃，进而开启了持续到 1895 年的“大萧条”。我们前面所讨论的一个时期（1850—1872）是经济繁荣期，而本章所探讨的这一时期则以萧条为主要特征。尽管这些或短或长的周期性变化很重要，但还是会在很大程度上被我们这里的讨论忽略，因为我们要专注于探讨的，是世界经济的继续扩张及其日益复杂的多边性。对于前一个时期的状况，已经通过图 4.2 中的三角网络来加以说明了。从中可以看到，那些三角都有一个顶点被英国占据，此即所谓的“条条大路通伦敦”。在 1873—1913 年之间的这一时期，多边贸易与支付的世界经济体系，以及与之 192
相关的熵耗散结构，又一次得到了扩张，并且还变得更为精巧复杂了。它的复杂性已经到了让人难以看清其运作方式的程度，以至于只是将其结构简要地阐述出来，都需要通过好几条纵横交错的线索才能实现。因此，图 2.1 和图 2.2 中对多边贸易及收支体系的简单勾勒，就成为理解其在“一战”前所达到的复杂多边性的重要手段。

在耶茨（Yates 1959：57）那里也可以看到同样的描绘。他在自己的研究中用一份示意图，将工业国（包括美国）和非工业国做了区分。与其将耶茨的示意图再现在这里，倒不如对其加以概括更为简便：1913 年，工业国的出口占国际贸易总和的 67%，进口则占到总和的 71%，进口盈余占总和的 4%，或者说，进口比出口多了 6%。其中，43% 的贸易发生在工业国之间（包括农产品贸易），24% 的出口（与之前所引刘易斯的数字相同）从工业国去到了非工业国家，相反方向的进口占到了 28%，剩下的 5% 则发生在非工业国之间。我们再一次看到，工业国的进口盈余，占到了世界贸易的 4%，这些盈余则全部都是非工业国提供的。这 4% 的份额要占到工业国出口的 6%，而它在非工业国贸易中所占比例更高：进口的 4/29，或出口的 4/33，两个比值均在 13% 左右。1876—1880 年，贸易关系也大致呈现出了类似的情形。（Yates 1959：57）对于我们这里的讨论而言，更重要的是，事实上，这些贸易关系直到 1928 年时仍旧（或再度）大致如此（工业国那时的进口盈余占到世界总贸易量的 5%，而这些盈余均来自非工业国），因为我们对 1928 年的情况有着更为丰富的资料。

进出口中初级产品的占比更能突出上述差异。在 1913 年的初级产品贸易中，在工业国之间进行的部分占到了 42% 的份额，而工业国的初级产品出口，在世界总量中所占份额为 51%，进口所占份额为 84%。这也就是说，工业国向非工业国的初级产品出口占世界总量的 9%，它们从后者的同类进口则要占到世界总量的 42%。其余 7% 的贸易量，发生在非工业国之间（其中有一些被转口到了工业国）。总的来说，非工业国出口的初级产品占世界总量的 49%，但进口的初级产品仅占世界总量的 16%。对于制成品来说，工业国和非工业国各进口了其中的 50%。不过，工业国的制成品出口占到世界总量的 92%（其余 8% 由非工业国出口），其中，45% 被出口到了其他工业国，47% 被出口到了非
193 工业国。1876—1880 年的情形，依然与 1913 年的差不多。当时非工业

国进口的制成品，要占到世界总量的 55%，而其中 54% 来自工业国。1913 年时的相应数字则降到了 50% 和 47%，在这两个数字降低的同时，非工业国在世界初级产品出口中所占份额，则从 45% 上升到了 49%。（Yates 1959：58）

贸易条件与低度发展

我们的讨论因为刘易斯（Lewis 1978）提供的数据而获益良多，但我却不能赞成他从那些数据中推导出的结论，因为他的结论看上去有悖于他自己的数据。此外，我在第二章中已经指出，刘易斯自己的西方意识形态偏见，经常使他无法正确理解他自己的证据。此外，那些证据也不支持他所提出的一般性理论分析路径："除非我们先理解部分发生了什么，否则我们就无法理解整体发生了什么。"（Lewis 1978：17）我的主张正好相反：除非我们从包含部分的整体出发，否则我们无法理解部分发生的事情。具体到我们这里的讨论而言，正是它们在全球政治经济体系中所处的位置，才是造成后来成为"第三世界"的那些地区，在这一时期普遍经历低度发展的发展的根本原因。不过，对于他所称呼的"边缘热带地区"，刘易斯给出了质量可能是最好的数据。他将其中各地的贸易数据辨别统计出来，即便在总量中占比不大的地区也没有略过。刘易斯的兴趣主要是搞清随时间的波动，并分析它们对增长所产生的影响。这些也应该是我们要探讨的问题，因为我的分析原则是，同时研究整体和所有构成它的部分。刘易斯这样写道：

> 早先就已经拥有成规模工业部门的国家，在 19 世纪都有机会实现工业化。其中所包括的国家要比我们想象的多，除了整个欧洲，还有拉美大多数国家，以及亚洲的一些地区……它们正消费着大量的工业产品，比如印度、中国和日本。……考虑到这一点的话，对于只有少数国家在 19 世纪实现工业化这件事，我们似乎应该感到些许惊讶。（Lewis 1978：163）

就 19 世纪上半叶的情形而言，我们还应该将西亚，可能还有南亚，添加到刘易斯的名单中。到 1913 年时，只有西北欧的 5 个国家（英国、比利
194 时、德国、瑞士、瑞典，甚至不包括法国），以及加拿大、澳大利亚和新西兰，达到了美国人均制造业水平的一半或以上。下一梯队的 7 个国家全都在欧洲，它们的人均制造业水平超过了美国的 25%。亚洲国家在刘易斯的表格中几乎不见踪迹。问题来了：为什么会发生这一大分流？

刘易斯问道："为什么东欧、中欧和南欧的国家，应对（工业化的）挑战时表现得如此之差？"他还稍含蓄一些地将此问题加之于世界其他地区。他还像前面那样写道："转向工业化主要是那些早已拥有成规模工业部门的国家感兴趣的选项。另一选项是通过向中心和其他正在工业化的市场出口初级产品来实现发展。当然，一个国家可以同时利用两种选项。"（Lewis 1978：163）刘易斯没有考虑到的是，此事也可以在中国和印度那样的巨大市场内部进行。对于他自己的问题，他给出了三个方面答案：欧洲边缘地区的外部贸易增长缓慢，其贸易条件也在下降；因为遭遇了比同一气温带的竞争对手更恶劣的气候，以及肥料等技术进展迟缓，农业生产率的增长也在放缓；此外，他还归咎于在工业方面的创业能力不足，甚至是未能有效地发展进口替代制造业，但他并没有问及为何会如此，而只是简单地归咎于政府的政策。世界其他地区的情形又如何呢？

让我们首先根据对"边缘"热带国家所产"热带产品"兴趣的不同，而将世界各地划分为若干个大组。在刘易斯看来，根据与边缘地区贸易关联方式的不同，1883 年可以归入"中心"一组的只有四个国家：英国、德国、法国和美国。这些国家的总进口中，37% 是在相互之间进行的，32% 是来自其他欧洲国家，还有 7%[1] 来自其他温带定居地，5% 来自印度，剩下的 19% 来自其他地区，后两者的占比达到了

[1]　原文为 32%，一个不可理解的数字，应是前面的 32% 的错误重复。这里的 7%，由本句中的其他数字计算而来（100% －37% －32% －5% －19% ＝7%）。从当时各地的情况来看，这是一个比较合理的数字。——译者注

近 1/4。（Lewis 1978：168）对于这些占比在接下来的 30 年中如何变化，这里还不清楚，但它们好像并没有偏向中心国家。刘易斯在别处给出了 1883—1913 年的出口增长率：年均 3.4%，世界贸易中总出口的增长，与热带国家的出口增长，都是以这个增长率进行的。分地区来看的话，西北欧的增长为年均 3.5%，美国为 3.8%，温带定居地为 4.3%。这些增长，既包括原材料，也包括制成品。对于美国来说，前者几乎达到了后者的两倍；对于西北欧来说，前者也达到了后者的 4/5。（回想一下就会发现，英国正在日益依赖煤炭的出口！）对于热带国家在 1883—1913 年的出口，他给出的年均增长率为：非洲 3.1% ~ 6.8%；菲律宾除外的亚洲 3% ~5.7%（中国的数字书中没有列出，但手稿中的数字是 3%）；委内瑞拉除外的拉丁美洲 2.9% ~5.7%；包括 195
英属自治领、阿根廷、乌拉圭和智利在内的温带国家平均 4.5%。（Lewis 1978：203，196）然而，正如我们前面看到的，也正如刘易斯自己指出的，“展翅高飞者”的出口所面临的局面是，价格年均上涨超过 4%，其出口量甚至增长得比这还快，它们包括：所有西非国家，缅甸、锡兰、印度支那、泰国，以及亚洲太平洋岛国，还有拉美的哥伦比亚、厄瓜多尔和墨西哥。根据他的数据（Lewis 1978：203），非洲和亚洲诸国的出口年均增长约 6%，拉美诸国的年均增长为 4.5% ~5%。此外，尽管他没有指出，我们也必须明白，在“热带”地区的进口当中，也包含之前从这些地区出口的原材料成分，这提高了这些地区在世界总出口中的实际份额。随着矿石对工业生产的重要性日增，情况就更是如此了。

刘易斯在书中提供了一个例子，可以很好地反映我们这里的讨论。在汉堡和不莱梅 1888 年加入德意志关税同盟之后，这两个重要港口的进出口数据被记录保存了下来。从中可以看到，这两个相对富裕的港口城市及其周边地区，从世界（包括德国）其他地区的进口（输入）和消费，要超过它们向其他地区的出口（输出）。（Lewis 1978：268—269）换言之，因为它们比较富有，所以能依靠其他地区的资源生活；

或者，它们比较富有，是因为它们能依靠其他地区的资源生活。

刘易斯（Lewis 1978：280—281）针对所有热带作物给出的价格指数（1913 = 100），几乎连续下降了 30 年（期间只有 1888—1893 年比较稳定），从 1872 年的 128 降至 1902 年的 76，之后又在 1909 年缓慢恢复至 88，只是在"一战"前的几年才迅速升至 100。换作 1872 = 100 的话，热带产品的价格指数先是连续降至 1902 年的 59，在 1909 年也仅是恢复到了 69。对于初级产品的价格指数，刘易斯的统计开始的时间点要晚一些。以 1881 = 100 的话，它先是在 1902 年降至 86，然后在工业需求增长的带动下，在 1913 年时升至稍高于 100 的水平。因此，除了下面将讨论的小麦和其他谷物之外，来自第三世界的热带产品出口，也遭受了大幅的价格下跌。它们的热带生产者也因而大受损失。此外，第三世界出产的其他原材料的价格，在 19 世纪最后 20 来年里也经历了下跌，到了"一战"前的几年才又开始上涨。

热带农作物的价格指数，在 1883—1913 年之间也普遍经历了下降，以 1883 时的价格为指数 100，1913 年时几种重要农作物的价格指数分别为：茶叶 73，棕榈油 87，可可 88，橡胶 92，大米 97，咖啡 98。这些指数还是经历过了 1913 年前的上升之后的，它们在 1899 年时的水平还要低得多。而且，这些农作物的产地，百分之百（除了大米为 95% 之
196 外）是现在的第三世界国家。刘易斯在书中将它们称为"热带"国家。糖是一个特例（直到今天仍是），因为中心受政府补贴的甜菜糖的原因，第三世界的供应份额降至 50%，其价格指数也降至 49。其他四种作物的价格指数在上升：棉花、兽皮和烟草升至 125 ~ 130 之间，黄麻则升至 215。前三种作物的总量中有 67% ~ 70% 产自非热带国家，黄麻则有 60% 产自非热带国家。大体情形确实如刘易斯所指出的，"除了糖这个特例之外，1913 年比 1883 年价格更低的农作物，几乎全都出产自热带国家。这 30 年中所有价格上升的农作物，其总量中都有一大部分出产自温带国家"。（Lewis 1978：189）所以，刘易斯注意到，农产品价格下跌的重担，主要是落在了中心及边缘国家的农民身上，因为矿

产在 1913 年时的角色还比较次要，它们只是在秘鲁、墨西哥、马来亚、刚果和印度尼西亚居于显著地位。（Lewis 1978：26，201）大体说来，正如他自己的数字显示出的，农产品价格的下跌主要是集中在边缘地区的产品身上，而且，农业在边缘地区具有主导地位（只有少数以矿业为主的地区除外），因此，物价和收入水平的下降，在边缘地区就更为普遍。

大体说来，在整个这一时期，热带国家的贸易规模在不断增长，以贸易量计算的话，年均增长率为 3.8%，以贸易金额计算的话，年均增长率为 3.4%。这也就意味着，热带国家不得不出口更多的商品，以换得与之前等量的出口收入。[1]在 1880 年代余下的年份里，出口总量与出口收入的指数，年均大致相差 6 点，前者比后者高 12%；在 1890 年代，两者之间的指数差盘旋在 15 点左右，前者比后者高出 30%。在 1900 年代，两者的指数开始再次互相靠近，但前者依然高出后者，这也就是说，以出口量计算的指数，仍高于以下降中的出口价格计算的指数。（Lewis 1978：283—284）由此可见，贯穿整个这一时期，尤其是 19 世纪最后几十年，国际贸易体系逐渐变得对“热带”国家不利，在稍低一些的程度上，也在变得对欧洲人新定居的温带出口地区不利。我们将会看到，之所以会有这样的差别，是因为欧洲人新定居地区也在以热带地区为代价获利，此时正是殖民主义在后者土地上最为猖獗的时候。刘易斯评论道：“如果茶叶不是热带而是温带国家的作物，它的价格也许会是实际价格的 4 倍；羊毛如果不是温带而是热带国家的产品，那它的价格也许只有时价的 1/4。”（Lewis 197
1978：189）

刘易斯还观察到，1881—1885 年的进口总值与出口总值之间相差 15%，到了 1913 年则变为相差 10%，其中的差额据推测应该是由运费产生的。而且，这些运费也主要落在了边缘国家身上。这些国家在出

［1］　此处略去了原文的一个计算错误。——译者注

口商品时，不得不支付运费给工业国的船主，而后者为了谋取更多的利润，也想办法将这部分运费维持在比同时期工业国出口商品的运费更高的水平上。(Lewis 1978：279）此外，很多这些价格大幅下降的作物，是外国拥有的种植园生产出来的。刘易斯还注意到："种植园经济涉及了收益外流——投资者将利润汇回本国，契约劳工将工钱汇回家乡。"（Lewis 1978：223）即便是本土的小农种植出的作物，"向海外的出口也要依赖外国人。这在亚非拉都是如此。而且，它在亚洲和非洲所带来的负面影响，要比在拉丁美洲带来的负面影响更为严重"。(Lewis 1978：222）的的确确在发生的事情是，"当相关进出口贸易落到外国商人手里之后，热带国家初级产品生产的过度专业化趋势恶化了"。(Lewis 1978：222）在印度遭受饥荒的1891—1892年、1896—1897年、1897—1898年、1899—1900年，以及1900—1901年(此次饥荒造成1 000万人死亡)，英国仍在迫使其出口粮食。（Lewis 1978：173）

1883—1899年，热带国家的总出口年均增长3.4%，而农产品出口年均增长3.0%；1900—1913年，总出口年均增长4.1%，而农产品出口年均增长3.4%。其中的差距是快速增长的矿石和制成品出口造成的，尤其是因为工业国在后一时期对矿石的需求增长迅速，这也致使它们在总出口中的占比，从1882年的9%，增长到了1913年的23%。(Lewis 1978：174—175）另外，尽管农产品出口的价格在降低，但出口总金额却没有下降，事实上它还在不断上升，因为，"当所有价格都在一起下滑的时候，选择仅剩下了种或不种"，(Lewis 1978：172）这也就意味着非工业国必须种植更多的作物。

在这一时期，世界出口按地区划分的不加权年均增长率为3.5%。这也就是说，西北欧的年均增长率是3.5%，亚洲、非洲和拉美合在一起年均增长率，亦为3.5%。不过，如果将印度的贡献排除在外的话(它的特殊角色会在别处加以考察)，后一个数字会变为3.3%。不同寻常的增长率是美国的3.8%，其他温带欧洲人定居地的4.3%，日本的

7.6%，以及东南欧的2.6%。东南欧的出口增长缓慢，因为它们的小麦和其他商品出口，遭遇到来自美国等地更高效率生产的竞争。印度的靛蓝和苏木出口也成为牺牲品，因为它们遭遇了来自德国化学染料的竞争，印度向中国的鸦片出口逐渐被放弃，蔗糖出口也因欧洲受补贴的甜菜糖而数量大减。（Lewis 1978：169） 198

刘易斯（Lewis 1978：171—172）还有另外两个观察：其一，贸易条件对于国家（country）及其个体农业生产者来说是不相同的，因为后者可能会受到货币贬值、关税及价格管制的影响；其二，白银对黄金比价的持续下跌（1871—1889年间降低了30%，1889—1899年又降低了36%），"庇护"了银本位国家（它们的货币因而大幅贬值）。他拿银本位的印度举例，直到1890年代早期，其国内的批发价格指数，仍基本未变，而国际市场上的热带产品价格同期下跌了17%。他为何将银本位和银价下跌视为一种"庇护"，我们不得而知。我在其他地方会提出相反的主张，既是在普遍意义上，也特别针对印度的情况。

1883—1899年，热带国家的贸易条件下降了6%，而在此之前的1870年代，由于1873年"大萧条"后工业品出口价格的下跌，其贸易条件一度上升了13%。之后1900—1913年，其贸易条件再度上升了23%。不过，根据刘易斯的表A-11，相对于1883年时的水平，它们的出口商品价格，到1913年时下降了17%，而在之前到1902和1909年时，则分别下降了40%和30%。

这些国家出口商品价格与贸易条件变化的差异，源于它们所进口的制成品价格也下降了近40%。前面已经提及这一点。作为消费者，它们可以从进口工业品价格的下跌中获益。不过，如果是作为生产者的话，那么中心国家工业品价格的下跌，则可能会给它们造成严重损害，尤其当它们自己也想实现工业化时。这是因为，国际市场上同类商品价格的下跌，会引起外国廉价工业品入侵它们的本土市场，它们本土的市场又因为出口商的利益，或与中心国家订立的条约（如奥斯曼帝国的情形)，无法受到高关税等手段的保护，它们自身的工业化尝试也就因而会变得异常艰难。另一方面，它们自身初级产品出口价格的下跌，却惠及了进口这些产品的中心国家（不过也有例外：阿根廷小麦与美国小麦在美国市场和国际市场上都展开了竞争)，因为这减少
199 了中心国家的进口开支。对于英国来说，尤其是降低了食物进口的开支。这进而降低了英国的工资成本，使其可以生产更廉价的工业品参与海外市场上的竞争，其中既包括热带国家的市场，也包括温带国家的市场。从 19 世纪中期开始，西欧，尤其是英国，开始从海外大量进口廉价的谷物，以养活它们规模日益壮大的产业工人和失业人口。如果它们没有能力或资金进口这些粮食，它们的工业发展很可能就不是我们所看到的样子了。

除了英国之外，正在迈向工业化的中心国家（德国、法国、日本和美国)，也都不同程度地提高了其保护关税。不少中心国家也变成了原材料的出口国，这其中既包括美国，也包括出口煤炭的英国。另外，殖民势力只是把来自其他中心国家的竞争，排除出了它们的殖民地，但宗主国的制造业可以自由进出，各项殖民政策就是如此制定的。也就是说，殖民势力直接抑制了边缘地区的工业化。

美国和其他温带气候地区所产谷物的可比价格指数（1872 = 100)，从 1872 年的最高点，降到了 1902 年的最低 50。因此，极大的价格损失落在了新开垦土地上的谷物生产者头上。在此期间，他们吸收了大量的外国投资，用以改进生产技术，用以降低陆运及海运费用。“西方世界”所产出供应的小麦，从 1870 年代早期的 10 亿蒲式耳[1]，增长到 1902 年左右的 18.50 亿蒲式耳，然后又起起伏伏地增长到 1913 年的 21.50 亿蒲式耳。其中，单是美国的供应量，就从 1872 年前后的 3.23 亿蒲式耳，增长到了 1913 年的 7.63 亿蒲式耳；同一时期加拿大的产量，

[1]　1 英制蒲式耳合 36.3677 升，1 美制蒲式耳合 35.238 升。蒲式耳与千克（公斤）的换算在不同国家、不同农产品之间是有区别的。——编者注

也从 2 300 万蒲式耳，增长到了 2. 3 亿蒲式耳。这也就是说，北美作为一个整体，从不到 3. 50 亿蒲式耳，增长到了近 10 亿蒲式耳。澳大利亚也从微不足道的数量，增长到了 1913 年的 1 亿蒲式耳。三者加起来占到了整个西方供应量的一半还多。与此同时，西欧的总产量依旧保持在稍高于 5 亿蒲式耳的水平上，但它可以通过进口来养活其不断增长的人口。奥匈帝国和罗马尼亚，将它们的产量从 1 亿蒲式耳，提高到了 3 亿蒲式耳，不过，由于它们自身增长的人口、本土的消费、较低的生产率，以及其他国家的竞争，它们未能变为出口大国。（Lewis 1978：165）

1872—1913 年，欧洲以外西方国家的小麦净出口，从大约 5 000 万蒲式耳，增长到了 1. 50 亿蒲式耳。不过，其中很多年份都超过了 2. 50 亿蒲式耳，在 1908 年时甚至曾一度超过了 3 亿蒲式耳。这一时期的另一主要小麦供应国是阿根廷，其出口量从零起步，迅速增长至年均 1 亿 200
蒲式耳；还有俄国，其出口量从 5 000 万蒲式耳，最高增长到了 1909 年时的 2 亿蒲式耳，之后又滑落到了约 1 亿蒲式耳。尽管印度频繁遭受严重的饥荒，其殖民主子英国还是迫使其出口小麦，多数年份出口量在 3 000 多万蒲式耳，但有些年份也会达到 5 000 万或更多。（Lewis 1978：275ff.）

表 7. 7 汇总了西欧主要供应国的出口数据，所涉及的地区包括东欧，欧洲人新开发和定居的北美、南美，以及大洋洲。注意：所有国家都既是进口国，又是出口国。跨区域的交换可以有效降低运输费用，正如伊朗现在所做的那样，其人口密集的北部在进口石油，其富藏石油但人口稀少的南方，则在出口石油。像美国这样幅员辽阔的国家，那时凭借着从海外进口小麦，来供应其人口不断增长的西海岸，而非从肥沃的大平原地区将小麦穿过落基山脉运到那里。大平原地区所出产的小麦，往往利用五大湖及圣劳伦斯河的便利水运，或是通往美国东海岸各港口的铁路，出口到了大西洋彼岸的欧洲。这也使得利用小麦和面粉套利成为一种可能。

表 7.7　1910—1913 年的主要小麦和面粉出口国

（表中数字为占世界总出口的比例［近似值］）

出口国	小麦	面粉
俄国	23	3
阿根廷	14	4
加拿大	13	11
罗马尼亚	8	3
印度	8	NA
美国	8	39
荷兰	7	NA
澳大利亚	7	4
匈牙利	3	24
保加利亚	1	NA
总计	92	有几项数据欠缺，无法统计总量

资料来源：Berend and Ranki（1974：151）。

不过，美国更能利用其在国际贸易与支付体系中的位置、位置、位置，来获得额外的收入。这一体系已经通过图 2.1 和图 2.2 显示出来了。它使美国能够利用从英属自治领，以及其他正在陷入第三世界国
201 家（尤其是阿根廷、墨西哥和中国）获得的进口盈余，来平衡其对欧洲和英国的贸易赤字。由表 7.7 可以看出，当时更为发达的国家，如美国、加拿大和匈牙利，出口了更多有着更高附加值的面粉，而非仅是依赖小麦出口，但在阿根廷和俄国的同类出口中，小麦出口占据着支配性的地位，英国自治领在较小程度上亦是如此。巴尔干地区的谷物进出口贸易，1850—1870 年翻了两番；之后到 1913 年时，奥地利和匈牙利的谷物贸易又翻了两番。在这一地区的相关贸易中，奥匈两国就占了总量的9/10，其中，奥地利的份额约60%，匈牙利的份额近30%，在 19 世纪中期时如此，在 1913 年时亦是如此。除了两国之外，仅罗马尼亚就设法将其份额提升到了 9%。（Berend and Ranki 1974）

中东欧和俄国也成为谷物、木材和其他商品的重要供应者，这些

商品被出口到此时正处在城市化和工业化进程中的西欧，就像过去几个世纪一直以来的那样。（Frank 1978，1998；Wallerstein 1974）

贸易条件与生产率

简而言之，整个世界劳动分工体系与国际贸易及收支体系，对于正在经历工业化的国家来说，甚至对于正在经历（相对的）去工业化的英国来说，都是一种“正面我赢，反面你输”的掷硬币游戏。另一方面，对于世界大多数 1870 年后陷入“低度发展的发展”的地区及人口来说，所面临的局面也只能是：“正面我输，反面你赢。”鉴于以上这些事实主要援引自刘易斯，我们有必要再探究一下刘易斯自己的分析具有多少的可信度。他曾这样写道：“毫不夸张地说，中心的工业革命并没有依赖边缘”（Lewis 1978：30），我们“必须聚焦于殖民主义的社会心理影响，聚焦于它植入的一种自卑情结”。（Lewis 1978：213—215）“实际上所有国家（country），无论殖民地与否，1870 年以后都做得更好了”，而发展，无论在过去，还是在如今，用他自己的比喻，是“一架载着各国不断向上的自动扶梯，只是各国所遇到的速度有所不同”。（Lewis 1978：16—17）如果事情真是这样的话，那世界就不会分化成今天这般，其程度也不会像现在这样继续加深。以往的知识无助于我们理解这种局面何时、如何，以及为何发生，更别提扭转至今仍在全世界不断扩张的“低度发展的发展”。对此我们需要更多的知识。为此我们可以利用一下刘易斯的自动扶梯比喻，不过我们需要将之变通一下：不仅存在着一部向上的自动扶梯，就在它旁边还有一部向下的。只有意识到了两者的存在，人们才能弄明白怎样从一边跳到另一边，或是避免被推向错误的那一边。我们现在需要搞清楚的，是这套 202
自动扶梯（一边向上，一边向下）的全球性结构和机制。

刘易斯总结道，热带国家“无法通过出口热带产品，将其生活水平提高到欧洲那般，因为其贸易条件设定在了热带农民的低生产率基础之上”。（Lewis 1978：218）更重要的是他在“后记”中所写道的：

“主要的论点依旧是：热带国家的贫穷主要源于它们的低生产率，其次才是它们的贸易条件。它们的生产率低是因为它们的贸易条件差；它们的贸易条件差是因为它们的农业生产率低”。（Lewis 1978：244）刘易斯的结论很成问题，无论是就他自己的论证而言，还是就我们这里更为整体性的分析而言。让我们首先承认这一情形：在强、弱双方组成的损益关系中，强者从中获得的收益可能会少于弱者的损失，因为弱者也可能从中得到一些收益。弱者在这一关系中遭受了巨大的损失，但强者却未必会将之全部转化为收益（以用于自身的发展）。

然而，并不是很容易搞清楚双方各自的绝对优势和劣势（在生产率方面），有多少是双方固有的，如刘易斯暗示的那般；或者，优势和劣势在何种程度上源自双方之间的关系。更为重要的是，一旦事情开始运转，双方之间的动态关系，会在结构和功能上，绝对和相对地放大各自的优势和劣势。历史表明，强者暂时的衰弱（衰退或萧条），会对整个体系产生冲击，但也给一些弱者提供了机会。一些原来处于体系中间位置的成员，而非那些最弱的参与者，往往能够利用这一形势，增强它们自身的优势，并实现发展。这正是波动令刘易斯感兴趣的地方，也是他对所有部分同时进行横向综合历史分析的方法所在。与刘易斯“部分先于整体”的想法正好相反，我们这里的思考主张，部分在整体中的结构和功能性的地位或位置，决定了它们在体系中的活动所能产生的绝对和相对收益。这种角度下的分析，也能解决刘易斯就贸易条件和生产率，所提出的“先有蛋还是先有鸡”式的问题。

我们先用刘易斯自己的说法考察一下这个问题。1870—1913 年，尤其是在处于高点的 1872 年到处于低点的 1902 年之间，生产者价格或贸易条件，与生产率及收入之间的相关性（若非关联性）如何？正如刘易斯所指出的，生产者价格下跌最严重的是谷物（50%）和棉花
203 （46%）。它们的主要生产国是美国，而那里的收入上升得最多，尽管其小麦和棉花工人的收入上升并不是最为显著的。不管怎么样，不利的贸易条件并没有阻碍收入的整体上涨。收入的上涨很可能源自生产

率的上升。增长的大宗商品理论，即用农产品出口带动工业化，出现在了加拿大。加拿大农产品出口的贸易条件，在 1873、1883 和 1913 三个年份是相同的，先是经历了下降，后又逐渐恢复，而在这 40 年中，其全部出口的贸易条件，实际上升了 56%。（Lewis 1978：171）加拿大的情形当然验证了增长的大宗商品理论，但这种情形在大多数农产品出口国都并未发生。的确，对于矿石及其他非农业原材料的生产和出口国来说，贸易条件的下降幅度较小，但它们大多被刘易斯归入了温带国家那一组。不同国家在这些产品的生产中获得的收入有所不同，其高低可能与生产的资本密集程度有关，在这方面北方一般比南方更为资本密集。有些西北欧国家也依赖初级产品的出口，包括尤为“工业化”的英国，它依赖的是日益增长的煤炭出口。此外，北方所生产的农产品，当时实际上经历了价格上升，这必定对其他一些国家有所帮助，使其由大宗商品驱动的发展成为可能。

除了小麦和棉花之外，商品价格和贸易条件经历了最大下降幅度的，是边缘国家生产的热带作物。根据刘易斯的说法，这些国家的收入也获得了提高，而它们的低度发展是因为农业生产率低。刘易斯这里指的好像仅是劳动生产率，即劳动投入相对于产出的比率。然而，这些国家过去是，现在仍旧是，利用基于其丰富劳动力的劳动密集型“勤劳”生产，来与其他经济体进行竞争的。（Sugihara 2004a）它们所拥有的其他生产要素，尤其是土地和资本，相比于美国及其他欧洲新定居地区，要稀缺得多。后者拥有丰富的土地和其他资源，也借由外国投资而获得了大量资本。而在这些热带国家，正如我们下面将会看到的，“外国投资”并没有带入更多的资本，反而将其吸收转移了出去。所以，热带地区（以及非热带地区的中国和日本）的劳动、土地以及资本的投入总和，或者他们所称的全要素生产率，当时未必就显著低于西欧、美国，以及英属自治领等温带地区。我们也许可以对后一地区某些经济体的全要素生产率做出估计，但却不太可能在前一地区发现多少可用于对比的数据，来对这一重要问题进行检验。

204 我们有一些推论性的间接证据显示，热带国家劳动密集型的“勤劳”生产，在农业、制造业、矿业、服务业等领域，很大程度上在本土市场得到了延续，这种情形尤其是发生在了亚洲，当然也包括非洲和拉美。如果“勤劳”生产中的全要素生产率，比西方“工业”生产中的全要素生产率低很多的话，那热带产品就不会在本土市场抵抗住了外国的竞争，并在国际市场上还具有着一定的竞争力，甚至还被销往西方的一些市场。杉原薰强调，亚洲人也在对原有的技术进行改造，或是直接发明出新的技术，用来提高其资源组合的利用率。这也就是奥罗克和威廉森所强调的，资源的合理配置会对不同及变化的要素价格做出响应。（Sugihara 1999；也可参见 Frank 2002）

一个有趣的案例研究可以很好地揭示这一点。J. N. 塔塔创立的印度塔塔集团，现在以其钢厂闻名于世，但它是以纺织业起家的。1864 年，塔塔在英格兰考察了纺织业。1867 年，他在孟买借由一家旧厂开始创业。1874 年，他在那格浦尔开办了中印度纺织制造公司。那格浦尔的土地很便宜，农产品很充裕，铁路交通也在那里会聚。1877 年，他开办了女皇工厂。这家工厂是以维多利亚女王命名的，在这家工厂开业的同一天，她加冕为印度女皇。1885 年，在当时的法属本地治里，他开办了一家工厂，试图通过这种方式免缴关税向法属印度支那出口纺织品。这一尝试并不成功，但蕴含的意义重大。1886 年，他接着针对印度市场，开办了其他一些工厂。他曾经这样写道，他可以“成功地用本地的棉花纺出更多纱线……以更低的成本和更高的效率，凭着不熟练但廉价的劳动力，只要我们在其中指挥得当”。不过，他也曾写道：“眼下这种劳动力不熟练的状况，使得我们的工厂几乎不可能采用最近改进得更为复杂的机器。”（转引自 Benjamin 2004：3873—3875）他提出了其他一些方案。一是让印度种植高等级的埃及长绒棉；二是从更为偏远的农村地区输入其他类型的劳动力。以上两个方案均未有结果，这在很大程度上是因为缺乏殖民政府的必要合作。于是，他转而采取第三种方案，寻求更为适合印度条件的纺织技术。结果，“通过实施重大的技术创新，塔塔给印度的纺织业带来了一场程度较低的技术革命”。（Benjamin 2004：3873—3875）他在自己的工厂中引入了环锭，并针对印度的条件做了一些改动。当时，这种技术在美国已经被抛弃，在英国还在继续经受着反复的试验。塔塔等人非常成功地提高了生产能力和生产效率，以及相应的赢利能力，尤其是在供应印度市 205
场的粗棉布料方面。“这是印度工业第一次在技术上领先于国外同行，这应当归功于塔塔。”（Benjamin 2004：3873—3875）功劳很是应该属于塔塔，但也应该属于杉原薰，因为他认出并分析了塔塔所作所为的重要性，尤其是在采用适合印度的技术方面。这使得“眼下大量不熟练但廉价的劳动力”，能够被用来“以更低的成本和更高的效率纺出纱线”，以在世界市场上占有一席之地。此即亚洲的“勤劳发展”模式，而这种模式的分布非常广泛。

杉原薰进一步总结道：

> 东亚地区通过发展出一套可以充分利用家庭劳动力的技术和制度手段，成功地对自然资源的限制，尤其是土地的稀缺，做出了反应。此处定名为勤劳革命的这种路径，试图动员的是一切可用的人力，而不是非人力，来维持和提高产出。这种劳动密集型技术的发展……使得小规模生产变得劳动密集和高效，而农民家庭作为独立生产单位的情形，也使得劳动力利用更为容易，使得工作中的积极性更高。这种技术也鼓励农民发展出管理和人际技能，用以察觉和预防潜在的麻烦。原工业化及农业的商业化，都在强化着这一路径。……事实上，全球的工业化有两种路径：一种以美国经验为代表，它着重于发展资本密集和资源密集型的技术；另一种以东亚经验为代表，它着重于发展劳动密集和资源节约型的技术。……因此，日本奉行了工业化的另一种模式，相较于资本，它投入了更多的劳动力。我将此称为劳动密集型工业化。1880 年代开始，日本创造出一系列的现代亚洲工业品。……后来，

其他亚洲国家加以跟进。(Sugihara 2004b：3855—3856)

以上这些讨论，使得刘易斯将生产率视为首要原因的主张，看起来难以成立。因为在那种情形中，总的和人均收入可能一直——实际上也确实是——主要由人均的土地和资本数量，以及技术水平来决定的，而这些技术的发明和应用，则是对土地/资本/劳动力比率，以及相关要素价格的反应。正如刘易斯所指出的，西方可用于投资的资本不存在短缺，西欧的土地短缺问题，通过其海外边疆得到了缓解，首先是欧洲人新定居地的大量新开发土地，然后还有东欧和俄国的土
206 地。西欧的劳动力过剩问题，也通过主要是向西、其次是向东的移民，得到了很大程度上的缓解。这些劳动力，再加上其他一些资本，将那些地方丰富的土地和其他资源，转化为在当地和欧洲用作消费和投资的经济产品。大量收入因此源源不断地产生，两地也都从中获得了利益，不过，收入的分配并不公平，这在一定程度上是因为贸易条件。

总而言之，较低的生产率水平未必会给收入水平加上盖子，也未必会造成贸易条件的下降。塔塔的纺织工厂中的全要素生产率，低于其欧美竞争对手的工厂中的全要素生产率吗？显然不是，可能正好相反。真实的情况是，人口稠密的亚洲和拉美某些地区，之所以“未能将其生活水平提高到欧洲那般”，是因为它们早已较高的人口/土地比率，以及（或）更少可以利用的资本。后一种情形，尤其出现在了非洲。另一方面，亚非拉地区产品的生产者价格的不断下跌，以及由此导致的贸易条件下降，则不仅是它们的收入水平加上了盖子，还进一步减少了它们的绝对收入，并使其与收入增长地区的差距进一步拉大。正如刘易斯指出的，这一过程也扭曲了收入分配，使之偏向了本国及外国的初级产品出口商人。另一方面，它也将大部分有工作、没工作，或是半失业的居民，推向了赤贫。所以，有关于此，应该着力探讨的：贸易条件及其对收入差距，甚至是生产率的影响。

西方的兴起再讨论

对于推动西方的兴起，进而是大分流的机制，既有的研究可以以阿什沃思（Ashworth 1962：195）及其“部分先于整体”的取向为代表：“储蓄率达到较高的水平……对此，大部分的解释须在那些国家内部的历史中探寻。”然而，因为一系列的原因，这一判断既不可信，也不真实。一是前文述及的大规模国际移民，这些移民肯定对“那些国家内部的历史”产生了深远影响。

还有一系列其他的历史及方法论原因，可以说明为什么我们必须直接抛弃整个对生产、生产力、储蓄等的“内部历史”的聚焦（其中，英国的情形受到了首要的关注）。实际上，英国 19 世纪工业生产的年均增长率，无论是总量还是人均，都呈现出了下降趋势。（Saul 1969：36）根据索尔（Saul 1969）所使用的怀特（Wright 1965：407）早些时候的估算，英国工业生产的年均增长率，在 19 世纪前半叶超过 3%，而在接下来的 20 年中，则降为 2.2%（据索尔的估算为 2.7%）。但如果按人均来计算，仅有 1.5%；除去棉花产业和建筑业之后，甚至更低。（Saul 1969：36—37） 207

在之后的 1874—1907 年，英国工业生产的年均增长率变得更低，总量稍高于 1.5%，人均则只有 0.15%；在 1875—1883 年的“大萧条”期间，甚至没有任何增长；而在 1900—1907 年，更是出现了负“增长”。（Saul 1969：36—37）

甚至在 1850—1873 年不列颠治世下的大繁荣期间（类似于美国在 1950—1973 年的状况），货币工资的增长仅稍高于 1/2，实际工资的增长则为 1/3。之后，二者在“大萧条”期间双双下降，只是到了 1885 年才恢复上涨，不过从 1900 年开始，它们又都经历了长达 5 年的下降。1850—1913 年，真实工资的增幅不超过 60%；这一增幅还是排除了大量没有工资收入的失业人口之后的。

工业化

阿尔弗雷德·梅泽尔斯（Maizels 1963：8，9，29）这样写道：

> 工业化是经济进步的关键，因为在供给方面，它使得制造业在国民产出中所占份额大幅上升，而制造业的人均生产率则要高于农业。此外，制造业生产率的提高也要快过其他部门，而且，制造业也带动了其他部门生产率的提高。工业化还带来了劳动人口在总人口中所占比例的上升，当然，还有制造业中工人数量的大幅增加，以及前面提到的制造业中生产率的上升。在需求方面，工业化提高了对资本品、化工产品，以及耐用消费品的需求。此类产品的市场需求，相对于纺织品和食品，得到了大幅度的提升。

“一战”爆发前的 1901—1913 年，是一段经济快速增长的时期。1899/1901—1913 年，美国制造业的规模扩张了 80%，欧洲大陆扩张了 68%，英国扩张了 35%。按比例计算，食品加工业和纺织业在制造业
208 中所占份额都有所下降。金属制品和机械的出口方面，按数量计增长了 140%，而按单位价值计，仅增长了不到 10%。尤其是运输设备，总量增长了 235%，但按单位价值计，实际下降了 12%。另外，化工产品总量增长了 117%，总值增长了 6%；其他金属制品和制成品，总量的增长为 60%，总值的增长仅 10%。（Maizels 1963：46，169）

我们可以对表 7.8 中 19 世纪晚期英国、德国和美国制造业的年人均增长率加以比较。可以从中看出，1781—1913 年，英国的年人均增长率不到 1%，而德国、美国的年人均增长率则高达约 2.7%，是英国水平的 4 倍。1890—1914 年，德国钢产量的增长率是英国的两倍，而且还有着巨大的成本优势。（Saul 1969：49）

相应地，这三个国家的资本形成，也是后进入工业化的两个国家更快一些，并且，它们显然都没有受到 1880 年代的萧条的影响（见表

7.9)。这也就是为什么索尔会呼吁："最好还是尽快放弃'大萧条'这一说法。"（Saul 1969：54—55）

对比有关工业化和资本积累的两份表格，可以看出，德国和美国的进展都比英国更快。这也至少引出了两个非常有趣的重要问题。第一，表 7.8 中的工业增长与表 7.9 中的资本积累增长，明显不成比例，这样一 209
来，生产和生产率就不能再被视为唯一的原因来解释资本积累了，尤其是就英国的情况来说（我们将会在下文看到，就美国的情况来说，亦是如此），那么，其中还牵涉到了什么呢？第二，为什么英国的工业增长率只有另两个国家的 1/4，却能将其资本积累的速率保持在另两个国家的一半以上呢？这两个问题的答案，必须到工业之外去探寻，而且，也不能仅是关注其商业、金融或政治实力，还要考察它们在世界经济中的位置。

表 7.8　1871—1913 年英国、德国、美国的制造业增长　（年人均增长率）

	英国	德国	美国
1871/1875—1881/1885	0.6	1.7	2.7
1881/1885—1896/1900	0.9	3.9	2.1
1896/1900—1911/1913	0.7	2.5	3.2

资料来源：Saul（1969：39）。

表 7.9　净国内资本形成：英国、德国、美国占国内生产净值的百分比

	英国		德国		美国
1855—1874	7	1851—1870	8		
1875—1894	7	1871—1890	11	1869—1880	14
1895—1914	8	1891—1913	15	1889—1913	13

资料来源：Saul（1969：41）。

贸易平衡（差额）

"因此，我们不得不得出这样的结论，英国的新工业体系并未创造出出口盈余。……毫无疑问的是，在整个 19 世纪上半叶，英国都是一

个净进口国。”（Imlah 1958：40）虽然这段话描述的是 19 世纪上半叶，但这种模式也在 19 世纪下半叶得以延续，尽管英国的贸易条件和出口能力，在 1871 年以后都有所下降。

以 1873 年时的最高点为指数 100，1877—1884 年英国的贸易条件，大约为 84 或 85。1885 年开始，它经历了新一轮的缓慢上涨，逐渐增长到了 1888/1889 年的 88，不过后面有几年又降到了 86。1890 年代，它恢复至 94；1900/1911 年时，甚至增长到了 102。1902—1913 的十余年间，指数为 96 ~ 99。总之，到了 1913 年，贸易条件已经基本恢复至 1873 年时的水平。伊姆拉还创建了一种名为“市场或贸易条件”的指数，用来反映贸易量及相对价格的变化所带来的收益和损失。以伊姆拉的这一指数来看，英国在“大萧条”期间衰落了下来，因为贸易在整体上增长更为缓慢了。将 1872 年时的高点设为指数 100，它在 1877 年降至 67，在 80 年代恢复至 81 左右，在 90 年代又再次降至约 72，之后在新世纪的新一轮增长中得到了恢复，但在 1913 年时也仅有 90，相比之下，同一年的商品贸易条件指数为 99。（Imlah 1958：96—98，笔者做了重新计算）

尽管出口收入远低于进口支出，而且两者之间的差距，还在变得越来越大，英国的进口盈余还是在一直持续。英国这一时期长期持续的出口赤字/进口盈余，可见表 7. 10 中以 10 年为单位统计的数据。

表 7. 10　英国的进出口贸易　（单位：100 万英镑）

年份	出口	进口	进口 - 出口	进口盈余/出口
1860 年代	1 661	2 234	573	34%
1870 年代	2 204	3 139	935	42%
1880 年代	2 342	3 039	697	30%
1890 年代	2 396	3 852	1 456	60%
1900—1913	4 938	6 354	1 416	29%

资料来源：数据基于 Imlah（1958：96—98，Table 8）；笔者做了重新计算。

如果一国的进口和消费，就像英国那样，通常高出生产和出口 210
30%～60%，那它如何能在内部积累起资本呢，就像阿什沃思声称的那样，又如何能向海外进行大规模投资呢？1896—1905 年，英国制造业出口的规模，仅相当于其进口规模的 62%。英国当时年均收益率为 5% 的海外投资，也无法产生足够的收入，使其海外资本总量在 10 年间几近翻番。

那么，英国从何处筹集到这些用于海外投资的资金呢（例如投资于美国铁路建设的资金）？的确，其中有一些资金来源于无形收入，如先前的海外投资产生的利息、船运业的利润、保费等，正如凯恩和霍普金斯所强调的。（Cain and Hopkins 2001）不过，这些仅够英国用来平衡其结构性的商品进口盈余。另外，要想从其投资中获得无形收入，英国、欧洲大陆，以及后来的美国，就首先需要进行海外投资。过去的解释漏洞百出，我们需要更好的解释。对此，希尔格特（Hilgerdt 1942，1945）和索尔（Saul 1960）的研究，给我们提供了很好的启示。

索尔在自己的书中问道："这是如何发生的？"他也在书中给出了自己的答案：主要不是工业或农业生产，而是"不断提高的贸易条件和海外收入，推动了国民收入的上涨，还使其消费的增长可以快于生产的增长，那一时期，本土生产的增长率正在逐步放缓"。在 19 世纪下半叶，英国相对于世界其他地区的贸易条件，上升了 20%，之后到 1913 年又下降了 2%，后者在 1900 年代实际工资的持续下降中也有所反映。（Saul 1969：32）我们的整个认识都需要加以更新，这一问题仅是个小小的开始。

世界贸易网络 211

1800—1900 年，欧洲的人均制造业产出增长了 3 倍；如果把时间范围限定在 1800—1913 年的话，欧洲的人均制造业产出，则是增长了 4 倍。在此期间，新定居地区从比较低的起点，到 1900 和 1913 年时，分别增至1800年时的7倍和12倍。所有这些增长，几乎都发生在1860年之后，尤其是发生在1880年之后。根据贝洛赫的研究，欠发达国家的人均制造业产出，1800年时相当于英国水平的40%；到1880年时下降了一半，仅相当于英国水平的20%；之后到1900年时又下降了1/3，仅相当于英国水平的13%；而到了1913年，更是降至仅相当于英国水平的2%。（Bairoch 1997：I—404）不过，如果从世界各地的定性而非定量证据来看，几乎可以肯定的是，贝洛赫低估了第三世界在1880年时的水平，也低估了这些地区在19世纪的增长。我们如果利用麦迪逊的估算，来计算亚洲人口稠密地区的人均GDP水平，就会发现它们在1820—1870年的绝对下降仅为5%，之后到1913年时，又上升了16%。然而，麦迪逊的估算甚至比贝洛赫的更不可靠。刘易斯（Lewis 1978：163）指出，印度在1913年时的人均制造业产出，仅相当于美国的1%，相当于英国的1.1%。其他的资料来源，以生产所用纱锭数量的形式，估算了日本、中国和印度的主要纺织厂，在1900和1913年时各自的规模：日本，1 200和2 400；中国，400和1 000；印度，5 000和7 000。（Amsden 2001：80，作者对数据做了取整）

以上三个现在已经发展到相当程度的国家，以及已经发展得相当充分的英国，它们日益增长的繁荣和相互之间的会聚（convergence），都很可能更多源自它们在世界劳动分工中的地位，以及它们操控世界金融体系朝着有利于自身的方向转变的能力，而非它们自身的劳动力或各种生产要素的利用对相对要素价格的反应。直到今天，情形依然（更加）如此。美国在1990年代出现的繁荣，与克林顿政府洋洋得意的说法相反，并非源自任何独特的美式效率或生产率，高生产率仅出现在电子产业，而它很快就淹没在了一体化的全球经济中。尽管有着巨大且不断升高的贸易赤字（对外投资在其中仅占了很少的比例），美国还是有着非常庞大的消费规模，这主要源于它在全球的特权地位。这种地位主要建立在两大支柱之上：美元，它是主要的世界储备货币；五角大楼，它是新世界秩序的维护者。两者是相互支撑的。它们都使美国人能够以世界其他地区大多数人的巨大损失为代价，实现自身的繁荣。1990 年代发生在苏联和东欧的事情就是如此，在较低的程度上还有 1997 年东亚部分地区发生的金融危机，两者均是因为美国的政策而发生的，其局面又都因美国的政策而更加恶化。212

回到 19 世纪，索尔指出：

> 第一次世界大战前，世界贸易格局的大致轮廓，已经清晰地显现了出来。欧洲和北美正迅速迈向工业化的国家，扩大了它们从初级生产者那里，对原材料和食品的采购，它们与这些国家之间的收支赤字，因而也都出现了大幅度的上升。不过，英国是个显著的例外……因为它是最大的债权国，从所谓的“无形”支付中获得了大量的收入。（Saul 1960：45）

希尔格特也揭示出了这样一种情形：

> 初级产品的生产国从英国的进口量日益增加，而它们用于支付相应货款的资金，则来源于向新兴工业国日益增长的原材料出口，后者对原材料的需求也在迅速上升。我们已考察的这些贸易动向，也在很大程度上受到了金融交易的影响。生产初级产品的地区，从它们对英国之外的工业国日益扩张的净出口中所获得的收入，主要是被用来支付欧洲（尤其是英国）资本投资的利息与分红，以至于它们所获得的出口收入，都不足以用来支付对英国的进口费用。因此，这些地区不断增长的商品进口，很大一部分需要再从英国输入资金来支付。……就各方面说来，毫无疑问，英国通过它与初级产品生产国的贸易，从其他地区的制造业发展中获得了利益，这种情形至少持续到了 1914 年。

希尔格特继续写道：

我们关于贸易平衡的研究结果可以概括如下：

(1) 相比于它们的人口和工业规模而言，先进工业国的自然资源比较有限，它们的发展通常要依靠与初级产品生产国之间贸易的不断扩张，即出口更多的制成品，进口更多的初级产品。(2) 此种商品流动与其他地区的工业发展并不矛盾，有好几个国家的例子显示，它们从自然资源的出口中获益良多，这种出口不仅使它们的制成品进口得以扩张，也促进了它们自身制造业的发展。(3) 直
213 到 1913 年，没有任何迹象显示，工业的逐渐扩散在抑制老工业国的出口，并因而阻碍了它们的经济增长；正好相反，有强有力的证据显示，这些国家的状况在变得更好。在 1820 年代，其中某些国家的出口情况变糟，但这并非正常工业扩散的内在力量所致，而是源于 1914—1918 年战争期间国际经济关系中的风波。当多边贸易在 1930 年代受阻，促使经济解体的力量占了上风时，工业国的初级产品进口，通常只能通过一些商业政策（意味着广义的经济战）才得以确保，而相关进口所需要的资金，也是通过减少资本输出，或变卖海外资产获得的。(Hilgerdt 1945：106)

总之，造成一国“先进”与否的关键和决定性原因，不是内部因素引起的“正常工业扩散”，而是多边的贸易与支付体系。不久之后，这些国际关系就遭遇了“风波”与“解体”，增长也受到了严重抑制。

尽管英国长期存在着结构性的贸易赤字，但它还是能在国内增加收入，提高工资（尽管比较迟缓），并在海外进行大规模投资。解开这一谜题的答案，正如索尔（Saul1960）所展示的，必须到贸易与支付的多边体系中去探寻。英国在这一体系当中占据的特权位置，使得它可以进行这些投资，并从中获利；英国这一位置在根本上是以印度和中国的劳工为基础的，其次是以其他正在陷入欠发达的地区为基础。白人定居者为主的英属自治领和美国，以及西欧，也都因它们在这一多边贸易与支付的全球体系中所占据的位置而获利，只是获利的方式更

为间接一些。也正是这一体系，为它们的大规模移民，为它们的自然资源开发，提供了大量的资金，使它们可以实现快速的经济增长和收入提高。

这种全球劳动分工及其通过世界贸易网络的实施，是早已存在了数个世纪的三角贸易模式的延续。有关这些三角贸易，我们会在下文加以考察。通过融入更多的三角，其结构在变得更为复杂，但性质并未发生根本变化，这与希尔格特的看法相反，除非 1870 年后差距突然而迅速地拉大，被视为一种性质上的转型。正是从这种意义上说，这一不断增长 214
的商品贸易与支付网络，导致了大分流的发生，尤其是在 19 世纪末。

在这一时期，这一多边体系出现了诸多变化，以下是值得特别注意的几种：（1）美国在这个体系中的角色逐渐吃重，它在不断地向着中心顶点的位置移动；（2）随着加拿大、澳大利亚、南非等“新定居地区”的兴起，以及俄国向东的扩张，出现了一些不同以往的新关联，这些新关联不只使这些地区从中获益，还使之前早已存在于体系中的一些地区获益；（3）德国在这一体系中的存在感越来越强，它与体系中其他地区之间的关系也越来越重要；（4）愈加陷入“第三世界”的地区之间的新关系，某种程度上使它们自身获利，但在更大程度上则是使那些在体系中占据更好位置的地区获利，包括（2）中提到的那些；以及（5）中国在这一多边世界经济体系中的地位，正在逐渐恶化（如今正在恢复?），就像早些时候印度所经历的那样，它开始出现商品出口盈余和国际收支赤字。

凯恩和霍普金斯指出了这一体系的其他转型，尽管它们不如上面的那些更为根本：

> 工业化的欧洲及美国，与欠发达和新定居地区之间存在着赤字。既然英国与那些地区之间存在着盈余，那它就可以用之来偿还对工业竞争对手们的债务，而后者则可以凭借它们清偿对欠发达地区的债务。到了 1914 年，英国与新定居地区之间的盈余开始

> 消失，这有两方面的原因，一是这些地区向英国的初级产品出口在不断扩大，二是英国的出口产品在它们那里的市场竞争力日益衰退。因此，英国平衡它与欧洲和美国之间赤字的能力，越来越多地要依靠无形收入盈余，以及它向少数欠发达国家出口制成品的能力，这些欠发达国家主要是印度这样位于英帝国内部的国家，英国向它们出口的制成品也主要是纺织品。鉴于英国的传统出口增长缓慢，而且其面临的市场竞争不断加剧，这一多边结算模式正面临着威胁。此种模式一旦出现问题，大家对此整个以英镑为基础的体系的信心，也就会受到削弱。（Cain and Hopkins 2001：201）

我将会提出一个定性的主张，并以有关世界经济构成方式的可用数据，来支撑这一主张。尽管（或正因为?）存在着大萧条，也只是在1873年之后的这一时期，才真正出现了影响深远的技术变革，而且，这一变革是由科学探索驱动的。正是因为有了科学探索的加入，才孕育出了石油、化工、电力和内燃机等产业，也正是因为这些新产业的
215 出现，才使得这次技术变革有着极为深远的影响。对以下三者之间的“三角”关系，我们需要进行更多的探究：（1）指向技术的投资与生产率的提高；（2）此类投资的资金来源；（3）被忽视的世界政治经济多边体系，在世界收入增长中所起到的作用，及其在熵的不公平分配与耗散中所起到的作用。

早在写于1972年的《多边商品贸易的不平衡与不均衡的经济发展》一文中，我就对这一时期进行了一些探讨。这篇文章对取自希尔格特、索尔、沃伊廷斯基夫妇等人的数据，进行了大量复杂的重新计算，从中可以看到“第三世界”至关重要的绝对和相对贡献。这一多边的贸易与支付体系，对世界经济体内的收入增长，做出了重要的贡献。然而，全世界产生的这些收入，却被极不公平地分配了。这种不公平的分配，有些是通过直接的方式，更多是通过迂回的路线。它使

一些国家实现了经济发展，使其他一些国家陷入了“低度发展的发展”。在很大程度上，以上两点均被麦迪逊、贝洛赫和奥布赖恩等人忽略，甚至是否定掉了。他们仅仅关注贸易和投资的双边流动，未曾注意到多边流动。对于国际支付流向的聚焦，掩盖了真正重要的事实。一国的对外商品贸易有着“顺差”，并非就对它有利；同样，一国的对外商品贸易有着“逆差”，也并非就对它不利。对于国际支付流向的聚焦，也使生态交换与熵耗散的存在和影响，被大家忽略掉了。

沃伊廷斯基夫妇（Woytinskys 1955：186）早就已经指出，有利差额（“favorablebalance”，即“顺差”）和不利差额（“unfavorable-balance”，即“逆差”）这种传统划分，具有很大的歧义，很容易引人误解：

> 有利差额对不利差额。与 18 世纪的重商主义者一样，我们还在用“有利”或“不利”差额这对术语，来描述一个国家与其他国家之间的交易活动。即便它们被“积极差额”对“消极差额”，或“出口差额”对“进口差额”取代时，其原始的内涵依然得到了保留：在某种模糊的意义上，出口大于进口被视为“有利”的，而进口大于出口被视为“不利”的，会对国家的繁荣产生威胁。

因此，我在本书放弃了这对术语，转而关注绝对或相对的商品出口，以及它们在相关贸易统计数据上反映。此处所说的统计数据，主要是有关商品出口盈余和赤字的；其次是有关船运、保险，以及其他金融服务的。

这些双边贸易是世界贸易网络及其多边贸易与支付体系的组成部分，想要得到有关这些双边贸易的综合性数据，我们必须回到 1928 年， 216
因为现有的此类综合性数据，最早的就是有关这一年的。它来自希尔格特。我在 30 年前就曾援引希尔格特的数据做过相关研究，那时也发现，1928 年时的网络，在很大程度上仍与 1913 年及更早些时候的相似，尽管它在量的层面上有所增长。因而，回顾一下我之前就 1928 年的发现，也许可以让这里的讨论得到一些启发。（Frank 1979：172—208）我并不打算将那些讨论在这里重复，只是会列出一个总结性的表格（见表 7.11），并就可以从中导出的趋势和结论，进行一些探讨。

表 7.11　1928 年世界各地的商品进出口贸易状况

进口盈余/出口赤字（+）　进口赤字/出口盈余（-）

（单位：美元［以当时币值计算］）

各贸易地区 / 其贸易对象	1. 全欧洲	2. 美国与英属自治领	3. 欠发达国家	4. 全部
全欧洲	—	-2 072	-830	-2 900
美国与诸自治领	+2 070	—	-660	+1 410
欠发达地区	+830	+600	—	+1 490
总计	+2 900	-1 410	-1 490	—

资料来源：Frank（1979：180，Table 2）。

从我在 1979 年给出的讨论和相关表格中可以看出，欠发达地区在它们与其他地区的“双边”关系中所支付的，超过了欧洲大陆对英国的出口盈余，相当于英属自治领净出口盈余的 1/3，将近美国净出口盈余的一半，尽管它们从英国收到的 4 000 万美元，已经使此项支付金额有所降低。我们现在来细看一下以上四个主要地区。略过那些经济规模很小的自治领之后，我们可以看到，每一地区总的出口或进口盈余，都在 14 亿 ~ 15 亿美元之间。英国与欧洲大陆的商品进口盈余，都保持在这一数字；美国与欠发达国家的出口盈余，也都保持在这一数字。英国与欧洲大陆（包括苏联和日本）合起来组成了“全欧洲”（第 1 列/第 1 行）；美国和英属自治领组成了一个“地区”（第 2 列/第 2 行）；欠发达国家则组成了另一“地区”。“全欧洲”的商品进口盈余为 +29 亿美元（第 1 列/第 4 行），美国和英属自治领在其中占了一半（-14.10 亿），欠发达国家占了另一半（－14.90 亿）。1928 年的世界总出口约为 320 亿美元，利用其他地区的出口数据，可以计算出当年欧洲总进口约为 180 亿美元。（Hilgerdt 1942，1945）因此，欧洲 29 亿美元的进口余额，相当于世界总出口的 9%，相当于欧洲总进口的 16%。这些余 217
额中的一多半来自欠发达国家，其规模相当于世界总出口的 5%，相当于欧洲总进口的 9%。欧洲的商品进口长期大于出口（这也反映在其 1928 年高达 29 亿美元的净出口赤字上），这也就意味着，它的超额消费是由欠发达国家直接或间接供应的。

我们在回顾过基础性的数据（Frank 1979：202—204）之后可以发现，欠发达国家对美国的出口盈余为 6.10 亿美元，对英属自治领的出口盈余为 5 000 万美元，两者总计 6.60 亿美元。在这一总量的统计中，甚至还包括了阿根廷对美国 1.10 亿美元的出口赤字。这 6.60 亿美元，几近美国和英属自治领对欧洲出口盈余的一半。因此，我们可以在某种程度上认为，美国与英属自治领之所以能够在对欧洲的贸易中，长期保持着出口大于进口的状况，是以欠发达国家的牺牲为代价的，因为后者对美国和自治领的出口盈余，相当于它们对欧洲出口盈余的半数。欠发达国家以自己的产品为代价，资助了美国的出口盈余。当然，不会有人来偿还欠发达国家付出的这一代价，因为它们不像美国那样，与其他国家之间存在着进口盈余。中国和北非是例外，它们有着商品进口盈余。对于中国，这反映着它在世界经济中的另一种地位，这也许是因为，西方国家没有能力像它们在其他正陷入欠发达的第三世界所做的那样，强迫中国就范。对于北非来说，此种贸易模式的出现，可能是因为阿尔及利亚等地的大量欧洲定居者。将中国和北非从总量中排除之后，欠发达国家的出口盈余，变成了相当于世界总出口的 6%，相当于欧洲总进口的 10%，而且，这一盈余要占到它们自身出口的 28%。就这些百分比而言，1913 年及之前的数字，与此十分相似。为了将这些复杂的关系简化，突出进出口盈余的流向，我们又另外制作了表 7.12。

表 7.12　19 世纪后期和 20 世纪早期世界主要地区之间的进/出口盈余方向

地　区	与之有进口盈余/出口赤字的地区	与之有出口盈余/进口赤字的地区
英国	所有其他地区	无
欧洲大陆	美国、英属自治领、南方地区	英国
美国与英属自治领	南方地区	欧洲，英国
南方	无	所有其他地区

资料来源：Frank（1979：189）。

正如我在第二章中指出的，1928 年的世界多边贸易和结算体系，可能已经被康德利夫的示意图展示了出来。本书的图 2.1 就是根据康德利夫的示意图，并对之做了一项重要修正后绘制的。此项修正会在下
218 文加以介绍。“顺时针来看”，康德利夫（Condliffe 1950：285）写道：“这张示意图展示了多边贸易体系中主要的商品流动。箭头指示着流向。每一地区对下一地区的出口，都大于从下一地区的进口。”在第二章中，我已经讨论了康德利夫有关出口的分析的含义。我们也可以逆时针，从进口盈余的角度，再来看一下这一环路。英国从所有它后边的地区获得了进口盈余。欧洲大陆对英国有着出口盈余，但它从所有其他地区获得了进口盈余；英属自治领对以上两地有着出口盈余，但对其他两地有着进口盈余；之后是美国，它从欠发达国家获得了商品进口盈余，但对其他所有地区有着出口盈余。至于最后的欠发达国家，对所有在它们“前边”或上面的地区，都存在着出口盈余/进口赤字，只是从英国收到了小规模的进口盈余。（Frank 1979：176—179）世界各地及英国的贸易赤字，通过这一多边体系得到了平衡；另外，1870 年后资本和投资收入的大规模流动，也是通过这一多边体系而得以实现的。当然，这最终还是要感谢印度。

1913 年的贸易模式和比例份额，看起来好像与此十分相似。希尔格特并未就 1928 年之前的多边贸易给出一份表格，也并未就本章所探

讨的这一时期，给出任何综合性的数据。幸运的是，梅泽尔斯（Maizels 1963：426—427，Appendix Table A1）建立了一个类似的表格（可惜数据不够翔实），其中包括早至 1899 年的数据。我们可以利用它来确定一下，1928 年时的情形能在多大程度上，代表“一战”前这一时期的状况。有关这一时期的数据，前文有不少甚为分散的引用，相关数据也出于多种来源。作为补充，我以“1899 和 1913 年的世界商品贸易”为名，在这里建立了表 7.13。之所以选择这两个年份，部分原因是它们比较具有代表性，但更为重要的是，梅泽尔斯（Maizels 1963：270—271）就这两个年份给出了可用的数据。不幸的是，梅泽尔斯使用这些数据的意图，与希尔格特（Hilgerdt 1942）和我的大为不同，因而在数据的地区划分上，也与我俩有着根本性的差异。尤其需要指出的是，他在“出口自”条目下所列出的地区数量，少于“出口向”条目下的，后者的数据也更为翔实；还有，他并未列出“进口到”及“第三世界”条目。因此，我不得不利用他在“出口向”条目下的数据，建立起对这些数据的相关估算。我希望在这里明确一下，这些数字并非精准数据，本书读者切不可将其简单地复制到自己的研究中。我创建表 7.13 的意图，也并非要给出相关的数据，而是要用之来验证 20 世纪初期的世界贸易模式，是否与我们前文讨论的 1928 年的模式相似。前一时期是本书的关注重点，而对后一年份，我们有着更为翔实的数据。由表 7.13 来看，答案似乎又是肯定的：“一战”前世界商品 219
贸易的结构与模式，与我们前文揭示的相同。

表中有关 1899 和 1913 年的数据显示，在英国、西欧，以及北美这三个地区之间，出口的多边流动与 1928 年时非常相似。它们再次确证了英国的整体贸易模式，它“进口自”其他两个地区的，要超过“出口到”其他两个地区的；欧洲大陆对英国的出口，要大于从英国的进口；北美对另外两个地区的出口，要大于从它们的进口。梅泽尔斯也列出了以上三地向以下地区的出口：日本、南半球的自治领（澳大利亚、新西兰、南非）、其他半工业化国家（见下文）、印度、俄国，以及“世界其他地区”，它包括第三世界其他地区和少数其他国家。不过，梅泽尔斯并未提供这些地区条目下的可比出口数据。梅泽尔斯给出出口数据的，仅限于表中排前四位的地区（而且，西欧的数据还分别被列入了“德国”、“法国”，以及“其他”三个条目）。很不幸，他并未列出有关表中后五项的数据，其中，印度、（第三）世界其他地区和半工业化国家这三项，尤为重要。这是因为，我们想利用它们来确定一下工业化的北方（包括澳大利亚和新西兰），与包括印度在内的第三世界之间，在 1899 和 1913 年时的进出口关系，在多大程度上与 1928 年时的一致。我们想由此知道 1928 年的模式的代表性如何，有关这一年的状况，我们有更丰富的数据，而对之前时期的状况，我们的数据很有限。我自己在表 7. 13[1] 中，凭借梅泽尔斯有关 1899 和 1913 年时的数据，建立起来了这些估算。

此表揭示出了很多重要的事情。有关的贸易量很容易进行比较，因为所有的数字均依据当时的离岸价格给出。我们已经知道，英国长期保持着进口盈余/出口赤字。尤其是在 1899 和 1913 这两个年份，英国对西欧和北美都有着巨大的进口盈余/出口赤字。1899 和 1913 年时，英国向西欧的出口分别为 3. 68 亿美元和 6. 40 亿美元（第 1 行/第 2 列），而西欧向英国的出口分别为 6. 03 亿美元和 8. 9 亿美元（第 2 行/第 1 列），后者大幅高于前者。北美向英国的出口（5. 91 亿美元和 7. 62 亿美元），比英国向北美的出口（1. 24 亿美元和 3. 59 亿美元），高出的幅度更大。北美向西欧的出口（3. 88 亿美元和 7. 70 亿美元），也比西欧向北美的出口（2. 02 亿美元和 3. 75 亿美元）高出很多。

222 这也就是说，在表中涉及的两个年份里，英国从西欧的进口，比向西欧的出口，分别高出 60% 和 40%。英国对美国的进出口规模悬殊更大。西欧从美国的进口，也要比它的出口更高：1899 年进口 3. 88 亿美元，出口 2. 02 亿美元，进口比出口高出 1. 86 亿美元，或高出 90%；

[1]　在英文原书的表 7. 13 中，存在着一些计算错误，中文版已经做了修正。——译者注

表 7.13 1899 年和 1913 年的世界商品贸易

（单位：100 万美元/以当时的美元计算商品离岸价格）

出口向 / 出口自	英国	西欧	北美	日本[1]	英属自治领[1]	印度（只计制成品）	半工业化国家[2]	俄国[3]	第三世界	总计
英国										
1899		368	124	38	165	153	92	57	291	1 288
1913		640	359	71	329	342	257	88	572	2 558
西欧										
1899	603	1 103	202	4	18	31	127	122（G = 95）	507（G = 215）	2 729
1913	890	2 075	375	3	47	70	349	275（G = 215）	627（G = 627）	5 443
北美										
1899	591	388	26	3	37	4	52	9	131	1 341
1913	762	770	46	5	75	11	180	28	353	2 785
日本[3]										
1899	6	18	33		1	3	0	2	50	113
1913	16	53	95		4	15	1	5	126	315
所有工业国（1 + 2 + 3 + 4）										
1899		1 864	385	45	+221	191	271		979	5 471
1913		3 538	875	79	+445	438	837		1 678	11 101

（续表）

出口向 出口自	英国	西欧	北美	日本[1]	英属自治领[1]	印度（只计制成品）	半工业化国家[2]	俄国[3]	第三世界	总计
印度（只计制成品）										
1899	17	3	9	2	4		3	190	35	73
1913	21	4	42	2	3		6	396	36	114

资料来源：数据采自 Maizels（1963：426— 427，Table A1），笔者对其做了放大、重组并重新计算。

注：相比于本书中的其他表格，表 7. 13 的计算更为复杂，而且在作者离世之前尚未最终完成。大量的注释显示，表中数据的重组和重新计算，借助了希尔格特（Hilgerdt 1942）的数据，因为有了希尔格特的数据，列出和比较第三世界的进出口数据才变得可行。奥地利等一些欧洲国家，也被从“世界其他地区”条目，转移到了“欧洲大陆”。梅泽尔斯并未单独列出“欧洲大陆”的数据，不过，表 7. 13 借助希尔格特的数据，对之进行了估算。印度的数据仍旧“只计制成品”一项，这肯定在一定幅度上，降低了第三世界原材料出口和支付的数额。还需指出，“西欧”条目下的出口数据，包括了西欧内部的出口数据，尤其是法国与德国之间的，当然还有它们与其他西欧国家之间的。“北美”条目下的出口数据，也包括了美国与加拿大之间的少量贸易。本来应该将印度列入“第三世界”的，但这样做需要从其他材料来源引入其他数据，从而使相关比较变得不再可行。

1. “所有工业国”的出口值不包括日本，进口值包括了日本。“所有工业国”包括英国、西欧、北美和日本。加拿大之外的英属自治领和半工业化国家一分为二，分别归入“工业国”和“第三世界”。表中 1899 年的数据，“工业国”和“第三世界”的出口总计 54. 71 亿美元，进口总计 61. 71 亿美元。相应地，1913 年的数据分别是 86. 82 亿和 111. 01 亿。差异是由于包括的地区不同，并且数据做了取整。

2. “半工业化国家”的数据被一分为二，分别计入“工业国”和“第三世界”，这是因为这种分组包含的比例大致相等。表中的小数可以保证估算误差不会严重影响分类。表中每一年的总数据中，俄国约占一半。

3. 俄国和“第三世界”栏中的“G”指德国，其出口数据被相应地分析。“第三世界”不作为进口方，仅指向其他国家的出口。栏中数据系利用 Higerdt（1942）做了调整。“英属自治领”被作为工业化国家，俄国的地位不明，不过其数据较小，不足以影响总体。“印度”的数据仅包括制造业，因而其作为出口方被严重低估了。

1913 年时进口 7.70 亿美元，出口 3.75 亿美元，进口比出口高出 105%。1899 年时，日本的进口为 4 500 万美元，出口为 5 700 万美元，之后，进口增长到 7 900 万美元，出口增长到 1.64 亿美元，后者变为前者的两倍。有关印度的数据，并没有全面反映其贸易，因为只统计了制成品的数据。从中可以看到，印度进口了大量制成品，1899 年时的总额达到了 1.91 亿美元，其中 1.53 亿美元来自英国，3 500 万美元来自其他工业国；1913 年时的总额达到了 4.38 亿美元，其中 3.42 亿美元来自英国，相应的制成品出口则为 7 200 万美元。不过，印度出口的主要是初级产品，这使它有着巨量的出口盈余，但出口盈余只是惠及了英国，正如我们在别处考察的那样。

遗憾的是，原始资料和表 7.13，都没有给出北美从西欧以外地区的进口数据。不过，我们可以对比一下表 7.13 中，第 3 行/第 10 列的北美总出口（1899 年为 13.41 亿美元，1913 年为 27.85 亿美元，其中，第 9 列的第三世界约占 1/10），与第 7 行/第 3 列的北美总进口（1899 年为 4.84 亿美元，1913 年为 12.79 亿美元，其中并未计入第三世界）。北美向全世界的总出口（包括第三世界），减去它从其他地区的进口，其差额在 1899 年和 1913 年时，分别为 8.57 亿美元和 15.06 亿美元。这两个差额，就包括了第三世界向美国的出口，其规模要远超美国对英国和西欧的出口盈余（美国此时与日本的贸易规模还微不足道）。这一出口盈余在 1899 年时为 6.53 亿美元，在 1913 年时为 7.98 亿[1]美元。北美与第 5、6、7、8 列涉及地区之间的贸易规模太小，远不能解释此项差额。这也就意味着，与 1928 年时的情形相似，在“一战”之前的这一时期，北美必定受益于它与第三世界的进/出口盈余，以使其可以将出/进口盈余输送至英国和欧洲。换句话说，北美，尤其是占支配地位的美国，早在 1899 年开始，尤其是在 1913 年以后，就已经嵌入了希尔格特和康德利夫所描绘的世界贸易体系的循环网络之中，就

[1]　原文为 8.98 亿，属于计算错误。——译者注

如前面的图 2. 1 所显示的那样。

对于我们的研究意图来说最为重要的是，第三世界早在 1899 和
223 1913 年时，就对工业化国家有着规模巨大的出口盈余。当我们从世界总出口中扣除工业国的出口，并将其与第三世界的进口相比时，就会发现这一点。因为表中没有直接的进口数据，我们可以通过世界总出口减去工业国的进口，来估算第三世界国家的进口。根据表 7. 3 中的数据可以估算出，在 1899 年时，第三世界从工业国的进口为 13. 40 亿美元，而对工业国的出口为 15. 95 亿美元，其中的差额为 2. 55 亿美元，即出口比进口高出了 19% 。在 1913 年时，第三世界从工业国的进口为 31. 71 亿美元，而向工业国的出口为 44. 43 亿美元，其中的差额为 12. 71 亿美元，即出口比进口高出了 40% 。这些计算忽略了次一级的地区划分（英属自治领、半工业化国家、俄国，以及第三世界），因为材料来源中就没有这么做。不管怎么样，我在这方面所存在的计算误差，不至于动摇这里的核心估计和主张。

以上数字有可能夸大了第三世界对工业国的出口盈余，其幅度大致在 20% ~40% 之间，不过即使考虑到这方面的问题，我的核心论点依然能站得住脚，世界贸易和支付网络的模式，也依然如我们所描述的那般。在这一网络中，英国及日益上升的美国，之所以能够居于顶部，很大程度上是因为第三世界当时已经被推到了底部。后面的讨论将会表明，英国与印度之间的殖民关系有多么重要，这整个体系就是在它的基础上发展起来的。

表 7. 14 中有关商品进口盈余/出口赤字的数据，源自希尔格特（Hilgerdt 1945）就 19 世纪后期的情形所给出的部分数据，从中可以看到同样的商品贸易模式。希尔格特的数据，主要涉及了欧洲部分地区和美国，稍晚些年份的数据，还涉及了日本和澳大利亚。他建立数据是为了讨论其他问题，因而将制成品和原材料做了区分。所以，我们必须对原始数据进行重新计算，以使之反映出进出口的情形。

表 7. 14　欧洲与美国的进出口贸易

（单位：100 万美元/年均进口盈余［＋］或进口赤字［－］）

	1881—1885	1891—1895	1901—1905	1911—1913
英国与爱尔兰	+507	+634	+850	+652
西欧[1]	+393	+549	+652	+1 405
俄罗斯	-26	-78	-160	-159
奥地利-匈牙利	-43	-42	+33	+152
美国	-108	-91	-455	-535

资料来源：Hilgerdt（1945：100，Table 14）。

注：1. 包括德国、法国、意大利、比利时、瑞士和荷兰。殖民主义国家荷兰，在表中的前三个时段，年均为欧洲的进口赤字贡献 1 亿美元，在表中最后一个时段，这一数字变成 2 亿美元。

为简化其中看起来比较复杂的关系，并突出商品净流动的主要特征，这里将表 7. 14 中的数据，经过重新计算列入了表 7. 15。从中可以看到，西欧与英国一样，进口长期大于出口，但其中差额与出口的比率，通常只有英国的一半。对于西欧最重要的几个国家来说，此种情形只是始于 1886—1890 年。西欧的进口盈余，从 1896—1890 年的平均 3. 64 亿美元，增长到了 1911—1913 年的平均 12. 40 亿美元[1]。在表中涉及的几个时段，西欧的商品进口通常都超过出口达 20% ~30%。它们显著低于英国的同类比率，但这已经足够说明，欧洲大陆占据了英国与美国及英属自治领之间的位置，而此时已经陷入欠发达的国家，则沦落到了悲惨的底部。 224

表中并未包含有关亚洲、非洲和拉美的直接信息，我们只能从表中有关其发达工业国贸易伙伴的数据，来推断它们在世界贸易网络中的位置。有关工业化国家的数据表明，1881 年的模式与 1928 和 1913 年的基本相似。英国和西欧长期保持着进口盈余/出口赤字，而且其规模还在不断扩张。这一进口盈余/出口赤字也意味着，有些地区生产

［1］　原文此句中的数据有误，用的是年均出口的数据，而非年均进口盈余的。此处的译文已经根据表 7. 15 中的数据更正。——译者注

并出口的商品比其进口的更多。不幸的是，正如 1928 年时的数据所示，将这些商品生产出来并出口到西方的，是当时正日益陷入欠发达的第三世界。这一时期开始时，奥匈帝国还存在着进口赤字，但到了 20 世纪初，就变为存在着进口盈余了。这可能是因为奥地利、波希米亚、摩拉维亚，以及匈牙利少数地区的工业化。这改变了它们在世界多边体系中的位置，不过帝国其他地区在继续迈向欠发达状态。俄国尽管在工业化方面多有努力，但它仍旧继续保持着进口赤字/出口盈余，这也是当时陷入正欠发达的南方的典型贸易模式。

表 7.15　西欧的进出口状况（1886—1913）

（单位：100 万美元/年均进出口值）

	1886—1890	1891—1895	1869—1900	1901—1905	1906—1910	1911—1913	1913
英国							
进口盈余	389	634	781	814	-209	652	652
进口盈余/出口总值	34%	57%	63%	56%		27%	25%
西欧[1]							
进口盈余	364	635	574	576	433	1 240	1 578
	1 404	2 090	2 691	3 303	4 208	5 360	5 290
进口盈余/出口总值	26%	30%	21%	17%	10%	23%	30%

资料来源：Imlah（1958：94 - 98，Table 8）；Yates（1959：226）；Frank（1979：207，Table 7）。

注：1. 1886 年西欧的数据仅包括德国和法国，之后的则包括了德国、法国、意大利、荷兰和瑞士。

225 美国与英属自治领也对欧洲长期保持着出口盈余，不过，这得益于它们或是直接或是间接从欠发达国家获得的大量进口盈余。例如，美国的进出口数据显示，在 1891—1900 年、1901—1910 年和 1911—1915 年，它从那些正逐渐陷入欠发达的国家的进口，分别超出相应出口的 43%、34% 和 40%，（Woytinsky and Woytinsky 1955：78—79）而根据希尔格特（Hilgerdt 1942）的数据，1928 年的这一比率为 40%。在每一时期，美国总是能将它从正陷入欠发达的国家获得的进口盈余，部分地转化为对欧洲的出口盈余输往欧洲。

索尔给出了其他一些细节：“在 1880 年代早期，美国……对欧洲有着大量的出口盈余，对几乎所有其他地区都有着进口盈余。……与印度、锡兰、西非，以及海峡殖民地之间的贸易逆差，增长迅速。所以美国能够用对欧洲的顺差，来平衡它几乎所有的贸易和服务业赤字。”（Saul 1960：35，48，47）据此我们可以推断，美国利用它从南方和自治领获得的进口盈余，向英国和欧洲出口了超过相应进口的商品。

举例来说，我们有关 1928 年的数据显示，美国对欧洲和英国有着出口盈余，而对英属自治领（加拿大）和大多数欠发达国家，则有着大量的进口盈余。细查 1876—1913 年的进出口数据，会发现同样的情形。这些数据是希尔格特给出的，我之前也曾对之有过相关讨论。（Frank 1979）在美国此时的进口中，原材料所占份额通常为制成品的两倍，有时甚至能达到三倍。美国进口的制成品都来自英国和欧洲，除了英国的煤炭之外（顺便说一下，美国那时自己也出产煤炭），原材料都来自其他地区。这里所说的“其他地区”，指的是英属自治领（尤其是加拿大），以及当时正经历“低度发展”的国家。正是这些地区，向美国提供了大量的进口盈余，使之可以对英国和欧洲保持出口盈余。

总体说来，除了美国的情形之外（它到 1928 年时，已经设法改变了自己在体系中的位置，尽管尚未完全达到后来的状况），19 世纪末和 20 世纪初的这种进/出口差额模式，标志着大分流的继续。此外，希尔格特的数据还显示，在整个这一时期，制造业的出口增长迅速，无论是在绝对数量上，还是相对于原材料来说。

关于这一时期，总体来说：

> 第一次世界大战前，世界贸易格局的大致轮廓，已经清晰地显现了出来。欧洲和北美正迅速迈向工业化的国家，扩大了它们从初级生产者那里，对原材料和食品的采购，它们与这些国家之间的收支赤字，因而也都出现了很大幅度的上升。不过，英国是 226

> 个显著的例外……因为它是最大的债权国，从所谓的“无形”支付中获得了大量的收入。(Saul 1960：45)

英国这些初级产品的进口盈余，或是它输出到欠发达国家的资本，毫无疑问都主要来自亚洲。希尔格特写道：“作为热带产品的供应者，热带亚洲——包括印度、缅甸、锡兰，以及东南亚的众多国家——要比非洲和美洲的热带地区加在一起还重要。”（Hilgerdt 1942：57）

洛克伍德（Lockwood 1943：422）也确认了这一点。他补充道：“顺便说一下，东南亚的出口盈余，在世界支付网络中扮演着重要的角色。欧洲和英国对东南亚的商品出口，加上它们在东南亚的投资收益，使这一地区背上了大量的债务，东南亚依靠向美国出口橡胶和锡所获得的收入，很多就被用于偿还这些债务，这些资金之后又被用来资助欧洲和英国从大西洋彼岸的进口。”之前，我（Frank 1978）曾顺着沃伊廷斯基夫妇的思路说过，印度及其他正陷入欠发达地区的商品出口盈余，不仅是向英国贡献了大量的资金，还直接向英国的海外投资贡献了大量的资金。沃伊廷斯基夫妇这样写道：

> 在这一年（1913），英国的商品出口总值为6.35亿英镑，进口总值为7.69亿英镑。此外，它还进口了价值2 400万英镑的黄金。因而，就商品和黄金而言，它的进口盈余总共为1.58亿英镑。英国人在其他项目下总共1.29亿英镑的收入（商船收入9 400万英镑，交易佣金2 400万英镑，其他收入1 000万英镑），可以用来弥补这一赤字。剩余的赤字为2 900万英镑，而英国人从其海外投资中获取的利息和分红，总计高达2.10亿英镑。这笔收入，在抵销了剩余的赤字之后，仍旧结余下来1.81亿英镑。英国的国际收支状况完全逆转。理论上来说，英国人可以用这些结余款项，大幅增加他们的商品进口，并仍能使其国际收支处于平衡。但实际上，他们将这些国际收支余额，作为投资留在了海外。事实上，

> 伦敦对其殖民地及其他国家的中长期借款，在 1913 年增长了 1.98 亿英镑——这正好等于它当年从之前的海外投资中获得的收益。(Woytinsky and Woytinsky 1955：199) 227

我们也可以将英国的再投资，与欠发达国家的商品出口盈余，做一下对比。1913 年时，英国对世界其他地区的商品（包括黄金）进口盈余为 1.58 亿英镑。正如希尔格特的研究所暗示的，这些进口盈余说到底都来源于欠发达国家。欠发达国家不但出产了自己的出口盈余，还“资助”了所有其他地区的出口盈余。甚至不用像前面所说那样的调高进口数字，仅是按照账面数字计算的英国进口盈余，就与英国的国内投资大体相当了。从 1816 到 1900 年，只是商品账户的进口盈余，就已经超出了英国国内各项投资的总额，年年如此。(Frank 1979：195—196)

运输费用

不过，以上那些只是故事的一半。故事的另一半，主要是所有这些商品的海上运输，它几乎会使前面那些百分比翻倍。为了将商品总出口与相应的总进口加以比较，需要从进口总值中减去相关的运输费用。这部分的费用，大致可以通过世界进口总值减去世界出口总值得出。总体而言，对于南方国家来说，运费通常占到其进口商品价格的 10% ~15%。从中可以看到正陷入欠发达的国家的其他“贡献”。1928 年时，“热带”国家支付的运输费用为 8.70 亿美元（这一年它们的商品出口盈余为 14.50 亿美元），如果计入中亚和北非其他正陷入欠发达的国家，这部分的费用就会达到 13.20 亿美元。这也就是说，南方国家的真实商品进口，从绝对和相对数量上，都要比它们的出口更小，因为前者还包括了它们支付的运费。对于北方国家来说，也存在着类似的情形，不过它们的运费是付给自己的，当然，也有时候是付给其他北方国家的。

在当时的世界航运业中，欧洲人所占的份额大概为 2/3，这就意味着他们赚得的运费也占总运费的 2/3。正陷入欠发达的国家在进口商品时，不得不在货款之外，再支付这部分的费用。此外，南方国家出口
228 商品时的货运费用，要比从北方国家进口商品时高出一倍。有人可能会想，其中的差距，大概因为南方国家出口的是农产品，体积大、价值低；北方国家出口的是工业品，体积小、价值高。然而，在中国未出口大体积商品的情况下，它为出口商品支付的运费，也比为进口商品支付的运费高。阿根廷的情况同样如此。1928 年时，欧洲向阿根廷的出口产生了 6 400 万美元的运费，阿根廷向欧洲的出口则产生了 1.89 亿美元的运费。阿根廷的进口中包含着大体积的资本货物，故而，其中 1.25 亿美元的差距，也就不能仅归因于它的小麦和肉类出口。

整个 19 世纪，远洋货船的所有权和注册地，都高度地集中在英国。英国商船要占到世界总吨位的 32% ~45%，英国蒸汽船则占到世界蒸汽船总吨位的 45% ~61%，最高值出现在 1890 年。（Imlah 1958：175）另外，在英国的进出口贸易中，高达 70% 左右的货运量，通常是由英国商船来完成的。（Imlah 1958：173）我们在前面的表 6.6 中已经看到，运费大约要占到英国全部服务业“无形”收入的一半。也正是这些“无形”收入，平衡了英国大部分的国际收支赤字。1900 年时，世界海运总量为 3 000 万吨，其中的 1 300 万吨是由英国人运输的，德国人和美国人各运输了 250 万吨，挪威人 160 万吨，法国人 130 万吨，而欧洲其他国家，总共运输了 370 万吨。这样算起来，留给世界其他地区的仅有 800 万吨，除非它们的海运量被严重低估了。（Woytinsky and Woytinsky 1955：448）

运输费用也在不断大幅降低。1850 年时每吨货物运载 80 千米所需要的费用，相当于 1914 年时每吨货物运载 4 000 千米的费用。换种角度来说，货运价格在此期间降低了 95%，而客运价格则降低了 50%；另外，无论是货运还是客运，运输设施都获得了很大的改进，安全性更高了，速度也更快了。（Woytinsky and Woytinsky 1955：309）沃伊廷斯基夫妇（Woytinsky and Woytinsky 1955：310ff.）列举并讨论了运输

业的革命对经济、社会其他领域产生的影响：生产的地区专业化、大规模生产的出现、工厂地点的变化、各地商品价格的趋同、土地价值的升高、大规模的移民、城市化、国家的扩张与它们在政治上的统一，以及文化的传播。此外，通信业也获得了长足的进步。尽管国际电报联盟的建立，使电报有了更强的竞争力，但根据万国邮政联盟的统计，信件的邮递数量，仍然从 1875 年的 1.44 亿封，上升到了 1913 年的 25 亿封。（Pollard 1981）铁路建设通常伴随着电报线的搭设，海底电缆网 229
络的铺设也在加速进行。直到 1875 年时，帆船的数量仍旧大幅超过蒸汽船，两者数量之比为 10∶1，但总吨位之比则为 5∶1。两者的数量之比发生逆转，出现在 1900 年之后；注册总吨位之比发生逆转，早就出现在了 1890 年，在这一年之后，两者的差距被迅速拉大。（Woytinsky and Woytinsky 1955：432，433）苏伊士运河的通行量，从 1871 年的船只不足 1 000 艘，运量不足 100 万吨，迅速上升至 1900 年的船只 3 400 艘，运量 1 000 万吨，以及 1913 年的船只 5 000 艘，运量 2 000 万吨。作为对比，刚开始运营的巴拿马运河，1915 年只通行了 1 000 艘船，远不及苏伊士运河 1913 年时的水平，它达到这个水平是在 1924 年。（Woytinsky and Woytinsky 1955：471—472）

要想得出南方被剥削的总量，以及它为北方的发展贡献的总量，我们先要对比它们的真实商品出口盈余/进口赤字。然后，我们必须对商品贸易额做相应的调整，扣除商品进口过程产生的运费。此外，我们也应考虑到出/进口贸易条件的变化。贸易条件的变化，对南方来说颇为不利，使它不得不为了进口与之前等量的商品，生产和出口比之前更多数量的商品。此外，我们还应考虑到南方在国际收支中的赤字的增长。这是因为它们需要支付给北方的“无形”服务费用在增加。其中，运费大概占了一半，港口使用费、保险费、利息、利润的回流等，构成了另外一半。最后，还有一个难题：如何将它们各自登记在册的进出口规模，调整到真实的进出口规模，具体的调整金额怎么来确定。相关贸易统计是以各国的边界为界线的，这些统计没有标明谁在边界内进行了这些进出口贸易。在那些存在着大量出口生产飞地的国家，进口中相当一部分的份额，也是被飞地内的居民占去的。此类进口可能是飞地所需的生产资料，也可能是飞地内欧洲居民消费的奢侈品。为了比较“一国的”进口与出口，也就必须将输入飞地的那部分，从进口总量中去除。这会使进口量降低，并使进口赤字进一步升高。确定一国的出口量时同样需要这样做，因为虽然相关国家出口的主要是原材料，而且大都是由本国人生产的，但它们的出口中也有一部分，是由海外输入的熟练工和资本生产出来的。

不过，我们早已经知道，大多数的“海外投资”其实并非来自海外，而是来自本土的资本市场，以及（或是）外国人在当地收入的再
230 投资。过去如此，现在亦如此。这也构成和导致了正在经历低度发展的国家的进口赤字/出口盈余，它使别处而非自身的发展受益良多。

因此，即便以世界市场上的价格衡量（如果以真实价值估算则更是如此），欠发达地区事实上也在通过它们的商品出口盈余，直接或间接资助了世界其他地区。欧洲的保护主义政策兴起于 1870 年，为的是应对来自美国和俄国的廉价谷物进口。两国出口的谷物之所以价格低廉，是因为大量肥沃新地的开垦，以及相关运输费用的下降。某种意义上甚至可以说，全球化的进展源于运输费用的下降。欠发达国家（1）提供了欧洲超额商品消费中的大部分，这以欧洲的商品出口赤字或进口盈余为体现；（2）资助了美国和英属自治领对欧洲的出口盈余；（3）资助了欧洲本土的投资和发展；（4）资助了欧洲对美国和英属自治领的海外投资，这加速了那里的发展，与此同时，欠发达国家还提供了大量资金给本国的“海外”投资，不过，这却加速了它们自身的“低度发展”。（Frank 1976：422）

资本：所谓的外国投资

外国投资的大量进入，促进了新定居垦殖地区的扩张，也促进

了这些地区的产品外运。问题是：应该如何理解这里的“外国”二字。

“外国”投资

在 19 世纪，尤其是 1896—1913 年，外国资本投资的金额相当庞大。当时国际资本市场的规模与作用，直到一个世纪之后，在所谓“全球化”的今天才被赶上。

外国投资从 1825 年的 9 亿美元，增长到 1914 年的 455 亿美元，几近增长了 50 倍。不过，直到 1870 时，增幅仅 18 倍，到了 1880 和 1890 年代，才出现了迅猛的增长。这些外国投资的一多半属于英国，它在其中所占的份额，直到 1914 年才降至 44%。1870 年之后，英国每年的海外投资额，大约占到其 GDP 的 5%。1890 年之后，法国每年的海外投资额，开始占到其 GDP 的 2% ~4%。法国的海外投资数量，当时长期居于世界第二，所占份额大概在 1/4。荷兰所占的份额，在 19 世纪经历了大幅的下降，从 1825 年占世界总量的 1/3，降至 1855 年的不到 1/10。德国在 1885 年之后，成为一个主要的玩家；美国是在进入 20 世纪之后，才成为一个重要角色。在 1914 年的所有这些海外投资中，有 1/4 留在了欧洲（包括俄国），有 44% 被输往了美洲，其中，美国为 16%，加拿大为 8%，阿根廷为 7%，巴西为 5%，墨西哥为 4%。亚洲收到的份额只有 18%，其中，西亚为 7%，印度和锡兰为 4%，整个中国只有 3%，比白人定居者的澳大利亚或南非所占份额还要低。（Held et al. 1999：193—194）

另一项估算显示，到 1913 年时，在欧洲全部的海外投资中，有半数去向了白人定居地，这些地区的人均金额为 113 美元，而在世界其他地区，人均收到的金额为 11 美元。在美国，外国投资占到了国内资本形成的 1/6，它在加拿大和阿根廷所占的份额，则是这一比例的三到四倍。（Bairoch 1997：I—457）当时 470 亿美元的总额中，有 90 亿去到了拉美，其中的 40 亿，去到了阿根廷、智利和乌拉圭这三个人口稀少的白人移民国家；作为对比，人口规模为拉美 11 倍的亚洲，仅收到了 70 亿美元的投资。（Bairoch 1997：I—747）

表 7.16 中的数据所展示出的，截至 1914 年累计外国投资的数量和分布情况。伊姆拉（转引自 Saul 1960：66）就 1913 年时的投资总额，给出了较高的数字：英国为 40 亿英镑（或者 192 亿美元，1 英镑 = 4.8 美元）；法国为 20 亿英镑（96 亿美元）；德国为 15 亿英镑（72 亿美
232 元）；荷兰、比利时和瑞士加在一起为 10 亿英镑（48 亿美元）；美洲（主要是加拿大、墨西哥和中美洲）为 7 亿英镑（33.6 亿美元）

表 7.16　1914 年的外国总投资　　（单位：10 亿美元）

	对外投资	接受投资
世界总量	44.0	44.0
全欧洲		12.0
英国	18.3	
法国	8.7	
德国	5.6	
其他欧洲国家及日本	7.9	
美国	3.5	
北美		10.5
拉丁美洲		8.5
亚洲		6.0
非洲		4.7
大洋洲		2.3

资料来源：Woytinsky and Woytinsky（1955：191）。

正如表 7.16 所显示的，全世界近半数的外国投资属于英国，其数额相当于欧洲其他国家和日本外国投资的总和。其余 35 亿美元（8%）的外国投资，来自新兴的美国。欧洲作为一个整体，吸收了占世界总量 27% 的份额；美国作为一个最大的单体，吸收了总量中 25% 的份额，这相当于亚洲和非洲的总和。拉美所有国家加起来，得到的份额近 20%。

1820 年代，英国在欧洲的投资大约为 2.5 亿美元，在拉美的投资大约为 1 亿美元，在美国的投资大约为 2 500 万美元。30 和 40 年代，英国的投资偏向了欧洲大陆，偏向了那里的铁路建设。到 1854 时，英国累计海外投资额应该超过了 10 亿美元，其中，7 亿美元投到了欧洲，3 亿美元投到了美国，2 亿美元投到了拉美。（Woytinsky and Woytinsky 1955：189）到 1875 年时，英国海外投资的总量，已经上升至 60 亿美元（或 12.5 亿英镑，1 英镑 =4.8 美元），它当年凭借这些投资，获得了 3 600 万美元的收益，年收益率为 6%。（Woytinsky and Woytinsky 1955：189）尽管“大萧条”使国内外的投资增长放缓，但在第一次世界大战爆发之前，英国的海外投资还是进一步获得了大幅增长，其中有一部分源于收益的再投资。表 7.17 所列出的，是 1913 年时英国的海外投资分布情况。

表 7.17　1913 年英国海外投资的去向　（单位：100 万英镑）

英帝国，包括			1 780
加拿大		515	
澳大利亚与新西兰		415	
南非		370	
印度与锡兰		380	
非英帝国地区，包括			2 000
美国		755	
拉丁美洲，包括		760	
阿根廷	320		
巴西	150		
欧洲，包括		220	
俄国	110		
总计			3 780

资料来源：Saul（1960：67）。

注：表中仅列出了主要投资去向国的单独数据。

英国人在欧洲的海外投资，以及欧洲人的同类投资，大多是面向政府的组合贷款。这些贷款大多被用于铁路建设。在欧洲人的新定居地区，直接投资并没有去向铁路建设，而是被用于兴建港口、道路、 233

桥梁、电报，以及其他基础设施。此类贷款通常是以债券的形式进行的。到 1914 年时，美国的外债规模升至 70 亿美元，其中的 40 亿是海外资本持有的铁路和某些制造业债券。（Saul 1960：37）当经济萧条时期到来时，这些外债中有很多会被拖欠、违约，或是被直接拒付，比如欧洲和拉美出现萧条的 1820 和 1870 年代，又比如美国出现萧条的 1830 和 1880 年代。即便如此，这些外债还是产生了大量的收益，其数量已经多到可以不断地进行再投资；此外，这一投资还产生了向英国和欧洲的真实商品流动。（Saul 1960：39—41）

英国的资本输出是周期性变化的。在 1872 年时，它达到了最高的 1 亿英镑，次年就出现了 1873 年的崩溃和萧条，之后在 1878 年时，它下降到了最低的 800 万英镑。资本输出在 1890 年代不断升高，当时英国海外资产的数量，相当于国内非住宅固定资产的 145%。（Maddison 2001：183）下一个高峰，是 1895 年的 9 500 万英镑；之后的低谷，是 1902 年的 1 100 万英镑。在那之后，英国的投资增长迅速，在 1913 年达到了另一个顶峰，2. 18 亿英镑。1914 年时，英国人的半数资产位于海外，其国民收入的 10%，源自海外投资产生的利息收入。（Arrighi and Silver 1999：133）

外国拥有的投资

在一项有关 19 世纪东南亚的研究中，戈登（Gordon 2004：378）"建议，应该在相关的研究中，用'外国拥有的投资'（foreign-owned investment）这一术语，取代言不及义且容易引人误解的'外国投资'（foreign investment）"。这是因为，正如我在 40 年前就已经指出的，（Frank 1967，1969）资本那时是*从边缘流向中心的*。今天的状况仍然如此，现在这种事情，主要是通过债务融资机制进行的。1980 年代的"债务危机"开始，情形就一直是如此。这也跟我们前文讨论的，奥斯曼帝国等地所面临的状况，非常相似。戈登也引用当代的资料指出，东南亚至今仍在面对这种状况。而且，我们前面已经论及，印度在 19 世纪也面临着类似状况，那时从印度流出了大量的所谓"攫取"。戈登对19世纪的两个个案的研究表明：

> 资金是从印度尼西亚和马来亚流向其殖民宗主国的，“外国投资”完全名不副实……我们的研究得出了这样的结论：投资所用资金最初就来源于本地，即使不是来源于这两个国家，也是来源于东南亚，而且，投资不断增加所需的资金，也同样主要来自这些国家……故而，当超过3/4的“外国”投资来源于本地的时候，就非常有必要重新对之加以定义了。（Gordon 2004：377，371）

戈登引用了许多传统的资料来源，它们都只是简单地假定，这些资金来源于宗主国。然而，当他去探究各宗主国的贸易盈余，是否可以覆盖它们在殖民地所拥有的大量资本时，却发现：

> 我们估计，在国家经营爪哇种植业的1831—1867年，荷兰殖民政府总共获得了约10亿荷兰盾的收入。……通过简单的计算就可以看到大规模出口盈余的存在。……对于那一时期之后的情形，我们可以用伯克收集到的数据表明，其规模甚至变得更大了。我们发现，在1876—1900年之间，出口盈余超过了12亿。……这些盈余当然足以覆盖1915年为止总量达7.5亿的外国投资。……换句话说，我们有理由相信此种尚未最终被经验证据证明的情形：对于印度尼西亚来说，外资其实就源自本地，资金也很可能是从殖民地向宗主国流动的。（Gordon 2004：374）

确实，

> 从1850年开始，那里就长期不存在可见的商品进口盈余[1]，

[1]　原文误为“出口盈余”，与上下文不符，也与表7.18中的数据不符。——译者注

> 也没有任何直接的证据显示，那时存在有任何的资本输入，即便是在 1905 年后橡胶产业的扩张期。在 1905—1914 年之间，也不存在资本的净流入，因为当时的出口总值增长迅速，年年都超过了其相应的进口总值。……非常明显，在橡胶产业初兴的 20 年里，橡胶公司赚得了大笔的利润。……其中一部分……被用于这一产业的扩张，但大多数被汇往了海外。（Gordon 2004：371—372）

从表 7.18 中所列出的数据，可以看出上述资本的流向和资金的规模。表 7.18 中的进出口数据（此处先不考虑其中可能存在的“不等价
235 交换”）清楚地表明，印度尼西亚的出口长期大于进口，1833 年时前者超出后者 30%；1840 年代，这一比率上升至 160%；1860—1870 年之间，这一比率为 140%。在此之后，根据另一项资料来源（Boeke 1953），1875 年的出口盈余约为 5 000 万荷兰盾；之后随着种植园经济的繁荣，又迅速增长到了 1880 年的 7 800 万荷兰盾；1885 年的 1.65 亿荷兰盾；1900 年的 2.36 亿荷兰盾；在“一战”期间，则超过了 6 亿荷兰盾。

表 7.18　印尼的对外贸易（1830—1870）　　（单位：100 万荷兰盾）

	1830	1833	1840	1845	1850	1855	1860	1865	1870
出口	12.7	22.6	74.0	64.5	57.3	78.7	99.1	101.3	107.8
进口	15.0	17.0	26.4	26.5	24.0	32.1	44.2	40.2	44.5
盈余	-2.3	5.6	47.6	38.0	33.3	46.6	54.9	61.1	63.3

资料来源：Gordon（2004：373），based on Furnivall（1944：129，130，171）。

戈登还写道：“1886 年之后，即便是那些总部位于伦敦，但在东方营业的银行，其分行所进行的资本运营，也完全依赖当地的储蓄。”（Gordon 2004：372）来自别处的证据表明，它们那里的“外国”投资也遵循着上述模式，不管它们是否已经被正式变为殖民地。此外，戈登还引用了一些材料表明，华人在东南亚的投资同样遵循了此种模式。华人在马来亚的投资并非源于中国，它们全部来自海峡殖民地和马来半岛。（Gordon 2004：373）

不过，在 19 世纪，有关此种利用本地资金增加“外国”资本，进而将其转移出去的模式，规模最大且最重要的例子，是英国在印度的此种作为。英国从印度的“攫取”，主要出自“国内费用”，有关它的具体规模，印度民族主义者在那时就曾计算过，伊姆拉（Imlah 1958）之后也对之做出过补充估算，巴格奇（Bagchi 2002）更是进一步调高了其数额。

货币：白银、黄金和英镑

德切科（De Cecco 1971）曾声称，对于 1870—1914 年的国际经济史，学术界要么是所知甚少，要么是所知有误，而国际货币体系在这一时期所起的作用，也被严重误解了。这种状况至今依然在持续。关于世界向金本位的过渡，直到今天大家依然“理解模糊”。（O'Brien 236
2001：27）大家对英国的货币英镑，以及它与金本位之间关系的理解，同样如此。其中一个原因，正如德切科（De Cecco 1971）等人指出的，是其背后的那套理论（或者说是诸多相互矛盾的理论，每一种都代表着一组不同的利益），与真实世界中的情形，相去甚远。

金本位制度的实际运作，与其表面的意图并不一致。赫尔德等人的研究，已经很好地阐明了金本位区别于其理论的现实。我最好还是将他们的表述引用在这里，然后试着通过他们的相关表述，搞清金本位是如何以一部分人为代价，使另外一部分人获利的。关于这整个体系，他们写道：

> 在实践中，金本位下的调整很少是自发进行的，政府也不一定会按“游戏规则”行事。有关长期收支盈余和赤字的证据，已经显示出了这一情形。……国内货币政策从来就不是由全球金融市场单独确定的，因为各国通常都不会遵照隐形规则调整它们的经济。正如前面已经指出的，存在贸易盈余的工业化国家，大量

投资于发展中经济体，而其中发生的巨量资本转移，通常能够覆盖后者的赤字。出超国家尤其会注意到，它们不用按照金本位体系的隐形规则对国内经济进行调整，就能很容易地维持它们的地位。不过，各经济体会周期性地面临调整压力，然而调整并不是自发进行的，货币当局通常会通过操纵利率加以应对。国际收支中的赤字，在短期内可以通过提高利率来平衡：如果当局承诺会按照金本位的要求，进行一些必要的国内调整，那这就会给国外的投资者以信心，使他们会为了追求更高的利率，而让自己手中的货币流入这一国家；这也就是说，这一承诺会带来资本流动的短期平衡。更高的利率还会抑制国内市场上的需求，进而降低进口水平，从而削减国际收支中的赤字。因此，调整更多是通过产出和就业水平的变化进行的，而非通过变更物价。（Held et al. 1999：196—197）

关于英国及其在这一体系中的核心地位，他们写道：

使英国占据其在世界经济中霸主地位，使英镑成为主导性国际货币的……并非全球调整的自组织系统，而是伦敦对金本位制度的精心运作。……因此，国内的政策调整并不是自动的，而是
237 经过了精心的安排。此外，国内货币供给、物价和利率水平，也并非正统叙述所断言的那样，只是简单地跟随着黄金走势变动，或是根据收支状况做出调整。事实上，国内货币供应和物价水平的变动，经常与国际黄金走势或国际收支状况的变化不一致，因为领先经济体的货币当局在调整货币供应时所采取的方向，经常与正统叙述的预测相反。（Held et al. 1999：196—197）

关于那些并不处于欧洲，但处在欧洲控制之下的地区，他们写道：

经典金本位时代的正统叙述经常假设，世界各国的货币条件

> 会逐渐趋同，但事实远非如此，真实的情形是显著的趋异。……此外，顺差国家的投资者愿意借款给逆差国家这件事意味着，只要现金账户的赤字可以被来自顺差国家的长期资本覆盖，调整的压力就会比较有限。国际资本流动的反周期特性，有助于防止重大危机的爆发。……主要经济体的经济下行，意味着对借款国出口商品的需求下降，但它也会增加对这些国家的外国投资的供应，并降低利率。……此外，很多国家都追求保护主义的贸易政策，尽管这些政策可能并未被直接用于管理国际收支状况，但它们提供了一种降低国内政策调整成本的机制。（Held et al. 1999：196—197）

总而言之，“领先”经济体（在当时和现在）“管理”着世界金融体系，以迎合它们本国金融利益的要求和愿望。不过，这一体系的管理和运行，“在欧洲以外”制造出了“显著的趋异”，并利用不民主的政府将全球调整的成本，施加在那里不情愿的民众身上（这也是一种过去如此，现在亦如此的情形）。尤其是在“主要经济体的经济下行”期间，部分压力被转移到了正陷入欠发达的地区，并在那里内化成国内调整的成本。实际上，它们充当着流动性和金本位运行的缓冲器的角色。当然，这是服务于“领先经济体”的利益的。对于那些非领先经济体，它们保护自己的唯一手段就是保护主义，却一再被指责违反了所有相关方的利益。各种手段都被用来打击保护主义：来自国外的意识形态宣传和炮舰外交，外国对本土自由贸易利益集团的政治和军事支持。在这一时期，美国将其自身的关税税率提高到了 33%。这类 238
似于美国今天对其初级农产品行业、军工行业，以及钢铁等其他产业，所进行的保护和大规模补贴。万变不离其宗！

具有讽刺意味的是，在 1873 以后的这一时期当中，伴随着世界上越来越多的国家采用了金本位制，白银生产和使用的重要性也达到了其顶点。世界白银产量的增长尤为迅速，它相对于黄金和其他商品的价格，也因此经历了急剧下降。以当时与黄金挂钩的“英镑”计价，每磅白银的价格从 1872 年的 60 便士和 1873 年的 69 便士，下降到 1900 年前后的约 20 便士，1900 年还一度降至 18 便士（De Cecco 1979：170）。白银价格的这种大幅下跌意味着，在仍旧实行银本位的国家，货币贬值了约 50%，这些国家包括：中国、智利、印度、日本、韩国、马来亚、墨西哥、泰国等。

基于同样看似矛盾的原因，在拿破仑战争之后就采用了金本位的英国，却希望尽可能多的国家继续坚持银本位，尤其是其印度殖民地，或至少是采用银金双本位，就像美国和其他一些国家从 19 世纪中期到 70 年代所做的那样。其中的原因是，当时白银的价格在不断下降，与白银挂钩的货币在不断贬值，这就使英国可以利用其与黄金挂钩的强势货币，从银本位国家购买到更多的商品，从而获得更多的利益。我们从印度的例子可以看到，英国人曾多么积极地阻止其殖民地采用金本位。

在 19 世纪的后 1/4，世界白银产量的迅速增长，引起金/银比价的大变动，维持了数个世纪的约 1∶15 的比率被打破。专家们就他们当时面临的是黄金升值还是白银贬值展开了争论。虽然并未就此问题达成一致，但他们都意识到了这种变化的惊人幅度。很快他们就分为了不同的阵营，或是主张以黄金为本位货币，或是主张以白银为本位货币，或是主张以黄金、白银为双本位货币。后者希望通过国际协定来调整汇率，以使黄金和白银两种贵金属，都能继续流通。针对这些问题发生了激烈的争论，生产白银和出售白银的利益集团都卷入其中，主张何种政策往往取决于自身利益，但各方都积极推出各种论据，以使自己的提议成为正统。这些争论的灵活性使英国的专家们，一方面赞同在本国实行金本位，另一方面又为其他地区保持银本位而辩护。这也正是英国银行家和商人们想要的结果，他们热切地希望将美洲新出产的白银，以及欧洲不再流通的白银，都出口到东方去。

239 为了说明这场辩论，我们可以联想一下威廉·詹宁斯·布赖恩

（William Jennings Bryan）名为“金十字架”的经典演讲。本书的美国读者应该早已经熟悉它了。布赖恩曾三次竞选美国总统，但三次都输给了竞争对手。他这一著名的演讲是为了捍卫美国中西部农场主的利益。这些人的利益当时为民主党所代表，其对立面美国东海岸工商业者的利益，则为当时获胜的共和党所代表。布赖恩的指控是，后者试图通过实行金本位保持美元的高汇率，以保护自身免受来自国外制造业和进口品的激烈竞争，并将前者钉在黄金制成的十字架上。高汇率会使中西部的农场主付出巨大代价，他们想要的是与白银挂钩的低币值美元，以保护他们的谷物和肉类出口。在美国出现的这一冲突，可以被视为美洲其他地方同类事情的代表。在那些地方，土地利益集团拥有更为强大的政治实力，它们在内战中战胜了本国的新生的工业利益，这种结局与美国的情形正好相反。还有一个更为复杂的冲突，它在英属印度延续了数十年，冲突的焦点在于，卢比应该与白银挂钩，还是与黄金挂钩。

奥布赖恩注意到，在 1781—1913 年金本位的经典时代之前，英镑仅是世界货币之一，而非唯一的世界货币。因为英镑与黄金挂钩，而且可以与黄金相互兑换，“英镑也就成了被广为接受的支付手段、价值储存手段和资产储备手段。”然而，在奥布赖恩那里，“英国实力与英镑地位之间的关系，总体上看起来比较松散”。（O’ Brien 2002：40，26，41）不过，进一步考察过黄金/英镑本位的地位和作用之后就会发现，英国之所以能在全世界具有那样的地位和影响力，其中也有着它的重要贡献。

网络中英国和印度的特殊位置

处在顶点的英国

处在这一多边贸易和支付体系中心的，是英国和它长期存在的出口赤字/进口盈余。这也使英国成为异于其他地区的出口市场。此种情形之所以成为可能，则主要基于英国与印度之间的关系。1880 年之后，首先是美国，然后是德国等欧洲大陆国家，开始占据了与英国相似的位置，也出现了对其他地区进口大于出口的情形。不过，它们对英国的出口还是大于进口。这种状况一直持续到了“一战”爆发。有关此
240 种安排最有分量的研究，是索尔（Saul 1960）给出的。对于索尔，肯伍德和拉菲德评论道，他给出了“极为接近”真实情况的数字。不过，正如巴格奇（Bagchi 2002）向我们指出的，即便是他们，也并未对印度的整个贡献，给出比较接近实际的估计，因为他们忽略了英国人的“国内费用”，以及其他施加给印度的隐形费用，因而，做估算时至少要将账面数字调高 20% ~25%。

英国的对外贸易和国际收支

英国在世界经济中主导地位的结束，通常被认为开始于 1870 年代，或者更精确一点儿，开始于经济危机爆发的 1873 年。1842—1872 年，英国的出口年均增长 11%。之后的 1873—1898 年，出口价格下降了约 44%（进口价格下降了约 40%），以出口值计算的年均增长仅为 2.5%。再出口的比例也减半，从之前 18% 的水平，降至 1873 年之后的 9%。1898—1913 年之间增长恢复，但增长率仍处在较低水平上，以出口量计算仅为 5%，以出口值计算则为 8%。再出口所占份额，也开始恢复。1873 年以后，新增外国投资也在下降，通常会低于先前投资的收益，这种状况一直持续到了 19 世纪末，之后的 1900—1913 年，情况才有所恢复。（Imlah 1958：164—170）

在 1880 年代，英国的衰退甚至还加剧了，尤其是在经济低迷的 1883 年以后。工业产出的绝对数量，在三年当中下降了 10%。在这一时期，英国的发展迟滞，其竞争对手（尤其是德国和美国）则发展迅速。这一情形也佐证了英国的衰落。如果不是依然占据着特权位置的话，英国所经历的绝对和相对下降，幅度会更大、速度会更快。

1883—1884 年的那段时间，被刘易斯（Lewis 1978：54）称作“英国命运的转折点”。曾经充当英国火车头长达一个世纪的棉纱出口，从1884 年开始衰退，之后再也没能恢复。钢铁的出口也在下降，直到1906 年才开始有所恢复。就钢铁产业来说，英国先是失去了欧洲大陆的市场，进而又失去了第三世界的市场，最后成为世界上最大的钢铁制品进口国。1873 年之后，英国的制成品进口，年均增长率 4% 以上，这一数字在 90 年代变为 5%，1900 年后又降至 2.5%。与之相比，英国的制成品出口，在 1870 和 80 年代，年均增长率仅为 2%，其中甚至还包括了资本出口。在 90 年代，年均增长率进一步下降到了 0.4%，那一时期，英国的资本出口低迷，贸易条件也在下降。当时，英国的制造业净出口实际为负值，因为相应进口的增长要快得多。只是到了1900 年代，资本出口才得以恢复，制成品出口的年均增长率，也才升 241
高到了 2.7%。（Lewis 1978：54—55）不过，这种向好局面的出现，也是因为印度当时被迫去解救英国的工业。印度被迫吸收英国不断增多的滞销工业品。它们在国际市场上缺乏竞争力，便被出口到了英国人控制的印度市场。1910 年时，英国棉纺织品出口的 2/5，被销往了印度，电气产品、铁路设备、书籍和药品出口的 3/5，也被销往了印度。德切科就此写道，这使英国避免了“必要的工业重组，从而能够将资本输出到可带来最大回报的国家”。（De Cecco，转引自 Davis 2001：298）

索尔的一些观察也表明了英国的衰退：“细看一下英国从德国和美国的进口清单，就会发现，英国工业的一个主要缺陷，是没有能力（或意愿）进入新的行业，或掌握新的技能。”（Saul 1960：37）1899—1913 年，英国在世界制成品贸易中的份额，从 34% 下降到了 31%；德国则从 23% 上升到了 27%；美国也从 11% 上升到了 13%。与此相对地，英国向欧洲的煤炭出口，从 1837 年的 100 万吨，上升到了 1870 年的 1 200 万吨。（Saul 1960：11）这在英国出口中所占的份额，也从不到 1% 升高到了 2.8%。1870—1913 年，煤炭出口所占份额不断增长，先是升高到了 1890 年的逾 7%，之后又升高到了逾 10%，从中很难看到制造业附加值的增长，更难看到技术领域的进展。（Rostow 1978：382）那时值得称道的，仅有造船业和航运业，尤其是向钢体船的过渡。这两个行业缓解了英国因为铁轨、火车机车及车皮的订单下滑而出现的工业衰退。

此外，英国当时也在大量进口制成品。在世纪之交时，英国从美国进口的商品包括火车机车、鞋类产品、科学仪器、汽车，以及钢铁和机械。英国从德国进口的商品包括科学仪器、化学制品和化工染料。这些新的竞争对手，还在第三世界的市场上击败了英国。在 1913 年，英国出口了价值 3 500 万英镑的机械，其中的 1 300 万出口到了欧洲，1 000万出口到了帝国各领地，1 100 万出口到了世界其他地区。同样是在 1913 年，美国出口了价值 3 000 万英镑的机械，其中也有 1 300 万出口到了欧洲，另外 800 万出口到了英帝国（大多数去到了其北方邻国），还有 800 万出口到了其他地区。不过，英国的电气设备仍在继续
242 主导一些市场，它向印度、南非、阿根廷和中国等地的此类出口，分别是美国同类出口的 10 倍、5 倍、6 倍和 5 倍多。（Saul 1960：36—37）即便如此，德国此时的机械出口已经超过了英国，出口总值达到了 3 700万英镑，其中的 2 700 万英镑（超过了英国和美国的总和）出口到了欧洲，但仅有 100 万英镑出口到了英帝国，后者对于英国来说是至关重要的，扮演着非常关键的角色。（Saul 1960：30—31）

英国在世界上竞争地位的削弱，在国内引起了一些经济、政治利益集团的担忧。随着英国工业竞争力的衰退，对贸易保护的呼声也升高了。此外，

> 关税改革者们唤起了对去工业化的担忧，担忧英国会失去钢铁等关键产业，它们对于英国加强国防、维持其强国地位，以及创造财富而言，都是至关重要的。关税改革者们指出，一旦英国无法继续维持其世界地位，它将会迎来工业的衰败和社会秩序的崩溃。（Cain and Hopkins 2001：191）

英国人当时就这一威胁而找到的解决办法是，“联合英国及其白人殖民地（那里的人口被认为会在 20 世纪大规模增长），并利用它们联合起来的力量，去开发帝国的欠发达地区”。（Cain and Hopkins 2001：191）张伯伦即是这一政策的主要提倡者。

对于我们这里所分析的熵而言，英国的世界地位的任何减损，都会威胁到它向外耗散社会熵的能力。相关的对策非常明确，那就是寻求继续将英国和欧洲产生的熵耗散到白人移民地，那里仍能以相对较低的成本吸收它，进而与白人移民地联合起来，将其共同产生的自然和社会熵，耗散到处于它们经济和政治控制之下的非白人地区。有关英国 1910 年时国际收支状况的表 7. 19 显示，其总支出（借方）为 1. 45 亿英镑，而相应的总收入（贷方）为 1. 18 亿英镑。表中数据最引人瞩目的，是英国对欧洲大陆、美国、加拿大和（白人）南非的支出，总共达到了 7 200 万英镑，或者换种说法，占到了总支出的一半。这一金额与它从印度和中国得到的收入 7 300 万英镑相当，其中仅印度一项就达到了 6 000 万英镑。英国正是靠着印度来覆盖它对其白人移民地的支出的。

表 7. 19　1910 年英国的国际收支状况　（单位：100 万英镑）

贷　方		借　方	
美国	50	印度	60
欧洲大陆	45	澳大利亚	13
加拿大	25	日本	13
海峡殖民地	11	中国，包括香港	13
南非	8	土耳其	10
新西兰	4	乌拉圭	6
阿根廷	2	英属西非	3
总计	145		118

资料来源：Saul（1960：58）。

我们可以很容易看到，英国对美国和加拿大的收支赤字，总计为

243 7 500万英镑。我们还可以在收入的一侧看到，英国的有着总计1.18亿的收入（借方），相当于其支出（贷方）的80%，而其中的一半6 000万英镑，来自印度一地，此金额比对美国的赤字还要高。印度和中国合在一起，总共给英国带来了7 300万英镑的收入，或者换句话说，相当于其总支出的一半，足够覆盖它对北美的支出。[1]

处于底部支撑整个体系的印度

从印度的攫取及其在多边体系中的作用[2]

1870—1915年，印度的外贸增长迅速，进口增长了近两倍，出口翻了一番还多。正如表7.20中数据所显示的，在这五个时段当中，印度的进出口都增长迅速，而且出口始终大幅超过进口，其超出比率最低为43%，最高为63%。不过，真实的进口实际上要更低，因为进口数字里面还包括了运费，而绝大多数的运费都是印度人支付给英国航运业的。（英国人还利用他们手中的殖民权力，来固定航运价格。此举使他们获得了更多利益，也让印度人付出了更多代价。）此外，我们早已经提到，巴格奇等人主张，印度的真实出口至少要比账面数字高出5%。做了这些调整之后，印度出口超出进口的比率，也就不只是43%～63%了。将这一时期外国从印度的“攫取”，与印度当时的GNP、GDP，以及国民总收入做一些比较，应该会使我们得到不少启发。

在此期间，贸易商品的构成也发生了变化。鸦片的重要性降低了，因为，土耳其等国也成了有竞争力的供应者，另外，中国自身也在大量

---

[1] 原文此处还有一页半左右的文字表述，以及一个有关英国商品进出口贸易状况的表7.20。这一页半的原文错误颇多，有的与表7.20中的数据对不上，有的上下句之间有矛盾，还有的明显是早期书稿中的文字，放在这里完全是冗余。此外，表7.20中的数据，自身就对应不上。所有这些内容，在书中其他部分都有类似表述，也可以说是更好的表述。故而，这里略去了相关的原文和表7.20。——译者注

[2] 此处略去了一段（三行）原文，因为段中表述自身有冲突，应该也是没有被很好地编辑过。——译者注

生产鸦片。粮食成为英属印度的重要出口商品，而且通常能占到总出口的 10% ~20%，有时甚至能够占到 25%。其中，印度出口的是小麦，缅甸出口的是大米。时不时会有饥荒造访，但并未打断那里的粮食出口。苏伊士运河在 1897 年的开通，印度铁路的建设，小麦出口税在 1873 年的废除，都在促进着主要是与英国进行的这项贸易。（Chaudhuri 1983：844—850）

在 19 世纪后半叶，印度近 90% 的进出口贸易，都是与英国和中国进行的，其余的则是与法国、海峡殖民地，以及东南亚进行的。印度的进口商品，75% ~80% 来自英国，3% ~5% 来自中国（只是在 1850 年时达到 8%）。另一方面，印度的出口也主要去往了这两个国家：在 1850 年时，英国占了 45%；之后，在 1870 年时，最高升至 55%；1873 年后英国设置了更多的进口障碍，这一比例逐渐下降至 1911 年时的 247
25%。中国吸收的印度出口份额，这一时期呈现出不断下降的趋势，1850 年时为 35%，1870 年时为 22%，1911 年时为 9%。份额不断下降的主要原因，是印度向中国的鸦片出口，在绝对数量和相对比率上，都在不断降低，尽管这项贸易一直延续到了 20 世纪。

表 7.20　1870—1915 年印度的进出口贸易　（单位：100 万卢比）

	出口		进口		出口/进口
	总量	年均	年均	总量	
1870 年代	5 974	597	365	3 651	163%
1880 年代	8 749	875	586	5 864	149%
1890 年代	10 682	1 068	728	7 283	147%
1800 年代	15 301	1 530	1 070	10 697	143%
1910—1915	13 148	1 315	919	9 186	143%

资料来源：Chaudhuri（1983：835，837，Tables 10.7B and 10.7C），笔者做了计算并对结果做了取整。

《剑桥印度经济史》指出，1880 年英国从印度获得的收支盈余为 2 500万英镑，英国用它平衡了与欧洲、美国之间贸易赤字的 1/3 多

(Chaudhuri 1983：873)。因此，《剑桥印度经济史》总结道，印度“那时的处境相当不错，这可以从19 世纪后半叶的出口状况看出”，不过，书中就在几页之前还写着：“现在已经不会再有人质疑，英国人的官方政策故意被设计成这样，以使英国人获得最大的收益。印度在这一领域的附属地位最为明显。”(Chaudhuri 1983：865，877)

然而，在这一更为复杂的贸易和收支的多角/多边体系中，印度的地位和作用远不止这般。要认清楚整个事实，我们也许应该先来看一下索尔的表述：

> 英国整个支付模式的关键是印度，后者很可能平衡了前者全部赤字的逾2/5。在1911 年第一季度，印度对帝国其他部分的出口盈余，就达到了1 500 万英镑，对其他国家的则达到了4 860 万英镑。英国凭借这些出口盈余，从欧洲赚得了3 000 万英镑，从中国（含香港）赚得了逾1 000 万英镑，从日本和美国各赚得了700 万英镑。不过，这远非事情的全部，因为英国主要是通过印度，才使其国际收支达到平衡，才使自己成为一个资本输出大国。1910—1913 年，英国与阿根廷、巴西和加拿大之间的收支情况，迅速变得对英国不利。英国采取了不少方法来应对这种变化……其中多数还是依赖印度的付出。……当时（与印度之间）的国际收支必须……为英国至少增加1 200 万英镑的顺差。印度这一安全阀还给英国带来了其他方面的巨大优势。正是凭借着它与印度之间的关系，英国才能够在关税壁垒的打击下得以生存。印度的市场一直在向英国商品开放，印度的低价出口商品，也使英国受惠良多。……尽管与帝国的其他部分相比，英国所吸收的商品在印度的总出口中的份额并不算很高（前者多为垦殖殖民地，份额高是理所当然的），但情形依然如此。总体来说，这一多边体系对于英国经济的价值是难以估量的。(Saul 1960：62—63)

248 在20 世纪初，印度每年为“无形”服务支付的金额超过2 亿卢比，这给印度的国际收支带来了非常大的压力。（Chaudhuri 1983：874）一个世纪之后，这种情形再次发生在很多第三世界国家身上，它们也因而纷纷陷入了债务陷阱和危机。

1858—1898 年，印度出口的几乎一半都被用于平衡其外债：20% 变为臭名昭著的“国内费用”，30% 作为利息和利润支付给了英国人在印度的私人投资和其他服务业。到 19 世纪末，印度的关税收入和土地税，已经不再能覆盖这些资金的外流，印度不得不为此向外国举债，这从长期来看，只是加重了问题。（Cain and Hopkins 2001：295）英国非常依赖印度的这些资金外流，任何对它的威胁，都会将英国的整个世界地位置于险境。凯恩和霍普金斯就此写道：

> 自由贸易的最大价值，它被正统观点多加褒扬的优点，在于它使印度能够利用其向亚洲其他地区和欧洲大陆的出口而赚得的利润，来平衡其与英国之间的贸易赤字。此外，这一收支盈余，对于维持当时的多边结算模式是非常重要的，因为它使得英国能够平衡自身贸易赤字的逾 2/5。英国的这些贸易赤字多数来自欧洲和北美。这一关系的本质，当时就被人意识到了，正如印度事务部的一份备忘录中明确写道的：
>
> 印度向亚洲和非洲各港口的出口，包括锡兰、海峡殖民地和毛里求斯等皇家殖民地，要超过它向欧洲大陆的出口。在这些贸易中，印度都保持着大幅的顺差，这也就代表着，它可以利用从中获得的收益，平衡对英国的大量赤字，清偿欠英国的债务，以及支付英国在印度的行政费用。
>
> 印度事务部还指出，印度“在整体上对美洲有着大幅的顺差，这无疑给了英国一种调整国际贸易的手段。”备忘录这样总结道：“作为一个债务国的印度，要求其出口尽可能自由地进行；作为一个贫穷国家的印度，要求廉价的进口商品”，而且，“之前那些大量

> 进口印度商品的国家，一旦减少了它们从印度的进口，也会立即降
> 249 低印度购买英国产品的能力，降低印度偿还其欠英国债务的能力。”
> 随着英国工业水平的衰退，通过自由贸易的手段维持这一多边支
> 付体系的紧要性，也大大降低了。（Cain and Hopkins 2001：296）

印度的银/金本位之争

> 塞西莉，我回来之前你可以读一下你的“政治经济学”；不过，有关“卢比贬值”那一章，你得跳过去。对于一个年轻女孩来说，它未免有些太过刺激了。
>
> ——奥斯卡·王尔德：《认真的重要性》

出口与进口的能力也部分地取决于贸易条件，或者说，取决于出口价格与进口价格之间的比率，进出口价格又都取决于贸易伙伴之间的货币汇率——廉价的货币会使出口商品变得更加便宜，也更加具有吸引力，并且，还会使进口商品变得更加昂贵；昂贵的货币则会起到相反的效果。治理印度的英国统治者，也会为了他们自己的利益，尤其是为了维护印度在英国国际收支中的作用，而操纵两国货币之间的汇率。此事还牵涉到了英国遍布全世界的投资、相关的利润和利息收入，以及金融管理和保险行业。

有关印度采用何种货币本位的问题事关重大，对于这一问题的激烈争论，从 1873 年一直持续到了 1913 年。英国最为著名的经济界和金融界人士，都参加了这一争论，比如乔治·戈申（George Goschen），他当时领导着一个委员会；罗斯柴尔德勋爵（Lord Rothschild），当时的金融奇才；沃尔特·白哲特（Walter Bagehot），当时世界——当然也是英国的——货币理论大师，他 1876 年就此问题在《经济学人》上发表了 17 篇文章；库欣（Cushing），1876 年就此问题成立的委员会正是以他的名字命名的；以及阿尔弗雷德·马歇尔（Alfred Marshall），我做研究

生时还在读他的《经济学原理》，那时距他去世已经半个世纪了；此外还有历届议会及其他一些委员会的成员。以上所有这些人，都坚定地向印度推销银本位，以维护英国的利益，尽管他们认识到，这种安排等同于令印度向英国“进贡”。争论中另一方的唯一大人物，是印度事务部印度委员会的常设副秘书长，路易斯·马利特爵士（Sir Luis Mallet），他支持印度采用银/金双本位，以减少银本位会使其付出的巨量损失。他在讲话和文章中均指出，印度“为它购买的所有进口商品支付了高价，与此同时，英国除了因为对印度的高价出口而大获利益之外，还在以较低的价格进口印度商品。”他就此还举了一个例子：在 1873 250
年之前的 10 年里，印度被迫输出了价值 1 亿英镑的出口盈余。不过，人们对他的这些言论，听而不闻、视而不见。（McGuire 2001：186）

这些有关的金融辩论及其反映的政治经济情况与利益，直到一个世纪之后还在被人视而不见，然而，正是它们促成了印度的“低度发展”和世界的发展。罗特芒德就此观察到：

> 殖民地的财政当局，以及帝国列强为其附属制定的货币政策，对殖民地的经济结构产生了重大影响。这种影响尚未被加以充分研究。……批评家们……还未尝试着将货币政策与土地关系、农村信贷、税收管理、经济作物出口，以及外资和内资的投资模式等，联系在一起进行讨论。这种对帝国货币政策的广泛联系的忽略，可以追溯至 19 世纪的主流经济学说。这一学说里根本就没有货币政策的位置。（Rothermund 1970：24）

德切科（De Cecco 1971，此书以令人混淆的不同书名再版，包括英语和意大利语）以“印度货币的变迁兴衰”为名出版了他的研究，但主要关注的是印度的对外账户。班纳吉（Banerji 1995：235）在他《英属印度早期的金融：投资与对外部门》中指出，卢比的贬值影响了印度出口的贸易条件，也致使市场对进出口商品的需求发生变化，因而还改变了国内的资源分配。他还提到，不能说“对此问题至今没有系统性的研究”，“此处引用的一些学者已经指出，因为印度需要向英国‘进贡’，贸易条件的下降，也就成为必要的事情了。不过，最近两项有关价格的研究，甚至都未曾涉及这一重要问题”（Banerji 1995：263，253）。此外，我曾就此处讨论的问题——印度的金银本位之争，求助于这个领域首要的经济史专家。可他回复我说，他就此问题所知有限，无法给出相应回答。因此，在这一问题上，我主要得依靠自己了。不过，我们这里援引的一些相关研究，也会给我们的讨论以帮助。其中最好的分析，是罗特芒德给出的。

印度早就有着规模巨大的出口盈余，但白银相对于黄金和其他商品的价格下跌，以及因此而发生的卢比贬值，使印度的出口收入也跟着减少了，尤其是在农产品出口方面。当然，进口商品也变得更加昂
251 贵了。此外，印度人储蓄的是白银，白银价格的下跌，也会使之大幅受损。印度为此屡屡要求将卢比从银本位转为金本位，或至少停止继续铸造银币，以降低印度对白银的需求。此举会增加印度的出口收入，并减少从印度流出的“攫取”。班纳吉写道：

> 在这一时期，越来越多的国家转向了金本位，主要是那些自身出产白银的国家，还在继续采用银本位。不过，还有两个主要的白银进口国中国和印度，也在继续采用银本位。在印度，此事引发了长期的争论，争论的焦点是继续采用银本位比较有利，还是转向金本位比较有利。（Banerji1995：253）

1873 年后的 30 年间，白银的供应出现了近 400% 的增长。大量白银从墨西哥和内华达的银矿中被运出。与此同时，德国在赢得普法战争后，强迫法国用黄金支付赔款，以及随后许多国家转向金本位，国际市场上对黄金的需求大涨。一方面，新采用金本位的国家对黄金的需求增加，并因而扩大了对黄金的进口；另一方面，先前采用银本位的国家，也将

其原来用作铸造银币的白银投向了世界市场，其中也有部分原因是为了购买黄金；金本位国家在那时还发现，卖给印度白银比其他商品更为划算。以当时与黄金挂钩的“英镑”计价，在 1850—1872 年之间，每磅白银的价格徘徊在 60 便士。在爆发经济危机的 1873 年，白银的价格一度升高到 69 便士。之后便一路下跌，在 1884 年时几乎下跌到了 50 便士。在 80 年代剩下的年份里，白银价格又降到了 40 便士，之后是 1894 年的 30 便士，再之后是 1900 年代的 20 便士，1900 年时还一度下降到了 18 便士。（De Cecco 1979：170）与白银挂钩的印度卢比，也因而出现了大幅度的贬值[1]，但这仅惠及了投机而非投资。卢比的贬值也迫使印度增加其商品出口，以支付“国内费用”，因为它们是以黄金为标准收取的。（De Cecco 1971，1979；McGuire 2001：181；Rothermund 1970）

与此同时，越来越多从世界其他地区来的白银，不得不流入印度，也确实流入了印度。白银主要来自墨西哥和美国的银矿，用以支付印度不断增长的出口。1877 年时，印度购买的白银占当年世界总产量的 84%，接下来几年的数字，也与此相似。（Rothermund 1970：250）结果，主要是因为印度对白银的巨大需求，才使得其价格没有下跌更多，这也惠及了美国和墨西哥的白银利益集团。凭借着其规模巨大的商品 252
出口盈余/进口赤字，印度不断进口了大量的白银，其规模要占到其每年总进口的 13%～35%。（Pope 2001：155）只要印度的铸币厂还在运营，银卢比的供应就还会增加，这也正是当时的世界货币权威，《经济学人》的编辑沃尔特·白哲特所指出的状况。在这一时期，印度卢比发行量的增速，是印度人口增速的两倍。于是，印度出现了通货膨胀，通货膨胀率年均 1%，（Pope 2001：254）这伤及了印度的消费者，但并未激励印度的生产者，我们会在下文说明这一点。有关印度应该留在金本位，还是转向银本位的争论，反映出了这些状况和利益。

---

[1]　原文这里有一个贬值的幅度：“三分之一”，但并未给出相应的时间跨度。由下文给出的数据可知，这一贬值幅度出现在 1873—1893 或 1876—1894，不过，这一时间跨度与这一段前面的时间跨度点，并不对应。因而，这里的译文略去了这一贬值幅度。——译者注

需要用黄金或英镑支付的“国内费用”，从1876年的1 350万英镑，增至1893年的1 580万英镑，而白银相对于黄金的价值则下降了1/3，但印度人还是不得不用白银换取黄金来支付这些费用。印度人的负担因此几近加倍。此外，印度政府将其土地税，增加了1/4到2.5亿卢比。来自海关的其他税收，则从2 500万卢比，下降到了1 000万～1 600万卢比，这项税收在1876—1893年的总量，也仅有3亿卢比。与此同时，因为银价下跌而遭受的贸易损失，则达到了7.70亿卢比（Rothermund 1970：261）。因而出现的结果是，印度不得不通过借外债来支付必须支付的利息，这些利息也增加了印度的财富外流。印度通过“Council Drafts”作为中介，来支付“国内费用”和债务利息。英国政府将可兑换英镑的“Council Drafts”卖出，但它们被卖给了外汇交易银行。购买它们的那些外汇交易银行，不但可以从银卢比的贬值中受益，甚至可以通过运输更多的白银到印度，使卢比相对于黄金进一步贬值而获利。因此，1873/1874—1892/1893年，印度用于对外支付的银卢比，从1.4亿升至2.65亿。“这整个体系的运作既刺激了印度的通货膨胀，也榨取了大量的廉价农产品。……它很好地造福了殖民宗主国，如果没有加剧政府资源的紧张（因为政府按银卢比征收的岁入有限）的话，那它将会永远存在下去。”（Rothermund 1970：260）当银价在1890年代早期剧烈下跌时，这种后果变得尤为严重，以至于印度政府不得不关闭铸币厂，尝试着以此来降低国内的银币供应，强使其价格上升。

当时对于印度这一情形的理论分析，不只是从简单的货币学说出发的，其中还反映着大卫·李嘉图（Ricardo 1817）更占优势的“通货
253 原理”与“银行原理”之间长期的理论和政策论争，后者直到20世纪的凯恩斯时代才获得与前者同等的地位。不过，各派别在选择以哪种理论为基础参与争论时，考虑的都是哪种理论所支持的实际政策在施行之后能更好地促进自身的现实利益。真实的情形是，无论有着什么样的理论基础，“最后采取何种政策往往取决于私利”。（Rothermund 1970：250）金伯利勋爵在指示一个负责起草有关银/金本位的建议的

委员会时，已经清楚地表达出了这一情形：

> 这并非一个可以仅仅由部门观点决定的问题。它还与整个帝国的政策密切相关。……我们，作为帝国利益的守护者，必然要在更广阔的视野中审视这些问题，在涉及帝国利益的时候，无须再顾忌那些来自部门的异议。（转引自 McGuire 2001：193）

参与争论的有几个不同派别。在常住印度的英国人当中，也存在一些彼此对立的利益集团。本地的英国实业家、种植园主，以及商人，想要的是金本位货币，因为这会促进他们的出口利益。个体的英国人也持类似立场，因为他们想要将自己的储蓄和养老金，兑换成更多的英镑汇回英国。不过，这些都是小角色。甚至英国殖民政府及其驻印度的管理人员，都想要卢比的价值尽可能得高，以便于每年从印度向英国的资金转移。可是，英国的国家利益占据着支配地位，它想要的是将印度的财富与产品，转移到自己的国库里。

对印度的“攫取”，主要是通过“国内费用”进行的。因为印度采用银本位，使用银币，印度政府也就不得不以白银征税（主要是土地税），并以之来对英国进行相关支付。因此，印度不得不用它的白银，来购买黄金或英镑。因为白银对黄金的比价不断下跌，卢比的价值也因而不断下跌，这就使得印度政府为了应对以黄金进行的海外支付，不得不征收更多以白银缴纳的税款。1873—1893 年，与白银挂钩的卢比相对于与黄金挂钩的英镑，价值降低了 1/3。这就意味着，印度以英镑计算的 16% 的出口增长，换成以卢比计算的话，变成了 50%。（de Cecco 1971：99，97）“国内费用”在帝国各地被用于资助英国的军事存在。防卫支出要占到 1/3，资本支出要占到 1/4 多，而十几次被用于执行海外任务的印度军队，也要占到英帝国防卫（或进攻）力量的一半。（Kumar 1983：932）一向轻视亚洲人的麦迪逊，就此奇怪地写道： 254
“马克思主义及反英国的历史学家，倾向于夸大印度被掠夺的程度。

……事实上，印度岁入中很大的一部分，被用于了当地的战争，而非被转移至英国。”（Maddison 1971：63n.）

所有这一切都意味着，印度政府必须从因之越来越穷的印度农民那里，征收越来越多的真实农作物产品，以将越来越多的真实商品转移至英国。这才是英国想要的，这也是为什么位于伦敦的印度事务部，在此数十年里不断申请将卢比与黄金挂钩，但均遭到了拒绝。要知道，在其他事情上，这个印度事务部几乎是无所不能的。

1876—1894 年的 18 年间，卢比的价值下降了 1/3。（Rothermund 1970：253）与此同时，世界市场上谷物和棉花的供给得到了大幅增加（主要是来自美国等新垦殖地区），不过，中心发达国家的需求在 1873 年后的经济危机时期大幅下降。这些也使印度的棉花和谷物出口，经历了额外的价格下跌，而且，它们的降价幅度要比其他地区的更甚。这一时期，印度的农业生产者面临着双重的不利。

从外部来看，在世界其他地区普遍经历物价下跌时，印度的物价似乎处于出奇的稳定中。不过，世界市场上谷物价格的下跌，在使印度的生产者受损的同时，却并未使印度的消费者从中获益。

> 如果大家考虑到，印度必须出口农产品以换取白银的进口，而印度自身就对农产品有着巨大的需求，如果大家考虑到，印度此时进口的白银正在经历迅速的贬值，那么，这些出口价格的“稳定”，也就会呈现出不同的景象了。当时的实际情形是，当世界农产品市场上农产品供应饱和时，当这引起除印度之外地区的农产品价格下跌时，印度还有大量的人死于饥荒。因为这样一种情形的存在，有些人所持有的此类主张就站不住脚了：白银的自由流动有益于印度，只会刺激它的经济增长。（Rothermund 1970：254）

这一体系的运行旨在增加包括谷物在内的出口农作物的产量，不过，印度这时正处于气候条件恶劣时期，按照正常的逻辑，应该努力增加国内市场的供应才对。结果，英国人的做法致使大饥荒频现，其频繁程度远超以往。在大饥荒频频造访的这一时期，印度的谷物出口从 300 万吨，增长到了 1 000 万吨，而这 1 000 万吨的谷物，足以养活 2 500万人。（Davis 2001：299）

英国不想让印度采用金本位，还有另外一个重要原因。如果印度 255
转向金本位的话，那势必会自动使其对黄金的需求增加，也因此会使英国不得不用黄金来支付它从印度获得的巨量进口盈余。“当越来越多的国家转向金本位时，英国不得不用黄金来支付相关进口费用，不过，英国想尽可能低地控制其黄金外流。英国金融界常常会联想起印度吸收贵金属的巨大能力，并将其视为对英国金融稳定的主要威胁。”（Pope 2001：160，转引自 McGuire 2001）英国政府也在做此想。先后担任过英国财政大臣和首相的格莱斯顿，就一直坚守着反对印度采用金本位的立场。他的政治对手，也曾担任过英国首相的迪斯雷利，早就明确地宣称，印度的治理只应该围绕着英帝国的利益进行。担任过印度总督的寇松勋爵，也曾在英国上议院说过，关税（也适用于其他一切事务）“是在伦敦决定的，而非在印度；怎么定，取决于英国的利益，而非印度的”。（Pope 2001：160，转引自 McGuire 2001）

当时英国所面临的问题是，它自身的黄金储备规模已经比较小了，而且还在继续下降，这已经对英镑的世界货币地位产生了比较大的威胁（如同今天美元所面临的状况）。英国在 1881 年时的黄金储备，占世界总量的 14%，而法国、德国和美国加在一起，在 1885 年时的黄金储备，也仅占当年世界总量的 9%。1879—1892 年，英国的黄金储备不断下降，从已经比较低的 1.80 亿英镑（当年世界总量的 20%），降至 1.60 亿英镑（当年世界总量 16.6 亿[1]的 10%），当时法国的黄金储备已经达到 6 800 万英镑，而美国则达到了 5 000 万英镑。（Ally 2001：105，120）英国此项至关重要的利益，也使它决定将其体量巨大的印度

[1] 在英文原文当中，这之前的三个数字，都少了一个“0”，译文已经做了修正。——译者注

殖民地，挡在金本位的大门之外，以避免它成为一个黄金进口国。换句话说，印度农民的巨大牺牲确保了英国可以继续使英镑与黄金挂钩，继续维持“伦敦金融城”世界金融中心的地位。也正是因为伦敦城的存在，英国才拥有了当时在世界上的地位，才使其得以维持进口盈余达一个世纪之久。英国也因此有了资金进行对外投资，并继而获得了大量的投资收入（对美国的投资就是一个典型的例子）。对此前文已经多有讨论，下文还会继续进行考察。以上所有这些的实现，都主要基于印度农民的牺牲。美国农场主是被钉在了金十字架上，印度农民则是被钉在了银十字架上。

只是在几个突发事件之后，英国人才最终让步，让印度人转向了黄金，但也仅限于实行金汇兑本位。金汇兑本位意味着，印度的外部结算可以用黄金来进行，但不得在本国用黄金铸造货币。这是为了降
256 低印度对黄金的需求，从而避免英国不得不向印度供应黄金的局面。1890 年，美国通过了《谢尔曼法》（并非更著名的有关反托拉斯的那个）。美国此项法律的推出，旨在通过以固定价格购买本国持续增长的白银供应，来稳定白银的市场价格。这项法律在执行了两年之后被废除，因为它看起来并没有解决任何问题，反而使情况更加恶化。《谢尔曼法》被废除之后，世界市场上的白银供应量骤增，白银价格也因而骤降。这使印度不得不关闭了其铸币厂。此举在印度国内的主要效果，是降低了货币供应量，导致了通货紧缩的出现。此举在国际市场上的主要效果，是刺激了印度银卢比的进一步贬值，这反过来又使印度突然承受重压。那一时期，印度的麻烦不仅如此，印度洋季风没有如约而至，这致使大规模的饥荒再现。一段时间之后，印度卢比才回升到一定的水平，使英国有能力用黄金来支持它。

当时也有更多的黄金被发现和生产出来，它们有一些被运往了印度，有一些被直接运往了英国。1886 年，南非的威特沃特斯兰德发现金矿，之后在阿拉斯加也发现了金矿，世界黄金供应得到了进一步的扩张。南非黄金的年产量初期比较低，1887 年时为 1 吨，1892 年时增

至30吨，之后在1898年时，增至120吨，这占到当年世界总产量的1/4。（Ally 2001：100）与此同时，英国和印度的官僚们也注意到，印度黄金需求的增长与澳大利亚黄金产量的增长，在同时进行。这使他们可以利用澳大利亚的黄金，替代英国已经降至危险水平的黄金储备，来满足印度对黄金的进口需求。此外，澳大利亚也对英国有着贸易赤字/进口盈余，需要通过向英国出口数量并不算多的黄金，来进行相关结算。新出现的情形是，从澳大利亚起航的船只，将黄金以更低的海运成本，运送到距离更近的印度，并在那里将黄金出售，所得的款项随后通过电报计入其在伦敦的账户。以一种省力、省时、省钱的方式，印度转向黄金的夙愿得以实现。澳大利亚人从那时开始，甚至在他们的金条上打上了印度文字。澳大利亚黄金的年出口量，在发现金矿不久之后的1860年代，以及之后的70年代早期，曾经保持比较大的规模，但在1873年后降至不足3万英镑，之后在80年代又恢复至近70万英镑。这一水平大体持续到了1897年。不过，印度转向了金汇兑本位之后，澳大利亚的黄金出口也出现了大幅飞跃，飞涨至1898—1914年之间的年均360万英镑。（Pope 2001：158）这也是为什么印度最终得以开始大量进口黄金。不过，印度依旧被迫维持其巨量的出口盈余，而它们所带来的，也只是金银的反向流动。罗特芒德（Rothermund 1970：263）就此写道："伴随着通货紧缩出现的，是人口增长速度的放缓。之前，印度被淹没在白银的海洋里；现在，它又被钉在了'金十字架'上。"

印度事务部财务处在当时写道："大家都普遍赞同，虽然黄金从英
国向印度的转移，如果可能的话，是应该被避免的，不过，黄金从埃 257
及或澳大利亚，向伦敦或印度的转移，倒是非常可取的。"（转引自Pope 2001：165）的确如此，可更佳的局面是让伦敦自己掌握黄金。故而，身处伦敦的金融操纵者们，安排一些黄金从澳大利亚运到印度，之后又装船运往伦敦。印度从中得到的，或是本地卢比账户上收入的增加，或是黄金储备海外寄存数量的上升。当然，印度黄金的海外寄存地是伦敦。

正如昌达瓦卡（Chandavarkar 1983：762）指出的，“印度货币体系的外汇储备，使英格兰银行有能力控制印度的货币，控制印度在伦敦外汇市场上的动作。”（第二次世界大战期间，非洲同样被纳入了这种安排。这种安排那时有利于英国，而不是非洲。）此外，我们别处早已论及，多边的贸易交换，尤其是包括中国在内的一些，构成了全球性的贸易与支付网络。我们还强调过，英国在这一网络中处于顶部。它之所以占据着这一位置，主要基于来自印度的支持。凯恩斯后来也对此事很感兴趣，他就此写到，所有这些都是充实（而非耗费）伦敦自身黄金储备的简便方法。波普也评论道：“英—印之间的货币关系，取决于帝国内的其他关系，更确切地说，取决于澳大利亚向印度供应黄金的能力。”（Pope 2001：165）与此同时，英国人为印度制定的货币政策（他们否认曾为印度制定过货币政策，宣称只是市场的力量在起作用），被用来支持对印度的“攫取”。英国正是依靠着它们，维持了其在本国的消费和投资，维持了其向海外的资本输出（英国输出的其实是印度资金）；英国正是凭借着这些资本输出，从海外获得了大量的投资收益和利息收入；也正是这些海外收入，填补了英国对外贸易中的结构性漏洞。

罗特芒德总结了这种殖民式的政治经济安排，对印度及其经济（低度）发展的灾难性影响：

> 英属印度帝国易于进出伦敦资本市场这一点，往往被认为有利于印度的经济发展，但实际上这不过是一种变相的诅咒。印度拥有大量白银资产的资本家……将大量的钱投在了地产上，地产的投机价值因出口繁荣而大幅提高。人们经常为印度纺织工人的命运感到惋惜，因为他们被兰开夏的动力织机赶回到了土地上，这本来不会对印度农业造成太大负担，但此时印度的资本家也将注意力转移到了土地上，不过仅是为了出口和投机，这些是伦敦城促成的。……基于印度货币市场的缓慢通货膨胀和本土投资，本来可以慢慢为印度的经济增长奠定基础。然而，殖民统治毁掉

> 了这些希望……凭借的手段是阻碍本土的资本积累和经济增长。经济增长的实现，只能基于不断从农业生产中汲取和积累资本，继而将这些资本投入到工业中。（Rothermund 1970：258—259）

此外，在印度获得高收入的那些人，实际上都没有交过税。其中，既有英国人，也有印度人。他们也很少有人愿意投资印度的工业。他们所消费的商品，也大都来自海外进口。正如拉吉（Raj 1995：260—261）所提到的，一项 1873 年的研究发现，国家（政府）从土地上汲取的大量财富被转移到了海外，再加上私人收入的外流，产生了“非常大的影响……阻碍了旨在实现长久性改进的投资”，因为投资者无法从中获利。他们能够从中获利的，就是购买更多的土地，他们也确实这么做了。英国政策频繁引起的饥荒，也在推动着此事的进行。另外，这一时期印度屡屡出现的气候异常，也在推波助澜。气候异常在印度频繁导致农作物的大幅减产。马利特等人早就感慨于印度此时的重担，以及因之而产生的大量外债开支。当时的《印度时报》也在抱怨：“英国资本已经不再可能对投资于印度感兴趣了，因为卢比收益既不稳定也不安全。”（McGuire 2001：182，189）故而，受英国货币政策的影响，印度国内并未遍布着外国投资。罗特芒德就此总结道，“印度以一种最不公平的方式，被纳入到了世界经济中”，还有，“在 19 世纪晚期，印度通过吸收白银和低价出口小麦，在世界经济的底部，充当起了缓冲器的角色。”（Rothermund 1970：256）索尔（Saul 1970）的观点与此类似，对此前文已经述及。有关这方面的内容，在下文涉及熵的部分，还会有更多探讨。

要素价格、商品与服务业 [1]

奥罗克和威廉森（O'Rourke and Williamson 1999）在他们的《全球

[1] 这一小节的论述比较凌乱，个别段落尤其如此，应该是遗稿中不太成熟的内容。——译者注

化与历史》一书中指出，劳动力要素的流动（主要是通过洲际移民），在要素价格与收入的趋同这件事情上，起到了 70% 的作用，其他多种要素的流动，则起到了不超过 30% 的作用。这也意味着，劳动力要素的流动是最为重要的。事实上，70% 的比例很可能还是低了，因为其他一些要素所导致的趋异，被劳动力的流动抵消了。另外，他们两人还发现，商品贸易不会导致趋同。资本流动因而成了另一重要因素。
259 关于资本流动，他们两人还发现，它是劳动力的流动、土地和其他资源的开发的补充，而不是它们的替代。在新垦殖的地区，如果没有资本帮助引入劳动力，帮助开发土地和其他资源，那么这些地区的发展和趋同所能达到的程度，就会低得多，甚至有可能会微不足道。资本都去向了那些资源丰富，且对劳动力有很大吸引力的地区，因为这些地区的生产潜力巨大，其他地区得到的资本却很少。在“国际资本流动”一章的结论中，他们两位还指出：“19 世纪末的世界资本流动，是一种导致趋异而非趋同的力量。”（O’Rourke and Williamson 1999：245）

要素流动，尤其奥罗克和威廉森认为对趋同起到 70% 作用的劳动力移民，与大西洋经济体之外的地区无关吗？要使新垦殖地区的劳动力和土地具有生产力，还需要伴随着资本的流入，以兴建各项必要的基础设施。不过，英国当时虽然身为最主要的资本输出国，但它自己的出口甚至不足以应对本国的消费和投资，正如美国今天的情形一样。此外，英国在那时（美国在现在）都无法从其本国的储蓄中，筹集到足够的资金来支撑其投资。它的生产率和储蓄额，满足其国内的投资都有困难，更别说用于海外投资了。英国在那时（美国在现在）所能做的，是建立、运营和操纵一个世界范围的金融体系，并从中得到垄断优势。

奥罗克和威廉森对不同时期的分析表明，劳动力和资本这两大要素的流动，与它们生产出来的商品的贸易活动，是相辅相成的。换句话说，贸易和资本流动，以及贸易与移民，都是相互联动的。它们之间的关系是相互加强，而非可以彼此替代。各地之间资本和移民流动的增加，也会在各地之间促成更多的贸易活动。

不过，还需提及，贸易自身在很大程度上衍生自要素流动，它对工资/收入趋同的贡献，也比各要素流动自身的贡献小很多。换句话说，贸易对收入的分布，并没有很大的影响。而且，贸易所产生的效果，并非在各地都一样。它们既可以使国内经济变得更加平等，也可以使国内经济变得更不平等，这取决于原有的政治经济结构。通常的情况下，贸易会强化国内已有的收入分配状况，使平等的变得更平等，使不平等的变得更不平等。（O'Rourke and Williamson 1999：chap. 3）

他们两位最重要的发现是：各经济体之间的趋同，受到了它们各自的开放程度和对外贸易的影响，不过起主要作用的，还是劳动力、 260
资本等要素的流动（响应不同地区之间要素可用性和相对价格的差异）。有一个事实经常被大家忽略：欧洲海外移民在新定居地不断拓展边疆，实际上相当于欧洲自身在拓展其边疆。资源配置和技术选择的具体情况，是响应体系中不同部分不同的要素可用性和价格，而得以最终确定下来的。波拉德将这一情形描述了出来，不过他在写下这段话时，可能没有考虑到整个体系：

> 可以说，较低的技术和工资水平，会致使同样的贸易模式出现。典型的情形是，最为先进的技术中心（这些地方资本更为密集、工资水平也更高）向外输出的……是批量生产的半成品，比如棉纱和粗铁；返回的则是制成品，比如织物或铁器。同样地，在欧洲，沿着技术“梯度”向下输出的是工业制成品，返回的则是不借助机器，完全依靠手工生产的产品。此外，尤为关键的是，最先进的中心会输出机器和技术知识；从底部向上输出的，则是初级产品和农产品。（Pollard，其他不详）

波拉德继续指出，这一多边体系自身的运行，在欧洲造成了两个结构与功能性特征：

> 有关这一时期开始主导欧洲的那种贸易模式，有两点需要强调一下。第一，它构成了一个单一的网络，这个网络囊括了整个欧洲，欧洲各地也通过它被紧密地联系了起来。欧洲与全球其他地区，尤其是与北美、温带新定居地、热带及亚热带之间，同等关键的关联，也是在这一时期，变得愈发重要起来。对此这里无法多谈。在欧洲内部，一个国家的经济发展，比如说英国的经济发展，如果不考虑到它在整个欧洲的发展中所扮演的角色，就无法得到有效的解释；处于中间地带的国家，比如普鲁士，处在边缘地带的国家，比如俄国和西班牙，它们的发展，同样需要置于整个欧洲的发展中去解释。(Pollard，citation lost)

更进一步来说，如果不将与欧洲有紧密关联的其他地区也考虑在
261 内的话，英国以及欧洲其他地区的发展，还有世界其他地区的发展，也都必然无法得到有效的解释。故而，认为发展始于欧洲，然后向外传播的假设，如马克思及在他之后讨论这一问题的人所主张的，不仅是一种欧洲中心论的历史误读，还在方法论的层面上犯了错误。事实上，波拉德在此方面的观点，有着同样的问题：

> 需要强调的第二点是，这是一幅动态的图景。它在地理层面上是动态的，技术“先进”地区的边界不断向外延伸，这提升了被新纳入地区的地位，也将真正的边缘，推得越来越远。它在经济层面上也是动态的，因为这一贸易将机器带给了其他地区的企业，使得它们能以廉价的工业半成品为基础来利用机器，机器会培养它们的工人和管理人员，使之掌握新技术的使用方法；机器会培养出外国那种推销员；机器还会在各地提高技术水平和经济预期。它的特点就是不稳定，就是不断进展，从而能够将整个欧

> 洲，推到一定的经济发展阶段。（Pollard，其他不详）

然而，波拉德的欧洲近视眼，不仅使他无法看清他所提及的其他地区的情形，还使他没能看到这一事实：他所描述的一切，也都通过世界贸易网络，发生在全球层面上。此外，他所提到的动态变化，以及体系内的劳动技术分工，也都是全球性的。这也正是杉原薰的主要观点之一：

> 在 20 世纪早期，西方与东亚经济发展的技术和制度路径，有着明显的差异，它们体现了两者在世界经济中的各自地位。西方专注于资本密集型的技术，使用的是高工资的技术工人，东亚则专注于劳动密集型的技术，使用的是低工资的勤劳工人。两地遵循的路径不同，但都在不断推动技术取得新进展，而且，两种路径之间的互动也在日益增加。不过，它们并没有会聚在一起。互动带来了技术的融合，这在一定程度上造成了趋同，但它们也都在强化和扩大着趋异，这主要是全球资源分布不均衡的结果。日本的例子就说明了这一点。（Sugihara 2004b）

他还指出，中国也是如此。

熵 262

[弗兰克手稿中明确标注，这一节的内容尚未完成。]

我们可以从第二章引用过的一段文字，来看一下有关熵这个问题的简单解释。

> 我们忽视了每个系统内社会秩序的达成，都必须要有人在某地、某时为之付出代价。我们之所以难以看到这一基本现实，是

> 因为人类可以非常熟练地将他们自身行为的代价，通过耗散结构转移给其他人。……当一个系统有意愿，也有能力强迫其他系统，来承担它自身增长和繁荣的代价时，熵的耗散就会通过耗散结构发生。(Clark 1997：5，10)

有很多例子可以说明熵从北方向南方的耗散。这种耗散使北方在实现增长的同时，还实现了国内的和平有序，不过却在南方导致了外部和内部的失序。下面只是一个比较能说明这种状况的例子：

> 除了在阿富汗边境与俄国持续不断的代理人战争之外，普通印度人还要在其他此类海外军事行动中花钱支持印度军队：劫掠北京（1860）、入侵埃塞俄比亚（1868）、占领埃及（1882），以及征服苏丹（1896—1898）。相应的结果是，军费支出从未低于印度年度预算的25%（如包括警察的开销在内则要达到34%）。……另一方面，在维多利亚时期的英国，陆军和海军的花费，从未超过其国民生产净值的3%。帝国主义本来应该会在国内制造出紧张局势，但因为有印度这一带偶然性状况的存在，这种局面并未在英国出现。(Davis 2001：302)

戴维斯（Davis 2001）在《维多利亚后期的大屠杀》（*Late Victorian Holocausts*）中，就熵的这种产生和耗散总结道：

> 我将会证明，生态贫困——这里的定义是作为传统农业基础的自然资源消耗殆尽或大量损耗——与日益增长的家庭贫困和国家低能，在解释“第三世界”的出现及其容易受到极端气候事件的侵害时，构成了一组三角因果关系。……土地税迫使农民去开垦边缘地区的土地，并让他们没钱为提高土地生产率而投资。……正如帕特里克·奥布赖恩所指出的，“亚洲、非洲和美洲的近半数民众，依靠

> 灌溉条件不佳的土地维持生计，灌溉条件不佳严重制约了这些土地上农业产量的上涨。”……他们同时面临的另一状况是，灌溉条件的改善几乎是不可能的。戴维·哈迪曼（David Hardiman）强调，“在印度的大部分地区，传统的农业水利系统已经破损或消失，”……而且，土地税的高税率，也使得农民剩不下什么钱来有效地维持灌溉系统。……与此同时，在中国，“灌溉用水的短缺情况和调控能力，以及粮食仓储设施的条件，并未在 18 世纪的水平上，得到改善。”（Davis 2001：307—310）

水权和地权一起被私有化了，农民因而失去了用水的条件，包括水池与水井，这导致了水管理机构的垮台；水利系统的危机，造成了饥荒的频繁出现。英国在印度的殖民政府，对此种情形漠不关心，而中国日益虚弱的政府，则没有手段加以补救。（Davis 2001：331，339）其他地方的状况，与此非常相似。

戴维斯所致力于研究的，是气候变化及其（特别是对南方）影响。他将气候变化对南方的影响，视为熵耗散的一个重要例子，只是没有直接这样表述出来而已。戴维斯重点关注的是厄尔尼诺－南方涛动（El Niño-Southern Oscillation），在 1880 和 90 年代，这种气候模式在各地频繁造成气候灾害，它也因之而闻名。除了典型的季节周期，厄尔尼诺－南方涛动对全球气候变化的影响最大，它所带来的气候波动似乎是以 31 年为周期。其影响同时波及的地区很广，包括亚洲的中国和印度、北美，以及非洲的萨赫勒地带。（Davis 2001：239—243，他对此论述甚详，下文我援引很多）

1860 年之后，厄尔尼诺－南方涛动循环再次加剧。在“200 年来最严重的”全球性干旱（1876—1877）之后，先是经历了一个相对平静的时期，1887—1889 年时，变化开始出现，然后在 1891 年、1896—1897 年，以及 1899—1900 年，出现了非常严重的厄尔尼诺现象。1876—1878 年，厄尔尼诺－南方涛动所造成的厄尔尼诺事件或拉尼娜事件，在以下地区广泛肆虐：中国、印度、东非、南非、埃及、爪哇、巴西和俄国。

> 在 1896 和 1897 年，以及紧随其后的年份，全球各地出产小麦的地区，都经历了异常的恶劣天气。……正因如此，1897 年的小麦产量是有记录以来的最低值。……干旱发生在印度、澳大利亚、
> 264 俄国南部、西班牙，以及北非。相反的洪涝则发生在法国……与多瑙河流域。阿根廷遭受了蝗灾……加拿大在夏季遭受了冰霜。……在所有的小麦出口国中，只有美国收成良好。（Davis 2001）
>
> 其他谷物同样受到影响……在印度、中国北方、朝鲜、爪哇、菲律宾、巴西东北部、非洲南部和东部……尼罗河上游……以及俄国南部，托尔斯泰小说中写到的地方……都出现了干旱和农作物的大幅减产。……现在我们已经知道，造成这一全球性农业灾难的，是厄尔尼诺事件在 1896/1897、1899 / 1900，以及 1902 年不正常的密集现身。（Davis 2001：138—139）

1896 年发生在墨西哥中部的干旱，以及 1907—1911 年发生在墨西哥全境的干旱，是 20 世纪持续时间最长的拉尼娜事件。此事加上货币和贸易危机，导致了波菲利奥时代在 1910 年的终结。1896—1900 年，尤其是 1898/1899—1900 年，干旱天气肆虐了中国、印度、南非、俄国。东非的情况尤为严重，平均降雨量减少了 50%，“坦噶尼喀地区的干旱导致了大量的死亡”，肯尼亚经历了严重的农作物减产和饥荒。（Davis 2001：204）“当欧洲决定占领非洲大陆的时候，《圣经》中记载的那些灾难，席卷了非洲的东部和东南部”。（Davis 2001：200）1911—1913 年，中国、印度、巴西和俄国，也深受其害。（Davis 2001：271）尽管 1800—1887 年的气候比较稳定，但在这一时期之前的 1877—1878 年，以及这一时期之后的 1898—1899 年，厄尔尼诺现象所导致的干旱天气，使得降雨量急剧减少，这也是厄尔尼诺－南方涛动

所造成的。（Davis 2001：247）

厄尔尼诺现象在 1877—1878 年所导致的干旱尤为剧烈，我们可以在戴维斯研究中的多个地方看到这一点。在 1878 年，“南半球几乎全部我们有所了解的地区……都经历了严重且持续时间很长的干旱。……这也是有记载以来全世界最具破坏性的干旱。”（转引自 Davis 2001：6，108—110）它影响到了澳大利亚、新西兰、锡兰、中国北方、朝鲜、爪哇南部和婆罗洲、维萨亚斯群岛、黎巴嫩、埃及、阿尔及利亚、摩洛哥、安哥拉、南非和巴西东北部。所有这些地区此时偏离正常大气压的幅度，都是有记录以来的最高值。（Davis 2001：6）

“厄尔尼诺现象带来的影响，又通过 19 世纪全球最严重的经济衰退，而被放大”，因为经济衰退导致了中心国家对热带产品需求的急剧下降。此时，北美及俄国的内陆地区，已经通过铁路与世界市场相连，而苏伊士运河的开通，也缩短了亚洲与欧洲之间的距离。“世界市场上棉花、大米、烟草和糖的价格大幅下跌，有些时候甚至降到了生产成本之下。这使得小规模种植者陷入了贫困和债务。”（Davis 2001：62—63）所以，“厄尔尼诺现象与世界市场协同为害。干旱……蹂躏了早就因为全球棉花和蔗糖价格下跌，而陷入萧条的农业地区。而且，还有蝗灾和鼠害在火上浇油。”（Davis 2001：170） 265

在印度，1876—1878 年的饥荒波及了 5 800 万人，其中有 700 万（有的估计高达 1 200 万）人死亡，这迫使大量农民作为契约劳工前往英国人在锡兰、毛里求斯和圭亚那的种植园谋生。印度人的预期寿命在 1872—1921 年降低了 20%。因为棉花和粮食出口价格的下降，更多的土地被用来种植这些出口作物，这致使印度国内的粮食保障出现了严重的问题。因为铁路枕木和种植经济作物的需求，大量森林被砍伐，这导致了木材的短缺及牲畜数量的下降，还导致了水位的下降，从而恶化了干旱与饥荒。之后，寇松勋爵还会“因为要利用印度的战争基金资助布尔战争，而在印度‘精心安排出一场大饥荒’”。（Davis 2001：111—112，164—165，312—316，364）

此时，中国政府在（尤其是来自英国的）帝国主义的军事和财政压力之下，变得衰弱无力，无法在最需要它出手干预的时候有所作为。两次鸦片战争的开销，使得中国政府无力再发挥其兴修水利的一贯职能，也无力再在各地储存粮食以平抑干旱或洪涝时的粮价。“中国北方内陆地区水利设施的失修，也许就是帝国主义对清政府压力日增所导致的影响最为深远的事情。在那里，防洪、疏浚运河与地方水利设施的维护，三者是分不开的”，但在那时都深受其害。（Davis 2001：373—374）可灌溉农田的规模从 1820 年的 2 200 万公顷（占全部耕地的 29%），下降到 1852 年的 2 000 万公顷（占全部耕地的 28% [1]）。此外，中国人口此时也出现了大量增长。这些使中国的农业生产率出现了严重的下降，也使中国农业变得更加容易受到旱涝灾害的侵袭，两者合在一起致使饥荒屡屡出现。中国不少地区的运输系统也陷入了瘫痪，其中就包括京杭大运河，根据《纽约时报》当时的报道，它有长达数百千米的河道在那段时间被淤塞。（转引自 Davis 2001：72）

“整体来看，中国在 1870—1909 年所经历的极端气候事件”，其数量仅次于 1630—1669 年。“在 19 世纪的后 1/4，厄尔尼诺现象的频繁侵袭与防洪设施的淤积和衰败并存，这是晚清的奇异大不幸”，在治水开销需要不断提高时，政府的岁入却在不断减少。（Davis 2001：348，350）中国北方的干旱面积指数，因为拉尼娜现象导致的气温偏高，分别在 1877—1878 年、1891 年和 1899 年达到了历史最高值。黄河泛滥与
266 低温气候，在 1888 和 1899 年同时出现。季风停留在了长江流域，南方的洪涝与北方的干旱，也因而同时发生。

1877 年是中国两个世纪中最为干旱的一年，根据伦敦中国救济基金会的说法，“世界历史上从未有过如此之干旱”。旱灾造成了共计 2 000万人的死亡，这占到中国北方人口的 20%。以山西为例，尽管之后有移民迁入，山西人口直到 1952 年时，才恢复至旱灾之前的数量。1877 年于上海举行的宣教士大会，号召“为了‘将基督福音在我们这一时代传遍中国’……我们可以将……‘饥荒变为极好的开局’，利用

‘救济灾荒这一天赐良机去传播福音’”。（Davis 2001：77）也是在这一时期，英国、美国等国家，还在继续从中国政府接收赔款，中国农民也在被作为苦力卖往欧洲人在东南亚、太平洋海岛，以及加勒比海地区的种植园。

在东南亚，1877 年饥荒在越南蔓延。干旱造访了荷属印度尼西亚 2/3 的土地，造成了农作物的大量减产、咖啡树的枯萎，以及 1877 年的大面积火灾（1990 年代再度发生）。饥饿迫使大量农民进入荷兰人的种植园工作，他们同时也因为要交土地税，而大量出售耕牛。1876—1878 年，菲律宾也经历了长时间的干旱，造成的死亡率超过了 10%。大农场主和失地劳工，因而同时出现。在巴西，1877 年是老东北部的“双七末日”，这是杰出小说家吉尔伯托·弗雷雷（Gilberto Freire）的说法，同在这一时期出现的还有贸易衰退，这些情况的发生，促使失地劳工涌入了圣保罗新兴的咖啡种植园。（Davis 2001：89）

1877 年，埃及尼罗河的水位，低于正常年份的水平达 180 厘米，这是 500 年来的最低值，它造成了 1878 年的农作物大减产。此时还出现了棉花价格的大幅降低，以及税收过重，这致使大量土地被出售，失地的农民不得不作为按日取酬的劳工，进入不断扩张的欧洲人和埃及人的大庄园。（Davis 2001：104）1874—1876 年，埃及已无法偿还其外债，这导致了英国/法国对埃及财政的“双重监管”，埃及农民所承担的税收也因而被大幅提高，正如我们在第六章已经看到的。

1877 年，阿尔及利亚的葡萄园在高温中被烧毁，谷物的收成也减半。因此而发生的饥荒，使得大量牛羊不得不被卖给了马赛的商人，为了避免饥饿，“阿尔及利亚人变卖他们唯一的真正财富：他们的牲畜”（Davis 2001：105）。1877 年，摩洛哥也经历了百年不遇的干旱，此外还发生了大规模的蝗灾。1875—1877 年，摩洛哥人的收入减半。那里 3/4 的牲畜因而消失，土地也被出售给了商人，这“加速了商业

[1] 原文误为 18%。——译者注

267 资本主义和土地资本主义的兴起，而它们将主宰这个国家的未来”。（Davis 2001：106—108）

在撒哈拉以南的非洲，干旱“导致了千禧年来临的说法广为流传，民众暴动和弥赛亚运动，也频频在各地出现。……干旱还将中非和莫桑比克，变为南非矿井和农场的劳动力来源地”，此时正值金伯利刚刚发现了钻石，而威特沃特斯兰德也刚刚发现了黄金。（Davis 2001：139—140）在东非，干旱使当地民众陷入饥荒，使他们落入了刚刚抵达的欧洲殖民者手中，后者也非常乐意利用干旱和当地人来牟利。

这里之所以谈及这些气候事件及其导致的后果，是因为它们也是熵从北方向南方耗散的重要例证。换句话说，这些气候事件的重要性，不仅局限于它们给上述地区的民众和政府所直接带来的灾难性影响和蹂躏，同样重要，或更为重要的事情是，北方国家利用这些气候事件，促进了自身的进一步发展，并迫使南方陷入了“低度发展的发展”。就在北方享受19、20世纪之交时的美好岁月时，全球1/4的人口因为厄尔尼诺-南方涛动的直接影响在忍受饥饿，而他们都居住于后来变身第三世界的地区，我们可以从中看到：欧洲工业城市的增长与非洲、亚洲工业城市的衰退并存。（Davis 2001：139，292—303）

“此外，这一场巨大的人类生存危机，也在被新殖民主义和传教活动利用。一名非洲人对一名传教士说过，欧洲人就像布满天空的秃鹫一样追踪着灾荒。”（Davis 2001：139）在非洲，“人们看到了旱灾、饥荒和疾病，与欧洲经济政治势力扩张之间的关联”。（Davis 2001：140）前文已经述及，世界上最严重的干旱，在1878年肆虐了南半球已知的所有地区。这导致了南方各地区的饥荒。正如我们前文提及的，这些饥荒还因为殖民政府的漠不关心，或当地政府的无能为力，而变得愈加严重。数以百万计的失地农民，被迫进入了欧洲人规模不断扩大的种植园。在这个过程中，前者也不得不将土地大量卖于后者。

然而，

> 当亚洲在挨饿时，美国的农作物收成却达到了世界历史上的最好水平。……美国的谷物生产……并未遭受印度、中国北方，（很可能）还有俄国黑土地带，那种因为厄尔尼诺现象而出现的干旱，反而出现了气候波动中尤为风调雨顺的阶段。这使得当时全球性干旱所导致的饥荒，有了被加以缓解的可能。堪萨斯的平民主义者，在 1890 年代意识到了此事。这也部分解决了当时大平原 268
> 地区的谷物生产过剩问题。（Davis 2001：109，261）

在北美，1880 年代出现了“达科他大繁荣”，超出正常年份的降雨量，落在了大平原地区，这一情形结束于 1887 年。1880 年代，俄国草原上的小麦大获丰收，此外还有中国的东北地区，以及阿根廷等地。这经常致使小麦产量的大幅扩张，不过，这种扩张超越了国际市场上的需求，也超越了生态的可持续性。这一因素，加上厄尔尼诺现象的再度侵袭，导致了美国、俄国、中国、印度、巴西、朝鲜和东非，在 1889—1890 年和 1891 年的干旱，以及谷物价格的剧烈波动。（Davis 2001：120—121）美国大平原地区在 1893—1894 年陷入困境，这之后出现了民众主义者威廉·詹宁斯·布赖恩的“金十字架”演讲。他是在 1896 年的总统竞选中发表这一演讲的。不过，当美国的收成良好，但其他地区大幅歉收时，小麦也会被美国作为一种政治经济武器，来加强其与竞争对手之间讨价还价的能力。美国以此来无情地打击其对手，尤其是正陷入欠发达的那些弱国。

第八章

成本和收益的区域划分

269 (1870 年代—1914 年)

中国

在马士（Morse）对中国发展历程的分期当中，19 世纪的前 1/3 延续了先前的扩张。他将接下来的 1834—1860 年称为“冲突”阶段，将之后直到甲午中日战争（1894—1895）的时期称为“臣服”时期。之后直到 1911 年的最后一个时期，被他视为“屈服”时期，首要的是屈服于日本，其次是俄国，此外还有西方列强。

如果仅是从“西方对中国的影响”这样一种视角，来观察以上所说的这几个时期，那我们所能得到的答案，也只可能是西方对中国的影响达到了什么程度，或未达到什么程度这两种，就像上一段中马士的说法。事实上，贯穿整个中国历史，来自内亚的影响都要比来自西方的重要，这种状况直到 20 世纪才有所改变。与西方及中国的很多既有观点相反，中国的连续性和完整性，基本上未曾被西方的入侵打破，包括鸦片的入侵。对中国事务以及它们与西方的关系，做一番比较客观的考察的话，就会得出这样的判断。不过，
270 弗里斯（Vries 2003：31—32）却仍旧认为：“理解 19 世纪的中国经济史，必须要考虑到它陷入半殖民地地位这一现实。自从两次鸦片战争（1839—1842、1856—1860）开始，清政府就不再能全面掌控中国的局势了。”

西方从未刺穿中国的市场，至今也没有，更别提占领中国市场了。寻找通往中国的“西北通道”，是一个存在了长达四个世纪的目标，它对于欧洲人在北美的探险，发挥了非常重要的作用，可这种作用在今天却被人遗忘了。西方出口到中国的商品，除了来自墨西哥和美国的白银，就只有鸦片（先是产自印度的，后来也有产自土耳其的）了。这种状况一直持续到了 1870 年。在那之后，中国人提高了自身的鸦片产量，尤其是在四川；他们还在本土扩大了棉花种植面积，以取代来自印度的进口棉花，供应他们当时尚在不断扩张的棉纺织业。当时中国的其他重要进口商品仅煤油（洋油）一项，只有它才广泛渗透进了中国乡村的市场（这些煤油在当时也被称为“中国灯油”）。之后，烟草也经由英美烟草公司，而在中国被广泛售卖。除此之外，就没有什么了。即便外国人在中国境内的生产，也主要是为了供应中国的国内市场，而不是像其他地方的外国企业那样，感兴趣的只是将原材料出口到本国或世界市场。此外，在世纪之交时，中国 30% 的外国投资来自英国，而俄国的投资比例高于英国，达到了 44%。（Hou 1965）还有，在中国的对外贸易中，穿过北方国界与俄国的贸易尤为重要。还需指出的是，中国对外贸易占世界贸易的份额，19 世纪一直在不断下降。1896—1898 年，世界贸易中的中国份额只有 1.5%，之后的 1911—1913 年，也仅有 1.7%。（Osterhammel 1989：171）

此外，英国从未试图，可能也没有能力，推翻或取代中国人的政府。实际情形正好相反，英国支持中国人的政府，还帮助它平复叛乱，尽管它向中国销售鸦片，并在需要时对中国进行军事入侵。英国从未想过要把中国变成另一个印度或东南亚，甚至没有试图与它建立起与奥斯曼帝国那样的代理人关系。19 世纪末，西欧人、俄罗斯人、美国人，以及势力日益壮大的日本人之间的竞争，也帮助保持了中国的完整，因为没有任何一股外国势力，愿意看到其他外国势力，在中国夺取更大的利益。因此，它们在事实上都赞成“门户开放”政策。美国国务卿海约翰（John Hay）在世纪之交时明确提出这一概念之后，这一政策就变成了大家都认可的正式准则。所以，尽管中国在 1842—1895 年输掉了 5 次对外战争，中国仍基本没有丢失多少领土，即便是外国势力范围的划分，也并未覆盖全境。在将其先前的东南亚属国丢失给欧
271 洲人的同时，中国却向这些地区输出了数以百万计的“海外”华人。在这一时期，中国还巩固了它在西北地区的统治，并向东北地区大量移民，还有些移民去往了西伯利亚。根据罗兹曼（Rozman1981）的判断，中国的国家主权在 19 世纪甚至是经历了强化和提升。

经历了第二次鸦片战争之后，中国在 1860 年代开始了“洋务运动”。将之后的这一时期称作“臣服”期是不妥当的，因为做出这一判断的标准，仅有 1895 年败于日本。也许是这场战争的失利，使得弗里斯（Vries 2003：30）认为，“通过自强运动培育的工业，并未取得真正的成功”。然而，我们应该看到，中国人的这一尝试，使其制造业获得了显著的增长，尽管 70% 的资本被投入了军工产业，并且所用技术都来源于进口。中国人的努力还涉及了造船等其他行业，他们还建立了一个航运公司（招商局），正是这个公司打破了外国的垄断，此外他们还建立了一些钢铁厂和机器生产的大型纺织厂。到 1890 年时，中国人拥有和运营的工业企业，雇用了大约 3. 6 万名工人，这要多于在华外国企业的雇工数量。它们主要是面向中国国内市场生产，其产品并不会出口到其他地区。（Osterhammel 1989：189）中国那时的出口产品仍旧主要是茶叶和丝绸。其茶叶出口在世界市场上的份额，从 1867 年的 64% 下降到了 1910 年的 9%；丝绸的份额先是经历了上升，然后从 36% 下降到了 26%。中国丝绸在国际市场上的份额，大都丢失给了日本丝绸。后者的质量更好，也更为廉价，其在 1913 年时的市场份额达到了 40%。在 19 世纪末，中国的棉花、豆类和植物油出口，开始变得重要起来，这些产品在 1910 年时占到的出口份额为 20%。那时“其他”出口产品的份额，早已升至 45%。（Osterhammel 1989：194）尽管如此，单单是在 1880 年代，丝织工厂的数量，就从 10 家增至 60 家。（Rozman 1981：136）不过，与此同时，中国的进口，从 1878 年的 2

100 万英镑，增长到了 1905 年的 3 亿英镑，进口尤其来自印度，而印度向亚洲的出口，也主要流向了中国（Davis 2001：149）。最大规模的进口商品是棉纱，这些进口是为了供应面向本土市场的织布业。1884 年以后，中国开始长期保持结构性的贸易赤字，这些贸易赤字，通过 500 来万海外华人向国内的汇款而得以平衡。海外华人的汇款，主要是来自东南亚，其次还有太平洋地区和美国。

国防开支的增加，造成了国内农业和福利开支的捉襟见肘，这也使占人口大多数的农民的处境，变得非常不妙。我们在第七章末尾所谈及的，大量年久失修的水利和防洪设施，也变得不堪其用。例如，负责管理淮河河务的衙门，“当时因为无力与军队争夺资金”，而不得不关门大吉了。（Davis 2001：370）在 18 世纪和 19 世纪早期，政府在 272
各地所建立的粮仓，很好地起到了调节粮食供给和平抑粮价的作用。这些粮仓的储粮规模，1850—1870 年降低了一半，有的甚至下降到不及定额的 10%。在国家的财政和行政能力衰退的情况下，这些粮仓还得向军队供应粮食。当时军队的开销占到了政府预算的 75%。（Davis 2001：355—366）人口的增长促使人们迁往很多河流的上游垦殖定居，那里的森林也因此被大量砍伐，这反过来在下游地区造成了频繁的水灾。在 19 世纪的后 1/4，与中国政府的日益衰弱同时出现的，还有厄尔尼诺－南方涛动频繁造成的恶劣气候。1877 年，中国北方出现 200 年不遇的干旱，估计有一两千万人因此而死亡。厄尔尼诺－南方涛动所造成的影响，反映在了有关黄河和长江流域气候与死亡灾难的报告数量上，它们的数量在 1870 年代中期开始上升，在 1882、1887、1892 和 1902 年，急剧上升到峰值。（Davis 2001：370）1875—1900 年，中国发生了 18 次饥荒，2 600 万人因此而死亡。（Bairoch 1997：II—864）

简而言之，中国政府的行政和财政能力大幅衰退，并将原来用于民生的开支转向了军事用途，而这一时期比国外还要严重的气候灾害，也亟须它出手进行干预。另一方面来说，私营部门在工业、商业和银行业蓬勃发展，使一些人拥有了大量的财富。不过，曾经与欧洲相当（或更高）的人均生活水平，在 19 世纪下半叶经历了迅速的下降，使中国在 19 世纪末成为最贫穷的国家之一，而在 19 世纪中期时，中国的人均生活水平，还比印度高出许多。

这一贫困也应当放到具体的情境中来看。正如彭慕兰（Pomeranz 2000a；2000b：38—40）所指出的，南方和长江流域的富裕地区，很可能继续维持住了它们相对较高的收入水平，甚至还有所提高。这些地区的人口只有适度的增长。人口数量在 19 世纪几近翻番的地区，主要是中国的贫困地区。这些地区拉低了全国的平均收入。人口向边疆地区的扩张，以及随之出现的森林砍伐，造成了严重的生态破坏，这也降低了农业产量和人均收入。前面已经提及，中国北方频繁出现的干旱，致使农业大规模减产，黄河在 1853 年[1]的改道，也造成了农业产量的大幅下降。财政和行政问题，还因太平天国起义而更加严峻，政府的公共服务职能不可避免地衰退了。

中国的城市化，之前数个世纪一直在进展，但在 19 世纪也衰退了。
273 只有两个城市因为与外国的联系，而获得了惊人的扩张：香港的居民数量，从 1850 年前后的 7.2 万，增长到了 1911 年的 45.7 万；在同一时期，上海的居民数量，从 50 万增长到了 129 万。（Osterhammel 1989：166）中国可能还经历了去商业化，因为国内的长距离贸易衰落了下来，尤其是通过大运河而进行的贸易。中国经济在当时经历了区域化，先前的“内部殖民地”转而自己生产原先依靠“进口”的制成品。另一方面，向东北地区的内部移民，以及向俄国远东地区和东南亚的外部移民，都在迅速增长；与这些地区之间的贸易，也在迅速增长。

即便如此，中国的“臣服”也依然非常有限。中国的完整性得到了延续这一观点，被两位学者在各自的研究中加以强调：奥斯特哈默（Osterhammel 1989），其著作是以德语写成的《中国与全球社会》；罗

[1]　原文如此，应为 1855 年。——译者注

兹曼（Rozman），其著作是《中国的现代化》。罗兹曼总结道：

> 国际环境并非致使中国最终开启其现代化的主要原因。西方的影响当时仍旧有限。它没有波及中国内陆，对其经济的影响力也很有限，尤其是对内陆贸易的结构。因此，致使政府在这一时期变虚弱的主要因素，并非来自国际压力，而是中国的内部事务。(Rozman 1981：204)

福伊尔沃克（Feurerwerker）在 1958 年时就做出判断说，中国经济基本上未曾被西方势力损坏，他的这一判断被后来出现的研究重申和巩固了。奥斯特哈默（Osterhammel 1989：153）总结了西方在那时给中国带来的主要影响：（1）中国采用了西方的外交模式；（2）东亚地区中国主导的朝贡体系受到侵蚀，不过它在 19 世纪的大部分时间里还是得以延续；（3）西方通过不平等条约和掌握海关，对它实现了经济、政治控制，这种控制是以军事威胁为后盾的；（4）西方商业利益在中国沿海地区的运作，以及一些中国企业和经济部门被纳入了世界经济，然而，这并不新奇。

另一方面，尽管西方势力已经侵入了其南方和上海，中国政府还是设法在其西北边疆用兵。新疆被牢牢地融入中国的治理体系中。中国在西藏的统治也在加强，使英国对西藏的野心破灭。中国一直在阻挡着日本人对朝鲜的势力扩张，这种状况一直维持到了中国在甲午战争中失利。中国的海军实力也上升迅速，尽管它后来被日本击败。值得注意的是，打败中国并向它勒索巨额赔款的，并不是西方国家，而是另一个正在崛起的亚洲强国。“日本的阴影所笼罩的范围，比任何西 274
方强国都更大。”（Arrighi and Silver 1999：259）杉原薰注意到：

> 1850 年到 70 年代后期，中国经济的特点是内部的解体，在那之后，又出现了一个成功的整合和尤为关注军事领域的“洋务”

时期，它一直持续到了清朝灭亡。……其间出现了跨地区商品流动的复杂网络，这一网络囊括了广阔的内陆地区。在很大程度上，这也是中国通过大量的鸦片和棉纱进口，与其他亚洲国家联系更加紧密的结果。这些进口都主要来自亚洲，西方此时能够渗透进中国内部市场的商品，只有烟草和煤油，后者即是“中国灯油”（“oil for the lamps of China”）这一著名说法的来源。（Sugihara 2005：15—17）

这里先将视线转移到下一个世纪。在东亚地区，日本在1830年代尝试着建立“大东亚共荣圈”，之后在70和80年代又以其他名义推出了类似政策，在此之间还穿插着由美国主导的东亚局势，而在所有这些之后，中国正在将传统的贸易-朝贡体系，变换成另外一种形式带回到东亚。

我们可以从前面的回顾中看到，多重因素结合起来对中国及其政府产生了冲击：因为先前的人口和经济增长，生态环境出现了恶化；严重的气候灾害；内部叛乱；因为鸦片进口和巨额战争赔款，中国出现了大量的白银外流，这部分的花费要超过其所有制造业投资的两倍。中国的资金“外流”超出当时的资本输入达75%。（Arrighi and Silver 1999：258）政治权力和财政能力的削弱，损坏了社会结构。中国中央政府（始终至少统治着大半个中国）以白银计的税收，从18世纪时的最高值3 300万英镑，下降到19世纪初的1 000万英镑，之后在19世纪末也仅恢复到1 700万~2 700万英镑之间。作为对比，英国的政府支出从800万英镑，上升到19世纪末的3 000万英镑，人均水平几乎是中国的30倍。（Vries 2003：28）

故而，

中国中央政府的衰落，并非源于缺乏远见，或丧失了意愿。之所以会那样，是因为它缺乏手段。……清朝后期财政的不稳定，削

> 弱了朝廷维护水利工程的能力，也使之无法再行使先前的公共服务职能，这些对于中国农业经济的稳定延续是至关重要的。……如果 275
> 我们想要理解清朝政府的衰落，以及中国政体在近代的崩溃，就必须考虑到这些因素。（cited in Hung 2001：504）

东南亚

除了泰国之外，整个东南亚几乎都陷入了直接的殖民统治。其中，缅甸是英属印度的一部分。印度尼西亚也早已变成了荷兰人的殖民地。此外，还有法属印度支那、英属马来亚、西属菲律宾。在东南亚很多地区，本地人拥有并运营的小型农业依旧存在，有时它们还会受到殖民法律的保护。在 20 世纪，小型农业开始尚能应付竞争，尤其是在新兴的橡胶树经济中，之后则在竞争中被淘汰，大型种植园农业主导了殖民地的政权。因为几乎不可能将当地劳动力，从只求温饱的生活，或小规模的商业化农业中吸引出来，外国人拥有的种植园所需劳动力，不得不从或近或远的其他地区引入。各殖民国家都得依靠从海外输入的劳动力，来满足种植园和矿山中巨大的劳动力需求。他们中有些是短期的季节工，有些是长期的契约工。在 1830 年前后，在种植园中工作的劳工，达到了近 400 万。其中，100 万劳作于印度的甘蔗种植园中；100 万季节工，他们中有些人后来留了下来；另有 100 万在爪哇的橡胶园中；还有 50 万位于荷属东南亚的其他地区，尤其是苏门答腊岛，以及英属的马来亚和锡兰；法属印度支那也有 10 多万。（Gordon 2001b：847）以上这些数字，尚未统计印度洋各海岛、非洲和加勒比海地区的种植园里的工人数量。不过，这一数量已经相当于法国制造业中的工人数量；相当于英国制造业中的工人数量的一半，但比英国农业的就业人口数量多；还相当于荷兰制造业工人数量的 5 倍多（数字基于 Woytinsky and Woytinsky 1953）。将会在 20 年后成为印度尼西亚首任总统的苏加诺，在1927年时观察到，“对种植园主来说，唯一重要的事情，就是提高劳动力供应和降低土地地租”。(Gordon 1999：13)

在这两件事情上，种植园都需要依赖殖民政府。殖民政府从当地社会征收土地，然后将它们以优惠的价格出售或出租给本国的种植园主。政府会确保劳动力供应，如果必要的话还会通过“协助”移民的手段。换种说法，先帮这些劳工垫付交通费用，然后再在他们的工资中扣除。政府还以强力确保劳工契约的执行。它将种植园中的任何停
276 工行为，都变成了明文规定的违法行为。停工行为不仅在民法意义上被视为对植园主利益的侵害，还会被国家认定为触犯了刑法而加以惩处。荷兰最大种植园之一的董事会成员，之后还曾担任过荷兰首相的科莱恩证实，“最为重要的事情……是劳动力问题……所以刑事处罚不能被取消，只要当地不出现刑事处罚的程度，远超一些民事法律的处罚程度的状况即可。”（转引自Gordon 2001b：854）换句话说，殖民政府也是它本国国民在殖民地私人投资的保护人。作为对比，奴隶主至少会出于经济利益而保护他们的投资（奴隶），可契约劳工的买家只会让他们拼死工作。难怪戈登（Gordon 2001a）认为，整个种植园体系，“是印尼资本主义发展的障碍。”

不过，西方的殖民主义并未在亚洲各地都成为商业发展的障碍。正好相反，前者刺激了后者的发展，因为西方的需求召唤出了亚洲的供应。东西方之间的贸易需要亚洲的商品，地处亚洲的西方企业也需要本地商品的供应。西方种植园和矿井所需要的资金，所消费的纺织品等商品，都来自西方母国。不过，西方企业所消耗的大多数食品，以及很多其他消费品和生产性投入，都要依靠亚洲来供给。它们都是亚洲本土经济生产出来的，并通过道路与河流，甚至是通过海运（从其他岛屿），运输到欧洲企业所在的地方。因此，如果说欧洲人主要关心的是劳动力供给，那是因为他们不必担心其他必需品的供应，亚洲经济已经能够很好地满足这些需求，劳动力也通过更远些的地区（尤其是中国）而得到了满足。正如本书中有关全球贸易的数据所显示的，也正如杉原薰对亚洲

内部贸易的考察所显示的，这一贸易的规模获得了大幅扩张。

亚洲内部的贸易

滨下武志（Hamashita 1997）指出，至少从公元前3000 年开始，海洋就不再只是交流的障碍，它更多地成为各地之间的交流手段。从这种角度来看的话，东亚、南亚、西南亚、东北亚和东南亚的很多地区，早已成为海运区域，或者换种说法，早已成为一个发展良好的海运区域的组成部分。西方化的历史认为海洋时代开始于西方，然后不断寻求向东方的“扩张”。这种历史叙事几乎没有涉及东北亚地区。这是因为西方从未能扩张或渗透到如此之远。因此，这种历史叙事就忽略了 277
东北亚的重要性。东北亚包括的地理范围广阔，包括黄海周边的中国东北和朝鲜半岛，日本海周边的日本和俄国远东地区，以及中国东海周边的大多数地区。其中还包括琉球群岛，它的地理位置，使其在东北亚地区的贸易和东北亚与东南亚的贸易中，扮演着重要的角色。这一点可以在滨下（Hamashita 2001）和阿瑞吉（Arrrighi et al. 2003：32）等人给出的地图中明显看出；他们所给出的地图，不仅包括了琉球群岛，还包括了长江和鸭绿江流域。亚洲内部贸易的活力，几乎都来源于区域内部。参与贸易的地区数量，在 1880 或 1780 年之前起起落落，但几乎从未低于 80 个；在过去的半个世纪，亚洲内部的贸易又变得繁荣起来。滨下武志在他的几项研究（Hamashita 1988，1994，1996，2003）中，详细分析了朝贡贸易体系。这一体系持续到了 19 世纪下半叶，并一直以中国为中心。滨下和阿瑞吉都曾考察过这一体系内部的竞争：日本试图通过将朝鲜半岛和台湾岛变成殖民地，以及改变体系中利益的流向，而在其中占据一个“次帝国主义”（sub-imperialist）的位置。从这种角度来看，日本试图将自己变成一个小中华。这与明治维新后，日本的工业化计划非常相符，日本当时主要试图做到的，并不是追赶上西方，而是变得在东亚体系内部更具竞争力。（Kawakatsu 1995，转引自 Arrighi et al. 2003）滨下这样写道：

> 在 19 世纪上半叶，中国沿海省份的商人，因为国家政权的瓦解，摆脱了来自政府的贸易管制。他们此时通过贸易，将中国沿海地区、日本、朝鲜等地联系在了一起。中国商人的资本引起了日本商人、朝鲜商人、中国香港的英国商人，以及其他欧洲商人的焦虑，他们都发现自己面临着来自中国商人的有力竞争。（Hamashita 2003：40）

对于滨下的这一观点，我唯一持保留态度的地方，是他将中国国家政权的瓦解，放在了 19 世纪上半叶而非下半叶。此事发生在太平天国起义和第二次鸦片战争之后，正如阿瑞吉等人（Arrighi et al. 2003）所评论道的，它们才是中国衰落的主要因素。

欧洲中心主义的历史也考察过东南亚，但仅是将其作为被动接受
278 西方扩张的地区来加以考察。我在《白银资本》中就已经挑战了这种做法，并且还指出，欧洲人所从事的贸易规模，从未超过东南亚贸易总量的 10%，大多数贸易依旧掌握在本地的马来人和中国人手中，而欧洲人在东北亚贸易中所占的份额，实际上不到 1%。本书还要强调的是，东南亚本土的生产和贸易，在 18 世纪末和 19 世纪上半叶，经历了大幅的扩张；它们最终被西方政治势力完全渗透的时间，也与西南亚、非洲的大部分地区，以及拉美的大致相同。另外，在东南亚各地，本地人和马来人的经济活动，并未被欧洲人的种植园和矿井取代，而是被印度人和海外华人的经济活动取代。他们中有些是以契约劳工的身份抵达这一地区的，有些是以商人和本地原材料开发者的身份抵达的。无论如何，他们很快就主导了当地的商业（因此至今还有针对他们的屠杀）、原材料出口的地区性机构，以及来自中国和印度的商品，包括鸦片。

[1]19 世纪和 20 世纪早期，大量契约劳工通过苦力贸易离开中国，海外华人的数量获得了惊人的扩张，而苦力贸易也给主要港口城市，

---

［1］　此处略去了四行出错原文。这四行原文与上下文的论述无甚关联。——译者注

如新加坡、香港、槟榔屿和澳门，带去了大笔的财富。（Arrighi et al. 2003：31）

杉原薰（Sugihara 1996）也考察了亚洲内部的贸易，他的考察主要集中在 1880 年之后。在建立起有关此项贸易的几组数据之后，杉原薰得出了一些重要的结论，而它们则颠覆了欧洲中心主义的历史叙事。首先，19 世纪的亚洲内部贸易，在很多方面都要比东西方之间的贸易更为重要。这只是 19 世纪之前情形的延续。我早就曾在《白银资本》中指出，在 1800 年以前，亚洲内部的贸易，比欧洲人在东西方之间所进行的“东方”贸易，规模要更为庞大，而且，后者对欧洲人的重要性，也大于对亚洲人的重要性。作为一个小例证，我引用了东印度公司董事乔舒亚·蔡尔德爵士（Sir Joshua Childe）的观察，他注意到在印度的一个港口，亚洲人控制的贸易规模达到了欧洲人的 10 倍。这是在 1688 年。（Frank 1998：183）在欧洲人经历“17 世纪危机”时，这种模式得到了加强。这种模式在 18 世纪可能有所减弱，不过由于大家缺乏对其进行历史探究的兴趣，它到底是加强了还是减弱了，至今也没有搞清。值得注意的是，亚洲内部贸易的这种模式，一直延续了下来，甚至 1880 年后依然昌盛，尽管当时正值殖民主义的巅峰期，东方种植园和矿山向西方的出口也达到了其最大值。

其次，亚洲内部的贸易年均增长超过 5.5%，甚至比西方殖民主义 279
巅峰期时，世界贸易或东西方之间贸易的增长，还要快得多。这两项贸易那时的增长率，为年均 3% ~4%。其次，亚洲内部的贸易主要是掌握在亚洲人的手中。对欧洲人种植园和矿井的供应，也同样掌握在亚洲人手中。亚洲人向种植园和矿山提供的商品包括：工人所需食品和衣物、木材、燃料，以及其他维持其运营及扩张的“技术”投入。

再次，南亚、东亚、东南亚，以及东北亚地区的农业、手工业、制造业和商业的发展，都高度倚赖这一亚洲内部贸易。亚洲远非仅有中国、印度和东南亚之间的鸦片贸易（后两者供应鸦片，前者支付白银）。事实上，鸦片很可能是“横向”分布最广的贸易商品，根据特洛基（Trocki 1999）的研究，它直接或间接涉及的人口数量，比其他任何商品都多。但在“纵向”上，鸦片前、后向关联到的经济活动最为有限。此外，来自海外的鸦片，日益受到进口替代生产的竞争，中国越来越多的省份开始面向国内市场种植鸦片。与此同时，印度的鸦片种植也在不断被大米或其他经济作物取代，比如蚕桑、棉花、甘蔗，以及其他出口作物，它们都有着更为深远的前、后向关联。而且，中国和稍晚些时候的日本，也变成了印度棉花的进口国。两国从印度进口棉花，都是为了供应自身的工业，日本也已经开始将棉纺织品出口到亚洲其他市场，之后还将出口到西方市场。

日本能够利用中国或日本产的粗纱，生产供应粗布织物。这些粗纱则是用印度种植的短纤维棉花纺出。由此来看，这三个国家在供应方面是互补的；在需求方面，亚洲和西方一些工业落后的国家，则购买了日本生产的织物。川胜平太（Kawakatsu 1994）指出，亚洲出现了一种新型的劳动分工和以之为基础的棉花—棉纱—棉纺织品经济，其中的产品与西方的有很大差别，此时西方各国已经升级到细纱、细布的生产。当然，英国除外。此时，英国的棉纺织业，仍旧依赖殖民地市场，它那不曾经历升级的棉纺织产业，已经无法在其他市场上与德国和美国竞争。此时的日本，也在推进各种简单制成品的生产。这种生产首先瞄准的是亚洲市场，之后又扩大到了世界市场，以此换回原材料的进口。日本正是为了确保原材料的进口，才将朝鲜，以及中国的台湾和东北地区，据为殖民地的。不过，日本继续保护其农业，至今如此。

这一时期，中国开始进口大米和木材（或用之建造的船只），
280 还从东南亚进口矿石；中国出口的是制成品、资本（见第七章“外国拥有的投资”一节）、其他商品，当然还有苦力劳工。按照杉原薰（Sugihara 2005：246）的统计，1891—1920 年，有 680 万中国劳工前往东南亚，其中 520 万在完成了大部分季节性工作后又返回了家乡。在同一时期，有 800 万印度劳工抵达东南亚，其中有 650 万后

来又离开。

杉原薰的另一项观察是，无论是在数量上还是性质上，亚洲经济都与其他地区有着很大的不同，包括今天欠发达的第三世界。在亚洲，西方的代理商大都被迫融入亚洲经济已有的框架和运行方式。杉原薰指出，亚洲与西方经济的联系，比非洲或拉美与西方经济的联系，影响要更为深远。尽管做出最终判断尚需更多的研究，但这种情况眼下看起来比较符合事实：亚洲经济在 19 世纪的转型，更多是自身的主动行为，尽管它经常会对西方的入侵做出反应，还会经常利用西方经济增长所创造的机会。亚洲的经济转型表现为勤劳技术革命及其所促成的增长，而且，转型也是通过这种模式来实现的。事实上，亚洲与欧洲工业增长的最终融合，或是仍在进行中的融合，也是通过这种模式来实现的。将杉原薰的这些观察与我的观察（即西方人对亚洲的主导，“只”持续了两三代人的时间，而且，即便是在西方人主导亚洲的时期，亚洲的经济也持续着自身之前的变化趋势）联系起来，很可能有助于理解东亚令人惊讶的显著复兴（“东亚的复兴”正是阿瑞吉等人（Arrighi et al. 2003）给自己的研究定的书名），此外，还可能有助于理解东南亚、东北亚，以及南亚现如今的复兴。

杉原薰（Sugihara 1990）就 1883、1898 和 1913 年“亚洲贸易的地区分布”，建立起来了一组数据。表 8. 1 中的数据就来源于他的研究。表中的数据显示，仅印度、东南亚、中国和日本四地，在 1883 年时就占到了亚洲总出口约 1/4 的份额，在 1898 年时约为 1/3，在 1913 年时约为 1/2；它们在 1883 年时还占到了东西方之间贸易约 3/4 的份额。另外，上述四地在亚洲总出口中的份额，1883 年时近 1/2，在 1898 年时为 1/3，在 1913 年时则超过了 3/4。另一重要特征是，亚洲与欧洲之间在 1883 和 1898 年的贸易模式，与第七章所探讨的那种相符，即出口大于进口，尽管 1898 年时高出的幅度并不算大。不过，在 1913 年时，出现了进口稍高于出口的局面。如果我们注意一下中国的情况，就会发现它在 1913 年时从西方的进口，大幅超过了对西方的出口。总体说来，

亚洲内部的进出口贸易更为平衡。表 8.1 中的矩阵揭示出了多种值得关
282 注的关系。其中一个重要的关系是，在 1883、1898 和 1913 这三个年份，东南亚的进出口贸易比较均衡。不过，印度被迫出口了远超其进口的真实商品；日本则有能力使进口大于出口，并支付相应的进口费用。在这三个年份当中，印度出口盈余的比例在下降，日本进口盈余的比例则在上升。换句话说，两国都在通过工业化改善其自身的地位，只是日本比印度要更为成功一些。印度总是对中国保持着大规模的出口盈余，此事的重要性已经在第七章考察过，这一出口盈余使中国不得不主要用从美洲进口的白银来进行相关支付。这些白银又在大英帝国的要求之下，被印度汇往英国。它们之后会被用作对美国的投资，从而回到它们所来自的国度。这些白银中的大部分，甚至从未离开过北美，实际发生的只是账户上的数字增减。表 8.1 中的数据所没有显示出的是，中国在大量进口来自日本的制成品，此外还进口了一些来自印度的制成品，而日本则在大量进口来自中国和印度的原材料。杉原薰注还意到，泰国、越南、缅甸等主要大米种植区，都将它们的出口目的地转向了印度、马来亚、荷属东印度/印度尼西亚，还有日本。日本当时处在一个比较特殊的位置，它与亚洲其他地区之间的贸易模式，和西方与它之间的贸易模式类似。这也就是说，它在亚洲出口高附加值的（工业）产品，进口初级产品；它向欧洲出口初级产品和相对低附加值的工业品，但从欧洲进口高附加值的工业品。

亚洲的这种劳动分工并未孤立在亚洲对世界经济的参与之外。对于亚洲与西方之间的主要经济关系，杉原薰（Sugihara 1990）至少提到了 4 种：（1）西方对亚洲的商品有需求，而且，这一时期此种需求还在显著增长，它既需要消费性商品（糖、咖啡、茶叶等），也需要生产性商品（橡胶、锡），其中有些是欧洲人所拥有的种植园生产出来的，有些是亚洲其他地方生产出来的；（2）西方出口资本货物，尤其是铁路及相关运输设备，它们既为亚洲的西方企业所用，也为亚洲经济所用；（3）其他类型的西方资本出口，这里要注意西方人“贡献”的投资，

表 8.1　亚洲贸易的地理分布

（单位：100 万英镑）

	1883			1898			1913			1928		
	西方	亚洲	总量	西方	亚洲	总量	西方	亚洲	总量	西方	亚洲	总量
印度												
出口	44.45（68%）	17.02（26%）	65.85	42.71（63%）	20.91（31%）	68.15	95.74（63%）	41.70（27%）	152.69	136.41（58%）	64.38（28%）	233.86
进口	34.69（85%）	5.12（13%）	40.97	33.51（75%）	6.37（14%）	44.52	91.80（75%）	26.58（22%）	122.25	117.39（59%）	64.33（32%）	200.38
东南亚												
出口	14.98（58%）	6.70（26%）	25.62	15.19（39%）	14.70（37%）	39.25	54.17（52%）	42.93（41%）	104.70	139.60（53%）	96.77（37%）	121.46
进口	13.54（57%）	8.35（35%）	23.66	15.95（51%）	14.17（46%）	31.05	46.56（56%）	32.44（39%）	82.98	44.15（55%）	58.04（34%）	170.50
中国												
出口	17.78（76%）	3.96（35%）	23.25	15.47（60%）	8.85（34%）	25.80	29.99（56%）	30.42（49%）	61.87	61.79（43%）	70.71（50%）	142.56
进口	8.55（47%）	9.29（51%）	18.02	13.46（51%）	12.51（47%）	26.62	48.59（56%）	36.53（42%）	86.14	68.87（40%）	96.16（56%）	171.57

（续表）

	1883			1898			1913			1928		
	西方	亚洲	总量	西方	亚洲	总量	西方	亚洲	总量	西方	亚洲	总量
日本												
进口	5. 23（80%）	1. 20（18%）	6. 53	8. 54（51%）	8. 04（48%）	16. 90	34. 21（47%）	36. 56（50%）	72. 64	97. 11（42%）	120. 38（53%）	228. 74
出口	3. 70（71%）	1. 52（29%）	5. 23	14. 69（52%）	13. 53（48%）	28. 36	35. 00（44%）	42. 00（53%）	78. 82	104. 59（42%）	138. 35（53%）	260. 18
总计												
出口	82. 44（68%）	28. 88（24%）	121. 25	81. 91（55%）	52. 32（35%）	150. 10	214. 11（55%）	151. 61（39%）	391. 90	435. 00（50%）	352. 44（41%）	866. 62
进口	60. 48（69%）	24. 28（28%）	87. 88	77. 61（59%）	46. 58（36%）	130. 55	221. 95（60%）	137. 55（37%）	370. 19	385. 00（48%）	356. 88（44%）	802. 63

资料来源：Sugihara（1990：130）。

与西方人“拥有”的投资之间的区别，前面的第七章已经对此有所讨论；（4）西方人的税收和殖民统治，以及军事征服。

这一时期，日本发展成为一个经济火车头，它通过从欧洲的资本进口和向欧洲的低附加值产品出口，推动了亚洲与欧洲之间的贸易。与此同时，日本还推动了自身与亚洲其他地区之间的贸易，它向亚洲其他地区出口自己生产的制成品，而从亚洲其他地区进口初级产品。日本在这方面的贸易中，经常对西方国家有着竞争优势。日本人的产 283
品更廉价，所需的运费也更低，他们还在亚洲建立了更紧密的商业关系。此外，正如我们在第七章提到的，整个亚洲内部的贸易主要还是基于银本位在运行，而白银相对于黄金的价格在不断下跌。这实际导致了日本货币的贬值，其出口产品相对于那些金本位国家的，也就更具价格优势了。印度在 1893 年采用了金汇兑本位之后，日本出口商品的价格，在印度市场具有了更强的竞争力。这种状况一直持续到日本在 1897 年转向金本位。总而言之，日本在亚洲内部贸易中所占的份额，从 1883 年的 4%，增长到 1898 年的 14%，1913 年的 23%，以及 1928 年的 30%。（Sugihara 1990：135）亚洲经济网络中的这些关系，构成了日本在“二战”后与亚洲其他地区之间关系的基础，它们至今仍在继续发展，正如杉原薰（Sugihara 1999）等人所强调的。中国再次进入这一体系时，出现的情形也与此相似，在这一过程中，海外华人还发挥了重要的中介作用。随着时间的逝去，其他火车头或车厢，也插入到列车当中，前者在帮忙推动着列车的前进，后者则被列车带动着前进。总会有那么一天，这列火车的整个亚洲部分，依靠自己的动力就能运行。那时如果有必要，它会与西方部分分离，或是开始拖着西方前进。

非洲

菲尔德豪斯有一个广为人知的观点：欧洲列强都更偏好“自由贸易的帝国主义”，而非殖民主义，它们只有在必要时才会诉诸政治和军事手段。对于他来说，殖民主义和欧洲的所有活动，实际上都是对当地各种事件和情况的反应，不可能用一两个原因来加以解释。尽管如此，他的文字却表明，原因在于欧洲和世界，在于它们在 19 世纪后1/4 发生了变化。他和其他人的解释，可以简单地总结为：非洲从先前的持续增长中衰退的原因，是欧洲列强之间的竞争在 1873 年危机后的经济放缓期不断加强。“对于所有与那里存在着利益关系的列强来说，政治行动都开始变的非常必要了，因为……问题在 1880 年之后，随着国际竞争的加剧而严峻起来，大家都担心其他列强会关闭现有市场。”（Fieldhouse 1973：469）随着日益强大的德国加入原有的列强竞争，这种趋势也得到了加强。俾斯麦就曾明言：

> 总之，一个像德意志这样的伟大的国家，不能没有殖民
> 284 地，……要有勇气确保我们也得到一些，它们会在以后变成一笔宝贵的财富。……大家都会赞同，在推进这件事情的进展时，需要将行动限制在不会在欧洲国家之间，当然不是在非洲，引起麻烦或嫉妒的范围内。……在政治上，就跟打牌时一样，人们应该抓住属于自己的机会。……法国人没有利用好他们的机会。……好牌已经易手了；今天拿着它们的是意大利。（转引自 Fieldhouse 1973：330，258，284）

尽管如此，俾斯麦也很清楚来自殖民地的利益的分配情况：

> 建立、支撑和保有殖民地所需的费用，要远超过它们能提供给母国的收益，英国和法国的例子已经说明了这一点。……整个国家为某些商业和工业企业的利益来买单，事情不应该是这样的。（转引自 Fieldhouse 1973：30）

俾斯麦的说法似乎证实了《帝国主义资产负债表》中，对殖民地

的成本和收益的估计。顺便说一下，此处提到的这本书，是为了卡内基国际和平基金会，而出版的。[Clark 1967 （1936）] 书中估计，1894—1913 年，德国为殖民地花费了 10.02 亿马克，它与殖民地的贸易额却仅为 9.72 亿马克，只占德国对外贸易总量的 0.4%。意大利的情形更糟，1894—1932 年，它与殖民地的贸易总额为 55.61 亿里拉，但仅是在 1913—1932 年，就为殖民地支出了 68.56 亿里拉。法国与英国的情形稍好。在 1894 年后的 40 年间，包括直接的殖民花费以及相关的防卫支出在内，法国纳税人为殖民地的花费，占到与殖民地贸易总额的 15% 或 16%。大英帝国的版图更广阔，且构成也更复杂，这使得对它的相关估计难度更大，可信度也更低。这本书还是认为，英国海外领地所花费的成本，要超过它们的贸易价值。不过，这种估计是很成问题的，因为它只是从双边关系着眼，而未能从多边的贸易和支付体系着眼。[Clark 1967 （1936）：11—13]

1884—1885 年召开的柏林会议，最明显地体现了俾斯麦有关在非洲这一场地上，与欧洲列强玩一场政治游戏的策略。在这场会议中，欧洲列强只是通过在一张地图画几条线，就在它们之间把非洲瓜分了，根本不曾考虑过非洲的现实、利益，或敏感问题。会议的结果至今仍在影响着非洲的政局。菲尔德豪斯还注意到，欧洲各国的经济利益在东南亚和太平洋地区的政治化，也发生在这一时期。（Fieldhouse1973：469）

蒸汽船的引入对非洲贸易有着重大影响。尽管第一艘蒸汽船 1851 285
年就抵达了非洲，但它变得真正重要起来是在 70 年代，尤其是在 80 年代。蒸汽船的使用缩短了周转时间，并使贸易变得更加安全，还让从非洲运出的商品质量变得更好。那时，蒸汽动力驱动的小型船只，也能通过非洲的主要河流，进入到非洲内陆地区，这样就减少了对沿海贸易的依赖。这使欧洲人具有了相对于非洲商人的竞争优势，很多非洲商人因而被取代。

不过，菲尔德豪斯强调，甚至是在从简单商业向正式殖民的转型过程中，非洲大部分地区依然基本保持着发展的连续性。（Fieldhouse

1973：145，149）在《经济与帝国，1830—1914》（*Economics and Empire*，*1830 - 1914*）中，菲尔德豪斯强调了连续性这一概念的重要性，认为它驳倒了以下信念：发生于1880—1914 年的殖民扩张，是由一些“全新”因素造成的。（Fieldhouse 1973：45）霍普金斯对于非洲还补充道：“非洲的历史不仅是由殖民时代构成的。我们也有理由认为，殖民统治产生的经济影响，并不具有过去设想的那种戏剧性和普遍性。从西非最后被瓜分到开始独立，中间只经历了半个多世纪的时间。”（Fieldhouse 1973：167）以西非的例子来讲，曼宁（Manning 1982：281）在他的结论中总结道：“达荷美的经济史有着基本的连续性”。

非洲南部并不具有这种连续性，白人定居者和矿业经济在那里促成了更广泛的社会转型。欧洲人还有着另外一些殖民诉求，最明显的例子就是南非的采矿地区，此外还有比属刚果和西非部分地区的种植园，以及东非商业化的庄园农业，这些地区基本上都有白人定居者或企业在从事着相关经营。北非也被迫去适应白人定居者，例如在阿尔及利亚、摩洛哥和埃及出现的情形，当时仅开罗一地就居住着 10 万欧洲人。欧洲人在这些地区掌握了非洲的生产要素，首先是所有的土地，更重要的是非洲劳动力。两者都被要求生产出源源不断的收入，而这些收入又以货币或非洲产品的形式被转移至海外。这种情况也说明，非洲商品贸易中的出口盈余/进口赤字，是非洲生产要素生产出的价值被转移出非洲的唯一方法。

在写给当地管理者的指导手册中，殖民政策的要点被清楚地表达了出来。这些管理者被告知，对他们工作成效的评价，将会依据他们在非洲征收并汇回的税收金额来确定。这种规定催生出了两种基本的殖民手段，
286 段，卢森堡在前面的引文中提到过它们，沃迪思（Woddis）、帕德莫尔（Padmore）、沙佩拉（Schapera）等数不清的非洲学者，以及各种皇家委员会，也都对它们做出过报告。我（Frank 1979：161—162）之前就已经指出过，这两种基本的殖民手段，一种是强迫劳动，另一种是税收。

> 茅舍税或人头税只能以货币的形式缴纳，或者，在出现拖欠

的情况下，以劳役的形式缴纳，而货币只能通过作为工资劳工为欧洲人工作来赚取。欧洲商品的引入，给了这一趋势以额外的推动。欧洲人还将最好的土地拿到自己手中，而把非洲人成群结队地赶到贫瘠的土地上，这些土地很快就因过度种植而被毁掉了，接下来的情况就可想而知了。这些措施都是相辅相成的。由于一些额外因素的介入，不可避免地出现了低度发展的提速。这些因素当中最主要的一个，就是强迫一定比例的劳动力迁徙。从未听说其他地方发生过这种事，不过奴隶贸易要除外。

两种殖民手段都需要利用一些措施强迫非洲人就范。那就是剥夺他们的土地和自由，驱使他们从事欧洲人为他们准备的职业。当然，从中大获其利的是欧洲人。沃迪思解释道：

实际上，在欧洲人占据的大量土地当中，只有很少一部分被他们加以利用。什么原因造成的这种谜一样的局面呢？……造成这种局面，并致使非洲如此多的土地被大规模夺走的原因是双重的：一是防止非洲农民变成欧洲农场主或种植园主的竞争者；二是使非洲农民大规模地陷入贫困，以迫使大多数的成年男性前往矿井或农场为欧洲人工作。……简而言之，欧洲人在非洲土地政策的主要目标，是确保欧洲人的矿井和农场有充足而廉价的劳动力供应。……因此，使欧洲人富裕起来，与使非洲人陷入贫困，都变成了官方政策的主要内容。(Woddis 1960：7—9)

这种生产体系中的另一重要举措，是非洲人的大规模迁徙。迁徙有些是季节性的，有些会持续数年，有些则是永久性的。《凯斯卡马胡克地区农村调查》提到：

这一地区的居民……依靠外出工作的收入维持他们的生活，

287 而迫使他们外出工作的，是贫困。这一地区大量青壮年的外出工作，也反过来引起了贫困的长期持续，因为有能力推动经济发展的群体不在了，长期低下的农业生产率，也因而得不到一点儿改进。在很多情况下，土地之所以得不到耕耘，只是因为那里的人手不够。……对其他25个地区经济状况的简略分析……显示，这些地区的状况与凯斯卡马胡克地区相似，它们都呈现出同样的一幅景象：人口过剩、商品滞销、贫困、大规模移民、农地撂荒、草场和土地被破坏。所有地区的情形都大致如此，只是在一些小细节上有所不同。（转引自 Frank 1979：161—162）

此外，只要非洲人仍然还在抵抗，以上这一切措施也就还不够，欧洲人于是又额外诉诸政治或军事上的胁迫。1902年，罗得西亚矿业协会主席，在协会的第七个年度报告中指出：

当地人有着廉价的家庭劳动力可以利用。如果他生活在土著人保留地的话，他还不用支付任何租金，需要缴纳的税金也会降至最低。他年年都能收获大量的粮食，这些粮食不久即会被商人收购，并在之后被矿主加些价钱买走。实际上，他正在一年一年地变得更加富裕，变得更少直接参与劳动，变得可以在最重要的商品上与白人竞争。这种商品就是粮食。我建议，可以用两种方法改变这种状况：一是税收；二是矿主采用一种农业合作［原文如此！］制度。（转引自 Arrighi 1973：45）

阿瑞吉（Arrighi 1973：30）就罗得西亚的情况指出，“在削弱非洲农民对农产品市场参与能力这件事情上，政府在继续扮演着重要的角色。”然而，非洲人不只是作为农民与欧洲人竞争，他们当中还有很多熟练技工。因此，“如果欧洲的收入水平继续受到威胁，拥有足够多政治权力的欧洲劳工，将会坚持用人为的措施来维持它们，甚至是在这

样做会降低国民收入增长率的情况下。这就是实际出现的事情。”（Frankel 1960：26）

从对亚非拉某些特定地区的个案研究中，我们得到了一些可以相比拟的贸易数据，通过这些数据我们可以很好地看清此事。其中一组是关于尼日利亚拉各斯的，还有关于其他几个地区的，这些数据都来自曼宁（Manning 1982）对达荷美的研究。达荷美代表了贝宁湾的情形，它直到 19 世纪仍是最重要的两个奴隶来源地之一。另一来源地是 288
安哥拉。不过，贝宁/达荷美也在那时成为棕榈产品的主要出口国，这些棕榈产品是供应欧洲植物油工业的。与其他几位学者一样，曼宁强调“达荷美的经济史有着基本的连续性”，“从奴隶出口向棕榈产品［有一定比例是由奴隶生产的］出口的转型……主要是由变化了的世界市场状况引起的，而非国家行动促成的”；整个经济因此还实现了货币化，使所谓的“二元经济”就此消失。（Manning 1982：281，283，89）

曼宁（Manning 1982）还记录下了西非几个特定港口的进出口金额。其中一个港口是尼日利亚的拉各斯，曼宁的数据是按年给出的，我将其每 5 年合并为一组，放在了本书的表 8.2 中。从表中的数据可以看出，出口超过进口的幅度比较明显，而且这种状况也在长期持续。这不仅是因为宗主国—殖民地式的经济关系，要求它们供应原材料给欧洲的工业生产和消费市场，不管它们是不是正式的政治殖民地。欧洲的工业也想把它们变成销售市场，但它们的购买力太低了，尤其是与美洲和大洋洲的白人定居地相比，所以这也只能是一个次要的意图。那为什么要把它们变成殖民地呢？首先，直到 19 世纪相当靠后的时期，撒哈拉以南地区才发生了这种状况。其次，这在很大程度上是欧洲“大萧条”的副产品，当时欧洲市场规模严重萎缩，这使得甚至很小的海外市场也被寄予厚望，希望可以将它们扩张得更具价值。再次，非洲以及太平洋中一些岛屿的殖民化，是欧洲列强在争先恐后的争夺中完成的，它们中的每一个都试图独占更多领地，或者更为准确地说，它们都试图避免在那些欧洲以外的地区，被其他列强利用殖民政权赶

出。最后，殖民政权在非洲的运作，新殖民主义政权在拉美的运作，
289 都是为了从殖民地压榨出尽可能多的剩余，前面有关殖民管理的引文，
已经清楚地表明了这一点。

表 8.2　尼日利亚拉各斯港的对外贸易　（年进出口均值/单位：1 000 英镑）

	出口	进口	出口/进口
1865—1869	427	284	150%
1870—1874	488	353	138%
1875—1879	620	542	144%
1880—1884	577	447	129%
1885—1889	527	440	126%
1890—1896	815	694	117%

资料来源：Manning（1982：451—452）。

这些剩余被转移至宗主国只能通过一种方式，那就是殖民地或新殖民主义国家的出口（包括货币）。因此，出口价值也必须超过进口价值，只有这样才能将榨取的价值转出。对这一规则的唯一补充是，并非所有的殖民关系都包含着这种双边贸易中的出口盈余，因为某些殖民地能够通过它们在剩余转移和熵耗散的多边体系中的位置，为宗主国做出贡献。曼宁也考察了达荷美的四个港口，并给出了每个港口和总和的进出口贸易数据。表 8.3 就是对他的数据的简要总结。

表 8.3　西非达荷美四个港口的商品进出口贸易（1884—1895）

（单位：1 000 法郎）

	出口	进口	出口/进口
1884	5 055	3 970	127%
1887	4 904	3 993	123%
1889	4 436	3 684	120%
1890	5 838	3 511	166%
1891	7 684	5 658	166%
1892	7 343	6 507	135%
1893	8 691	10 632	82%
1894	9 974	10 765	93%
1895	10 660	10 542	101%

资料来源：Manning（1982：352—363）。

我们可以从中看到，出口在1892年之前一直大幅超过进口。除了商品出口，殖民政府还将它通过进口关税、消费税或人头税，而征集到的税收中的相当大一部分，输出到了海外。1893—1910年，在殖民政府开支增长至4倍的同时，它取得的税收收入却增长至8倍，其中占税收60%的差额，被汇至了达喀尔和/或巴黎。政府岁入在第一年时占GDP的2%，但从第二年开始升至占GDP的9%。（Manning 1982：167—172）当然，将其汇出的唯一方式，还是通过结构性的出口盈余。如果刨去进口所支付的运费（它通常占到进口金额的10%～15%），那出口盈余的规模将会变得更大。我们并不清楚进口当中有多少是供应欧洲侨民的，但如果减去这一部分的话，会使非洲人的进口金额进一步下降。在那时的进口商品中，最大宗的是纺织品，其次是酒精饮料 290
（以及规模更大的"零星"进口，有关其名称和去向的资料均不存）。还有约10%的进口是"中转"货物，它们之后会被转口到其他地区，主要是包装材料等用于支持出口经济的产品。此外，每年的进口中还有约15%的货币，它所占的比例通常都会超过总进口的10%。此事的重要性程度，取决于这些钱去到了谁那里，他们又拿它们做了些什么。1893—1895年，进出口关系逆转（账面数字，未经修正），变为进口大于出口。这可能是由于欧洲出现的经济衰退，降低了对非洲产品的需求。

表8.4中简要显示的是达荷美之后几年的贸易数据。从中可以看到，进口大于出口的状况，在1890年代剩下的年份和1900年代的前中期，一直持续了下来，之后才出现出口稍大于进口的状况。总体来说，达荷美的进出口关系，与前述第三世界的相一致。

对本地经济和殖民经济，给出"双元"解释的做法（这种做法发端于伯克对印度尼西亚的研究，我在有关拉美的研究中已经质疑了它），已经显出越来越多的问题了，尤其是对于非洲南部，以及那些欧洲人和非洲人相对峙的地方而言。例如，奴隶出口的达荷美、棕榈油出口的达荷美，还有玉米出口的达荷美等说法，"与有关'二元经济'的见解，有着尖锐的冲突”。（Manning 1982：89）如果非洲有什么“双元主义”的话，那它也不是外国部门与被错误定名的“传统”部门之间的双元对立，而是欧洲入侵和殖民政治经济控制的结果。这种情形也出现在经济衰退期间，尤其是在欧洲宗主国面临经济衰退期间。衰退周期性地导致对非洲出口产品需求的下降，迫使在欧洲人的矿井和种植园（或商业性农场）工作的非洲人，重新退回他们村庄里的自给自足经济。所有这一切，都
291 是后来的种族隔离制度的先兆。像其他地方一样，“纵观其近代历史，国内外的政治经济状况相互作用，共同影响了达荷美的发展，因此，也必须将它们放到一起加以思考。”（Manning 1982：21）

表 8.4　1896—1913 年的达荷美外贸　　（年均进出口值/单位：1 000 法郎）

	出口	进口	出口/进口
1896—1898	7 514	9 322	81%
1899—1902	12 406	15 103	82%
1903—1904	10 348	10 973	94%
1905—1907	8 604	10 967	78%
1908—1910	15 472	14 264	108%
1911—1913	19 962	18 379	109%

资料来源：Manning（1982：365，370）。此处的年份分组系为了便于反映金额变化。数值做了取整处理。

出于同样的原因，对于采矿作业和承担产品外运功能的铁路，实际上不存在超过最低必要数量的资本投入。在 1914 年之前，没有任何一个殖民强国向任何非洲和其他地方的非定居殖民地，进行过任何重大的资本投入。这方面的投资，仅占到英国对外投资总额的 5%，占到法国对外投资总额的 9%（其中还包括对移民殖民地阿尔及利亚的投资），占到德国对外投资总额的约 2%。（数据基于 Fieldhouse 1973：55—60）这种机制可以通过英国驻埃及总领事克罗默勋爵（Lord Cromer）的话得到进一步说明，他在 1883—1907 年统治着埃及：

> 政府的政策可以总结为：（1）对向欧洲出口的棉花，征收1%的出口税；（2）对从国外进口的棉纺织品，征收8%的进口税；政府对于其他事情都不怎么关心，也不愿保护埃及的棉花工业，因为此类措施会引起危险和祸害。……既然埃及本质上是一个农业国家，那么从逻辑上来讲，培育工业只会导致农业被忽视，并使埃及人对土地失去兴趣，这两件事对这个国家来说都是灾难。（转引自 Frank 1979：155）

克罗默勋爵在25 年之后总结了他的政策所造成的后果：

> 当人们回想起10 年或15 年前的情形时，就会发现，很多东西已经变得大不相同了。开罗的一些街区以前曾是各种工业的真正中心：纺纱、织布、织带、染布、帐篷加工、铜器加工、（使用动物的皮做原料的）容器加工、马具加工、筛子加工、（使用木材和金属做材料的）制锁行业等等。不过，这些都已经大幅萎缩，或是干脆销声匿迹了。现在能在那里看到的，是咖啡屋，是欧洲新奇产品商店。它们所在的地方，曾经有过很多繁荣的作坊。（转引自 Frank 1979：155）

美国

正如我们前文提及的，大量新移民在这一时期进入美国。1850—1880 年，北美（美国与加拿大）的人口增长了一倍多，从2 500 万增
长到了5 400 万。与此同时，北大西洋沿岸的欧洲地区的人口，从1.52 292
亿增长到1.82 亿，增幅只有20%。其中，英国人口从1850 年的2 700 万，增至1880 年的3 500 万，增幅仅30%，而德国人口同期的增幅为25%。如果我们将欧洲部分的俄国人，及其向西伯利亚的移民，也都

计算在内的话，那欧洲人口则是从1850年的2.12亿，增至1880年的2.7亿，增幅也仅为27%。因此，北美在北大西洋地区所占的人口比例，从1850年的10%升至1880年的近30%，欧洲所占比例则相应地从90%，降至70%。（Woytinsky Woytinsky 1953：44，数据做了取整处理）欧洲向加拿大、澳大利亚和新西兰等地的移民，也产生了类似（但可能不那么引人注目）的结果。这些地区都包括在麦迪逊所说的"欧洲分支"类别之内。严格来说，阿根廷和乌拉圭也属于此类别，虽然它们地处南美。贝洛赫（Bairoch 1997：II—557）提供了一个简单明了的概括：1700年时，有300万欧洲血统的人，生活在欧洲以外，这占到其全部人口的2%。到1913年时，这两个数字变为1.5亿和31%。这其中一定意味着重大的不同。

在这一时期，每年有占其人口总数2.7%的移民进入美国，英国的情形则正好相反，每年有占其人口总数0.8%的移民离开联合王国。美国的人口增长，无疑更加迅速。事实上，美国人口早在1860年就已经超过了英国。美国的高工资和低利率，刺激了资源和资本密集型的投资和生产。到1890年时，美国的人均非住宅资本，已经达到英国的4倍。到1913年时，美国国内市场的规模，相当于英国、法国和德国的总和。（Saul 1969）

1820—1890年，美国的人均GDP低于英国，但它的劳动生产率更高，是英国的2.5倍，不过全要素生产率非常低。可以推断，这些差异反映了美国与英国要素可用性的差异：稀缺的劳动力、丰富的土地、18倍的可开发资源，还有，非住宅资本总量是英国的两到三倍，其中84%为基础设施，只有16%是机器设备，尽管某些英国经济史专家宣称这一比例正好相反。（Maddison 2001：182—190）固定投资的一项重要组成部分，是铁路及相关运输设备。在这方面，美国每千人拥有的铁路里程为42.6千米，英国则仅为8.6千米。

英国的GDP，可能还有人均收入，此时都高于美国；劳动生产率和工业生产力，则是美国的更高。（Maddison 2002b：182—190）英国的收入水平，怎么会高于美国呢？还有，美国的平均水平在被南方地区拉低，就好像爱尔兰会拉低不列颠的平均水平。在 1890 年时，美国南 293 方的人均收入降至全美的 60%，如果全美平均不计入南方的话，则是 50%。（Maddison 2002b：187）1890 年时，美国制造业所雇用的工人数量，占美国劳工总量的 27%，农业则占 39%；英国的这一组数字，分别为 44% 和 16%。（Maddison 2002b：191）与美国相似，德国在工业生产方面也超过了英国，这发生在 19 世纪晚期，但相比于德国，英国在 1900 年时更为富裕，人均收入和人均财富的水平都更高。（Mommsen 2002：155，157）

英国之所以能够实现高收入，其原因不能仅从其国内生产中寻找。英国收入中很大的一部分，实际上是通过利息、利润和租金等方式从海外获取的，或简而言之，来自它在世界经济中的特权位置。英国从世界经济中获取了大量的收入，这使得它有能力进行海外投资，进而从世界经济中获取更多收入。

英国

英国在世界经济中的地位，可以从表 8.5 中的简要数据看出，这些数据来自贝洛赫。尽管英国有向海外的移民，但它在世界总人口中的

表 8.5　英国在某些方面占世界总量的份额

	1860	1880	1900	1913
人口	2.2	2.4	2.5	2.5
制造业	20	23	18	18
钢铁产业	52	43	22	13
原棉消费	47%	32%	25%	18%
出口总值	20%	16%	15%	17%
商船吨位	28%	32%	45%	38%
海外投资	50%	49%	48%	42%

资料来源：Bairoch（1997：II—29）。

份额，19 世纪后期仍在增长，只是到了 1900—1913 年，才比较平稳地处在 2.5% 的水平。如果对外移民没有条件进行的话，会使英国的绝对和相对人口水平更高，至于这会在英国引起什么样的社会政治后果，我们就只能靠猜想了。

根据表 8.5 中的数据，英国在世界制造业中的份额，一直增长到了
294 1880 年，不过增长很可能只是持续到 1873 年的危机。表中数据还显示了英国领先世界的产业——棉纺织工业和钢铁工业，在 1860 年后就已经在国外的竞争面前步步败退了。英国纺织产品占世界总量的份额，从 1860 年的近 1/2，下降到 1880 年的近 1/3，再下降到 1890 年的 1/4；钢铁产品占世界总量的份额，则从 1860 年的逾 1/2，下降到了 1890 年的逾 1/5。到 1913 年时，伴随着德国和美国制造业的显著增长，英国制造业占世界总量的份额，已经下降到了 18%，棉纺织工业的份额也下降到了 18%，钢铁工业则下降到了 13%。英国航运业占世界总吨位的份额，持续增长到了 1900 年的 45%，然后在 1913 年回落到了 38%。航运业也成了英国在全世界最为领先的行业。它也给了英国很重要的商业和金融优势，使英国货主比较容易获得优惠费率。而且，它从其他国家的货主那里赚得的运费，要占到英国“无形收入”的近一半。这些收入转而被用于平衡其商品贸易账户上的赤字。英国国际收支平衡的另一支柱，是外国投资所产生的利润和利息。1860—1900 年之间，英国的对外投资长期占到世界总量的约一半；到 1913 年时，其份额仍超过了 2/5。

【显然，弗兰克没能完成这一章。有关弗兰克对这一章的研究计划，请读者参阅附录中的提纲。】

第九章

结论之序曲

罗伯特·A. 德内马克 295

本书明显欠缺的就是结论了。我在弗兰克所留下的书稿中，只是发现了他为结论部分写下的5行提纲，它们应该就是他在总结全书时想说的内容了。我还发现了5页有关后记的草稿，弗兰克在里面大致勾勒出了另一本书的轮廓，这本书应该会是“重新定向20世纪”（*ReOrient the 20th Century*）。不过，弗兰克早就已经知道，自己没有时间撰写这本书了。他在后记中并未提到可以作为本书结论的内容，我们只能利用他为结论写下的几条提纲，来想象一下结论的模样了：（1）整体大于部分之和；（2）时间是核心；（3）将国家（政府）带回讨论；（4）军事力量的使用；（5）熵的耗散。弗兰克广阔的知识和能力范围，使得他这几条提纲很不容易被理解。我在这里只能就第1、3、5条，谈一下自己的看法，剩下的第2、4条，只能留给读者自己去思考了。

第1条，“整体大于部分之和”。这是一个贯穿弗兰克全书的主题。他的观点是，我们在对社会各要素进行分析时，必须将之置于所在背景中去审视，因为它们都被纳入了广泛的社会体系当中。社会体系在性质上并非统一的。贸易网络、金融网络、权力网络和财富网络堆叠在一起，创造出一种地势，这一地势决定了体系中任何给定的因素，如何与其他因素相互作用。这也就是弗兰克为何反对在考察经济互动时，局限于“微观”的小范围，或“宏观”的双边关系。19世纪的世 296

界必须被理解为一个体系，那时不存在任何一组孤立的行动者，它们所面对的不是与历史无关的激励因素，被卷入的也不是简单的双向关系。这也就是弗兰克屡屡强调多边贸易体系的原因。他还特别提到，体系中的多重“三角贸易”，可能共享着一个顶点。这些三角贸易可能会为某些特定的参与者，创造出规模巨大的财富；如果某一参与者能将自己置于这些三角关系的顶点，那它将会占有相当显著的优势；它可以利用这些优势，进一步巩固和加强自身，它甚至可以利用这些优势在全球层面上，建构那些它并未直接卷入的三角关系。（Bergesen 2011）这也就是弗兰克在强调“位置、位置、位置”时想表达的意思。

第 3 条，“将国家（政府）带回讨论”。这一条颇令人费解。一般来说，弗兰克不太关注国家和国家权力。因为他认为，“政策”从来都不是它应该的模样，也从未起到过它被设计起到的作用。然而，坐落在各三角贸易顶点上的就是国家，三角贸易在本书的分析中又扮演着重要角色。也许，某些国家的领导者面对着的激励机制，会促使他们在看待问题时运用全球视野，会促进他们按既定目标行事的能力。这与我们通常认为的情形正好相反。我们一般倾向于相信，在背后驱动政府行动的，是一套短期或中期的激励机制。这些激励因素并非可以相互比拟，大家在平等的条件下利用它们的能力也颇为不同。要考虑到各种地理、历史和生态问题。而且，能否最终选到最有利的路径，除了要依靠“运气”之外，还有其他因素在起作用。弗兰克对边缘地区的国家陷入失败的分析，通常开始于这样一种讨论：它如何被存在着外部利益并受到外部利益支持的团体接管。新政府接下来出台的政策，将会阻碍这个国家的长期发展。他也许是想指出，类似（或相反）的过程也可能出现在中心国家。在特定的条件之下，某些政府可能会在其自身国家的崛起中起到作用，或者是帮助减缓其自身的衰落。

第 5 条，“熵的耗散”。弗兰克在这方面的洞见，最令他自己感到兴奋，但也是他自己最不擅长的。其中涉及了社会熵这一观念。熵，作为一个物理量，代表着某一系统内部的混乱程度。一个国家更为有秩序的状态的达成，需要其他地区陷入更为混乱的状态。这与弗兰克此书或之前著作的相关性，是不言而喻的。由此看来，第三世界就是一个熵的倾倒场所。弗兰克在采用这一角度进行讨论时，不得不依靠阿尔夫·霍恩伯格（Alf Hornborg）的著作，以及迈克·戴维斯（Mike Davis）的经济史著作。他在手稿中曾向这两位学者致以谢意。不幸的是，弗兰克没有足够的时间来真正掌握这种角度做分析，如果这成为现实的话，弗兰克一定会利用它得出很多新颖的见解，我们也将会因 297
之而拓宽对社会领域的熵的理解。

弗兰克手稿中的其他一些内容，也许是他想要我们理解或知悉的。弗兰克和他的同事们之间，最有争议的是对帝国主义的分析。帝国主义是一群人为了物质利益，对另一群人施加的系统性压迫。它是一种极其恶劣的行为。然而，有关亚洲在 19 世纪继续颇具实力的证据，有关它很快就在 20 世纪开始复兴的证据，要求弗兰克去质疑帝国主义对受损害地区的渗透程度。弗兰克有着极强的批判能力，而且，他也会无所畏惧地展开批评，并给出非常具有说服力的论述。弗兰克从不害怕自我批评。他也确实将自己列入批评名单当中，认为自己跟其他学者一样，造成了西方知识传统的错误。一个人指出自己过去的错误就应该被称赞，但弗兰克所做的不仅是指出自己过去的错误，他还勇敢地质疑了帝国主义波及的范围，以及它对很多地区的损害程度。他这样说道：

> 这里并不是要对帝国主义、殖民主义及其后果，给出任何的道德辩护或政治支持，不过是时候回顾和修改之前那些基于意识形态的观点了：西方易如反掌地战胜了其他地区的“传统主义”；以及，其他地区主张“守护”“传统”价值的民族主义者，对“第三”世界经济受损程度的夸大。这样一种颠覆性的研究，不可避免地要对古典的、新古典的和凯恩斯主义的“科学”分析，对依附理论和世界体系理论式分析的政治宣传，进行一些意识形态

方面的批评。下文对事实和其他替代性分析方法的再考察，不仅会批评当下的“传统”分析、新的依附理论式分析和世界体系理论式分析，还会批评近些年出现的对它们的批评：后现代主义研究、后殖民研究和底层研究，因为这些批评并未走得太远，还存在着诸多问题。之所以要对它们展开批评，是由于它们并未对任何的政治经济现实及其历史进行考察，相关的分析则更少。最成问题的是，它们的考察或分析，并不具有全球视野。一个囊括全球的世界经济，其结构与活力不仅决定着世界各地在地理、政治、经济、社会及文化方面的不断变化，也决定着这些变化所具有的可能性、实际走向，还决定着世界各地的成败与否。

298 这段话我在此书的初稿中至少见到过三次，而且是在不同的章节当中。它对于弗兰克来说很是重要。他对事情真相的勉力追求，与他有关人类应该被如何对待的情感，在这里起了冲突。我们对知识的追求必须向前推进，但在这个过程中，也绝不能忽视人类的苦难。

在（欠缺的）结论之后的是 5 页有关后记的草稿，弗兰克计划在后记中介绍一下他分析 20 世纪时拟采用的思路。后记部分提到了西方在开始衰落之后，会面临的一些压力和政治挑战，特别是环境方面。这些内容中的大多数，都已经在弗兰克的其他研究中提到：有关美国与中国关系的《纸老虎，喷火龙》（Frank 2003）；有关美国政治的《华盛顿的政变与美国和世界的悄悄投降》（Frank 2005a）；以及《东方与西方》（Frank 2005b）。弗兰克敏锐地意识到了 20 世纪的社会进程所造成的环境威胁，还关注着相关的应对方法。周新钟（Sing Chew）、阿尔夫·霍恩伯格、迈克·戴维斯等人富有洞见的著作，以及弗兰克自己对这些问题的讨论，也许可以作为进一步分析的基础。

第十章

重新定向20世纪

我不认为我会以处理19世纪的方法，去探究20世纪的情形。我处理19世纪的方法，相信读到这里的读者已经比较了解了，但对于如何处理20世纪的情形，连我自己现在都不怎么确定。不过，我愿意在后记中冒险谈一下20世纪。当周恩来被问及对法国革命的看法时，他给出的回答是："下结论为时尚早。"他当时那样说，很可能是对的。不过，又有半个世纪过去了，我们现在可以比较肯定地认为，法国革命不过是历史上的一个小插曲，如果它有什么影响的话，那也是相当小的。当甘地在更早些时候回应一个关于西方文明的问题时，他给出的回答是："它会是一个好主意。"他很可能是在夸大其词。在半个多世纪后的今天，我们的历史视野更为广阔了，可以用来评判此事的证据也更多了。我们现在可以大致看清，如果拥有更多的西方文明，对世界来说是个灾难，会使我们经历比过去更多的灾难性事件。

我们现在可以肯定的是，一些变化确确实实是出现了，约翰·麦克尼尔（John McNeill）将它们称作"太阳底下的新鲜事"。首先是人类的数量扩张至以前的四倍，但数不清的其他种群和物种都永远地消失了。另一件"太阳底下的新鲜事"是环境的破坏，自人类诞生至今的数十万年里，环境威胁从未如此严峻。当然，以上两件新鲜事之间有联系，但联系并非乍看上去的样子。因为，过去和现在的状况都是，全球20%的人口使用和恶化了全球80%的资源。这是另一个在更大

300 球的全层面上有关熵耗散的例子。只有 20% 的人口，特别是其中的 2%、4% 或 8%，得益于西方文明，其余的人则被迫为此承担代价。不过，也有积极的方面。在过去的一个世纪中，世界大多数地区的生活水平获得了大幅提高，这些地区居民的预期寿命，也提高了大约 1/3 到 1/2。

相比于前一段中提到的事件，西方文明使我们经历的两次世界大战，看起来也像是世界历史上的一个小插曲了。“一战”造成了 1 700 万人的死亡，“二战”造成了 5 000 多万人的死亡，仅苏联就损失了 2 000万人，犹太人的人口数量，也减少了 600 万。在鹿特丹、德累斯顿、广岛和长崎等地，一夜之间就大约有 10 万无辜平民因为这场战争而丧生。然而，与西方文明给第三世界所带来的死亡灾难相比，即便是这些战争中的大屠杀也相形见绌。在第三世界，人们像苍蝇一样死去，死的人比苍蝇还多。西方（尤其是美国）主导的体系及其政策，本来可以在过去的半个世纪中，避免数百万人因为贫穷和疾病死亡，避免 10 多亿人生活在饥饿和苦难当中。这一切都是可以避免的。以我们现有的财富与技术水平，不应该还有人食不果腹，也不应该还有人流离失所。尽管这些苦难和贫穷持续已久，但它们仍可以很容易地被消除，尤其是在美国。美国只需将冷战期间和如今更大规模军事开支中的一部分，转而投入对社会有益的用途，就已经足够改变国内的状况了。此外，这些军事支出所旨在保护和巩固的西方文明，正是造成这些苦难的原因。可这个国家的政治领导人们却宣称，他们是在保卫“文明”免受野蛮的侵害。这不过是在重提“白人的负担”。有关估算极有可能会显示，在所有的环境破坏和熵耗散中，因军事行动而起的规模最大，后果也最严重。其中包括数不清的战争，尤其是内战，它们在第三世界很多地区，造成了数以百万计的死亡。这是我们的文明的另一副产品，也是失序从北方向南方转移所造成的后果。

不过，这些已经有些超越（以男性为主的）历史了。本书考察的最后一个时期，是 1913 年前的 40 来年。这 40 来年中的情形，又继续延续了20来年，直到“大萧条”发生。我们可以将这60年视为一个时期，其长度与我们在第三、四章讨论的时期相当。1870—1930之间的这60年，也涵盖了英国的地位逐渐被美国取代的过程。至于“大萧 301
条”，美国的经济政策是引发危机的原因之一，它关键时刻拒绝继续出借资本，在1920年代末从德国撤回资金；美国的经济政策也是危机加深的原因之一，它在1933年拒绝了当时伦敦世界经济会议的呼吁，从伦敦撤回了资金。

另一种在1913年后划分时期的方式，是将西方内战开始的1914年，到它结束的1945—1949年，算作是一个时期，中间夹杂着“大萧条”。经济危机在几个重要国家被迅速克服，它们也都采取了同样的方法：纳粹德国、苏联和日本帝国，它们是另外三个可以与美国竞争取代英国世界地位的国家。美国为了克服经济危机，按照凯恩斯主义提供的方法增加政府开支，但直到“二战”中军事凯恩斯主义的采用，其1 000万失业工人才最终找到了工作。其他三个国家也在1930年代，开启了它们的军事凯恩斯主义和重整军备计划，以此来为它们相互之间以及与美国之间的竞争做准备。相比于美国，它们提前近10年消除了失业，建立起了重工业。此外，这一时期也是中国、印度和拉美大部分地区，经济实现相对快速发展的时期。不过，在这一时期结束时，美国已经开始处在领导世界的位置上了。

战争严重破坏了其他国家，但美国却因而获得了增长。所有国家都未能阻止美国在“二战”后居于全球领导地位，其战时的盟友苏联也没有，尽管看起来盟军的胜利主要是因为苏联，其次才是因为美国。不管怎么样，美国在“二战”后的数十年中主导了世界局势。

接下来直到1973年，是继1850—1872年之后，另一个全球经济快速扩张的时期。这一时期的生产增长率为3%，在之后的30年间，这一数字则降为1%。不过，这一增长并不均衡，增长成果的分配，更是不均衡。富国和穷国的人均收入之比，在1960年代时为30：1，在今天则上升到了75：1。美国总统乔治·布什的“新世界秩序”，意在使差距变得更大。尽管生活在美国的人口，仅占世界总人口的4%，但却消耗了全世界40%的资源。

302 不过，东亚地区生产率和生产的增长，已经升至西方的两倍。这使我们有理由相信，东亚，尤其是中国，正在恢复它先前一直持续到1860年的世界主导地位。1860年这个时间点，是本书前面的章节所主张的，它与既有的看法大为不同。西方的传统观点认为，西方的兴起早在500多年前就已经开始了，有些人甚至认为这已经持续1 000多年了。还有些人认为，兴起后的西方，在世界上承担着“传播文明的任务”，这也被称作“白人的负担”。1947—1949年也可以被视为世界历史上的重要节点，因为就是在这几年当中，印度从西方殖民主义统治下获得了独立，中国也从新殖民主义中解放了出来。也是在这几年当中，印尼这一第三世界的第三人口大国（正式独立是在1949年），以及东南亚的大多数地区，也变身成为独立的国家。此事也标志着非常重大的历史变革。这些也预示着在日后美国发动的越战中，越南对美国的胜利。

由此看来，我们可以将1930—1990年的60年，视为另一个时期。这一时期的最后一年，正是“新世界秩序”的开始之年。接下来的1991年，苏联解体，冷战结束。实际上，冷战不过是一块遮羞布，那时双方你追我赶竞争的，是由谁以及通过怎样的方式来剥削第三世界。（我不是事到如今才这样说，我在1972年和1976年的两篇文章中，在1983年预言欧洲会重新统一的书中，早就已经提出了这种观点。）苏联尝试着赶上并“埋葬”美国，不过到1980年时，它在这两件事情上，就都已经陷于失败了。“埋葬”的说法，来自苏联共产党的总书记赫鲁晓夫，他在苏联将“伴侣号”送入太空之后的1960年这样声称，这颗卫星曾令美国陷入了恐慌。

也是从1991年开始，冷战被“第三世界战争”取代。继第一世界和第二世界之后，第三世界开始面临严重的战争威胁。老布什先生首开先例，发动了对伊拉克的战争。在之后的10年中，这场战争造成了

100万人的死亡。后来，小布什先生又发动了对伊拉克的第二次战争。在我写下这些文字的时候，战争所造成的死伤数字还不得而知。此外，老布什先生还开创并践行了他所谓的“新世界秩序”，小布什先生如今也正在世界范围内扩张和巩固这种秩序。然而，新世界秩序不仅是（或主要是）军事的。美国意在重建多边的贸易体系，它与1914年崩溃的那个非常相似，自那之后，类似的体系还从未被真正地重建起来过。当然，新体系的中心不再是英国了，现在居于主导地位的是美国。英国则凭借着与美国的特殊关系，充当着后者的亲密小伙伴。

还有，全世界也应该意识到环境灾难的日益严重，并采取一些最 303
低限度的行动来应对。比如，利用蒙特利尔气候大会和《京都议定书》，将环境恶化的速度降低一点儿。不过，老布什和小布什先生都公开宣称，他们不准备为拯救世界其他地区的环境，而使美国人的“生活方式”经受一点儿牺牲，他们所推行的政策也确实是这样的。两人都没有顾及这一事实：在工业化国家中，美国国内的收入分配是最不平等的；它在全球环境恶化中所扮演角色的分量，也远超其人口占世界总量的比例。

后记

304 关于弗兰克和他的研究[1]

巴里·K. 吉尔斯

这篇文章的首要任务，是反思安德烈·贡德·弗兰克毕生研究的目标与意义。弗兰克毕生的研究可以分为两个方面：一，他对资本主义的发展和帝国主义的历史与理论批判；二，他建立了一种新的世界史、一种新的历史研究方式，以及一种有关资本在世界范围内运转的实证历史。就第一方面而言，弗兰克多数的研究都在批判和驳斥资产阶级的经济理论，对此他的关注重点是近代史上（1500年左右至今），资本主义体系中“先进”或中心地区和部门，与边缘“欠发达”或低度发展地区和部门之间的剥削与压迫关系。在这一方面，弗兰克的研究与其他一些学者的研究，看法相似且互动紧密。这些学者中有他的朋友萨米尔·阿明（Samir Amin）、伊曼纽尔·沃勒斯坦（Immanuel Wallerstein）、乔万尼·阿瑞吉（Giovanni Arrighi），还有他在拉美的一些学生和同事，例如特奥托尼奥·多斯·桑托斯（Theotonio Dos Santos）和鲁伊·莫罗·马里尼（Ruy Mauro Marini）。

在构建一种新的世界史、一种新的历史研究方式方面，弗兰克的主要贡献，是在自己的研究中循着可靠的证据，探究了现代资本主义

[1] 副标题为译者所加。——译者注

和“现代资本主义世界体系”的历史，并根据真实的历史证据探究了这一体系的由来。（见 Frank 1978，*World Accumulation 1492 - 1789*）具体来说，弗兰克在这方面所试图做的，是以真正囊括全世界的视野，来考察和呈现资本积累与“发展”的动态历程。弗兰克还认为，对任何“民族”单位的此类分析，如果想要得到合理的解释，都不能脱离“世界发展”的整体进程。弗兰克在此类视角下的研究，对于传统的自由主义经济学，对于正统或传统的马克思主义发展研究，都有着颇为独特且激进的批评。当然，也引发了不少争议。在自由主义理论和马 305
克思主义理论中，都有着对发展问题的“进步”式理解，也都有着“普遍发展”或资本主义发展遵循一种普遍模式的潜在想法（或是认为沿着资本主义道路即可实现发展，或是认为沿着社会主义道路即可实现发展），而且在探讨发展问题时，都将国家或“民族”作为核心的关注单位。贡德·弗兰克构建了一个与众不同的分析框架，直接向这些理念发起了挑战。他的研究不屈不挠地揭穿了“自由市场的神话”，这一神话就隐藏在西方自由主义经济学对历史发展所给出的主流解释中。弗兰克也会是“真实存在的社会主义”的批评者，只要他发现它在实践中背离了社会主义的承诺，甚至是落入了资本主义实践中的那类陷阱。

作为他的修正主义的世界经济政治史的内在组成部分，弗兰克发展出了一套对欧洲中心主义式分析的批评。他对欧洲中心主义知识传统的批评，首先基于这样一条原则：“整体大于部分之和”。弗兰克坚定地相信，没有任何一个“单位”，例如一个国家或民族，是孤立于整个世界体系的。此外，他还坚定地相信，如果我们想要理解世界体系中任何“部分”的“发展”，就必须将之置于整个世界体系的结构和动态变化中去分析。弗兰克反欧洲中心主义的研究，还使他将现代世界体系的起源，追溯到了“欧洲霸权之前”。在这个问题上，弗兰克受到了来自珍妮特·阿布－卢格霍德的《欧洲霸权之前》，以及杰克·古迪（Jack Goody）的著作的启发。当然，弗兰克将他们两人的分析推得更远，并使之具有了他的个人风格。对世界体系在欧洲占据优势之前的起源的探寻，曾使弗兰克与笔者，与其他跟我们有着相似想法的学者（比如，the World Historical Systems Theory Group of the ISA），一起紧密地合作了数年。弗兰克的研究是一种对世界历史的新理解的组成部分，这种理解颠覆了之前的理解，认为“欧洲的兴起”或“西方的兴起”，基于“东方的衰落”，而且，它们发生于其中的世界体系，早已存在了数百年（甚至可能是数千年），从很多方面来讲，这一体系都是长期“以亚洲为中心”的，欧洲在其中更多处在边缘，而非中心。因此，弗兰克与巴里·吉尔斯一起，发展出了一种世界体系理论，并指出早就存在着一个“非欧亚世界体系”（Afro-Eurasian world system）。两人还认为，正是在这一体系当中，“西方的兴起”得以发生，并使西方最终主导了全球，也正是在这一体系当中，所谓“向资本主义的过渡”才得以实现，而且，这两件事都并非源于欧洲内部，是整个世界体系，为它们的发生，提供了历史背景和物质基础。这种视角部分源于弗兰克的早期研究（参见 Frank 1978），他在那时的研究中，探讨了 16 世纪
306 以降的大西洋世界贸易与对美洲和非洲的征服与劫掠，在世界范围内（以及在欧洲和美国内部），对资本主义实践和资本积累的发展所起到的作用。弗兰克早就已经认定，所有这些地区，都卷入了一个单一的资本主义世界体系的变迁当中，甚至殖民地的奴隶制和农奴制实践，都必须被视为一个单一资本主义秩序的组成部分，而非“双元”或孤立的“生产方式”，才能够得到更为合适的理解。就连“西方的兴起”，也更多是欧洲在世界体系中相对地位的变化，而且，这一世界体系早已存在，只是其规模在近期得到了迅速的扩张；“西方的兴起”，并非传统自由主义和马克思主义的解释所认为的，基于前所未有的“资本主义的兴起”，并且还源自西方的独特禀赋。对于弗兰克而言，这一欧洲皇帝正身无寸缕，还无处可藏。

这种认知最终致使弗兰克，以及他的儿子保罗（当时正在哈佛大学学习中文）和巴里·吉尔斯（接受过东亚研究领域的专门训练），越

来越多地专注于将亚洲的历史融入对世界体系史的总体构想中，并且
还致力于让亚洲在其中所占据的地位能够得到合理的认识和理解。因
此，弗兰克在《白银资本》一书中，将不少精力放在了说明亚洲在传
统上理解的“西方的兴起”之前的数百年间，甚至是在兴起期间，如
何参与并主导了这一世界体系。一份写于1994年，后来变为《白银资
本》的文稿（此文稿最终在2011年，由吉尔斯和弗兰克联合署名，以
“亚洲霸权下的现代世界体系：1450—1750年的银本位世界经济”为名
发表），就已经主张，欧洲在世界体系中“上升”至所谓的“霸权”
地位，只是一件开始于18世纪后半叶的事情，而认为欧洲的霸权可以
追溯至加长16世纪的看法（如沃勒斯坦所主张的），事实上经不起严
格的实证考察，因为亚洲在这几个关键的世纪中，依然对整体世界的
历史变迁起着重要作用。这些已经在《白银资本》（1998）中得到了证
实。他在《白银资本》中的分析，时间上来说截止于18世纪末。弗兰
克接下来又将这项考察，进一步延续到了接下来的19世纪。19世纪是
一个非常重要的世纪。众所周知，正是在19世纪里，出现了快速的工
业化，继而出现了欧洲资本主义列强对非西方世界的殖民主义征服，
进而出现了欧洲帝国主义的全盛期。在《白银资本》出版之后不久，
帕特里克·奥布赖恩和巴里·吉尔斯，曾经在一次私人通话中，因为
书中没有论及19世纪的情形，而对《白银资本》有所批评。后来，吉
尔斯将这一批评，转达给了弗兰克。换种角度来说，这一批评实际上
是给弗兰克的一项建议。我们是希望看到他就19世纪的情形给出有趣
的分析。欧洲的资本和政治军事力量，使用了多种手段和方法，以大 307
多数非西方世界为代价，在世界体系中获得了优势地位。弗兰克在大
家眼前的这本书中，锲而不舍地整理了有关这些手段和方法的实证资
料。在这个过程中，弗兰克还戳穿了“自由市场”的神话，打破了它
在“西方的兴起”和“资本主义的兴起”中，所扮演的神话般的角色。
这项研究使弗兰克越来越强调世界体系史的长周期（在1992年发表在
《评论》上的一篇有关世界体系周期的文章中，弗兰克和吉尔斯正式形

成了这一想法），正是在世界体系长周期的波动中，欧洲占据了霸权位置达一个多世纪。不过，现在这种情形正在成为“历史”。在弗兰克看来，世界体系的重心正在不可阻挡地“回归亚洲”。在“欧洲霸权之前”，世界体系的中心，在长达数个世纪（甚至更久）的时间里，都是一直位于亚洲的。从这一意义上来讲，弗兰克认为，一个世界历史上的新时代正在开启，欧洲的传奇和西方的优势正在逐渐终结，一种权力和势力的多元结构正在逐渐形成，东方将会在其中再次遭遇西方，不过它不会再以从属角色示人了。

弗兰克研究中的元理论和准则

从弗兰克研究中的几个方面，可以看出他的研究路径。其一是知识建构的整体论（wholism），即将社会、经济、政治、文化和观念等维度，尽皆囊括其中。不过，弗兰克不断强调的，主要是经济、社会、政治层面的层析，较少关注哲学和文化等维度。从这个意义上来讲，弗兰克仍是一名唯物主义者。第二个方面，是他对多学科路径的坚持。这方面的重要表现，是他与来自多个学科、多个领域的学者，不断进行着沟通和交流，其中就包括那些参与《世界体系：500 年还是 5000 年?》（Frank and Gills 1993）讨论的学者。他们来自诸多不同领域，包括经济学、社会学、地理学、人类学、古代史和史前史、性别研究、环境科学、政治学、国际关系学等，但都对新世界体系理论的形成发挥了影响。或许，可以不夸张地说，弗兰克并不在意传统学科划分的界限，也未将不同知识领域之间的区隔当回事。弗兰克进行研究和分析时，时常横跨社会科学领域的多个“学科”。沃勒斯坦在古根海姆基金会的支持下，对社会科学领域诸学科进行了研究。弗兰克非常赞同沃勒斯坦此项研究的结论，并且还经常加以援引。弗兰克所追寻的，
308 是对世界史的综合性和整体性解释，这促使他在后来转向了“全球史”及“世界体系史”。

第三个方面，是弗兰克对整个世界历史进程中的压迫和剥削结构（主要是“资本主义”形式的），一直在进行着坚持不懈的批评。不难看出，弗兰克毕生的研究，一直隐含着推动人类解放事业的意图。他致力于揭露压迫和剥削结构的特征和事实，并倡导一些可以将受奴役的人解放出来的替代方案。弗兰克对资本主义的现实，既有着积极的批评，也有着消极的批评。他明确地认为，现状需要做出改变，需要转向其他替代方案，这既是必须的也是可行的，但需要人类有意识的集体行动，才能在阶级斗争和政治斗争的过程中，将之实现。在他的一生中，他与社会主义者交往不断，与革命思潮和行动也有所关联，不过，他从未构建过有关社会主义事件、社会主义国家或社会秩序的理论。在实践层面，他倾向于认为，有必要与资本主义和帝国主义的压迫和剥削结构，进行革命性的决裂。在社会主义的阿连德政府时期，弗兰克就待在智利。那时他警告他那个小圈子里的人（其中有些是智利当时重要的知识分子和政治人物），要提防迫在眉睫的法西斯主义反扑，要做好应对这方面威胁的准备。不过，结果我们都早已知道了。智利发生了皮诺切特领导下的政变，阿连德政府被军方和极右翼暴力颠覆。弗兰克因此也不得不离开了拉美，他之后的大部分时间，都是在欧洲度过的，只是到了晚年的时候，曾在美国待过一段时间。

对于遍布全世界的资本主义和帝国主义，弗兰克不断地在倡导一些替代性的方案。此类替代性的方案包括：某些形式的社会主义；真正的独立自主；真正的民主和真正的人民当家做主；阶级和性别平等；真正的发展（即普遍惠及人民大众的发展，而非仅仅惠及少数权贵的发展）；一种以人类为中心的文化，这种文化真正将人的价值置于市场的残酷竞争之上，还能使所有人都和平共存、互相尊重。弗兰克的消极批评也许更广为人知，其中包括对资本主义在历史上和现如今所造成的帝国主义、殖民主义，以及奴隶制和奴役压迫的激烈批评，还包括对种族主义、性别歧视和掠夺性的环境开发的激烈批评。

鉴于这些，我们可以说，弗兰克的实践哲学，决定了他毕生研究的特征。弗兰克也坚定地相信，在理论和实践之间应该有直接的联系。他毕生的研究，也都同时循着两条轨道：理论和学术的；政治和论战的，他时常会就一些全球性（政治）事件发表看法。在弗兰克的研究
309 当中，这两条轨道并非彼此分离，而是在一起潜在地共同发展。在长达数十年的时间里，他持续不断地沿着这两条轨道研究和写作，完成了大量的著述。正如他的儿子保罗，在卢森堡举行的他的葬礼上致辞时所言，人们不得不承认："这个人有着惊人的工作能力。"

弗兰克惊人的工作能力，不仅为他的实践哲学所推动，还很好地体现在了他会毫不犹豫地做自我批评和反思。这种性格更容易使人揭开事情的真相，因为当他看到自己和他人的错误时，会毫不畏惧地加以矫正。安德烈·贡德·弗兰克做研究和做人的勇气，都是极其卓越的。他在探索真相的道路上坚定、真诚，从不迎合传统观点，做鹦鹉学舌状。他也不会为了自身的利益，为了在学术界的声望或地位，而维护自己的研究。正好相反，他总是愿意去挑战既有的学术观点和知识，即便这样做会很痛苦，会很艰辛。弗兰克还总是非常乐于学习新东西，有一种强烈而旺盛的求知欲在驱使着他。事实上，勤于自我批评、自我反省，以及乐于学习（和复习），一直是弗兰克的典型特点。他确确实实是一个特立独行的反对派，一个与经济学决裂的经济学家，一个与马克思决裂的马克思主义者。对于弗兰克来说，真相就是全部，真相就是唯一。与苏格拉底和智者学派一样，弗兰克相信，有关世界的知识是可能的，真相不会是相对的，知识也都有着意义，它的意义就在于维护和促进所有人的利益，而不是为少数特权阶层服务。

安德烈·贡德·弗兰克留给未来的遗产

安德烈·贡德·弗兰克是新兴的全球史研究的先驱，还就世界体系及其历史给出了一些新看法。他曾就此领域的诸多问题，与来自世界各地的学者进行过探讨和争论，很多学者也因而受到了他的影响或

启发。与所有伟大的思想家一样，弗兰克所从事的研究，尽管有着独特的贡献和特征，但仍属于规模更大、持续更久的社会思潮的组成部分。因而，弗兰克也会凭着这股思潮，及其今后的变体，留下一些他自己的知识遗产。弗兰克的终极价值，可以在我们与他共事20来年的经历中发现，可以在他对人类的深沉关怀中发现，也可以在他锲而不舍地对真相、对全人类过上更好生活的追求中发现。弗兰克本人非常喜欢这一标语："多样而统一"（Unity in Diversity），这也总结了他对现实的立场与期待。一种有关全球史的新的整体性理论，一种有关世界体系的新看法，都是朝向这一终点的。可喜的是，因为弗兰克促成了它们的出现，我们已经朝着这个终点走近了几步。一部真正的全球史，必然是"以人类为中心的"（humanocentric），它记述的是人类共同的历史，探讨的是人类共同的未来。因此，在弗兰克毕生的研究，尤其是在后期的研究中，都隐含着对"同一个世界"这样一种理念的倡导。他想表达的是，无论在研究当中，还是在现实当中，我们都只有"同一个世界"。他希望这个世界，能够走向和平，走向全人类的平等。只要这方面的梦想不熄，这方面的研究就不会停止，有那么多人来读弗兰克的这本书，我们有理由期待这样的未来。一定会有开花结果的那一天。

弗兰克不是一名专业的哲学家，而是一名政治经济学家、一名历史学家。他的论证很注重实际，他遵循的是亚里士多德在《伦理学》中提出的模式，也就是说，知识的获得，必须首先基于对"事实"的知悉，或用亚里士多德的话来说，要先"知道那是什么"。此外，这一注重实际的论证，还以价值和意义的坚守为特征，就像弗兰克所做的那样。从这种角度来看，弗兰克总是首先寻求"知道那是什么"，在这个过程中他会无所畏惧，会坚持不懈，会毫不妥协；之后，他会像苏格拉底那样，无情地抨击他的对手和其他被涉及的人的谬见或短视。弗兰克的一生，是求知的一生，是论战的一生。他总是能够敏锐地感知到知识与权力之间的直接关联，感知到理论与实践之间的直接关联，他还认为自己作为一名学者，有责任将这些关联向人们和盘托出。弗兰克从未生活在象牙塔中，他的实践哲学也从未被动摇过。葛兰西曾经倡导，要坚持“理智上的悲观主义，意志上的乐观主义”。弗兰克就是一个这方面活生生的例子。他经常被人视为悲观主义者，其实大家误解他了。弗兰克深深地明白，我们必须坦然无惧地直面现实。只有这样，我们才能充分了解，我们真正需要做的是什么。弗兰克的这一遗产，应该会像他这个人与他的著述一样，长久地被人们铭记。

附　录[1]

ReOrienting theNineteenth Century

The Original Outline

Andre Gunder Frank's original proposal for his Table of Contents follows. Readers can gain perspective on what Frank meant to include in his volume, as opposed to what he was actually able to complete by the time of his passing in 2005.

ReOrient the Nineteenth Century and Maybe the Twentieth

by

Andre Gunder Frank

[provisional Table of Contents]

Preface [to be written last]

Part I When? What? Which? Where? Why?

Chapter 1 What? Mythology and Reality

1. The Gap—When the Divergence?

2. Growth

[1] 此附录是弗兰克所列的初步目录，亦可视为此项研究的原始提纲。为尽可能多、尽可能准确地保留其中信息，中译本选择将之原样附在这里。——译者注

3. Capital Formation

4. Income—Differentials between the West and Rest?

5. Workshop—Was Britain's for the World?

6. Textiles

7. Industrialization

8. Exports—Did British Conquer the World Market?

9. Coal

10. Steam

11. Railroads

12. Steam Ships

13. Science and Technology

14. State

15. Military Power

16. British Hegemony

17. American Exceptionalism

18. Work

19. Migration—What Consequences?

20. Free Trade

21. Laissez Faire

22. Gold Standard

23. Missionaries

24. Imperial Colonialism—Did Colonies Pay?

25. Conclusions

Chapter 2 How? Continuity and Transformation in Time/Space/Entropy When? Who? What? Which? Where? Why? How? A Biblio - Methodological Introduction

1. Which? Theory and Analysis

2. Who? Global, Regional, and State Actors

3. When? Continuity and Simultaneity in Time and Place

4. What? Quantities and Qualities

5. Where? From Triangles to Multi - Angular Multi - Laterality

6. Why? Entropy Generation and Dissipation

Part II Eighteenth- to Nineteenth-Century Continuity 1750 - 1810s

Chapter 3 When and Where? Beginning in Asia 1750 - 1810s

1. China

2. Japan

3. Southeast Asia

4. Central Asia

5. Russia

6. West Asia

7. South Asia

8. Africa

9. Latin America

10. Europe

11. Britain

Chapter 4 Triangles-For Capital Accumulation and Entropy Dissipation

1. Atlantic

2. Indian Ocean/China Sea

Part III Nineteenth-Century Continuity and Transition 1810s - 1870s

Chapter 5 More Triangles

1. Old Triangles

2. New Triangles

3. Migration

4. Entropy

5. State and Military

Chapter 6 Regional Continuity and Transition 1810s – 1870s

1. China

2. Japan

3. Southeast Asia

4. Central Asia

5. South Asia

6. West Asia

7. Africa

8. Latin America

9. North America

10. Europe

11. Britain

Part IV Imperialism of Free Trade and Colonialism 1870 – 1913

Development of Development and of Underdevelopment

Chapter 7 The Network of World Trade-Its Division of Benefits and Costs 1870s – 1913

1. People：Population and Migration

2. Trade：The Network

The Network of World Trade

IMbalances of Trade and Payments

Transportation

Services

3. Britain and India: Their Special Places

Britain at the Apex of the System

Invisible Services

India at the Base

4. Capital: Foreign Investment and Not

5. Money: Silver, Gold and Pound Sterling

6. Prices: Of Factors, Goods and Services

7. Entropy: Its Generation and Dissipation

Chapter 8 Regional Divisions of Costs and Benefits

1. China

2. Japan

3. Southeast Asia

4. India

5. West Asia

6. Africa

7. Latin America

8. North America

9. British Dominions

10. Europe

11. Britain

Part V What Have We Learned-And Not?

Chapter 9 Conclusions

1. The Whole Is More Than the Sum of Its Parts

2. Timing Is of the Essence

3. Bringing the State Back In

4. The Use of Military Power

5. The Dissipation of Entropy

Chapter 10 A Twentieth-Century Epilogue-And the Twenty-First-Century Way

Appendix Chapter 11 "Multilateral Merchandise Trade Imbalances and Uneven Economic Development," [published by Frank as Chapter 7 of *Dependent Accumulation and Underdevelopment* (New York: Monthly Review Press, 1979)].

Appendix Chapter 12 A Review Essay of *Globalization and History: The Evolution of a Nineteenth-Century Atlantic Economy* by Kevin H. O'Rourke and Jeffrey G. Williamson. [Published by Frank in *Journal of World-Systems Research* 8, no. 2 (Spring 2002): 276 – 290.]

参考文献

Abu-Lughod, Janet. 1989. *Before European Hegemony: The World System A. D. 1250 – 1350*. New York: Oxford University Press.

Adams, Richard. 1982. *Paradoxical Harvest: Energy and Explanation in British History*. Cambridge: Cambridge University Press.

Adams, Robert McC. 1996. *Paths of Fire: An Anthropologist's Inquiry into Western Technology*. Princeton, NJ: Princeton University Press.

Allen, Robert, et al., eds. 2005. *Living Standards in the Past: New Perspectives on Well-Being in Asia and Europe*. Oxford: Oxford University Press.

Ally, Russell. 2001. "Gold, the Pound Sterling and the Witwatersrand, 1886 – 1914." In *Evolution of the World Economy, Precious Metals and India*, ed. J. McGuire et al. Oxford: Oxford University Press.

Amineh, P. M. 1999. "Die Globale Kapitalistische Expansion und Iran: (1500 – 1980)." In *Eine Studie der Iranischen Politischen Ökonomie*, ed. P. Amineh. Hamburg – London: Lit – Verlag.

Amsden, Alice. 2001. *The Rise of "the Rest"*. Oxford: Oxford University Press.

Arrighi, Giovanni. 1973. Citation lost.

———. 1994. *The Long Twentieth Century*. London: Verso.

———. 2005. "States, Markets and Capitalism, East and West." In *Worlds of Capitalism: Institutions, Economic Performance, and Governance in the Era of Globalization*, ed. M. Miller. London: Routledge.

Arrighi, Giovanni, Iftikhar Ahmad, and Min-wen Shih. 1996. "Beyond Western Hegemonies." Paper presented at the XXI Meeting of the Social Science History Association, New Orleans, Louisiana, October 10 – 13.

Arrighi, Giovanni, and Beverly Silver. 1999. *Chaos and Governance in the Modern World System*. Minneapolis: University of Minnesota Press.

Arrighi, Giovanni, et al., eds. 2003. *The Resurgence of East Asia*. London: Routledge.

Ashworth, William. 1962. *A Short History of the International Economy since* 1850. London: Longman.

Aydin, Cemil. 2005. "Legitimacy and Ethics of Global World Order." Paper presented to the OIC – EU Joint Forum, Istanbul, Turkey.

Bagchi, A. G. 2002. "The Other Side of Foreign Investment by Imperial Powers." *Economic and Political Weekly* (India), June 8, 2229 – 2238.

Bairoch, Paul. 1976. "Reply to Mr. Gunder Frank's Commentary." *Journal of European Economic History* 5, no. 2.

———. 1997. *Victoires et déboires: Histoire économique et sociale du monde du XVIe siècle à nos jours* (3 vols.). Paris: Gillimard.

Banerji, Arun. 1995. *Finances in the Early Raj: Investments and the External Sector*. New Delhi: Sage.

Barendse, Rene. 2002. *The Arabian Seas* 1640 – 1700. Leiden, The Netherlands: CNWS.

Bayly, C. A. 2004. *The Birth of the Modern World*. Oxford: Wiley.

Benjamin, N. 2004. "Jamsetji Nusserwanji Tata: A Centenary Tribute." *Economic and Political Weekly* (India), August 28, 3873 – 3875.

Bennett, M. 1954. *The World's Food*. New York: Harper.

Berend, T., and G. Ranki. 1974. *Economic Development in East-Central Europe in the* 19*th and* 20*th Centuries*. New York: Columbia University Press.

Bergesen, Albert. 2011. "Frankian Triangles." In *Andre Gunder Frank and Global Development*, ed. Patrick Manning and Barry K. Gills. London: Routledge.

Blaut, James. 1993. *The Colonizer's Model of the World*. New York: Guilford Press.

———. 2000. *Eight Eurocentric Historians*. New York: Guilford Press.

Boeke, J. 1953. *Economics and Economic Policy of Dual Societies as Exemplified by Indonesia*. Haarlem: Tjeenk Willink.

Brenner, Robert, and C. Isett. 2002. "England's Divergence from China's Yangzi Delta." *Journal of Asian Studies* 61, no. 2 (May): 609 – 662.

Bulbeck, David, et al., eds. 1998. *Southeast Asian Exports since the* 14*th Century*. Leiden, The Netherlands: KITLV Press.

Burke, Edmund. 1998. Citation lost.

———. 2000. Citation lost.

Burton, Audrey. 1993. "Bukharan Trade 1558 – 1718." Papers on Inner Asian Trade no. 23. Bloomington: Indiana University Institute for Inner Asian Studies.

Cain, P. J., and A. G. Hopkins. 2001. *British Imperialism: 1688 – 2000*. London: Longman.

Cameron, Rondo. 1967. "Economic Development: Some Lessons of History for Developing Nations," *American Economic Review* 57, no 2 (May): 312 – 336.

———. 2003. "The Industrial Revolution: Fact or Fiction?" In *Leading the World Economically*, ed. F. Crouzet and A. Clesse. Amsterdam: Dutch University Press.

Carr-Saunders, A. M. 1936. *World Population: Past Growth and Present Trends*. Oxford: Clarendon Press.

Chandavarkar, A. G. 1983. "Money and Credit, 1858 – 1947." In *The Cambridge Economic History of India*, Volume 2: *c*. 1757 – *c*. 1970, ed. D. Kumar and M. Desai. Cambridge: Cambridge University Press.

Chandler, Alfred. 1965. "The Railroads: Pioneers in Modern Corporate Management." *Business History Review* 39, no. 1: 16 – 40.

Chapman, S. D. 1972. *The Cotton Industry in the Industrial Revolution*. London: Macmillan.

Chaudhuri, N. K. 1983. "Foreign Trade and Balance of Payments (1757 – 1947)." In *The Cambridge Economic History of India*, *Volume* 2: *c*. 1757 – *c*. 1970, ed. D. Kumar and M. Desai. Cambridge: Cambridge University Press.

Chew, Sing. 2001. *World Ecological Degradation*. Walnut Creek, CA: AltaMira Press.

Clark, Colin. 1968. *Population Growth and Land Use*. London: Macmillan.

Clark, Grover. 1967 [1936]. *The Balance Sheets of Imperialism*. New York: Russell and Russell.

Clark, Robert. 1997. *The Global Imperative*. Boulder, CO: Westview.

Cohen, Warren. 2000. *East Asia at the Center*. New York: Columbia University Press.

Condliffe, J. B. 1950. *The Commerce of Nations*. New York: Norton.

Crafts, N. 1985. *British Economic Growth during the Industrial Revolution.* Oxford:

Clarendon. Crosby, Alfred. 1972. *The Columbian Exchange: Biological and Cultural Consequences of* 1492. Westport, CN: Greenwood Press.

———. 1986. *Ecological Imperialism: The Biological Expansion of Europe*, 900 – 1900. Cambridge: Cambridge University Press.

Crouzet, François, ed. 1972. *Capital Formation in the Industrial Revolution.* London: Methuen.

———. 2001. *A History of the European Economy* 1000 – 2000. Charlottesville: University of Virginia Press.

———. 2002. "Mercantilism, War and the Rise of British Power." In *Two Hegemonies*, ed. P. O'Brien and A. Clesse. Aldershot, UK: Ashgate.

Crouzet, François, and Armand Clesse, eds. 2003. *Leading the World Economically.* Amsterdam: Dutch University Press.

Curtin, Philip. 1984. *Cross Cultural Trade in World History.* Cambridge: Cambridge University Press.

Darling, Linda. 1992. "Revising the Ottoman Decline Paradigm." Tuscon: University of Arizona. Unpublished.

Davis, Mike. 2001. *Late Victorian Holocausts: El Niño Famines and the Making of the Third World.* London: Verso.

De Cecco, Marcello. 1971. *Economia e finanza internazionale dal* 1890 *al* 1914. Bari, Italy: Laterza.

———. 1979. *Moneta eimpero: It sistema finanziario internazionale dal* 1890 *al* 1914. Turin, Italy: Einaudi.

De la Escosura, Leandro Prados. 2000. "International Comparisons of Real Product, 1820 – 1990: An Alternative Data Set." *Explorations in Economic History* 37: 1 – 41.

De Vries, Jan. 1994. "The Industrial Revolution and the Industrious Revolution." *Journal of Economic History* 54: 249 – 270.

———. 2001. "Economic Growth before and after the Industrial Revolution." In *Early Modern Capitalism*, ed. M. Prak. London: Routledge.

Deane, Phyllis. 1965. *The First Industrial Revolution.* Cambridge: Cambridge University Press.

Deane, Phyllis, and W. A. Cole. 1962. *British Economic Growth 1688 – 1959.* Cambridge: Cambridge University Press.

Deveze, M. 1970. *L'Europe et le monde à la fin du XVIII siècle*. Paris: Editions Albin Michel.

Digby, William. 1969 [1901]. "*Prosperous*" *British India: A Revelation from Official Records*. New Delhi: Sagar.

Dubey, Abhay. 2004. "Globalizations: In the History Workshop." *Economic and Political Weekly* (India), January 3, 59-63.

Dutt, Romesh. 1970 [1901]. *The Economic History of India*. New Delhi: Ministry of Information.

Elvin, Mark. 1973. *The Pattern of the Chinese Past*. Stanford, CA: Stanford University Press.

Fairbank, John King. 1953. *Trade and Diplomacy on the China Coast: The Opening of the Treaty Ports*, 1842-1854. Cambridge, MA: Harvard University Press.

———. 1992. *China: A New History*. Cambridge: Belknap Press.

Fieldhouse, D. K. 1973. *Economics and Empire* 1830-1914. Ithaca, NY: Cornell University Press.

Fischer, David Hackett. 1996. *The Great Wave*. Oxford: Oxford University Press.

Fletcher, Joseph. 1985. "Integrative History: Parallels and Interconnections in the Early Modern Period, 1500-1800." *Journal of Turkish Studies* 9: 37-58.

Flinn, Michael W. 1974. "Trends in Real Wages, 1750-1850." *Economic History Review* 27, no. 3 (August): 395-413.

———. 1984. *The History of the British Coal Industry* 1700-1830. Oxford: Oxford University Press.

Flynn, Dennis, and Arturo Giraldez, eds. 1997. *Metals and Monies in an Emerging Global Economy*. Aldershot, UK: Ashgate.

———. 2000. "Money and Growth without Development: The Case of Ming China." In *Asia Pacific Dynamism* 1550-2000, ed. A. Latham and H. Kawakatsu. London: Routledge.

Frank, A. G. 1967/1969. *Capitalism and Underdevelopment in Latin America*. New York: Monthly Review Press.

———. 1972. *Lumpenbourgeoisie, Lumpendevelopment*. New York: Monthly Review Press.

———. 1976. "Multilateral Merchandise Trade Imbalances and Uneven

Economic Development." *Journal of European Economic History* 5, no. 2: 407 – 438.

———. 1977. "Long Live Transideological Enterprise! The Socialist Economies in the Capitalist International Division of Labor." *Review* 1, no. 1 (summer): 91 – 140.

———. 1978. *World Accumulation* 1492 – 1789. New York: Monthly Review Press.

———. 1979. *Dependent Accumulation and Underdevelopment*. New York: Monthly Review Press.

———. 1983. *The European Challenge: From Atlantic Alliance to Pan-European Entente for Peace and Jobs*. Nottingham, UK: Spokesman Books.

———. 1998. *ReOrient: Global Economy in the Asian Age*. Los Angeles: University of California Press.

———. 2002. "Review Essay: Real World Globalization and Inequality Yesterday and Today." *Journal of World – Systems Research* 8, no. 2 (Spring): 276 – 290.

———. 2003. "Paper Tiger, Fiery Dragon." *Alternatives* (Turkey), online at http: // alternatives. journal. fatih. edu. tr.

———. 2004. "Structuring a New Economic History." *Economic and Political Weekly* (India), August 21, 3854 – 3855.

———. 2005a. "Coup d' Etat in Washington and Silent Surrender in America and the World." In *Devastating Society*—The Neoconservative Assault on Democracy and Justice, ed. B. Hamm. London: Pluto.

———. 2005b. "East and West." In *Dar Al Islam. the Mediterranean, the World System and the Wider Europe: The Chain of Peripheries and the New Wider Europe*, ed. P. Hermann and A. Tausch. New York: Nova Science.

———. 2007. "Entropy Generation and Dissipation: The 19th Century Multilateral Network of World Trade." In *The World System and the Earth System: Global Socioenvironmental Change and Sustainability Since the Neoloithic*, ed. A. Hornborg and C. Crumley. Walnut Creek, CA: Left Coast Press.

Frank, A. G., and B. K. Gills, eds. 1993. *The World System: Five Hundred Years or Five Thousand?* London: Routledge.

Frankel, S. H. 1960. "The Tyranny of Economic Paternalism in Africa." *Optima* (Supp) December.

Freeman, Alan. 1999. "New Paradigm or New World Order? The Return of 'Classical Imperialism' and the Dynamics of the US Boom." Typescript.

Friedman. 1978. Citation lost.

Gallagher, John, and Ronald Robinson. 1953. "The Imperialism of Free Trade." *Economic History Review*, second series 6, no. 1: 1 – 15.

Geyer and Bright. 2000. Citation lost.

Gills, Barry K., and Andre Gunder Frank. 2011. "The Modern World System under Asian Hegemony: The Silver Standard World Economy 1450 – 1750." In *Andre Gunder Frank and Global Development*, ed. Patrick Manning and Barry K. Gills. London: Routledge.

Goldstone, Jack. 2001. "Toward a Fourth Generation of Revolutionary Theory." *Annual Review of Political Science* 4: 139 – 187.

———. 2002. "Effloresces and Economic Growth in World History: Rethinking the 'Rise of the West' and the Industrial Revolution." *Journal of World History* 13 (Fall): 323 – 389.

———. 2004. "Neither Late Imperial nor Early Modern: Efflorescences and the Qing in World History." In *The Qing Formation in World-Historical Time*, ed. Lynn Struve. Cambridge, MA: Harvard University Press.

———. 2008. *Why Europe? The Rise of the West in World History.* New York: McGraw-Hill.

Goody, Jack. 1996. *The East in the West.* Cambridge: Cambridge University Press.

Gordon, Alec. 1999. "The Agrarian Question in Colonial Java." *Journal of Peasant Studies* 27, no. 1 (October): 1 – 35.

———. 2001a. "Towards a Model of Asian Plantation Systems." *Journal of Contemporary Asia* 31, no. 3: 306 – 330.

———. 2001b. "Contract Labour in Rubber Plantations." *Economic and Political Weekly* (India), March 10, 874.

———. 2004. "Colonial Surplus and Foreign-Owned Investment in South-East Asia." *Economic and Political Weekly* (India), January 24, 371 – 373.

Grandner, Margarete, and Andrea Komlosy, eds. 2004. *Vom Weltgeist beseelt: Global-geschichte* 1700 – 1815. Vienna: Promedia.

Grant, Jonathan. 1996. "Rethinking the Ottoman 'Decline': Military Technology Diffusion in the Ottoman Empire." Paper presented at the World

History Association meeting, Pamona California, June.

Habakkuk, H. J. 1971. *Population Growth and Economic Development since* 1750. New York: Humanities Press.

Hamashita, Takeshi. 1988. "The Tribute Trade System and Modern Asia." *The Toyo Bunko*. Tokyo: Memoires of the Research Department of the Toyo Bunko, 46: 7 –24.

———. 1994. "The Tribute Trade System and Modern Asia" [revised]. In *Japanese Industrialization and the Asian Economy*, ed. A. J. H. Latham and Heita Kawakatsu. London: Routledge.

———. 1996. "Japan and China in the 19th and 20th Centuries." Paper presented at Cornell University, Summer.

———. 1997. "The Intra – Regional System in East Asia in Modern Times." In *Network Power*, ed. P. Katzenstein and T. Shiraishi. Ithaca, NY: Cornell University Press.

———. 2001. "Tribute and Treaties: East Asian Treaty Ports Network in the Era of Negotiation, 1834 –94." *European Journal of East Asian Studies* 1, no. 1.

———. 2003. "Tribute and Treaties: Maritime Asia and Treaty Port Networks in the Era of Negotiation, 1800 – 1900." In *The Resurgence of East Asia*, ed. G. Arrighi et al. London: Routledge.

Held, David, et al. 1999. *Global Transformations*. Stanford, CA: Stanford University Press.

Held, David, and Anthony McGrew. 2000. *The Global Transformations Reader*. Cambridge: Polity.

Hilgerdt, Folke. 1942. *The Network of World Trade*. Geneva: League of Nations.

———. 1943. "The Case for Multilateral Trade." *American Economic Review* 33, no. 1, Part 2 (March): 393 –407.

———. 1945. *Industrialization and Foreign Trade*. Geneva: League of Nations.

Historical Marxism 4: 57. Citation lost.

Hobsbawm, Eric. 1968. *Industry and Empire*. New York: Penguin.

———. 1975. *The Age of Capital*. New York: Scribner's Sons.

Hodgson, Marshal. 1993. *Rethinking World History*. Cambridge: Cambridge University Press.

Hopkins, Anthony. 1973. *An Economic History of West Africa*. London: Longman.

Horlings, Edwin. 2001. "Pre-Industrial Economic Growth and the Transition to an Industrial Economy." In *Early Modern Capitalism*, ed. M. Prak. London: Routledge.

Hornborg, Alf. 2000. "Accumulation Based on Symbolic versus Intrinsic 'Productivity': Conceptualizing Unequal Exchange from Spondylus Shells to Fossil Fuels." In *World System History: The Social Science of Long-Term Change*, ed. R. Denemark et al. London: Routledge.

———. 2001. *The Power of the Machine*. Walnut Creek, CA: AltaMira.

Hou, Chi-ming. 1965. *Foreign Investments and Economic Development in China* 1840 – 1937. Cambridge, MA: Harvard University Press.

Huang, Philip. 2002. "Development or Involution in Eighteenth-Century Britain and China? A Review of Kenneth Pomeranz's *The Great Divergence: China, Europe, and the Making of the Modern World*." *Journal of Asian Studies* 61, no. 2 (May): 501 – 538.

Hudson, Pat. 1992. *The Industrial Revolution*. London, Edward Arnold.

Hung. 2001. Citation lost.

Huntington, S. 1996. *The Clash of Civilizations and the Remaking of World Order*. New York: Simon and Schuster.

Iliffe, John. 1995. *Africans: The History of a Continent*. Cambridge: Cambridge University Press.

Imlah, Albert. 1958. *Economic Elements in the Pax Britannica*. New York: Russell and Russell.

Inikori, Joseph. 2002. *Africans and the Industrial Revolution in England*. Cambridge: Cambridge University Press.

Innis, H. A. 1933. *Problems of Staple Production in Canada*. Toronto: Ryerson Press.

Islamoglu-Inan, Huri ed. 1987. *The Ottoman Empire and the World-Economy*. Cambridge: Cambridge University Press.

Issawi, Charles. 1970. "The Decline of Middle Eastern Trade, 1100 – 1850." In *Islam and the Trade of Asia: A Colloquium*, ed. D. Richards. Oxford: Bruno Cassirer.

———. 1971. Citation lost.

———. 1995. Citation lost.

Jones, Eric. 1981. *The European Miracle.* Cambridge: Cambridge University Press.

———. 1988. *Growth Recurring: Economic Change in World History.* Oxford: Clarendon Press.

———. 2006. *Cultures Merging.* Princeton, NJ: Princeton University Press.

Kawakatsu, Heita. 1994. "The Emergence of a Market for Cotton Goods in East Asia in the Early Modern Period." In *Japanese Industrialization and the Asian Economy*, ed. A. Latham and H. Kawakatsu. London: Routledge.

Kemp. 1976. Citation lost.

Kennedy. 1989. Citation lost.

Kenwood, A. G., and A. L. Lougheed. Various years. *The Growth of the International Economy.* London: Routledge.

Kumar, Dharma. 1983. "The Fiscal System." In *The Cambridge Economic History of India*, Volume 2: *c.* 1757 – *c.* 1970, ed. Dharma Kumar and Meghnad Desai. Cambridge: Cambridge University Press, 905 – 944.

Kumar, Dharma, and Meghnad Desai, eds. 1983. *The Cambridge Economic History of India*, Volume 2: *c.* 1757 – *c.* 1970. Cambridge: Cambridge University Press.

Kurlansky, Mark. 1999. *Cod: A Biography of the Fish That Changed the World.* New York: Penguin.

Landes, David. 1998. *The Wealth and Poverty of Nations.* New York: Norton.

Lee, James, and Wang Feng. 2002. *One Quarter of Humanity: Malthusian Mythologies and Chinese Realities.* Cambridge, MA: Harvard University Press.

Levi, Scott. 1999. "India, Russia and the Eighteenth-Century Transformation of the Central Asian Caravan Trade." *Journal of the Economic and Social History of the Orient* 42, no. 4: 519 – 548.

Lewis, W. Arthur. 1978. *Growth and Fluctuations* 1870 – 1913. London: Allen and Unwin.

Li, Bozhong. 1998. *Agricultural Development in Jiangnan* 1620 – 1850. New York: St. Martin's Press.

Lieberman, Victor, ed. 1999. *Beyond Binary Histories: Re-Imagining Eurasia to c.* 1830. Ann Arbor: University of Michigan Press.

Livi-Bacci, Massimo. 1992. *A Concise History of World Population*. Oxford: Blackwell.

Lockwood, William. 1943. "Postwar Trade Relations in the Far East." *American Economic Review* 33, no. 1 (Supp 2, March).

Luxemburg, Rosa. 1933. *Accumulation of Capital*. Moscow: Party Publishing House.

Macfarlane, Alan. 2000. *The Riddle of the Modern World of Liberty, Wealth and Equality*. London: Palgrave Macmillan.

Maddison, Angus. 1971. *Class Structure and Economic Growth: India and Pakistan since the Moghuls*. New York: Norton.

———. 1982. *Phases of Capitalist Development*. Oxford: Oxford University Press.

———. 1992. Citation lost.

———. 1995. *Monitoring the World Economy* 1820 – 1992. Paris: OECD.

———. 1998. *Chinese Economic Performance in the Long Run*. Paris: OECD.

———. 2000. *Monitoring the World Economy* 1820 – 1992. Reprinted. Paris: OECD.

———. 2001. *The World Economy: A Millennial Perspective*. Paris: OECD.

———. 2002a. "Growth and Interaction in the World Economy." Paper presented at the Harvard Workshop, May.

———. 2002b. "The Nature of US Economic Leadership." In *Two Hegemonies*, ed. P. O'Brien and A. Clesse. Aldershot, UK: Ashgate.

Maizels, Alfred. 1963. *Industrial Growth and World Trade*. Cambridge: Cambridge University Press.

Malanima, Paolo. 2001. "The Energy Basis for Early Modern Growth, 1650 – 1820." In *Early Modern Capitalism*, ed. M. Prak. London: Routledge.

Manning, Patrick. 1982. *Slavery, Colonialism and Economic Growth in Dahomey*, 1640 – 1960. Cambridge: Cambridge University Press.

———. 1990. *Slavery and African Life*. Cambridge: Cambridge University Press.

———. 1999. *Francophone Sub-Saharan Africa*, 1880 – 1995. Cambridge:

Cambridge University Press.

Marks, Robert. 1998. *Tigers, Rice, Silk, and Silt.* Cambridge: Cambridge University Press.

———. 2002. *The Origins of the Modern World.* Lanham, MD: Rowman and Littlefield.

Mauro, Frederic. 1971. *Histoire de l'économie mondiale* 1790 – 1970. Paris: Sirey.

McGuire, John. 2001. "India, Britain, Precious Metals and the World Economy." In *Evolution of the World Economy, Precious Metals and India*, ed. J. McGuire et al. Oxford: Oxford University Press.

McKeown, Adam. 2004. "Global Migration, 1846 – 1940," *Journal of World History* 15, no. 2 (June): 155 – 189.

McNeill, John. 2001. *Something New under the Sun.* New York: Norton.

McNeill, John, and W. H. McNeill. 2003. *The Human Web: A Bird's-Eye View of World History.* New York: Norton.

Mommsen, Wolfgang. 2002. "The Decline of Great Britain: Reality or Optical Distortion?" In *Two Hegemonies*, ed. P. O'Brien and A. Clesse. Aldershot, UK: Ashgate.

Moore, R. I. 2004. "Series Editor's Preface." In *The Birth of the Modern World* 1780 – 1914. C. A. Bayly. Oxford: Blackwell.

More, Charles. 2000. *Understanding the Industrial Revolution.* London: Routledge.

Mukherjee, R. 1955. *The Rise and Fall of the East India Company.* Berlin: Deutscher Verlag.

Nankoe, Hakiem. n. d. "Crises of the World-Economy and the Restructuring of the Peripheral Caribbean Capitalism: 1762 – 1848."

O'Brien, Patrick. 1997. "The Britishness of the First Industrial Revolution and the British Contribution to the Industrialization of 'Follower Countries' on the Mainland." *Diplomacy and Statecraft* 7: 48 – 67.

———. 2000. "The Reconstruction, Rehabilitation and Reconfiguration of the British Industrial Revolution as a Conjuncture in Global History." *Itinerario* 24, no. 3/4: 117 – 34.

———. 2001. " Metanarratives in Global Histories of Material Progress." *International History Review* 23, no. 2 (June): 345 – 367.

———. 2002. "The Pax Britannica and American Hegemony." In *Two*

Hegemonies, ed. P. O'Brien and A. Clesse. Aldershot, UK: Ashgate.

———. 2003. "Two Aristocratic Regimes and the Long-Term Growth of the British Economy, 1688 – 1914." In *Leading the World Economically*, ed. F. Crouzet and A. Clesse. Amsterdam: Dutch University Press.

———. 2006. "Historiographical Traditions and Modern Imperatives for the Restoration of Global History." *Journal of Global History* 1, no. 1: 3 – 39.

O'Brien, Patrick, and A. Clesse, eds. 2002. *Two Hegemonies*. Aldershot, UK: Ashgate.

O'Brien, Patrick, and Leandro Prados de la Escosura. 1998. "The Costs and Benefits of European Imperialism from the Conquest of Ceuta (1415) to the Treaty of Lusaka (1974)." *Revista de Historia Economica* 1.

O'Rourke, Kevin, and Jeffrey Williamson. 1999. *Globalization and History: The Evolution of a Nineteenth-Century Atlantic Economy*. Cambridge, MA: The MIT Press.

———. 2000. "When Did Globalization Begin?" Working Paper 7623, National Bureau of Economic Research, April.

Osterhammel, Jurgen. 1989. "British Business in China, 1860s – 1950s." In *British Business in Asia since* 1860, ed. R. T. P. Davenport and Geoffrey Jones. Cambridge: Cambridge University Press.

Pamuk, Sevket. 1987. *The Ottoman Empire and European Capitalism, 1820 – 1913: Trade, Investment and Production*. Cambridge: Cambridge University Press.

Parthasarathi, Prasanan. 1998. "Rethinking Wages and Competitiveness in the Eighteenth Century: Britain and South India." *Past and Present* 158: 79 – 109.

Pollard, Sidney. Citation lost.

———. 1981. *Peaceful Conquest: The Industrialization of Europe* 1760 – 1970. Oxford: Oxford University Press.

Pomeranz, Kenneth. 2000a. *The Great Divergence: China, Europe and the Making of the Modern World Economy*. Princeton, NJ: Princeton University Press.

———. 2000b. "Re-Thinking the Late Imperial Chinese Economy." *Itinerario* 24, no. 3/4: 29 – 74.

———. 2001. "Is There an East Asian Development Path? Long-Term Comparisons, Constraints, and Continuities." *Journal of the Economic and*

Social History of the Orient 44, no. 3: 322 - 362.

———. 2002. "Beyond the East-West Binary." *Journal of Asian Studies* 61, no. 2 (May): 539 - 590.

———. 2003. Citation lost.

———. 2004. "South and East Asia in Global Economic History." *Economic and Political Weekly* (India), December 4, 5268 - 5272.

Pope, Andrew. 2001. "Precious Metals Flow in the Indian Ocean in the Colonial Period." In *Evolution of the World Economy, Precious Metals and India*, ed. J. McGuire et al. Oxford: Oxford University Press.

Post, J. 1977. *The Last Great Subsistence Crisis in the Western World.* Baltimore: Johns Hopkins University Press.

Prak, Maarten, ed. 2001. *Early Modern Capitalism.* London: Routledge.

Prigogine, I., and I. Stengers. 1984. *Order out of Chaos: Man's New Dialogue with Nature.* Toronto: Bantam.

Pritchard. 1997. Citation lost.

Purkayashita. 2002. Citation lost.

Raj. 1995. Citation lost.

Raychaudhuri, Tapan. 1983. "The Mid-Eighteenth-Century Background." In *The Cambridge Economic History of India*, volume 2: *c.* 1757 - *c.* 1970, ed. D. Kumar and M. Desai. Cambridge: Cambridge University Press.

Reid, Anthony, ed. 1997. *The Last Stand of Asian Autonomies: Responses to Modernity in the Diverse States of Southeast Asia and Korea*, 1750 - 1900. London: Macmillan.

———. 2001. "South-East Asian Population History and the Colonial Impact." In *Asian Population History*, ed. Ts'ui-jung Liu et al. Oxford: Oxford University Press.

Ricardo, David. 1971 [1817]. *On the Principles of Political Economy and Taxation.* Harmondsworth, UK: Penguin.

Richardson, Philip. 1999. *Economic Change in China*, *c.* 1800 - 1950. Cambridge: Cambridge University Press.

Rolly. Citation lost.

Rosenberg, Nathan, and L. E. Birdzell. 1986. *How the West Grew Rich.* New York: Basic Books.

Rostow, W. W. 1978. *The World Economy.* Austin: University of Texas

Press.

Rothermund, Dietmar. 1970. "India's Silver Currency, 1876 – 1893." In *The Phases of Indian Nationalism and Other Essays*, ed. D. Rothermund. Bombay: Nachiketa Publications.

Roy, Tirhankar. 1999. *Traditional Industry in the Economy of Colonial India*. Cambridge: Cambridge University Press.

———. 2004. "Economic History of India: A Restatement." *Economic and Political Weekly* (India), August 21, 3859 – 3860.

Rozman, Gilbert, ed. 1981. *The Modernization of China*. New York: Free Press.

Saul, S. B. 1960. *Studies in British Overseas Trade* 1870 – 1914. Liverpool: Liverpool University Press.

———. 1969. *The Myth of the Great Depression* 1873 – 1896. London: Macmillan.

———. 1970. Citation lost.

Schell, William. nd. "Silver Symbiosis: Mexico, China, the U. S. and the Pacific Peso Trade." Typescript.

Segal, Aaron. 1993. *An Atlas of International Migration*. London: Hans Zell.

Shapin, Steve. 1996. *The Scientific Revolution*. Chicago: University of Chicago Press.

Sinha, Narendra. 1961. *The Economic History of Bengal from Plassey to the Permanent Settlement*. Calcutta: Firma K. L. Mukhopadhyay.

Smith, Adam. 1937 [1776]. *The Wealth of Nations*. New York: Random House.

Steidl, Annemarie. 2004. "Unter Zwang und aus freien Stücken: Globale Migrationssysteme im 18. Jahrhundert." In *Vom Weltgeist beseelt: Globalgeschichte* 1700 – 1815, ed. Margarete Grandner and Andrea Komlosy. Vienna: Promedia.

Straussfogel, Deborah. 1998. "World-Systems Theory in the Context of Systems Theory: An Overview." In *A World-Systems Reader*, ed. T. Hall. Lanham, MD: Rowman and Littlefield.

Sugihara, Kaoru. 1990. "Japan as an Engine of the Asian International Economy, c. 1880 – 1936." *Japan Forum* 2, no. 1: 127 – 145.

———. 1996. "The European Miracle and the East Asian Miracle: Towards a New Global Economic History." *Osaka University Economic Review* 12: 27-48.

——. 1999. "International Circumstances Surrounding the Postwar Japanese Cotton Textile Industry." Discussion Paper 99-06, Graduate School of Economics and Osaka School of International Public Policy, March.

——. 2003. "The East Asian Path of Economic Development: A Long-Term Perspective." In *The Resurgence of East Asia: 500, 150 and 50 Year Perspectives*, ed. Giovanni Arrighi, et al. London: Routledge, 78-123.

——. 2004a. "The State and the Industrious Revolution in Tokugawa Japan." Working Paper 02/04, Department of Economic History, London School of Economics, February.

——. 2004b. "East Asian Path." *Economic and Political Weekly* (India), August 21, 3854-3857.

——. 2005. *Japan, China, and the Growth of the Asian International Economy*, 1850-1949 (Volume 1). Oxford: Oxford University Press.

Tomlinson. 1975. Citation lost.

Trocki, Carl. 1999. *Opium, Empire and the Global Political Economy*. London: Routledge.

Vries, Peer. 2001. "Are Coal and Colonies Really Crucial? Ken Pomeranz and the Great Divergence." *Journal of World History* 12, no. 2 (Fall): 407-446.

——. 2002. "Governing Growth: A Comparative Analysis of the Role of the State in the Rise of the West." *Journal of World History* 13, no. 1 (Spring): 67-138.

——. 2003. *Via Peking Back to Manchester: Britain, the Industrial Revolution, and China*. Leiden, The Netherlands: CNWS Publications 121.

Wallerstein, Immanuel. 1974. *The Modern World-System Vol. I: Capitalist Agriculture and the Origins of the European World-Economy in the Sixteenth Century*. New York: Academic Press.

Wang. 2000. Citation lost.

Watkins, M. H. 1963. "A Staple Theory of Economic Growth." *Canadian Journal of Economics and Political Science* 29, no. 2 (May): 141-158.

Weaver, Frederick. 1974. "Relative Backwardness and Cumulative Change: A Comparative Approach to European Industrialization." *Studies in Comparative International Development* 9, no. 2: 70-97.

Willcox, Walter. 1931. *International Migrations*. New York: National Bureau of Economic Research.

Williams, Eric. 1943. *Capitalism and Slavery*. Chapel Hill: University of North Carolina Press.

Woddis, Jack. 1960. *Africa: The Roots of Revolt*. New York: Citadel.

Wolf, Eric. 1982. *Europe and the People without History*. Berkeley: University of California Press.

Wong, Bin. 1997. *China Transformed: Historical Change and the Limits of European Experience*. Ithaca, NY: Cornell University Press.

Woytinsky, W. S., and E. S. Woytinsky. 1953. *World Population and Production: Trends and Outlook*. New York: The Twentieth Century Fund.

———. 1955. *World Commerce and Governments: Trends and Outlook*. New York: The Twentieth Century Fund.

Wright. 1965. Citation lost.

Wrigley, E. A. 1988. *Continuity, Chance and Change: The Character of the Industrial Revolution in England*. Cambridge: Cambridge University Press.

Yapp, M. 1987. *The Making of the Modern Near East*. London: Longman.

Yates, P. Lamartine. 1959. *Forty Years of Foreign Trade*. London: Allen and Unwin.

Zhan. 2003. Citation lost.

索　引

（页码为原文页码，即本书边码）

Absent state myth【有关国家缺席的神话】25—28

Africa【非洲】Atlantic triangular trade【大西洋三角贸易】112—113；balance of payments in the United Kingdom，1910【联合王国（英）的国际收支，1910】，243（table）；British and German division of territory【英国和德国瓜分非洲】，71；British exports by region，1816－1842【英国向世界各地的出口，1816—1842】164（table）；British manufacturing exports，1820s【英国的制造业出口，1820s】164—165；centering the world economy in Asia【世界经济仍以亚洲为中心】69；Dahomey foreign trade，1896－1913【达荷美的对外贸易，1896—1913】290（table）；early-nineteenth-century triangles of trade and payments【19世纪早期的贸易与支付三角】120（fig.）；exports，imports，and imbalances in Dahomey，1884－1895【达荷美的进出口状况，1884—1895】289（table）；famine and drought【饥荒与干旱】267；foreign investment【外国投资】231（table）；foreign trade at Port of Lagos in Nigeria【尼日利亚拉各斯港的外贸】288（table）；global migration，1870－1913【全球移民，1870—1913】178；GNP estimates【国民生产总值估计】84—85；Indian balance of trade and treasure account，1828－1829【印度的贸易和贵金属账户，1828—1829】141（table）；myth of overwhelming Western military power【有关西方压倒性军事优势的神话】28—29；nineteenth-century economic data【19世纪的经济数据】82（table）；population growth【人口增长】78，175；regional costs and benefits of trade【各地的贸易成本和收益】283—291；total foreign capital investment in 1914【1914年的外国总投资】231（table）；West African trade with Britain and France【西非与英国和法国之间的贸易】152（table）；world and regional population 17001850【世界与各地人口，1700—1850】77（table）；world merchandise exports，1840－1900【世界商品出口，1840—1900】186（table）；world population 1870－1913【世界人口，1870—1913】175（table）；world trade，1870－1913【世界贸易，1870—1913】186—187. *See also* Slave trade；specific countries *Africans and the Industrial Revolution in England*：*A Study of International Trade and Economic Development*（Inikori）【伊尼科瑞：《非洲人与英格兰的工业革命：一项对国际贸易与经济发展的研究》】47

Afro-Eurasian world system【欧亚非世界体系】305—306

The Age of Capital（Hobsbawm）【霍布斯鲍姆：

《资本的年代》】59—60

Agriculture【农业】backward and forward linkages resulting from migration, 129 - 130【移民活动所产生的前后向关联, 129—130】Britain's industrial revolution【英国的工业革命】14; Britain's textile industry【英国的纺织工业】16; China's growing productivity【中国处于增长中的生产率】133; China's increasing defense spending【中国防卫开支的上升】271—272; China's mid - century consumption and productivity【中国在19世纪中期的消费与生产率】101—103; China's nineteenth-century climate change【中国19世纪的气候变化】137—138; colonial Southeast Asia【东南亚殖民地】275—276; drought【干旱】263—266; economic benefits of colonialism【殖民主义的经济收益】40 —41; expanding frontiers of settlement【定居地边疆的扩张】167; global cooling affecting Europe, North America, and Asia【全球气候变冷影响欧洲、北美和亚洲】161; India's Home Charges to Britain【印度输出到英国的"国内费用"】254; migration and conversion of land【移民与土地用途的转变】79—80; myth of the industrial revolution and industrialization【有关工业革命和工业化的神话】18; North-South entropy dissipation【南方 - 北方之间的熵耗散】262—268; productivity and income distribution【生产率与收入分配】12; tropical trade【热带贸易】194—199; US productivity【美国生产率】87

Algeria【阿尔及利亚】famine and drought【饥荒与干旱】266—267; French colonization of Algeria【法国殖民征服阿尔及利亚】153—155

American Civil War【美国内战】28, 30—31, 35, 158—160, 183

Americas【美洲各国】conquest and plundering leading to global capitalist development【征服和劫掠导致了全球资本主义的发展】305—306; GNP estimates【国民生产总值估计】84—85; population growth【人口增长】78—79; world and regional population 1700 - 1850【世界和各地的人口增长, 1700—1850】77 (table); world industrialization data【世界工业化数据】86 (table); world pattern of settlements, 1910【世界结算模式】93 (fig.). *See also* Latin America; North America; United States

Anglo-Iranian War (1856—1857)【英伊战争, 1856—1857】148

Anthropometric studies【人体测量研究】171

Argentina【阿根廷】balance of payments in the United Kingdom, 1910【联合王国的国际开支状况, 1910】243 (table); British foreign investment by destination in 1913【英国海外投资的去向, 1913】232 (table); global migration, 1780 - 1913【全球移民, 1780—1913】180; Latin American conflict【拉美的纷争】156—157; transport costs【运输费用】228; wheat and flour exporting【小麦和面粉出口】199—200, 200 (table), 201; world merchandise exports, 1840 - 1900【世界商品出口, 1840—1900】186 (table); world trade, 1870 - 1913【世界贸易, 1870—1913】186—187. *See also* Latin America 也见拉丁美洲

Armenians【亚美尼亚人】147

Arms manufacture and trade【武器的制造与贸易】dissipation of sociopolitical entropy【社会政治熵的耗散】98; East and Southeast Africa【东非与东南非】154; second industrial revolution【第二次工业革命】173—174

Articles of Confederation, US【邦联条例，美国】74

Asante【阿散蒂】113, 151

Asia【亚洲】Anglo-Indian trade imbalance【英印之间的贸易状况】112; British and North American trade imbalances, 1970s to 1913【英国与北美之间的贸易状况，1870年代—1913】225—226; British early nineteenth-century textile exports【英国19世纪早期的棉纺织品出口】20; British exports by region, 1816 - 1842【英国向世界各地的出口，1816—1842】164 (table); British manufacturing exports【英国的制造业出口】1820s, 164—165; British trade with Asia and total, 1860 - 1900【英国与亚洲之间的贸易额和英国的进出口总值，1860—1900】165 (table); centering the world economy【世界经济的中心所在】68—69; China's outmigration【中国的对外移民】79; Cohen's revisionist picture【孔华润的修正主义研究】131—132; converting Asian lands into European capital【亚洲土地转化为欧洲资本】184; core-periphery intraregional trade【中心与边缘的区域贸易】195; decline of Asia and rise of the West【亚洲的衰落与西方的兴起】71—75; East-West geopolitical environments contributing to the Great Divergence【东西方之间的地缘政治环境，促成了大分流的出现】54—55; economic growth during British industrialization【英国工业化过程中的经济增长】9; Eurocentrism of global economic data【全球经济数据中的欧洲中心主义】81; foreign investment【外国投资】231 (table); global economic predominance【全球经济的主导者】67—68; global migration【全球移民】32—33, 79, 177 (table), 179; GNP estimates【国内生产总值估计】84—85; increasing settlement, 1870 - 1913【定居地的扩张，1870—1913】173; industrious revolution【勤劳革命】xii, xiii, 49, 54, 57—58, 174, 204; intra - Asian trade【亚洲内部贸易】276—283; late nine-teenth-century manufacturing growth【19世纪后期的工业增长】211; late-century Western economic and political relations【19世纪后期西方的经济与政治联系】282—283; major world migrations, 1846 - 1915【主要世界移民，1846—1915】177 (table); myth of British hegemony【有关英国霸权的神话】29—30; myth of overwhelming Western military power【有关西方压倒性军事优势的神话】28—29; myth of the dominance of western migration【有关西方移民占主导的神话】32—33; nineteenth - century economic data【19世纪的经济数据】82 (table); outmigration【对外移民】127; population and economic growth data,【人口与经济增长数据】78—79, 82—83, 175; questioning the degree of penetration of imperialism into【质疑帝国主义对亚洲的渗透程度】297—298; slave trade【奴隶贸易】113; state role in development【国家（政府）在发展中的作用】25; world and regional population 1700 - 1850【世界各地的人口，1700—1850】77 (table); world merchandise exports, 1840 - 1900【世界商品出口，1840—1900】186 (table); world pattern of settlements, 1910【世界结算模式】93 (fig.); world political economy【世界政治经济】4—8; world population 1870 - 1913【世界人口，1870—1913】175 (table); world trade, 1870 - 1913【世界贸易，1870—1913】185—187. *See also* Decline of the East; Southeast Asia; West Asia; specific countries 另见东方的

衰落，东南亚，西亚，具体亚洲国家

Atlantic economy【大西洋经济】47；abolition of slavery【奴隶制的废止】151；African trade【非洲贸易】112—113；challenging Western dominance of global development【质疑西方在全球发展中的主导地位】65—67；mid-century expansion and acceleration【19 世纪中期的扩张与加速】72. *See also* Slave trade 另见奴隶贸易

Australia【澳大利亚】backward and forward linkages resulting from migration【移民活动带来的前后向关联】129—130；bilateral and multilateral trade【双边与多边贸易】92—93；gold flows【黄金的流动】138，159—160；gold settling British trade imbalance【英国外贸中的黄金结算】256—257；migration，1870 - 1913【移民，1870—1913】180；nationalist interests【民族主义的利益】183；wheat and flour imports and exports【小麦与面粉的进出口】183，200（table）. *See also* Oceania另见大洋洲

Austria-Hungary【奥匈帝国】146；trade imbalances：Europe and the United States，1881 - 1913【与欧洲和美国之间的贸易状况】223（table）；wheat and flour exporting【小麦和面粉出口】200（table），201；world merchandise exports，1840 - 1900【世界商品出口】186（table）

Austrian Succession，War of the（1740）【奥地利王位继承战争】99

Axis of evil【邪恶轴心】71

Backward linkages【后向关联】129—130

Bagehot，Walter【瓦尔特·白哲特】249，252

Balance of payments【国际收支】Britain's balancing North American deficit with the Indian and Asian credit【英国用与印度和亚洲的贸易盈余，平衡与北美之间的贸易赤字】242—245；Britain's invisible funding【英国无形收入的来源】226—228；Britain's surplus funding【英国盈余资金的来源】66；China-India-Britain triangle【中国—印度—英国三角贸易】119，121；distribution of British debt【英国的债务分布】92；Iran's foreign trade composition【伊朗外贸的构成】148；merchandise imbalance and【商品贸易与国际收支】89；monetary policy affecting【货币政策的影响】236—237；North American and European expansion【北美与欧洲的扩张】212，226；North-South imbalance【北方与南方之间的贸易状况】229

Balance of trade【贸易差额】Anglo-Indian【英印之间的贸易差额】124；Britain，1860s - 1913【英国的贸易状况，1860 年代—1913】209—210；China - India - Britain triangle【中国—印度—英国三角贸易】119；gold standard【金本位】236—239；Indian balance of trade and treasure account，1828 - 1829【印度的贸易与贵金属账户，1828—1829】141（table）；late-century Asian - Western trade【19 世纪末亚洲与西方之间的贸易】280—282；underdeveloping countries' transport costs【欠发达国家支出的运输费用】227—230. *See also* Im/balance of trade 另见贸易（不）平衡

Before European Hegemony（Abu-Lughod）【阿布 - 卢格霍德：《欧洲霸权之前》】72

Belgian Congo【比属刚果】285

Belgium【比利时】myth of Western economic growth【有关西方经济增长的神话】8；steam power【蒸汽动力】166；trade imbalances：Europe and the United States，1881 - 1913【欧洲与美国的贸易状况，1881—1913】223（table）

Bengal【孟加拉】Anglo-Indian trade【英印贸

易】108，111；Burmese invasion of【缅甸入侵孟加拉】140；exports and imports，【进出口状况】111（table）；famine【饥荒】109；Rape of【劫掠孟加拉】100，106

Benin【贝宁】288

Bilateral trade【双边贸易】Europe-North American trade in manufactures，1899 and 1913【欧洲与北美之间的制成品贸易，1899和1913】189（table）. *See also* Multilateral systems；Triangular systems 另见多边体系，三角体系

The Birth of the Modern World 1780－1914：*Global Connections and Comparisons*（Bayly）【贝利：《现代世界的诞生》】47—49

Blockage【大陆封锁】139

Boston Tea Party【波士顿茶党】109

Brazil【巴西】abolition of slavery【奴隶制的废止】151；British foreign investment by destination in 1913【1913年时英国海外投资的去向】232（table）；deforestation【森林采伐】80；Europeans crushing Latin America's industrialization【欧洲人摧毁拉美的工业化】157；foreign investment【国外投资】231；trade reform【贸易改革】115；world merchandise exports，1840－1900【世界商品出口，1840—1900】186（table）；world trade，1870－1913【世界贸易，1870—1913】186—187. *See also* Latin America 另见拉丁美洲

Bretton Woods【布雷顿森林体系】38

Britain【英国】American Civil War【美国内战】159；Anglo-Chinese silver－opium－textiles exchange【英国与中国之间的白银—鸦片—纺织品交换】134；bilateral and multilateral trade【双边与多边贸易】92—94；British foreign investment by destination in 1913【1913年时英国海外投资的去向】232（table）；challenging Western dominance of global development，【质疑全球发展中西方的主导地位】65—67；China's mid-century economic growth and decline【19世纪中期中国的经济增长与衰退】101；circuit of trade payments【贸易支付的环路】91—93，92（fig.）；coal myth【有关煤炭的神话】21—22；colonization of South Africa【南非的殖民化】155；conversion of India's wealth into capital【印度的财富转化为资本】184—185；crushing Latin American industrialization【摧毁拉美的工业化】156—158；decentralizing history【去中心化的历史】49—51；deindustrialization of India【印度的去工业化】116—117；diverging paths of China and Europe【中国与欧洲的分流】53；early-nineteenth-century triangles of trade and payments【19世纪早期的贸易与支付三角】120（fig.）；Europe-North American trade in manufactures，1899 and 1913【欧洲与北美之间的制成品贸易，1899和1913】189（table）；foreign investment【外国投资】230—233，231（table）；foreign-owned investment【外国拥有的投资】233—235；imbalance of trade and payments from 1870s to 1913【从1870年代到1913年的贸易与支付状况】240—245；imperialism of free trade【自由贸易的帝国主义】183；India's early nineteenth-century trade imbalance【19世纪早期的印度贸易状况】140—144；India's location at the base of the multilateral trade system【印度在多边贸易体系中的位置】247—248；India's mid－century production【19世纪中期印度的生产状况】106—107；India's silver/gold standard debate【印度的银/金本位之争】249—258；invisible services【无形服务】245；late nineteenth－century capital formation in Britain，Germany and the US【19 世纪后期英国、德国与美国的资本形成】208 (table); late-nineteenth-century triangles of trade and payments【19 世纪后期的贸易与支付三角】122 (fig.); Latin American conflict【拉美的纷争】156—157; Latin American trade【拉美的外贸】113—115, 156—158; manufacturing growth in Britain, Germany, United States, 1871 - 1913【1871—1913 年英国、德国与美国的制造业增长】208 (table); merchandise trade deficits and invisible earnings【商品贸易赤字与无形收入】168 (table); nineteenth-century supremacy【19 世纪的霸权】1—2; Persia's economic growth and decline【波斯的经济增长与衰退】147—149; quashing Egyptian development【毁灭埃及的发展】150—151; Russian conflict【英国与俄国的冲突】160; share in world totals of selected quantities【英国主要制造业占世界总量的份额】293 (table); Suez Canal【苏伊士运河】150—151; terms of trade and productivity【贸易条件与生产率】201—203; textiles trade with China【英国与中国的棉纺织品贸易】133; trade imbalances: Europe and the United States, 1881 - 1913【1881—1913 年, 欧洲与美国的贸易状况】223 (table); transport charges【运输费用】227—230; West African trade with Britain and France【西非与英国和法国之间的贸易】152—153, 152 (table); West European export and import imbalances, 1886 - 1913【1886—1913 年西欧的进出口状况】224 (table). *See also* Drain from India; India; United Kingdom 另见从印度的攫取, 印度, 英国

Britain, domestic economy【英国本土的经济】dating the Industrial Revolution【工业革命始于何时】161—162; economic and population growth after industrialization【工业化之后的经济增长与人口扩张】86—87; economic development with industrialization【工业化与经济发展】162—169; gold standard【金本位】37—38; industrial decline【工业衰退】206—207; industrial production between 1870 and 1913【1870—1913 年的工业生产】207—209; monetary system【货币体系】235—239; out-migration, 1870 - 1913【对外移民, 1870—1913】177—178; science and technology myth【有关科学与技术的神话】24—25; scientific revolution【科学革命】24—25; state role in development【国家在发展中的作用】25—26

Britain, global trade and【全球贸易与英国】core-periphery intraregional trade【中心与边缘的区域贸易】194—195; late nineteenth-century balance of trade【19 世纪后期的贸易状况】209—210; network of world merchandise trade imbalances, 1899 - 1913【世界商品贸易网络, 1899—1913】220—221 (table); world economy thesis【世界经济理论】59—63; world industrialization data【世界工业化数据】86 (table); world trade, 1870 - 1913【世界贸易, 1870—1913】185—186

Britain, myths of economic dominance【有关英国经济占主导地位的神话】British exports dominating the world market【英国出口主导着世界市场】19—21; British hegemony【英国的霸权】29—30; free trade【自由贸易】35—37; home-generated industrial revolution【源于本土的工业革命】16—17; overwhelming Western military power【西方压倒性的军事优势】28—29; steam power importance【蒸汽动力的重要性】22—23; supremacy resulting from industrial revolution【工业革命带来的霸权】

3; textiles as industrial forerunner【作为工业先驱的棉纺织业】15—16; that colonialism does not pay【殖民主义收益无几】38—41; Western economic growth【西方的经济增长】8—9; West - Rest income differentials【西方与其他地区之间的收入差距】11—12; as workshop of the world【作为世界工厂的英国】12—13

British Imperialism 1688 - 2000 (Cain and Hopkins)【凯恩、霍普金斯:《不列颠帝国主义(1688—2000)》】7

Bryan, William Jennings【威廉·詹宁斯·布赖恩】239, 268

Bulgaria【保加利亚】wheat and flour exporting【小麦与面粉出口】200 (table)

Burma【缅甸】China's mid-century trade with Southeast Asia【19 世纪中期中国与东南亚的贸易】104; colonial history【殖民的历史】275; intra-Asian trade【亚洲内部的贸易】282; population data【人口数据】139—140

Bush administration (US)【布什政府(美国)】29, 61, 301

California School【加州学派】47, 53, 59, 102

Cambridge Economic History of India (*CEHI*)【《剑桥印度经济史》】110—111, 119—120, 142—143, 247

Canada【加拿大】backward and forward linkages resulting from migration【移民活动带来的前后向关联】129—130; balance of payments in the United Kingdom, 1910【联合王国的国际收支状况, 1910】243 (table); British foreign investment by destination in 1913【1913 年时英国海外投资的去向】232 (table); foreign investment【外国投资】231; late nineteenth-century British trade im/balance【19 世纪后期的英国贸易状况】216 — 217; myth of British hegemony【有关英国霸权的神话】29—30; population change through migration【移民导致的人口变化】292; population growth【人口增长】78; wheat and flour exporting【小麦和面粉出口】200 (table); world trade, 1870 - 1913【世界贸易, 1870—1913】189 (table), 190. *See also* North America 另见北美

Canada Act (1867)【英属北美法案】183

Canals【运河】167

Canton System【广东体系】137

Capital formation and accumulation【资本的形成和积累】Britain's conversion of India's wealth【印度财富转化为英国资本】184—185; Britain's invisibles【英国的无形收入】168; early nineteenth-century formation【19 世纪早期的资本形成】169—170; entropy generation and dissipation【熵的产生与耗散】97; foreign investment【外国投资】230—233; foreign - owned investment【外国拥有的投资】233—235; global migration and【全球移民与资本的形成和积累】180; historical dynamics of【资本形成与积累的历史变化】304—305; late nineteenth-century economic growth in Britain, Germany and the US【19 世纪后期英国、德国和英国的经济增长】208—209, 208 (table)

Capital mobility【资本的流动】258—259

Capitalism and Slavery (Williams)【威廉斯:《资本主义与奴隶制》】53

Caravan trade【商队贸易】144

Caribbean【加勒比海地区】British exports by region, 1816 - 1842【英国向世界各地的出口, 1816—1842】164 (table); China's outmigration【中国的向外移民】79; early-nineteenth-century triangles of trade and payments【19 世纪早期的贸易与支付体系】120 (fig.); myth of the predominance of western migration【有关西方移民占主导地位的神话】32—33；slave markets【奴隶市场】17

Central America【中美洲】157

Central Asia【中亚】early nineteenth-century economic development【19世纪早期的经济发展】144—145. *See also* Russia；Soviet Union 另见俄国，苏联

A Century of European Migrations, 1830 - 1930 (Vecoli, ed.)【维科里主编：《百年欧洲移民，1830—1930》】33，179

Cereals and grains【谷物与粮食】*See* Grain exports 另见粮食出口

Ceylon【锡兰】British foreign investment by destination in 1913【1913年时英国海外投资的去向】232 (table)

Chemical industry【化工产业】24—25，214—215

Chile【智利】157，183

China【中国】decline of the East and rise of the West【东方的衰退与西方的兴起】100—103；diverging paths of China and Europe【中国与欧洲之间的分流】53；dominating early nineteenth-century capital formation【中国的资本形成在19世纪早期依旧领先】169—170；early-nineteenth-century triangles of trade and payments【19世纪贸易与支付的三角】120 (fig.)；EIC trade【东印度公司的贸易】107；geographical distribution of Asia's trade【亚洲贸易的地理分布】281 (table)；ideology limiting quantitative data selection【意识形态影响定量数据的选择】75—77；Indian balance of trade and treasure account, 1828 - 1829【印度的贸易和贵金属账户，1828—1829】141 (table)；India's place in multilateral trade【印度在多边贸易中的地位】246；India's trade imbalance【印度的贸易状况】142；Iran's foreign trade【伊朗的对外贸易】148；late-nineteenth-century triangles of trade and payments【19世纪后期的贸易与支付三角】122 (fig.)；limited Western impact on economic growth【西方对经济增长的影响有限】272—275；mid-century economic growth【19世纪中期的经济增长】99—100；mid-century trade with Southeast Asia【19世纪中期与东南亚的贸易】103—104；myth of East-West income differentials【有关东西方之间收入差距的神话】12；myth of overwhelming Western military power【有关西方压倒性军事优势的神话】28—29；Russian trade with【中国与俄国之间的贸易】160；silver imports【白银进口】37，134；transport costs【运输费用】228；triangular systems of trade【三角贸易体系】61，90

China, British trade with【中国与英国之间的贸易】Anglo-Indian trade【英印贸易】109—112；balance of payments in the United Kingdom, 1910【联合王（英）国的国际收支状况】243 (table)；Britain-China-US trade triangle【英国—中国—美国之间的三角贸易】122—123；Britain's failed attempt at trade domination【英国主导其贸易的尝试归于失败】134—138；Britain's industrial revolution【英国的工业革命】15；Britain's trade deficit, 1816—1913【英国的外贸赤字，1816—1913】13；British manufacturing exports, 1820s【英国的制造业出口，1820年代】164—165；British trade, including Hong Kong【中国与英国之间的贸易，包括香港】135 (table)；China-India-Britain trade triangle【中国—印度—英国之间的三角贸易】123—125；demand for British manufactured goods【对英国制成品货物的需求】20—21；myth of free trade with Britain【有关英国自由贸易的神话】35；semi-colonial position【半殖民地地位】132—138；triangular nature of Anglo-Chinese trade【中英贸易的三角特征】118—122

China, domestic economy【中国的本土经济】challenging Western dominance of global development【质疑英国对全球发展的主导地位】66；dating the economic decline【经济衰退始于何时】137；defense spending weakening domestic spending【国防支出挤占了国内开支】269—275；East - West income gap【东西方之间的收入差距】4；economic growth during British industrialization【中国在英国工业化时期的经济增长】9；foreign investment【外国投资】231；foreign-owned investment【外国拥有的投资】235；fuel energy consumption【燃料消费】21—22；GNP estimates【国内生产总值估计】84—85；impact of entropy dissipation on agriculture【熵耗散对农业的影响】265—266；impact of the industrial revolution【工业革命的影响】49—50；population growth【人口增长】78, 83, 175, 272—273

China, migration【中国的移民】global migration, 1870 - 1913【全球移民, 1870—1913】177；late nineteenth-century outmigration to the US【19 世纪后期向美国的移民】127；western migration【向西的移民】32—34, 79

China, world trade【世界贸易中的中国】regaining global power position【重回世界强国地位】302；world and regional population 1700 - 1850【世界各地人口, 1700—1850】77 (table)；world merchandise exports, 1840 - 1900【世界商品出口, 1840—1900】186 (table)；world pattern of settlements, 1910, 【世界结算模式, 1910】93 (fig.)；world trade, 1870 - 1913【世界贸易, 1870—1913】186—187, 189

Chinese Treaty Ports【中国的条约口岸】121

Circuit of trade payments【贸易中的支付环路】91—93, 92 (fig.)

Civil institutions,【民间组织】50—51

Clash of Civilizations (Huntington)【亨廷顿:《文明的冲突》】61

Clay, Henry【亨利·克莱】71

Climate change【气候变化】China's nineteenth - century agricultural decline【19 世纪中国的农业衰退】137—138；El Niño-Southern Oscillation (ENSO) weather patterns【气候模式的厄尔尼诺—南方涛动】263—268；exploitation【剥削】98；global cooling【全球变冷】137—138, 161；global migration, 1870 - 1913【全球移民, 1870—1913】179 —180；global warming【全球变暖】95

Coal【煤炭】Britain's manufacturing decline from 1870 to 1913【英国在 1870—1913 年的制造业衰退】241；growth of Britain's manufacturing output【英国制造业产出的增长】162；increased mining in the nineteenth century【19 世纪采矿业的扩张】80—81；late arrival in Britain and Europe【煤炭在英国与欧洲的广泛利用出现得比较晚】166；myth of importance in Britain【有关煤炭在英国极其重要的神话】21—22；second industrial revolution【第二次工业革命】173—174；wood replacing coal to save forest land【煤炭对木材的替代节约了森林用地】40

Coffee production【咖啡生产】79—80, 139, 151, 157, 195, 266, 282

Cold War【冷战】301—302

Colonialism【殖民主义】xii—xiii, 48—49；Africa's transition【非洲的转变】151—152；assessing gains through world system analysis【借由对世界体系的分析，评估殖民主义的收益】64—65；Britain's trade deficit，1816 - 1913【英国的贸易赤字，1816—1913】13—14；British attempts to halt late nineteenth-century manufacturing decline【英国试图阻止自身制造业在 19 世纪后期的衰退】242—245；captive market for British goods【英国商品占领的垄断市场】20 —21，107；changes in global division of labor and world trade【全球劳动分工与世界贸易的变化】182；China's semi - colonial position【中国的半殖民地地位】132—138，269—270，273；circuit of trade payments【贸易中的支付环路】91—93；converting Asian lands into European capital【亚洲土地转化为欧洲资本】184；cost - benefit estimates in Africa【殖民主义活动在非洲的成本与收益】283—291；economic growth and industrialization【经济增长与工业化】45—46；entropy generation and dissipation【熵的产生与耗散】94—95；famine and drought【饥荒与干旱】265；historigraphic revisionism【修正主义史学】49—50；imperialism of free trade【自由贸易的帝国主义】7，181—183，283；India's independence from Britain【印度脱离英国独立】302；intra-Asian trade flourishing despite【尽管有殖民主义，亚洲内部的贸易活动依旧繁荣】279—283；Iran's foreign trade【伊朗的对外贸易】148；Latin America【拉丁美洲】113—115；myth of free trade with Britain【有关英国自由贸易的神话】35；myth of *laissez faire*【有关自由放任的神话】36；myth that colonialism does not pay【有关殖民主义收益无几的神话】38—41；North Africa【北非】153—154；population changes in Southeast Asia【东南亚的人口变化】139—140；rehistoricization of【对殖民主义的历史再探讨】43—59；robustness of developing economies【发展中经济体正在恢复活力】69；role of missionaries【传教士的作用】38；South Africa【南非】155；Southeast Asia【东南亚】275—283；state role in development【国家（政府）在发展中的作用】25—26；state role in the global economy【国家（政府）在全球经济中的作用】70；taxation of European colonies in Africa【欧洲人在非洲殖民地的税收】286；terms of trade in underdeveloping tropical regions【正在陷入欠发达的热带地区的贸易条件】196—197；Western economic penetration in Asia【西方在亚洲的经济渗透】5—6；world pattern of settlements，1910【世界结算模式，1910】93（fig.）. *See also* India；Settlements；specific countries 另见印度，移民定居，具体国家

The Commerce of Nations（Condliffe）【康德利夫：《各国商业》】44

Commodity factor price equalization【商品要素价格的趋同】60

Communications【消费】complementing transport【交通运输】228—229；Egyptian infrastructure development【埃及基础设施的发展】150；maritime regions of Southeast Asia【东南亚海域】276—277

Communist Manifesto（Marx and Engels）【马克思、恩格斯：《共产党宣言》】72

Comparative advantage【比较优势】58—59

Comprador bourgeois【买办资产阶级】182—183

Constitution，US【美国宪法】74

Convergence，economic【经济趋同】258—261

Core-periphery dynamic【中心和边缘之间的动态关系】entropy generation and dissipation【熵的产生和耗散】94—95；Great Divergence of industrialization and trade【工业化

和贸易的大分流】194—195；Lewis's core bias【刘易斯的中心偏见】45—46；terms of trade and productivity【贸易条件和生产率】203. *See also* Underdevelopment 另见低度发展
Corn Laws（1815）【谷物法（1815）】35
Costa Rica【哥斯达黎加】157
Cotton【棉花】Anglo-Indian trade/tribute【英印之间的贸易与朝贡】109—111；Britain's imports for manufacture【英国的制成品进口】16；British decline after 1860【英国在 1860 年之后的衰退】294；China-Britain-India trade triangle【中国—英国—印度之间的三角贸易】121—122，124—125；China's economic decline【中国的经济衰退】132—133；dominating British exports，1816 - 1870【棉纺织品主导了英国的出口，1816—1870】163—164；early-nineteenth-century triangles of trade and payments【19 世纪早期的贸易与支付三角】120（fig.）；growth of Britain's manufacturing output【英国制成品出口的增长】162；triangular and multi-angular nature of【三角和多边贸易的特征】118—122. *See also* Textile production；Textile trade 另见纺织业，纺织品贸易
Cotton gin【轧棉机】19
Crimean War（1853 - 1856）【克里米亚战争】28，48，74，148，160
Cropland【农田】80—87. *See also* Agriculture 另见农业
Cuba【古巴】economic decline【经济衰退】158；nationalist interests【民族主义的利益集团】183；slave labor【奴隶劳工】151
Currency exchange【货币兑换】71
Currency imports【货币进口】289—291
Currency principle，Ricardo's【李嘉图的货币理论】252—253
Currency standards【货币本位】terms of trade to tropical countries【热带国家的贸易条件】198. *See also* Gold standard；Monetary system；Silver standard 另见金本位，货币制度，银本位
Customs tariffs【关税】26
Dahomey【达荷美】113，288，289（table）- 290（table）
Decline of the East【东方的衰落】xiii；Central Asia's robustness【中亚的活力】105—106，144—145；China【中国】100—103，132—138；Franco-British rivalry in India【英法在印度的对抗】100；Southeast Asia【东南亚】103—104
Deforestation【森林采伐】Brazil【巴西】80；China，133；China's mid-century economic growth and decline【中国在 19 世纪中期的经济增长和衰退】101；migration and【移民与森林砍伐】79—80
Deindustrialization of India【印度的去工业化】116—117
Depression，economic【经济萧条】colonization of sub-Saharan Africa as byproduct of【经济萧条的副产品：撒哈拉以南地区的殖民化】288—289；decline in Latin American silver production【拉美白银生产的衰退】155；global migration，1870 - 1913【全球移民，1870—1913】177；West Africa【西非】153. *See also* Great Depression 另见大萧条
Development，economic【经济发展】xii—xiii；challenging Western dominance of global development【质疑全球发展中西方的主导地位】65—67；diverging paths of China and Europe【中国与欧洲的分流】53—56；Egypt【埃及】149—150；Eurocentric analysis of【对经济发展的欧洲中心主义分析】44—47；historical dynamics of【经济发展的历史变迁】304—305；labor and

capital mobility【劳动力与资本的流动】258—261; late nineteenth-century migration and【19 世纪后期的移民与经济发展】128—129; North America【北美】158—160; physical and social pillars of analysis【物理和社会熵的产生及其不公平的耗散】174—175; Russia【俄国】160; uneven global development through trade imbalance【因为全球贸易而出现的不平衡发展】89—94; world economy and systems analysis【对世界经济与世界体系的分析】64—65. *See also* Industrial revolution; Industrialization 另见工业革命，工业化

Diamonds【钻石】155，186—187

Diaries as source of quantitative data【作为定量数据来源的日记】76—77

Diaspora populations【离散人群】Chinese foreign direct investment【中国的外国直接投资】278; expanding China's political and economic interactions【中国与其海外移民群体日益增长的政治、经济联系】7. *See also* Migration 另见移民

Disease【疾病】Africa's plague epidemic【非洲的瘟疫】153

Disequilibrium【不均衡】entropy generation and dissipation【熵的产生与耗散】94—98

Disraeli, Benjamin【本杰明·迪斯雷利】39，150

Dissipative structures【耗散结构】94

Division of labor【劳动分工】onset of the Great Divergence【大分流的开始】182

Domestic economies【国内经济】31，67—71

Domestic monetary policy【国内货币政策】235—239

Dominions【自治领】*See* Canada; North America 另见加拿大，北美

Drain from India【从印度的攫取】83，100，106—112，119，233—234，245—258

Drought【干旱】263—266

Dual economy【双元经济】African colonies【非洲殖民地】288，290

Early Modern Capitalism (Prak)【普拉克：《早期近代资本主义》】65

East Asia【东亚】technological adaptation to resource constraints【采用能适应资源制约的技术】204—206. *See also* China; Japan; Korea 另见中国，日本，韩国

East Asia at the Center (Cohen)【孔华润：《居于中心的东亚》】103

East India Company (EIC)【东印度公司】100，104，106—112，118—122，136，141 (table)，144

Eastern Europe【东欧】imports and exports for Western Europe【对西欧的进出口】200 (table); nineteenth-century economic data【19 世纪的经济数据】82 (table); population and GDP growth, 1820 - 1870【人口与 GDP 的增长，1820—1870】81—82; population growth, 1870 - 1913【人口增长，1870—1913】175; wheat and flour exporting【小麦和面粉出口】200—201; world population 1870 - 1913【世界人口，1870—1913】175 (table) *See also* Russia; Siberia 另见俄国，西伯利亚

Economic and Political Weekly【《经济与政治周刊》】56

Economic crises【经济危机】entropy dissipation and【熵的耗散与经济危机】264; punctuating mid-century economic expansion【经济危机打断了 19 世纪中期的经济扩张】74

Economic crisis (1762 - 1790)【1762—1790 年的经济危机】51

Economic crisis (1873 - 1895)【1873—1895 年的经济危机】*See* Great Depression 另见大萧条

Economic crisis (1997)【1997 年的经济危机】

211—212
Economic depression【经济萧条】*See* Depression, economic
Economic Elements in the Pax Britannica (Imlah)【伊姆拉：《不列颠治世的经济因素》】13
Economic growth and decline【经济增长与衰退】Africa【非洲】149—155；Caribbean decline【加勒比海地区的衰退】158；Central Asia【中亚】105—106，144—145；China's mid-century growth and decline【中国在 19 世纪中期的增长与衰退】100—103；comparisons between 1830 and 1913【1830—1913 年人口和收入的增长倍数】87（table）；dating China's decline【中国何时开始衰退】132—138；decline of Asia and rise of the West【亚洲的衰落与西方的兴起】72；entropy generation and dissipation【熵的产生与耗散】94—98，262；factor prices【要素价格】88；global cooling in the early nineteenth century【19 世纪早期的全球气候变冷】161；India's early nineteenth-century growth【印度在 19 世纪早期的增长】140 —144；the myth of Western economic growth【有关西方经济增长的神话】8—9；Persia's growth and decline【波斯的增长和衰退】146—149；population and GDP growth data【人口与 GDP 的增长数据】83；population growth after industrialization【工业化开启之后的人口增长】86—87；Southeast Asia【东南亚】103—104，138—140；West Africa【西非】151—153
Economic History of West Africa（Hopkins）【霍普金斯：《西非经济史》】151
Economic recession【经济衰退】*See* Recession，economic
Economic structure，Western【西方的经济结构】xii—xiii
Education，role of missionaries in【传教士在教育方面起到的作用】38
Egypt【埃及】centering the world economy in Asia【世界经济的中心在东亚】68—69；converting Egyptian lands into European capital【埃及土地转化为欧洲资本】184；economic development【经济发展】149—150；famine and drought【饥荒与干旱】266；growth of manufacturing and foreign trade【制造业与外贸的增长】145—146；Iran's foreign trade【伊朗的对外贸易】148—149；state role in development【国家（政府）在发展中的作用】30；Suez Canal【苏伊士运河】150—151；world merchandise exports，1840 - 1900【世界商品出口，1840—1900】186（table）；world trade，1870 - 1913【世界贸易，1870—1913】186—187
El Niño-Southern Oscillation（ENSO）weather patterns【气候模式的厄尔尼诺 - 南方涛动】138，263—266
Electric industry【电气产业】214—215，241—242
Empress Mills【女皇工厂】204
Energy industry【能源产业】coal exports【煤炭出口】241；electric industry【电气产业】214—215，241—242；increasing demand for wood and fossil fuels【对木材和燃料日益增长的需求】80 —81；myth of British coal consumption【有关英国煤炭消费的神话】21—22；myth of steam power importance【有关蒸汽动力重要性的神话】22—23；water power【水力】23
Entrepot trade【转口贸易】17
Entropy【熵】61—62，66，98；analyzing the great transformation in terms of【从熵的角度分析大转型】174—175；climatic events leading to famine and poverty【导致饥荒和贫困的气候事件】262—268；

environmental degradation【环境恶化】299—300; generation and dissipation【产生和耗散】94—98; state agency【作为一种工具的国家（政府）】70; third world as dumping ground for【第三世界成为熵的倾倒场所】296—297

Environmental degradation【环境恶化】China's nine-teenth-century growth leading to【中国19世纪的增长导致了环境恶化】133; impact of population growth on【人口增长对环境恶化的影响】299—300; unequal division of environmental quality【环境质量的不平等分配】97—98

Ethiopia【埃塞俄比亚】153

Europe【欧洲】at the apex of global multilateral trade【居于全球多边贸易的顶端】239—240; circuit of trade payments【贸易支付的环路】91—93, 92（fig.）; dating the industrial revolution【工业革命始于何时】161—162; decentralizing history【去中心化的历史】49—51; developing a critique of Eurocentric analysis【对欧洲中心主义的分析的批评】305—306; East－West geopolitical environments contributing to the Great Divergence【东西方之间的地缘政治环境，促成了大分流的出现】54—55; economic growth 1700－1900【经济增长，1700—1900】9（table）; Europe-North American trade in manufactures, 1899 and 1913【欧洲与北美之间的制成品贸易，1899—1913】189（table）; foreign investment【外国投资】231; global migration, 1870－1913【全球移民，1870—1913】178—179; GNP estimates【国内生产总值估计】84—85; import surplus after 1880【1880年之后的进口盈余】191; industrial production between 1870 and 1913【1870—1913年间的工业生产】207—209; industrialization in Europe, including Russia【包括俄国在内的欧洲工业化】85（table）; investment in capital formation, 10; late nineteenth-century outmigration【19世纪后期的移民】127—129; Latin American conflict【拉美的纷争】155—156; monetary system【货币体系】235—239; myth of free trade【有关自由贸易的神话】35; myth of *laissez faire*【有关自由放任的神话】36; myth of overwhelming Western military power【有关西方压倒性军事优势的神话】28—29; myth of Western economic growth【有关西方经济增长的神话】8—9; myth of West-Rest income differentials【有关西方与其他地区之间收入差距的神话】11—12; myth that colonialism does not pay【有关殖民主义回报无几的神话】38—41; nineteenth-century economic data【19世纪的经济数据】82（table）; outmigration【对外移民】79; role of missionaries【传教士的作用】38; state role in development【国家（政府）在发展中的作用】27—28; total foreign capital investment in 1914【1914年时的外国总投资】231（table）; trade imbalances: Europe and the United States, 1881－1913【欧洲与美国的对外贸易状况，1881—1913】223（table）; triangular systems of trade【三角贸易体系】61; underdeveloping countries' transport costs【正经历低度发展的国家所支付的运输费用】227—230; unexpected robustness of underdeveloped economies【欠发达国家令人惊讶的活力】69; West European export and import imbalances, 1886－1913【西欧的进出口状况，1886—1913】224（table）. *See also* Britain; Colonialism; United Kingdom; specific countries 另见英国，殖民主义，联合王国，具体国家

Europe, Asian relations with【欧洲与亚洲之间的关系】China as world power【作为世界大国的中国】137—138; economic and political penetration into West Asia【对西亚的经济和政治渗透】104—105; economic impact in Asia【对亚洲的经济影响】68—69; Ottoman export of raw materials【奥斯曼帝国的原材料出口】146

Europe, British relations with【欧洲与英国的关系】balance of payments in the United Kingdom, 1910【联合王（英）国的国际收支状况，1910】243 (table); British early nineteenth-century textile exports【19 世纪早期英国的棉纺织品出口】20; British exports by region, 1816 - 1842【英国向世界各地的出口，1816—1842】164 (table); British foreign investment by destination in 1913【1913 年时英国海外投资的去向】232 (table); British manufacturing exports in the 1820s【1820 年代英国的制造业出口】164—165; late nineteenth-century British trade im/balance【19 世纪后期英国的对外贸易状况】216—227

Europe, population change and【欧洲的人口变化】78—79; economic and population growth after industrialization【工业化开启之后的经济和人口增长】86—87; population and GDP growth, 1820 - 1870【人口和 GDP 增长，1820—1870】81—82; population change through migration【移民导致的人口变化】128; population growth, 1870 - 1913【人口增长，1870—1913】175

Europe, world economy and【欧洲与世界经济】challenging Western dominance of global development【质疑欧洲在全球发展中的主导地位】65—67; network of world merchandise trade imbalances, 1899 - 1913【世界商品贸易网络，1899—1913】220—221 (table); world and regional population 1700 - 1850【世界各地的人口，1700—1850】77 (table); world industrialization data【世界工业化数据】86 (table); world merchandise exports, 1840 - 1900【世界商品出口，1840—1900】186 (table); world pattern of settlements, 1910【世界结算模式，1910】93 (fig.); world political economy【世界政治经济】4—8; world population 1870 - 1913【世界人口，1870—1913】175 (table); world trade, 1870 - 1913【世界贸易，1870—1913】188—189

European miracle【欧洲奇迹】1—2

Export promotion【出口促进】13

eXtropy【负熵】97

Factor flows【要素流动】58—59, 258—261

Factor prices【要素价格】88, 258—259

Famine【饥荒】British-generated famine in India【英国在印度制造的饥荒】109, 254; China【中国】272; entropy dissipation【熵的耗散】263—266

Finances in the Early Raj: Investments and the External Sector (Banerji)【班纳吉：《英属印度早期的金融：投资与对外部门》】250

Financial crisis【金融危机】*See* Economic crises 另见经济危机

First Opium War【第一次鸦片战争】*See* Opium Wars 另见鸦片战争

Foreign debt【外国债务】Egypt【埃及】150—151; Latin America【拉丁美洲】158; as method of control【作为控制手段的外债】25. *See also* Im/ balance of trade 另见贸易（不）平衡

Foreign investment【外国投资】British foreign investment by destination in 1913【1913 年时英国海外投资的去向】232 (table);

China's overseas population【中国的海外人口】278；connecting national economies into a global economy【外国投资将国民经济与全球经济联系在一起】67—71；dramatic increase，1870－1913【外国投资的急剧增长，1870—1913】230—233；extracting capital from the tropical countries【从热带国家获取资本】203；foreign-owned investment【外国拥有的资本】233—235；local capital market as source【外国投资以本地资本市场作为资金来源】229—230；total foreign capital investment in 1914【1914 年时的外国投资】231（table）

Foreign Legion，French【法国的外籍军团】28

Foreign policy【对外政策】ideological justification of US policy【对美国政策的意识形态辩护】61；US military and trade dominance【美国对外的军事与贸易控制】211—212

Foreign－owned investment【外国拥有的投资】233—235

Forty Years of Foreign Trade（Yates）【耶茨：《对外贸易四十年》】44

Forward linkages【前向关联】129—130

France【法国】colonization of Algeria【阿尔及利亚的殖民化】153—155；EIC trade【英国东印度公司的贸易】107；foreign investment，230—231，231（table）；Franco-British rivalry in India【英法在印度的对抗】100；heading the industrial revolution【工业革命的领先者】18；Indian balance of trade and treasure account，1828－1829【印度的贸易与贵金属账户，1828—1829】141（table）；India's place in multilateral trade【印度在多边贸易中的地位】246；investment in capital formation【资本形成中的投资】10；Latin American conflict【拉美的纷争】155－156；myth of overwhelming Western military power【有关欧洲压倒性军事优势的神话】28—29；North-South entropy dissipation【北方向南方的熵耗散】263—264；reparations to Germany【对德国的赔款】160；total foreign capital investment in 1914【1914 年时的海外总投资】231（table）；trade imbalances：Europe and the United States，1881－1913【欧洲与美国的对外贸易状况 1881—1913】223（table）；West African trade with Britain and France【西非与英法之间的贸易】152—153，152（table）；West European export and import imbalances，1886－1913【西欧的进出口状况，1886—1913】224（table）；world merchandise exports，1840－1900【世界商品出口，1840—1900】186（table）；world trade，1870－1913【世界贸易，1870—1913】185

Free trade【自由贸易】emergence and spread of【自由贸易的出现和扩散】35；impact on Indian surplus【对印度盈余的影响】248—249；imperialism of【自由贸易的帝国主义】7，181—182，283；importance as export product【自由贸易是一项重要的出口产品】70—71；Latin American conflict【拉美的纷争】114，156—157；myth of【有关自由贸易的神话】35；myth of *laissez faire*【有关自由放任的神话】35—37

French Revolution（1789－1799）【法国革命】50，299

Gandhi，Mohandas "Mahatma，"【"圣雄"甘地】299

Gap，the【差距】3，17，62，73，83—85，110，174，213

GDP data【GDP 数据】82—84，82（table）

Gender【性别】impact of slave trade on population demographics【奴隶贸易对人口特征的影响】112

Gentlemanly capitalism【绅士资本主义】15，66

Geographic position【地理位置】distribution of Asia's trade【亚洲贸易的分布情况】281（table）；intra-Asian trade【亚洲内部的贸易】280—281；Persia's economic growth and decline【波斯的经济增长与衰退】146—149

Germany【德国】at the apex of global multilateral trade【处于全球多边贸易的顶端】239—240；benefits of colonialism【殖民主义的回报】283—284；British trade decline from the 1870s to 1913【1870 年代至 1913 年英国贸易的衰退】241—242；core-periphery intraregional trade【中心与边缘的区域贸易】195；foreign investment【外国投资】231，231（table）；French gold reparations to【法国以黄金的形式向德国支付赔款】160；import surplus after 1880【1880 年之后的进口盈余】191；industrial production between 1870 and 1913【1870—1913 年的工业生产】208—209；industrialization of textiles【棉纺织生产的工业化】16；investment in capital formation【资本形成中的投资】10；late nineteenth-century capital formation in Britain，Germany and the US【19 世纪后期英国、德国与美国的资本形成】208（table）；late nineteenth-century outmigration【19 世纪后期的对外移民】127；manufacturing growth in Britain，Germany，United States，1871—1913【英国、德国、美国的制造业增长，1871－1913】208（table）；mid-century expansion and acceleration of the Atlantic economy【大西洋经济在 19 世纪中期之后的加速扩张】72；population change through migration【移民带来的人口变化】128，292；productivity failing to close income gap with Britain【因为生产率的提高，与英国之间的收入差距近乎消失】293；scientific revolution【科学革命】24—25，173—174；state role in development【国家（政府）在发展中的作用】26；total foreign capital investment in 1914（1914 年时的外国总投资），231（table）；trade imbalances：Europe and the United States，1881－1913【欧洲和美国的对外贸易状况，1881—1913】223（table）；West European export and import imbalances，1886－1913【西欧的进出口状况，1886—1913】224（table）；world merchandise exports，1840－1900【世界商品出口，1840—1900】186（table）

Global cooling【全球变冷】137—138，161

Global warming【全球变暖】95

Globalization【全球化】growth of labor markets through migration【移民带来的劳动力市场扩张】88；questioning the presence of a world economy【一些质疑统一世界经济存在的观点】60—63；triangular multi-angular and multilateral trade【多角与多边贸易】89—94

Globalization and History（O'Rourke and Williamson）【奥罗克、威廉森：《全球化与历史》】60—61，258—259

GNP data【国民生产总值数据】84，87，87（table）

Gold【黄金】Anglo-Indian trade imbalance【英国与印度之间贸易的重要性】110—111，123；Australia's protectionism【澳大利亚的保护主义】183；bilateral and multilateral trade【双边与多边贸易】92—93；Californian and Australian flows【加利福尼亚与澳大利亚的黄金流动】159—160；slave markets【奴隶市场】17；US silver flows【美国的白银流动】134

Gold standard【金本位】xiii；Indian silver/gold standard debate【印度的银/金本位之

争】249—258；myth of【有关金本位的神话】37—38；theory and reality of gold and silver standards【有关金本位和银本位的理论与现实】235—239

Goschen，George【乔治·戈申】249

Government【政府】myth of the absent state【国家缺席的神话】25—26；political impact of slave trade【奴隶贸易的政治影响】113；states at the apex of trade triangles【具有三角贸易顶端的国家】296；suppressing colonial Africans【压制非洲殖民地】287—288

Grain exports【粮食出口】British-generated famine in India【英国在印度制造的饥荒】254；early-nineteenth-century triangles of trade and payments【19世纪早期的贸易与支付三角】120（fig.）；rice exports【大米出口】282；terms of trade【贸易条件】202—203；wheat exports【小麦出口】183，199—200，200（fig.），267—268

Grant，Ulysses S.【尤利西斯·S. 格兰特】70

Great Dakota Boom【达科他繁荣】268

Great Depression（1873－1895）【1873－1895年间的大萧条】declining manufacturing prices【制成品价格的下跌】183；factors leading to【导致大萧条的因素】191—192；gold standard【金本位】37；late nineteenth-century im/balance of trade contributing to the Great Divergence【19世纪后期的贸易状况促成了大分流】214—215；military response【军事方面的回应】29；trade decline after【之后贸易的下降】163，166

Great Depression（1930s）【1930年代的大萧条】301

The Great Divergence（Pomeranz）【彭慕兰：《大分流》】bifurcation【分岔】95，centering and dating【大分流始于何时】51—52，55—56，175；East and West geopolitical environments contributing to【东西方之间的地缘政治环境促进了大分流的出现】54—55；entropy【熵】98，factor prices【要素价格】88；late nineteenth century im/balance of trade contributing to【19世纪后期的贸易状况促成了大分流的出现】213—214；production and productivity and【生产、生产率与大分流】206—209；rebellion signaling【以叛乱为开始信号】138；second industrial revolution【第二次工业革命】182；structure，function，and transformation of the global economy【全球经济的结构、运转与转型】1—2，65，68，73；terms of trade and underdevelopment【贸易条件与低度发展】193—201；world political economy【世界政治经济】3—8，85

Great Plains，US【美国大平原】268

The Great Wave：Price Revolutions and the Rhythm of History（Fischer）【费舍尔：《大浪潮：价格革命和历史节奏》】45

Growth and Fluctuations，1870—1913（Lewis）【刘易斯：《增长与波动，1870—1913》】32—33，44

The Growth of the International Economy（Kenwood and Lougheed）【肯伍德、拉菲德：《国际经济的增长》】45

Gunboat diplomacy【炮舰政策】29，71

Hamilton，Alexander【亚历山大·汉密尔顿】35，71

Hawaii【夏威夷】world merchandise exports，1840－1900【世界商品出口，1840—1900】186（table）

Hay，John【海约翰】270

Hegemonic model【霸权模式】xii

Height，of Europeans【欧洲人的身高】171

High level equilibrium trap【高水平均衡陷阱】53

Historical continuity【历史的连续性】43—44，49—50，53—56
History of the World Economy 1790—1970（Mauro）【莫罗：《世界经济史，1790—1970》】44
Hobsbawm，Eric【艾瑞克·霍布斯鲍姆】59—60
Hodgson，Marshall【马歇尔·霍奇森】52
Holland【荷兰】*See* Netherlands
Holocaust【大屠杀】300
Home Charges，“国内费用”28，123，167，240，244，252—253. *See also* Drain from India 另见来自印度的攫取
Hong Kong【香港】135（table），138
Horizontal history【水平的历史】48
Housing rents【房租】170—171
von Humboldt，Alexander【亚历山大·冯·洪堡】115
Hungary【匈牙利】wheat and flour exporting【小麦和面粉的出口】200（table），201
Hut tax【茅舍税】286
Ideology【意识形态】52；limitation of quantitative data selection【意识形态对定量数据选择的影响】75—77
Im/balance of trade【贸易（不）平衡】162；Anglo-Indian【英印贸易】111—112，117—118，124；Anglo-Indian-Chinese trade triangle【英国—印度—中国之间的三角贸易】119；Britain at the apex of global multilateral trade【居于全球多边贸易体系顶端的英国】239—240；Britain's continuing deficit【英国长期的贸易赤字】162；British merchandise trade，1870 - 1913【英国的商品贸易，1870—1913】243（table）；Dahomey，exports，imports，and imbalances，1884 - 1895【达荷美的进出口贸易状况，1884—1895】289（table）；directions of export and import surpluses among major world regions in the late nineteenth and early twentieth centuries【19 世纪晚期及 20 世纪早期世界主要地区之间的进出口盈余流向】217（table）；foreign-owned investment【外国拥有的投资】233—235；Great Depression stemming from【大萧条抑制了世界贸易】191—192；Indian export/import imbalances【印度的进出口贸易，1870 - 1915】1870—1915，246（table）；Indian silver/gold standard debate【印度的银/金本位之争】250—258；labor migration and【劳动力移民与世界贸易】34；late nineteenth-century balance of trade【19 世纪后期的贸易状况】165—166，209—210；late-nineteenth-century triangles of trade and payments【19 世纪后期的贸易和支付三角】122（fig.）；network of world merchandise trade imbalances，1899 - 1913【世界商品贸易网络，1899—1913】220—221（table）；nineteenth-century trade data by region【19 世纪世界各地的贸易数据】191；terms of trade and underdevelopment【贸易条件与低度发展】193—203. *See also* Balance of trade 另见贸易平衡
Imperialism【帝国主义】5—6；of free trade【自由贸易的帝国主义】7，181—182，283；questioning the degree of penetration into Asia【质疑帝国主义对亚洲的渗透程度】297—298；robustness of developing economies【发展中经济体的活力】69. *See also* Colonialism 另见殖民主义
Import substitution【进口替代】13，15，105，130
Import surplus/export deficit【进口盈余/出口赤字】*See* Im/balance of trade 另见贸易（不）平衡
Income gap/income distribution【收入差距/收入分布】global similarity around 1800【1800 年时全球各地的情形大体相似】

4; mid-century increase in inequality【19世纪中期不平等的加剧】170—171; myth of West-Rest income differentials【有关西方与其他地区收入差距的神话】11—12; US and German productivity failing to close gap with Britain【由于生产率的提高,美国与德国弥合了与英国之间的收入差距】292—293

Income levels【收入水平】terms of trade and productivity versus【贸易条件与生产率对收入水平】201—203

Indentured labor【契约劳工】32, 79, 275—276

Independence facilitating inmigration in North America【北美的独立促进了移民的流入】180

Index of trade from 1870s to 1913【1870年代至1913年的贸易指数】195—197

India【印度】Anglo-Indian gold and silver flows【英国与印度之间的金银流动】123; Anglo-Indian trade【英印贸易】107—112, 107 (table); Asian trade imbalance【亚洲贸易状况】282; balance of payments in the United Kingdom【英国的国际收支状况】1910, 243 (table); Britain at the apex of global multilateral trade【英国居于全球多边贸易的顶端】239—240; Britain's conversion of India's wealth【英国将印度的财富转化为自己的资本】184—185; Britain's industrial revolution【英国工业革命】15; Britain's investment in the Americas【英国在美洲的投资】61; Britain's invisible earnings【英国的无形收入】167—169; Britain's political and economic dismantling【英国对印度的政治经济打击】116—117; Britain's trade deficit, 1816—1913【英国的贸易赤字】13; British early nineteenth-century textile exports【19世纪早期英国的棉纺织品出口】20—21; British foreign investment by destination in 1913【1913年时英国海外投资的去向】232 (table); British machinery exports【英国的机械出口】241—242; British manufacturing exports, 1820s【英国的制成品出口, 1820年代】164—165; British trade with Asia and total, 1860 - 1900【英国与亚洲和全世界的贸易, 1860—1900】165 (table); challenging Western dominance of global development【质疑全球发展中西方的主导地位】66; China's mid-century trade with Southeast Asia【19世纪中期中国与东南亚的贸易】104; China's outmigration【中国的对外移民】79; driving British textiles development【促使英国棉纺织业发展的因素】16—17; early nineteenth-century economic growth【19世纪早期的经济增长】140—144; geographical distribution of Asia's trade【亚洲贸易的地理分布】281 (table); global migration, 1870 - 1913【全球移民, 1870—1913】177—178; GNP estimates【国民生产总值估计】84; income distribution【收入分布】12; independence from Britain【脱离英国独立】302; Indian export/import imbalances, 1870 - 1915【印度的进出口贸易状况, 1870—1915】246 (table); industrial country trade in manufactures with other regions, 1899 and 1913【工业国与其他地区的制成品贸易, 1899年和1913年】189 (table); late-nineteenth-century triangles of trade and payments【19世纪后期的贸易与支付三角】122 (fig.); location at the base of multilateral trade system【处于多边贸易体系的底层】245—258; mid-century economic growth【19世纪中期的经济增长】100; myth of East-West economic gap【有关东西方之间经济差距的

神话】7；myth of free trade with Britain【有关与英国自由贸易的神话】35；myth of overwhelming Western military power【有关西方压倒性军事优势的神话】28—29；myth that colonialism does not pay【有关殖民主义回报无几的神话】39；network of world merchandise trade imbalances，1899 - 1913【世界商品贸易网络，1899—1913】220—221（table）；population and economic data【人口与经济数据】78，83—84，139，175；Russian trade【与俄国之间的贸易】144—145；second industrial revolution【第二次工业革命】174；silver flows【白银流动】134；silver standard【银本位】37；silver/gold standard debate【银/金本位之争】249—258；slave labor【奴隶劳工】32；state role in development【国家（政府）在发展中的作用】30；Suez Canal【苏伊士运河】150；tea altering Anglo-Chinese trade【印度茶叶改变了中英之间的贸易】135；textile industry's technological adaptation to resource constraints【棉纺织产业应对资源束缚情况的技术改进】204—205；triangular systems of trade【贸易的三角体系】61，118—122；West African trade competition【来自西非外贸的竞争】153；wheat and flour exporting【小麦与面粉出口】200（table）；world and regional population 1700 - 1850【全世界及各地的人口，1700—1850】77（table）；world merchandise exports，1840 - 1900【世界商品出口，1840—1900】186（table）；world trade，1870 - 1913【世界贸易，1870—1913】186—187. *See also* Asia；Drain from India 另见亚洲，来自印度的攫取

Indonesia【印度尼西亚】275；economic health before colonization【殖民化之前健全的经济】69；myth of free trade【有关自由贸易的神话】35；trade flows【贸易流动】1830—1870，235（table）

Industrial goods【工业产品】192—193

Industrial importing countries【工业品进口国】192—201

Industrial revolution【工业革命】dating Europe's【欧洲工业革命发生于何时】161—162；deforestation and mining【森林采伐与矿业】80—81；high level equilibrium trap【高水平均衡陷阱】53；myth of Britain's home-generated revolution【有关工业革命源于英国本土的神话】16—17；myth of Britain's supremacy resulting from【有关英国凭借工业革命获得霸权的神话】3；myth of British coal consumption【有关英国煤炭消费的神话】21—22；myth of industrialization and【有关工业革命和工业化的神话】17—19；myth of steam power importance【有关蒸汽动力重要性的神话】22—23；myth of textiles as industrial forerunner【有关棉纺织业是工业先行者的神话】15—16；myth of the dominance of Western migration【有关西方移民居于主导的神话】32—35；myth of Western economic growth【有关西方经济增长的神话】8—9；rehistoricizing【对工业革命的历史再认识】52；role of international trade【国际贸易的作用】47；role of railroads【铁路的作用】23；scientific revolution【科学革命】24—25；second revolution【第二次工业革命】173—174，182. *See also* Development，economic 另见经济发展

Industrialization【工业化】American-Eurocentric view of【欧美中心视角下对工业化的认识】45；backward and forward linkages resulting from migration【移民带来的前后向关联】129—130；British crushing Egyptian development【英国人摧毁埃及的发

展】150—151；entropy generation and dissipation【熵的产生与耗散】94—98；Europe，Britain and the US between 1870 and 1913【1870—1913 年欧洲、英国和美国的工业化】207—209；in Europe，including Russia【欧洲的工业化，包括俄国】85（table）；Europeans crushing Latin America's【欧洲人摧毁拉美的工业化】157；flow and influence of global process【投资、贸易和支付的流动与影响，如何在全球层面上进行】64—65；Great Depression and the decline of manufacturing prices【大萧条与制成品价格的下降】183；income distribution【收入分布】170—171；myth of Britain as workshop of the world【有关英国为世界工厂的神话】12—13；myth of the changing nature of labor【有关劳动性质发生变化的神话】31—32；network of world merchandise trade imbalances，1899 - 1913【世界商品贸易网络，1899—1913】220—221（table）；Ottoman failure【奥斯曼帝国的衰落】146；role in global development【工业革命在全球发展中的作用】65—67；state role in development【国家（政府）在发展中的作用】25—28；world industrialization data【世界工业化数据】86（table）*See also* Development，economic 另见经济发展

"Industrious" revolution（Asia）【亚洲的"勤劳革命"】xii，xiii，49，54，57—58，174，204

Infrastructure【基础设施】China's increasing defense spending【中国日益增加的防卫开支】271—272；Egypt【埃及】150；labor and capital mobility【劳动力和资本的流动】259；US growth and development【美国的增长与发展】159. *See also* Railroads 另见铁路

Internal combustion engine【内燃机】214—215

International Monetary Fund（IMF）【国际货币基金组织】71

Investment【投资】*See* Foreign investment 另见外国投资

Invisible earnings and services【无形收入与服务】167—169，245，248

Iran【伊朗】*See* Persia 另见波斯

Iraq【伊拉克】71，302

Ireland【爱尔兰】crop failure【农作物歉收】161，177

Iron and steel industry【钢铁产业】20，166

Italy【意大利】state role in development【国家（政府在发展中的作用）】26；trade imbalances：Europe and the United States，1881 - 1913【欧洲与美国的外贸状况，1881—1913】223（table）；West European export and import imbalances，1886 - 1913【西欧的进出口状况，1886—1913】224（table）

Ivory exports【象牙出口】154

Japan【日本】balance of payments in the United Kingdom，1910【联合王国的国际支付状况】243（table）；China's outmigration【中国的对外移民】79；factor flows and economic convergence【要素流动与经济趋同】261；foreign investment【外国投资】231（table）；geographical distribution of Asia's trade【亚洲贸易的地理分布】281（table）；industrialization【工业化】174；late-century intra-Asian trade【19 世纪后期亚洲内部的贸易】279—283；mid-century economic growth【19 世纪中期的经济增长】99—100；myth of East-West economic gap【有关东西方之间经济差距的神话】6；myth of free trade with Britain【有关与英国自由贸易的神话】35；network of world merchandise trade imbalances，1899 - 1913【世界商品贸易网络，

1899—1913】220—221（table）；outmigration【对外移民】33；population and GDP growth data【人口与 GDP 的增长数据】78，83；resource scarcity and the industrious revolution【资源紧缺与勤劳革命】57；state role in development【国家（政府）在发展中的作用】25，27－28；total foreign capital investment in 1914【1914 年时的外国总投资】231（table）；underdeveloped economies【欠发达经济体】69；world and regional population 1700－1850【全世界与各地的人口，1700—1850】77（table）；world exports，1870s－1913【世界出口，1870 年代至 1913】197—198；world merchandise exports，1840－1900【世界商品出口，1840—1900】186（table）；world trade，1870－1913【世界贸易，1870—1913】185—187

Java【爪哇】population data【人口数据】139—140

Juarez，Benito【贝尼托·华雷斯】157

Kennedy，John F.【约翰·F. 肯尼迪】2

Kondratieff B phase【康德拉季耶夫 B 阶段】72，105

Korea【朝鲜】China's outmigration【中国的对外移民】79；global migration，1870－1913【全球移民，1870—1913】177—178；myth of East-West economic gap【有关东西方之间经济差距的神话】6；outmigration【向外移民】33

Labor force【劳动力】changes in global division of labor and world trade【全球劳动分工与世界贸易的变迁】182；colonial powers' control of【各殖民政府对劳动力的控制】46；high level equilibrium trap【高水平均衡陷阱】53—54；myth of the changing nature of labor【有关劳动性质发生变化的神话】31—32

Lagos，Nigeria【拉各斯，尼日利亚】287—288

Laissez faire【自由放任】35—37

Land access【土地的获得】Britain's inability to provide wood and wool【英国无法供应足够的木材与羊毛】162；Britain's "Permanent Settlement" system in India【英国在印度推出的"永久协议案"】117；entropy dissipation【熵的耗散】262—263；Latin American conflict【拉美的纷争】156—157；migration，land use and resource allocation【移民、土地利用，与资源分配】79—87

The Last Stand of Asian Autonomies（Reid，ed.）【里德编：《亚洲自主的最后一站》】138

Late Victorian Holocausts（Davis）【戴维斯：《维多利亚后期的大屠杀》】262

Lateral history【横向的历史】48

Latin America【拉丁美洲】Brazilian deforestation【巴西的森林采伐】80；Britain's trade deficit，1816—1913【英国的贸易赤字，1816—1913】13；British early nineteenth-century textile exports【英国 19 世纪早期的棉纺织品出口】20；British exports by region，1816—1842【英国向世界各地的出口，1816—1842】164（table）；British manufacturing exports in the 1820s【英国 1820 年代的制造业出口】164—165；centering the world economy in Asia【中心在亚洲的世界经济】69；colonialism【殖民主义】113—115；core-periphery intraregional trade【中心与边缘之间的区域贸易】195；foreign investment【外国投资】231（table）；free traders【自由派贸易商】182—183；increasing settlement，1870－1913【定居规模的扩张，1870—1913】173；industrial country trade in manufactures with other regions，1899 and 1913【工业国与其他地区的制成品贸易，1899 和 1913 年】189（table）；industrialization【工业化】174；migration，land，and resources【移民、土地和资源】34，79；myth of the dominance of western migration【有关西方移民占主导的神话】32—33；nineteenth-century economic data【19世纪的经济数据】82（table）；state role in development【国家（政府）在发展中的作用】26—27；total foreign capital investment in 1914【1914年时的外国总投资】231（table）；world merchandise exports，1840—1900【世界商品出口，1840—1900】186（table）；world population 1870—1913【世界人口，1870—1913】175（table）；world trade，1870—1913【世界贸易，1870—1913】185—187. *See also* specific countries 另见具体国家

Leading the World Economically（Crouzet and Clesse，ed.）【克鲁泽、克莱斯主编：《经济上引领世界》】27

List，Friedrich【弗里德里希·李斯特】35，71

Living standards【生活水平】myth of East-West income differentials【有关东西方之间收入差距的神话】12

Luxemburg，Rosa【罗莎·卢森堡】184

MacArthur，Douglas，【道格拉斯·麦克阿瑟】4

Machine tooling【机床加工】15

Madagascar【马达加斯加】154

The Making of the Modern Near East（Yapp）【亚普：《现代近东的形成》】146—147

Malaya【马来亚】235，275

Manchuria【中国东北】Chinese outmigration【中国的对外移民】33；global migration，1870—1913【全球移民，1870—1913】177—178

Manifest Destiny【天定命运】31

Manufacturing【制造业】African trade【非洲贸易】152；British trade decline from the 1870s to 1913【英国外贸的衰退，1870s—1913】240—245；China's imports 1899 and 1913【中国在1899年和1913年的进口情况】189；economic growth in Britain，Germany，United States，1871—1913【英国、德国、美国的经济增长，1871—1913】208（table）；income distribution【收入分布】170—171；industrial countries' increasing exports to counter decreasing resources【工业国增加出口以应对资源短缺】212—213；late nineteenth-century global growth【19世纪后期的全球经济增长】211—227；Latin American conflict【拉美的纷争】156—157；network of world merchandise trade imbalances，1899—1913【世界商品贸易网络，1899—1913】220—221（table）；steam power【蒸汽动力】166；world trade【世界贸易】1870—1913，187—188. *See also* Cotton；Industrial revolution；Industrialization；Textile production 另见棉花，工业革命，工业化，纺织生产

Marks，Robert【马立博】21，45，81，84—85，99，101，133，137

Marshall，Alfred【阿尔弗雷德·马歇尔】249

Marx，Karl【卡尔·马克思】31—32，59，72，134—135

Metropolitan countries【宗主国】terms of trade to tropical countries【热带国家的贸易条件】198—199

Mexico【墨西哥】China-Britain-India trade triangle【中国—英国—印度之间的三角贸易】124；China-Britain-US trade triangle【中国—英国—美国之间的三角贸易】122—123；drought，monetary and trade crises【干旱、货币和贸易危机】264；late-nineteenth-century triangles of trade and payments【19世纪后期的贸易和支付三

角】122（fig.）；Latin American conflict【拉美的纷争】157；nationalist interests【民族主义的利益】183；silver flows to India after 1873【1873 年以后向印度的白银流动】134，251—252；silver standard，37. *See also* Silver flows 另见白银流动

Migration【移民】86；African labor migration【美洲劳动力的移民】286—287；assisted migration to Southeast Asia【政府协助向东南亚的移民】275—276；China's outmigration【中国的对外移民】278；factor price and income convergence【要素价格与收入趋同】258—261；global population growth，1870 - 1913【全球人口增长，1870—1913】175—181；growth of labor markets【劳动力市场的扩张】88；land use and resource allocation【移民、土地利用与资源分配】79—87；late nineteenth-century economic change【19 世纪后期的经济变迁】127—130；late nineteenth-century US inmigration【19 世纪后期向美国的移民】291—293；myth of the dominance of Western migration【有关西方移民占主导的神话】32—35；population data【人口数据】86；quantitative data on【有关移民的定量数据】77—79；rural-urban【城乡之间的移民】173；transatlantic【跨大西洋移民】176—177，177（table），179；US increases，1850 - 1870【美国移民的增长，1850—1870】158—159；US westward expansion【美国的西进】31

Military industrial complex【军事工业复合体】98

Military Keynesianism【军事凯恩斯主义】10，29，301

Military power【军事力量】Africans'resistance to European settlers【非洲人对欧洲定居者的抵抗】287；Anglo-Indian army of occupation【英国在印占领军中的印度人军队】123；benefits of colonialism【殖民主义的收益】41；Central Asia's declining political power【中亚在政治上的衰落】145；China's incursions to the Northwest Frontier【中国向西北部边疆的扩张】273—274；diverting resources to poverty reduction【将资源用于减少贫困】300；European competitive advantages【欧洲的竞争优势】50—51；European intervention in Iran【欧洲人对伊朗的干涉】149；India's Home Charges financing British global military establishment【来自印度的"国内费用"资助了英国在全球的军事存在】253—254；myth of *laissez faire*【有关自由放任的神话】36—37；myth of overwhelming Western military power【有关西方压倒性军事优势的神话】28—29；state role in development【国家（政府）在发展中的作用】27—28；UK development and【军事力量与英国的发展】xiii

Mining industry【采矿业】73；backward and forward linkages resulting from migration【移民带来的前后向关联】129—130；dating the Industrial Revolution【工业革命发生于何时】161；gold/silver standards【金/银本位】238—239；increasing access to natural resources【自然资源利用规模的扩张】80—81；Latin American conflict【拉美的纷争】156—157；South Africa's gold production【非洲南部的黄金生产】256；transformation of Southern Africa【非洲南部的转型】285. *See also* Gold；Silver flows 另见黄金，白银流动

Missionaries【传教士】38，266

Monetary system【货币体系】India's silver/gold standard debate【印度的银/金本位之争】249—258；theory and reality of【货币体系的理论与现实】235—239. *See also* Gold

standard; Silver standard 另见金本位，银本位
Monroe Doctrine【门罗主义】30
Morocco【摩洛哥】153，266—267
Mozambique【莫桑比克】154
Multicentrism【转型的多中心起源】48
Multilateral systems【多边体系】American Civil War【美国内战】159; assessing benefits through world system analysis【通过世界体系进行收益评估】64—65; Britain at the apex of【英国居于多边体系的顶端】125, 239—240; British decline from 1873 to 1913【英国的衰退，1873—1913】240—245; British-Indian-Chinese triangle foreshadowing【英国—印度—中国之间三角贸易的先兆】125—126; as complex social system【作为复杂社会体系的组成部分】295—296; development of【多边体系的发展】47; entropy generation and dissipation【熵的产生与耗散】61，95—98; European colonialism【欧洲殖民主义】xii—xiii; factor flows【要素流动】258—261; factors leading to the Great Depression【导致大萧条的因素】191—192; im/balance of trade determining advancement of industrialized countries【外贸状况决定了工业化国家的先进】211—227; India's location at the base of【印度居于多边体系的底部】245—258; influencing British outmigration【影响英国的对外移民】180—181; investment in capital formation【资本形成中的投资】10; late nineteenth-century migration and【19 世纪后期的移民与多边体系】127—130; myth that colonialism does not pay【有关殖民主义回报无几的神话】39—41; onset of the Great Divergence【大分流的开启】182; triangles, multi-angularity and multilaterality【三角、多角和多边】89 —94; US replacement of Britain【美国在多边体系中取代了英国的位置】300—301
Musical chairs【抢椅子游戏】90
The Myth of the Great Depression 1873—1896 (Saul)【索尔：《1873—1789 年大萧条的神话》】73
Nanjing, Treaty of (1842) 【《南京条约》】121，136
Napoleonic Wars (1803 - 1815)【拿破仑战争 (1803—1815)】26，171
National debt【国债】27—28
National economies, world economy and【世界经济与各国经济】67—71
Natural resources【自然资源】*See* Resource allocation 另见资源分配
Neocolonialism【新殖民主义】26—27
Netherlands【荷兰】British shipping blockade【英国对海运的封锁】139; colonization of South Africa【非洲南部的殖民化】155; foreign investment【外国投资】231; global migration, 1870 - 1913【全球移民，1870—1913】178; myth of British hegemony【有关英国霸权的神话】29—30; myth of free trade【有关自由贸易的神话】35; Southeast Asia colonization【东南亚的神话】275; trade imbalances: Europe and the United States, 1881—1913【欧洲和美国的对外贸易状况，1881—1913】223 (table); underdeveloped economies【欠发达经济体】69; West European export and import imbalances, 1886—1913【西欧的进出口状况，1886—1913】224 (table); wheat and flour exporting【小麦与面粉的出口】200 (table)
Network of world trade【世界贸易网络】174; British trade gains before 1913【1913 年之前英国的贸易收益】166; factor flows and economic convergence, 261【要素流动与经济趋同】late nineteenth-century global

growth【19 世纪后期的全球增长】211—227；world merchandise trade imbalances，1899—1913【世界商品贸易状况，1899—1913】220—221（table）*See also* Multilateral systems；Triangular systems

The Network of World Trade（Hilgerdt）【希尔格特：《世界贸易网络》】44，47，76，91，174

New World Order（George H. W. Bush）【乔治·H. W. 布什：新世界秩序】301—302

New Zealand【新西兰】world merchandise exports，1840—1900【世界商品出口，1840—1900】186（table）

Nigeria【尼日利亚】287—288，288（table）

Nonindustrial importing countries【非工业进口国】192—193

North America【北美】attempts to dominate Chinese trade【试图掌控中国的外贸】135；colonial history【殖民的历史】113—115；demand for British manufactured goods【对英国制成品货物的需求】20；early-nineteenth-century triangles of trade and payments【19 世纪早期的贸易和支付三角】120（fig.）；Europe-North American trade in manufactures，1899 and 1913【欧洲和北美的制成品贸易，1899 和 1913 年】189（table）；foreign investment【外国投资】128，231（table）；global migration，1870—1913【全球移民，1870—1913】79，177（table），180；global population growth，1870—1913【全球人口增长，1870—1913】176；increasing settlement，1870－1913【新定居的扩张】173；late nineteenth-century im/balance of trade【19 世纪后期的贸易状况】219—222；Latin American civil war【拉美的内战】183；major world migrations，1846—1915【主要世界移民，1845—1915】177（table）；migration，1870—1913【移民，1870—1913】176；migration，land，and resources【移民、土地和资源】79；myth of British hegemony【有关英国霸权的神话】29—30；network of world merchandise trade imbalances，1899—1913【世界商品贸易网络，1899—1913】220—221（table）；nineteenth-century economic data【19 世纪的经济数据】82（table）；population growth through migration，【移民导致的人口增长】128；state role in development【国家（政府）在发展中的作用】27—28；total foreign capital investment in 1914【1914 年的外国总投资】231（table）；triangular systems of trade【三角贸易体系】61；world population 1870—1913【世界人口，1870—1913】175（table）*See also* Atlantic economy；Canada；United States 另见大西洋经济体，加拿大，美国

North Korea【北朝鲜】71

Northeast Asia【东南亚】276—277

North-South relations【北南关系】assessing gains through world system analysis【通过世界体系进行收益评估】64—65；backward and forward linkages resulting from migration【移民带来的前后向关联】129—130；dissipation of entropy【熵的耗散】262—268；myth that colonialism does not pay【有关殖民主义回报无几的神话】38—41

Northwest Passage【西北航道】135，270

Oceania【大洋洲】balance of payments in the United Kingdom，1910【1910 年时联合王国的国际收支状况】243（table）；British foreign investment by destination in 1913【1913 年时英国海外投资的去向】232（table）；foreign investment【外国投资】231（table）；global migration，1870—1913【全球移民，1870—1913】178；

global population growth, 1870—1913【全球人口增长, 1870—1913】176; increasing settlement, 1870—1913【新定居地的扩张, 1870—1913】173; labor migration【劳动力移民】23—34, 178, 292; multilateral trade structure【多边贸易的结构】92—93; myth of the dominance of western migration【有关西方移民占主导的神话】32—33; population change through migration【移民带来的人口变化】292; population growth【人口增长】78; total foreign capital investment in 1914【1914 年的外国总投资】231 (table); trade role of underdeveloping export economies【一些经济体陷入欠发达过程中外贸所起到的作用】191; world merchandise exports, 1840—1900【世界商品出口, 1840—1900】186 (table); world pattern of settlements, 1910【世界结算模式, 1910】93 (fig.); world population 1870—1913【世界人口, 1870—1913】175 (table)

Oil industry【石油工业】148—149, 214—215

Open Door policy of access to China【对中国的门户开放政策】270

Opium trade【鸦片贸易】Anglo-Indian trade imbalance【英印之间的贸易状况】111; Britain at the apex of the trade triangle【英国居于三角贸易的顶端】61; China-Britain-India triangle【中国—英国—印度三角】141; covering Britain's growing trade deficit【鸦片贸易平衡英国不断增长的赤字】133; early-nineteenth-century triangles of trade and payments【19 世纪早期的贸易与支付三角】120 (fig.); exclusive Western export before 1870【1870 年之前西方人独占了对中国的鸦片出口】270; India's trade/tribute system with Britain【印度与英国的贸易/贡献体系】109—111; silver exchange【鸦片换白银】134; smuggling【鸦片走私】119; triangular and multi-angular nature of【鸦片贸易的三角和多角特征】90, 118—122

Opium Wars (1849 - 42 and 1858 - 60)【鸦片战争】49, 74, 100, 119—121, 131—132, 136, 270

Orange Free State【奥兰治自由邦】155

Otero, Mariano【马里亚诺·奥特罗】156

Ottoman Empire【奥斯曼帝国】Britain's industrial revolution【英国的工业革命】15; centering the world economy in Asia【亚洲居于世界经济的中心】68—69; converting Asian lands into European capital【亚洲的土地转化为欧洲的资本】184; dating the Great Divergence【大分流始于何时】55—56; decentralizing history【去中心化的历史】50; decline of the East and rise of the West【东方的衰落与西方的兴起】105; early Central Asian development【19 世纪早期中亚的发展】145; growth of manufacturing and foreign trade【制造业与对外贸易的增长】145—146; imperialism of free trade【自由贸易的帝国主义】182; long-distance migration【远距离移民】33; myth of East-West economic gap【有关东西方之间经济差距的神话】7—8; state role in development【国家（政府）在发展中的作用】25, 30

Palm oil【棕榈油】151—152, 290

Paraguay【巴拉圭】157

Paris, Treaty of (1763)【巴黎条约】151

Pax Britannica【不列颠治世】3, 21, 73, 207

Peripheral Tropics【边缘热带地区】193

Periphery【边缘】*See* Core-periphery 另见中心 - 边缘

Persia【波斯】economic expansion【经济扩张】105; economic growth and decline【经济增长与衰退】146—149; growth of manufacturing and foreign trade【制造业的

增长与对外贸易】145—146；imperialism of free trade【自由贸易的帝国主义】182；US gun-boat diplomacy in Iran【美国对伊朗的炮舰政策】71

Persian Gulf【波斯湾】Indian balance of trade and treasure account，1828—1829【印度的贸易与贵金属账户，1828—1829】141（table）

Petroleum industry【石油产业】148—149，214—215

Philippines【菲律宾】275

Plague epidemic【瘟疫】153

Plantation economies【种植园经济】72；Caribbean decline【加勒比海地区的衰退】158；high level equilibrium trap【高水平均衡陷阱】53；social transformation of Southern Africa【非洲南部的社会转型】285. *See also* Agriculture；Slave trade 另见农业，奴隶贸易

Plassey，Battle of【普拉西之战】（1757），116

Poll tax【人头税】286

Pomeranz，Kenneth【彭慕兰】1，3，11—12，21—22，40，44，47，50，53—58，76，81，84—85，88，99，101—102，169，272

Poor Laws【济贫法】171

Population growth and decline【人口的增长与衰退】African decline through slave trade【奴隶贸易造成了非洲的衰退】112；Africa's plague epidemic【非洲的瘟疫】153；China's nineteenth-century growth【中国在19世纪的增长】133，272—273；dynamic nature of【人口的起落】299—300；early Central Asian development【中亚的发展】145；European changes through migration【移民导致的欧洲人口变化】292；growth comparisons between 1830 and 1913【1830与1913年的人口对比】87（table）；industrialization in Europe，including Russia【欧洲的工业化，包括俄国在内】85（table）；mid-century economic growth【19世纪中期的经济增长】100；nineteenth-century economic data【19世纪的经济数据】82（table）；population and GDP growth，1820—1870，【人口与GDP增长，1820—1870】81-82；quantitative data on【人口的定量数据】77；Southeast Asia【东南亚的人口】139—140；uneven migration【不均衡的移民】128；US inmigration，1850—1870【向美国的移民，1850—1870】158—159；world industrialization【世界工业化】86；world population，1870—1913【世界人口，1870—1913】173，175—181；world population，production，and trade，1876—1913【世界人口、生产与贸易，1876—1913】188（table）；world population 1700—1850【世界人口，1700—1850】77（table）；world population 1870—1913【世界人口，1870—1913】175（table）

Portugal【葡萄牙】trade reform in Brazil【巴西的贸易改革】115

Potato famine【土豆饥荒】177

Pound sterling【英镑】235—239

Poverty【贫穷】income distribution【收入分布】12

Poverty reduction【减少贫困】300

The Power of the Machine（Hornborg）【霍恩伯格：《机器的力量》】96—97

Primary goods【主要货物】192—193

Productivity，terms of trade and【贸易条件与生产率】201—203

Protectionism【保护主义】affecting migration flows【对移民流动的影响】180；Australia【澳大利亚】183；Britain's declining trade competitiveness【英国贸易竞争力的衰退】14；state role in global economy【国家（政府）在全球经济中的作用】70—71；

terms of trade for nonmetropolitan countries【非中心国家的贸易条件】198—201；underdeveloping countries absorbing Western costs of monetary adjustment【欠发达国家承担西方货币政策调整的成本】237—238；United States tariff protection for textiles【美国对棉纺织业的关税保护】19；US protectionism harming US agriculture【保护主义损害了美国的农业】239

Railroads【铁路】Berlin to Baghdad【柏林到巴格达的铁路】30；British foreign investment financing【英国的海外投资流向了铁路】233；Chinese migration to the US【中国向美国的移民】127；furthering India's multilateral trade position【铁路加强了印度在多边体系中的地位】246；India's construction【印度的铁路建设】123；Latin American conflict【拉美的纷争】157；myth of British hegemony【有关英国霸权的神话】31；role in industrialization【铁路在工业化中的作用】23；steam power【蒸汽动力】166—167；telegraph as complement to【伴随铁路修建的电报线搭设】228—229；US growth and development【美国的增长与发展】159

Rebellions and revolutions【叛乱与革命】Africans' resistance to European settlers【非洲人对欧洲定居者的抵抗】287；Latin American peasant uprisings【拉美的农民起义】115，155—156；mid-century rapid economic growth following【19 世纪中期欧洲革命之后的快速经济增长】72，74—75；Opium Wars【鸦片战争】49，74，100，119—121，131—132，136，270；Ottoman decline【奥斯曼帝国的衰落】146；signaling the great divergence【叛乱是大分流开始的信号】138；Taiping Rebellion【太平天国起义】49，100，132—133，137

Recession，economic【经济衰退】British economic development during【英国在衰退期间的经济发展】162—163；dual economies in African colonies【非洲的双元经济】290—291；effect on US inmigration，1850—1870【经济衰退对美国移民的影响，1850—1870】158—159；punctuating mid-century economic expansion【衰退打断了 19 世纪中期的经济扩张】74

Regional dynamics【各地的变化】Africa's costs and benefits【非洲殖民的成本与收益】283—291；Britain's regional division of costs and benefits【英国的收益来源于何处】293—294；China's costs and benefits【中国的失与得】269—275；combining regional relations into a world economy【各地的联系融入一个世界体系】58—59；core-periphery intraregional trade【中心和边缘之间的区域贸易】194—195；foreign trade data【外贸数据】190—191；global population increase，1870—1913【全球人口增长，1870 —1913】175—181；intra-Asian trade【亚洲内部的贸易】276—283；Russia-Siberia trade【俄国—西伯利亚贸易】160；Southeast Asia's costs and benefits【东南亚的失与得】275—283；world and regional trade，1870—1913【世界各地的贸易，1870 —1913】189—190；world economy as sum of national parts and entities【认为世界经济是由国家实体构成的观点】67—71；world trade，1870—1913【世界贸易，1870—1913】188—189

Resistance【对西方的抵抗】*See* Rebellions and revolutions 另见反抗与革命

Resource allocation【资源分配】benefits of outmigration【移民外迁的收益】34；ecological poverty【生态贫困】262；economic costs and benefits of colonialism【殖民主义的经济成本与收益】40—41；environmental degradation and【环境退化与资源分配】299—300；factor flows and economic convergence【要素流动与经济趋同】261；global migration，1870－1913【全球移民，1870—1913】179；high level equilibrium trap【高水平均衡陷阱】53；industrial countries' increasing exports to counter decreasing resources【工业国增加出口以应对资源紧缺】212—213；migration，land use and resource allocation【移民、土地利用与资源分配】79—87；North-South entropy dissipation【北南之间的熵耗散】262—268；poverty reduction【减少贫困】300；resource scarcity and the industrious revolution【资源匮乏与勤劳革命】57

Revolutions【革命】*See* Rebellions and revolutions 另见反抗与革命

Rhodesia【罗得西亚】287

Ricardo，David【大卫·李嘉图】8，252—253

Rice exports【大米出口】282

Rise of the West【西方的兴起】Afro-Eurasian world system【非欧亚世界体系】305—306；Central Asia【中亚】105—106；Franco-British rivalry in India【英法两国在印度的对抗】100；production and productivity and【生产、生产率与西方的兴起】206—209；West Asia's economic decline【西亚的经济衰退】104—105

Riyuku Islands【琉球群岛】277

Romania【罗马尼亚】wheat and flour exporting【小麦和面粉出口】200（table）

Ruralization【乡村化】140

Rural-urban migration【城乡移民】173

Russia【俄国】British foreign investment by destination in 1913【1913 年时英国海外投资的去向】232（table）；Central Asia's economic growth【中亚的经济增长】105—106；Crimean War【克里米亚战争】148；economic development【经济发展】160；foreign investment【外国投资】231；global migration，1870—1913【全球移民，1870—1913】177—178；India-Russia trade【印度与俄国之间的贸易】144—145；industrial country trade in manufactures with other regions，1899 and 1913【工业国与其他地区之间的制成品贸易，1899 和 1913 年】189（table）；industrialization in Europe，including Russia【欧洲的工业化，包括俄国在内】85（table）；investment in capital formation【资本形成中的投资】10；Iran's foreign trade【伊朗的对外贸易】148；outmigration【对外移民】79；population change through migration【移民带来的人口变化】128，292；state role in development【国家（政府）在发展中的作用】30；trade imbalances：Europe and the United States，1881—1913【欧洲与美国的对外贸易状况，1881—1913】223（table）；wheat and flour exporting【小麦和面粉出口】200（table），201；wheat bonanza in the 1880s【1880 年代的小麦景气】267－268；world and regional population 1700—1850【全世界及各地人口，1700—1850】77（table）；world merchandise exports，1840—1900【世界商品出口，1840—1900】186（table）*See also* Eastern Europe；Siberia 另见东欧，西伯利亚

Say，Jean-Baptiste【让·巴蒂斯特－萨伊】8

Scandinavia【斯堪的纳维亚】late nineteenth-century outmigration【19 世纪后期的对外移民】127

Scientific research【科学研究】214—215，241—242

Second industrial revolution【第二次工业革命】173—174，182

Second Opium War【第二次鸦片战争】*See* Opium Wars 另见鸦片战争

Sepoy Mutiny（1857）【印度土兵哗变/印度民族大起义】30，74，131

Serf labor【农奴劳动力】32

Service sector employment，myth of the industrial revolution and【有关工业革命的神话与服务业部门的就业】18

Settlements【移民定居，结算】factors influencing migration to North America【影响对北美的移民】180—181；foreign investment【外国投资】231；global increase，1870 - 1913【全球增长，1870—1913】173；railroads allowing【铁路促进了移民定居】167；world pattern，1910【1910 年时的世界结算模式】93（fig. ）*See also* Colonialism 另见殖民主义

17th century crisis【17 世纪危机】50

Shipping【船运】Britain's increase in manufacturing【英国制造业的增长】18；Britain's invisible earnings【英国的无形收入】167—169；British blockade【英国对海运的封锁】139；British domination【英国主导世界海运】13；China's canal construction【中国内陆运河的建造】102；decline in Asia【亚洲的衰退】6；effect on Central Asian caravan trade【海运对中亚商队贸易的影响】144—145；myth of British superiority with steam-ships【有关英国轮船优势的神话】23—24；peripheral countries absorbing costs of【边缘国家的海运费用】197，227—230；steam power【蒸汽动力】167，285

Siam【暹罗】intra-Asian trade【亚洲内部的贸易】282；population data【人口数据】139

Siberia【西伯利亚】Chinese outmigration【中国的对外移民】33；early Central Asian development【中亚的发展】145；increasing settlement，1870—1913【新定居地的扩张，1870 —1913】173；migration，1870—1913【移民，1870 —1913】176 —178；population change through migration【移民导致的人口变化】128，292；Russian trade with【俄罗斯 - 西伯利亚贸易】160. *See also* Russia 另见俄国

Silk trade【丝绸贸易】dating China's economic decline【中国的经济衰退始于何时】132 - 133；early-nineteenth-century triangles of trade and payments【19 世纪的贸易与支付三角】120（fig. ）；Iran's foreign trade【伊朗的对外贸易】149；limiting China's exports【中国出口的下降】271；opium triangle and【鸦片与丝绸贸易】119

Silver flows【白银流动】99；Britain-China-India trade triangle【英国—中国—印度之间的三角贸易】119—121，124；Britain-China-US trade triangle【英国—中国—美国之间的三角贸易】122—123；British - Indian trade imbalance【不平衡的英印贸易】123；China's mid-century trade【19 世纪中期的中国外贸】103；decline in Latin American production【拉美生产的衰退】155；gold imports overtaking【黄金进口量的骤增】160；Latin American production and trade【拉美的生产与贸易】114. *See also* Opium trade 另见鸦片贸易

Silver standard【银本位】Anglo-Chinese trade【中英贸易】133；as global currency【作为全球货币】62；Indian silver/gold standard debate【印度的银/金本位之争】249—258；terms of trade to tropical countries【热带国家的贸易条件】198；theory and reality of the gold standard and【金银本位的理论与现实】37，235—239

Sino-Japanese War（1894 - 1895）【中日甲午战争（1894—1895）】269，271

Slave labor【奴隶劳动】32

Slave trade【奴隶贸易】Africa's transition to legitimate trade【非洲向合法贸易的过渡】151—152; Atlantic triangular trade【大西洋三角贸易】112—113; demand for British manufactured goods【对英国制成品货物的需求】17, 20; dual economy【双元经济】290; early-nineteenth-century triangles of trade and payments【19世纪早期的贸易和支付三角】120 (fig.); East and Southeast Africa【东非和东南非】154; expansion through Africa【奴隶制在非洲的扩张】79; intra-African slavery replacing Atlantic slave trade【非洲内部的奴隶贸易取代了大西洋奴隶贸易】7

Smith, Adam【亚当·斯密】12, 51—52, 60

Smuggling【鸦片走私】119

Social disorder【社会失序】entropy generation and dissipation【熵的产生与耗散】95

Social systems, complexity of【复合社会体系】295—296

Sociopolitical entropy【社会政治熵】*See* Entropy 另见熵

South Africa【非洲南部】balance of payments in the United Kingdom, 1910【联合王国的国际收支状况, 1910】243 (table); British foreign investment by destination in 1913【1913年时英国海外投资的去向】232 (table); British machinery exports【英国的机械出口】241—242; colonization of【非洲南部的殖民化】155; global migration, 1870—1913【全球移民, 1870—1913】178; gold production【黄金生产】256; social transformation【社会转型】285; world trade, 1870—1913【世界贸易, 1870—1913】187

Southeast Asia【东南亚】Chinese outmigration【中国的对外移民】33; foreign-owned investment【外国拥有的投资】233—234; GDP data【GDP数据】83; geographical distribution of Asia's trade【亚洲贸易的地理分布】281 (table); global migration, 1870-1913【全球移民, 1870—1913】177; increasing settlement, 1870—1913【移民定居地的扩张, 1870—1913】173; Indian balance of trade and treasure account, 1828-1829【印度的贸易和贵金属账户, 1828—1829】141 (table); India's place in multilateral trade【印度在多边贸易中的地位】246; India's trade imbalance【印度对外贸易的状况】142; industrial countries and underdevelopment【工业国与低度发展】193—194; major world migrations, 1846—1915【主要世界移民, 1846—1915】177 (table); mid-century economic growth【19世纪中期的经济增长】103—104; migration, 1870—1913【移民, 1870—1913】176; renewed expansion【东南亚的新一轮扩张】138—140; world and regional population 1700—1850【全世界及各地人口, 1700—1850】77 (table) *See also* Indonesia 另见印尼

Soviet Union【苏联】70, 211—212, 302

Spain【西班牙】colonization of the Philippines【菲律宾的殖民化】275; trade reforms in Latin America【拉美的贸易改革】114—115

Spice exports【香料出口】154

Staple Theory【大宗商品理论】129

State formation【国家的形成】25—28

Steam power【蒸汽动力】23—24, 166

Steamships【蒸汽船】23—24, 228—229, 285

Straits Settlements【海峡殖民地】balance of payments in the United Kingdom, 1910【联合王(英)国的国际收支状况, 1910】243 (table); world merchandise exports, 1840-1900【世界商品出口, 1840—1900】186 (table); world trade, 1870—1913【世界贸易, 1870—1913】186—

187
Suez Canal【苏伊士运河】150—151，153，246
Sugar production and trade【糖的生产与贸易】39—40，79—80，110，151，158，196，198，264—265，275
Sugihara，Kaoru【杉原薰】xiii，53—58，174，185，204—205，261，274，276—278，280，281（table），282—283
Surplus【盈余】*See* Im/balance of trade 另见贸易（不）平衡
Switzerland【瑞士】trade imbalances：Europe and the United States，1881 - 1913【欧洲与美国的贸易状况，1881—1913】223（table）；West European export and import imbalances，1886 - 1913【西欧的进出口状况 1886—1913】224（table）
Syria【叙利亚】manufacturing and foreign trade growth【制造业和对外贸易的增长】145—146
Taiping Rebellion（1850—1864）【太平天国起义（1850—1864）】49，100，132—133，137
Tariff barriers【关税壁垒】130
Tariffs【关税】customs tariffs【海关关税】26；imperialism of free trade【自由贸易的帝国主义】35，183
Taxation【税收】Anglo-Indian army of occupation【英国在印占领军】123；China's silver flows【中国的白银外流】134；China's silver-based currency【中国以白银为基础的货币】138；taxation of European colonies in Africa【欧洲殖民者在非洲的税收】286. *See also* Home Charges 另见"国内费用"
Tea【茶叶】altering Anglo-Chinese trade【产自印度的茶叶改变了中英贸易】135；China-Britain-India triangle【中国—英国—印度之间的三角】119，141；China's mid-century exports【中国在 19 世纪中期的出口】102—103；early-nineteenth-century triangles of trade and payments【19 世纪早期的贸易和支付三角】120（fig.）；limiting China's exports【中国出口的下降】271
Technological change【技术变革】entropy generation and dissipation【熵的产生与耗散】97；myth of textiles as industrial forerunner【有关纺织业为工业先驱的神话】15—16；petroleum，chemical，and electric industries【石油、化工和电力产业】214—215；Soviet domination【苏联的势力】302；steamships【蒸汽船】23—24，228—229，285. *See also* Industrial revolution；Industrialization 另见工业革命、工业化
Telegraph【电报】228—229，233
Terms of trade【贸易条件】India's silver/gold standard debate【印度的银/金本位之争】249—258；underdevelopment and【贸易条件与低度发展】193—201
Textile production【棉纺织品生产】Britain's industrial production between 1870 and 1913【英国的工业生产，1870 —1913】207—209；China's mid-century consumption【19 世纪中期中国的棉纺织品消费】101—103；economic and population growth after industrialization【工业化开启之后的经济扩张与人口增长】86；economic benefits of colonialism【殖民主义的经济收益】40—41；foreign influence on British production【海外对英国生产的影响】15；India's decline【印度的衰退】106—107；India's deindustrialization【印度的去工业化】116—117；India's resource allocation【印度的资源分配】204；India's technological adaptation to resource constraints【印度采用适合资源约束状况的技术】204—205；industrial revolution【工业革

命】162；Latin America【拉丁美洲的棉纺织品生产】114—115；myth of steam power's importance【有关蒸汽动力重要性的神话】22—23；myth of the industrial revolution and【有关工业革命和棉纺织业的神话】18；Russia【俄国】160；second industrial revolution【第二次工业革命】174；steam power【蒸汽动力】166；US growth and development【美国的增长与发展】，159 *See also* Cotton；Industrial revolution；Silk trade；Wool 另见棉花，工业革命，丝绸贸易，羊毛

Textile trade【棉纺织品贸易】African colonies【非洲殖民地】290；African trade【非洲的棉纺织品贸易】152；Britain's failed attempts to dominate China's trade【英国控制中国外贸的尝试归于失败】135；Britain's trade deficit，1816 - 1913【英国的贸易赤字，1816—1913】13—14；dating China's decline【中国的衰退始于何时】132—133；decline in Latin American silver production【拉美白银生产的衰退】155；dominating British exports from 1850【棉纺织品在 1850 年之后主导了英国的出口】163—164，167—169；Egypt's growth【埃及棉纺织业的增长】149—150；India as captive partner【被英国人占领的印度市场】107；India's early nineteenth-century trade imbalance【19 世纪早期印度的贸易状况】140—144；Iran's foreign trade【伊朗的对外贸易】149；late-nineteenth-century intra-Asian trade【19 世纪后期亚洲内部的贸易】279—283；Latin American conflict【拉美的纷争】156—157；myth of Britain's homegenerated industrial revolution【有关英国工业革命源于本土的神话】16—17；myth of British exports dominating the world market【有关英国出口主导世界市场的神话】19—21；myth of textiles as industrial fore-runner【有关棉纺织业为工业先行者的神话】15—16；productivity and income distribution【生产率与收入分布】12；world trade，1870—1913【世界贸易，1870—1913】186—187 *See also* Cotton；Silk trade；Wool 另见棉花，丝绸贸易，羊毛

Thailand【泰国】*See* Siam 另见暹罗

Third World War【第三次世界大战】302

Tobacco【烟草】270

Trade dynamics【贸易的变动】Africa's transition to legitimate trade【非洲向合法贸易的过渡】151—152；American Civil War affecting【美国内战对贸易的影响】159；Anglo-Indian【英印之间的贸易】106—112，107（table）；Anglo-Latin American【英国与拉美之间的贸易】114—115；Bengali exports and imports【孟加拉的进出口贸易】111（table）；Britain's failed attempts to dominate【英国控制贸易的尝试归于失败】134—138；Britain's imbalance，1816—1913【英国的对外贸易状况，1816—1913】12—15；Britain's late nineteenth-century balance of trade【英国在 19 世纪后期的贸易状况】209—210；British exports by region，1816 - 1842【英国向世界各地的出口，1816—1842】164（table）；British merchandise trade deficits and invisible earnings【英国的商品贸易赤字与无形收入】168（table）；British trade with Asia and total，1860 - 1900【英国与亚洲和全世界的贸易，1860 —1900】165（table）；Central Asia's economic growth【中亚的经济增长】105—106；China's mid- century consumption and productivity【19 世纪中期中国的消费和生产率】101—103；China's mid-century trade with Southeast Asia【19 世纪中期中国与东南亚的贸易】103—104；circuit of trade payments【贸易支付的环路】91—93，92（fig.）；connecting national economies into a global economy【贸易将各国经济连接到一个全球经济】67—71；dating China's decline【中国的衰落始于何时】132—138；deindustrialization of India【印度的去工业化】116—117；developing countries absorbing transport costs【发展中的西方国家所赚得的运输费用】227—230；Egypt's underdevelopment【埃及的低度发展】150—151；foreign trade at Port of Lagos in Nigeria【尼日利亚拉各斯港的对外贸易】28（table）；Indian balance of trade and treasure account，1828 – 1829【印度贸易和贵金属账户的状况，1828—1829】141（table）；India's early nineteenth-century imbalance【印度 19 世纪早期的对外贸易状况】140—144；labor and capital mobility【劳动力与资本的流动】258—261；limited penetration in China before 1870【1870 年之前西方对中国的渗透有限】270；myth of British exports dominating the world market【有关英国出口主导世界市场的神话】19—21；myth that colonialism does not pay【有关殖民主义回报无几的神话】38—41；Persian growth and decline【波斯的增长与衰退】147—148；questioning the presence of a world economy【质疑存在一个世界经济的观点】60—63；terms of trade and productivity【贸易条件与生产率】201—203；terms of trade and underdevelopment【贸易条件与低度发展】193—201；textile development in Britain【英国棉纺织业的发展】16—17；trade flows for Indonesia，1830 – 1870【印度尼西亚的进出口状况，1830—1870】235（table）；under-counting British imports【被低估的英国进口规模】166，244；West African trade with Britain and France【西非与英国和法国的贸易】152（table）；West Asia's manufacturing【西亚的制成品贸易】145—146；world political economy【世界政治经济】3 – 8 *See also* Free trade；Multilateral systems；Slave trade；Trade/tribute system；Triangular systems；World trade 另见自由贸易，多边体系，朝贡贸易体系，奴隶贸易，三角体系，世界贸易

Trade protection【贸易保护主义】*See also* Protectionism 另见保护主义

Trade/tribute system【朝贡贸易体系】4；East-West geopolitical environments and the Great Divergence【东西方的地缘政治环境与大分流】54—55；intra-Asian trade【亚洲内部的贸易】277—278；myth of East-West economic gap【有关东西方之间经济差距的神话】6；opium triangle【鸦片三角贸易】109 *See also* Multilateral systems；Trade；Trade dynamics；Triangular systems 另见多边体系，贸易，贸易的变动，三角体系

Transatlantic migration【跨大西洋移民】176—177，177（table），179

Transportation【运输】global migration，1870 – 1913【全球移民，1870—1913】180；steam power【蒸汽动力】166—167；underdeveloping countries absorbing costs【正经历低度发展的国家承担的运输成本】227—230 *See also* Railroads；Shipping 另见铁路，船运

Transvaal Republic【德兰士瓦共和国】155

Triangular systems【三角体系】Anglo-Chinese trade【中英贸易】118—122；Britain at the apex of all triangles【居于所有三角顶端的英国】40，62；Britain-China-US trade triangle【英国—中国—美国之间的三角贸易】122—123；British-Indian-Chinese triangle foreshadowing multilaterality

【英国—印度—中国之间三角贸易，预示了后来的多边贸易】123—126，141—144；as complex social system【作为复杂社会体系的组成部分】296；early-nineteenth-century triangles of trade and payments【19 世纪早期的贸易与支付三角】120（fig.）；entropy generation and dissipation【熵的生产与耗散】95—98，116—126，262—263；India as linchpin between China and Britain【作为中英贸易关系关键环节的印度】143—144；late-nineteenth-century triangles of trade and payments【19 世纪后期的贸易与支付三角】122（fig.）；network of【三角贸易网络】174—175；shipping facilitating【海运促进了三角贸易的发展】17；technology，investment finance，and political multilaterality【技术、融资，与多边政治】214—215；triangles，multi-angularity and multilaterality【三角、多角，与多边】89—94 *See also* Multilateral systems；Opium trade；Silver flows 另见多边体系，鸦片贸易，白银流动

Tribute【朝贡】*See* Trade/tribute system 另见朝贡贸易体系

Triple Alliance，War of the（1864 - 1870）【1864—1870 年战争中的三国联盟】157

Tropical products【热带产品】151—152，194—196，201—203

Tunisia【突尼斯】153

Tupac Amaru【图帕克·阿马鲁】115

Turkey【土耳其】balance of payments in the United Kingdom，1910【联合王（英）国的国际收支状况，1910】243（table）；Iran's foreign trade【伊朗的对外贸易】148 - 149 *See also* Ottoman Empire 另见奥斯曼帝国

Underdevelopment【低度发展】Asian economic health before colonization【殖民化之前亚洲健全的经济】69；British monetary arrangements【英国的货币安排】257—258；contemporary Western treatment of third world countries【现在西方如何对待第三世界国家】300；Egypt【埃及】150—151；late-nineteenth-century British trade im/balance【19 世纪后期英国的对外贸易状况】216—217，216（table）；late-nineteenth-century triangles of trade and payments【19 世纪后期的贸易和支付三角】122（fig.）；nineteenth-century trade data by region【19 世纪各地的贸易数据】190—191；terms of trade and【贸易条件与低度发展】193—201

Understanding the Industrial Revolution（More）【莫尔：《理解工业革命》】65

Unequal treaties【不平等条约】120—121，136

United Kingdom【联合王（英）国】balance of payments，1910【联合王国的国际收支状况，1910】243（table）；British merchandise trade，1870 - 1913【英国的商品贸易，1870—1913】243（table）；economic development【英国的经济发展】xiii；Indian balance of trade and treasure account，1828—1829【印度的贸易和贵金属账户，1828—1829】141（table）；total foreign capital investment in 1914【1914 年时的外国总投资】231（table）；world pattern of settlements，1910【世界结算模式，1910】93（fig.）*See also* Britain 另见英国

United States，British relations with【英国与美国的关系】balance of payments in the United Kingdom，1910【联合王国的国际收支状况，1910】243（table）；Boston Tea Party【波士顿茶会】109；Britain-China-US trade triangle【英国—中国—美国之间的三角贸易】122—123；Britain's invisible earning【英国的无形收入】

167—169; British early nineteenth-century textile exports【19世纪早期英国的纺织品出口】20; British exports by region, 1816—1842【英国向世界各地的出口, 1816—1842】164 (table); British foreign investment by destination in 1913【1913年时英国海外投资的去向】232 (table); British manufacturing exports in the 1820s【1820年代英国的制造业出口】164—165; British trade decline from the 1870s to 1913【英国对外贸易的衰退, 1870年代至1913】241—242; China-Britain-India trade triangle【中国—英国—印度之间的三角贸易】124—125; late-nineteenth-century British trade im/balance【19世纪后期英国的对外贸易状况】216—217, 216 (table)

United States, domestic economy【美国的国内经济】adopting free trade【美国转向自由贸易】70; bimetal standard【金银双本位】37—38; diverting military resources to poverty reduction【将军事资源用于减少贫困】300; economic crises shaping political economic policy【经济危机塑造了政治、经济政策】74; economic development【经济发展】158—160; entropy dissipation affecting crops【熵的耗散影响了农作物生产】264; foreign investment【外国投资】231, 231 (table); import surplus after 1880【1880年之后的进口盈余】191; industrial production between 1870 and 1913【1870—1913年的工业生产】207—209; late nineteenth-century capital formation in Britain, Germany and the US【19世纪后期英国、德国与美国的资本形成】208 (table); late-nineteenth-century im/balance of trade contributing to the Great Divergence【19世纪后期的贸易, 促成了大分流的出现】213—227; late nineteenth-century inmigration【19世纪后期向美国的移民】127—129, 291—293; manufacturing growth in Britain, Germany, United States, 1871—1913【英国、德国、美国的制造业增长, 1871—1913】208 (table); military power【军事力量】xiii; myth of American exceptionalism【有关美国例外主义的神话】30—31; myth of free trade【有关自由贸易的神话】35; population and economic growth after industrialization【工业化开启之后的人口与经济增长】87; population growth【人口增长】78; railroad construction【铁路建设】23; Russian conflict【美俄之间的冲突】160; silver crisis【白银危机】255—256; silver flows【白银流动】134; slave labor【奴隶劳动】32; state role in development【国家(政府)在发展中的作用】30; textile industry【棉纺织工业】19; wartime benefits to【美国因两次世界大战而受益】301—302; wheat imports【小麦进口】183, 200 (fig.)

United States, world economy and【美国与世界经济】Anglo-Indian trade imbalance,【不平衡的英印贸易】111; at the apex of global multilateral trade【居于全球多边贸易网络顶端的美国】239—240; Brazil's deforestation【巴西的森林采伐】80; challenging Western dominance of global development【质疑西方在全球发展中的主导地位】65—67; circuit of trade payments【贸易支付的环路】91—93, 92 (fig.); currency and military hegemony in the late nineteenth - century【19世纪后期的货币与军事霸权】211—212; East - West income gap【东西方之间的收入差距】4; Indian balance of trade and treasure account, 1828—1829【印度贸易和贵金属账户的状况, 1828—1829】141 (table);

India's trade imbalance【印度不平衡的对外贸易】142；India's trade imbalance with Britain and【印度与英国和美国之间不平衡的贸易】248—249；late-nineteenth-century triangles of trade and payments【19世纪后期的贸易和支付三角】122（fig.）；mid-century expansion and acceleration of the Atlantic economy【19世纪中期大西洋经济的加速扩张】72；myth of *laissez faire*【有关自由放任的神话】36；myth of West-Rest income differentials【有关东西方之间收入差距的神话】11；myth that colonialism does not pay【有关殖民主义回报无几的神话】39；network of world merchandise trade imbalances，1899 - 1913【世界商品贸易网络，1899—1913】220—221（table）；silver flows to India【向印度的白银流动】251—252；total foreign capital investment in 1914【1914年时的外国总投资】231（table）；trade and underdevelopment【贸易与低度发展】194—195，200—201；trade imbalances：Europe and the United States，1881—1913【欧洲与美国的对外贸易状况，1881—1913】223（table）；triangular systems of trade【三角贸易体系】61；triangular trade【三角贸易】90；underdeveloped economies【欠发达经济体】69；underdeveloping countries absorbing Western costs of monetary adjustment【正陷入欠发达的国家承担了西方货币调整的成本】237—238；wheat production and export【小麦生产与出口】199—200；world economic thesis【有关世界经济的观点】63—64；world exports，1870s—1913【世界出口，1870年代—1913】197；world merchandise exports，1840 - 1900【世界商品出口，1840—1900】186（table）；world population，1870—1913【世界人口，1870—1913】175（table）；world trade，1870—1913【世界贸易，1870—1913】185—186 *See also* Atlantic economy 另见大西洋经济体

Universal Postal Union【万国邮政联盟】228 - 229

Urbanization【城市化】173；China's nineteenth-century decline【中国在19世纪的衰退】272—273；global population growth【全球人口增长】86—87

Uruguay【乌拉圭】157

Valuation of Indian and British exports【对印度与英国出口规模的估计】117—118

Vegetable oil【植物油】151—152

Vertical history【纵向的历史】48

Vietnam【越南】intra-Asian trade【亚洲内部的贸易】282；myth of East-West economic gap【有关东西方经济差距的神话】6；population data【人口数据】139；US conflict【与美国之间的冲突】302

Wages and salaries【工资和薪水】factor prices【要素价格】88；income distribution【收入分布】170—171；wage work as criterion of capitalism【作为资本主义存在标准的工资劳动】32，*See also* Income gap/ income distribution 另见收入差距/收入分配

Washington Consensus【华盛顿共识】71

Water power【水力】23

Water rights【水权】263

The Wealth and Poverty of Nations（Landes）【兰德斯：《国富国穷》】45

The Wealth of Nations（Smith）【斯密：《国富论》】12

West Africa【西非】social transformation【社会转型】285

West Asia【西亚】economic decline【经济衰退】104—105；foreign investment【外国投资】231；industrial countries and underdevelopment【工业国与低度发展】193—

194; mid-century economic growth【19 世纪中期的经济增长】99—100
West Indies【西印度群岛】164—165
Westphalian system【威斯特伐利亚体系】54—55
Wheat exports【小麦出口】Latin American boom【拉丁美洲的繁荣】183; main wheat and flour exporting countries, 1910—1913【主要的小麦和面粉出口国, 1910—1913】200 (fig.); terms of trade【贸易条件】199—200; United States El Niño anti-phase【其他地区普遍遭受厄尔尼诺现象侵袭时, 美国出现了一幅风调雨顺的景象】267—268
Wool【羊毛】British competition with Europe【英国与欧洲之间的竞争】163; British shift from agriculture【英国农业的式微】40, 162; growth of Britain's manufacturing output【英国制造业产出的增长】162; manufacturing sources【制造业的缘起】114; reducing domestic land use【降低了国内土地的使用量】53
World Commerce and Governments: Trends and Outlooks (Woytinsky and Woytinsky)【沃伊廷斯基夫妇:《世界商贸与各国政府: 趋势与展望》】44
World Economic and Social History (Bairoch)【贝洛赫:《世界经济与社会史》】45
The World Economy (Maddison)【麦迪逊:《世界经济》】76
The World Economy: History and Prospects (Rostow)【罗斯托:《世界经济: 历史与前景》】44—45
World history, myths underlying the misconstruction of【诸多神话导致了对世界史的错误建构】59
World population【世界人口】1700 - 1850【世界人口, 1700—1850】77 (table); 1870 - 1913【世界人口, 1870—1913】175 (table)
World Population and Production: Trends and Outlook (Woytinsky and Woytinsky)【沃伊廷斯基夫妇:《世界人口与生产: 趋势与展望》】44
World system political economy【世界政治经济体系】x, 53; absent state myth【有关国家(政府)缺席的神话】25—28; Asia-Europe reversal of dominant place【亚欧主导地位的转换】65; Britain's emergence【有关英国在世界政治经济体系中位置的常见看法】1—2; centering in Asia【中心在东亚】68—69; global historical analysis of the great transformation【几种在全球层面上对大转型的历史分析】52—53; historical roots【世界政治经济体系的历史根源】304—305; myth of American exceptionalism【有关美国例外主义的神话】30—31; myth of East-West economic gap【有关东西方经济差距的神话】3—8; myth of *laissez faire*【有关自由放任的神话】35—37; myth of the gold standard【有关金本位的神话】37—38; myth of the role of missionaries【有关传教士作用的神话】38; myth of Western economic growth【有关西方经济增长的神话】8—9; myth that colonialism does not pay【有关殖民主义回报无几的神话】38—41; questioning the presence of【几种质疑世界政治经济体系存在的观点】60—63; as sum of national parts and entities【认为世界政治经济体系是由国家实体构成的观点】67—68; triangles, multi-angularity and multilaterality【三角、多角与多边】89—94; world wars' impact on【世界大战对世界政治经济体系的影响】301 *See also* Multilateral systems; Trade; Triangular systems 另见多边体系, 贸易, 三角体系
World trade and payments【世界贸易与支付】

late nineteenth-century global growth【19 世纪后期的全球增长】211—227；onset of the Great Divergence【大分流的开启】182；quantitative reconstruction of trade，1873 - 1913【重建世界贸易定量数据，1873—1913】185—193；world merchandise exports，1840 - 1900【世界商品出口，1840—1900】186（table）；world population，production，and trade，1876 - 1913【世界人口、生产与贸易，1876—1913】188（table）

World Trade Organization（WTO）【世界贸易组织】71

World War I【第一次世界大战】300

World War II【第二次世界大战】146，257，300—301

Zanzibar【桑给巴尔】154

作者简介

安德烈·贡德·弗兰克，是一位曾在欧洲和美洲很多大学工作过的学者。他在长达50年的职业生涯中，在诸多学科都做出了具有开创性的研究成果。他出版过40多本书，发表了1 000余篇文章。在这些文章当中，也有一些以书中一章的形式，出现在了6个不同学科的著作中。他的著述可见于25种语言。大约1990年左右，他将自己的关注转向了对世界体系的长时段分析，并开始主张：传统分析所认为的资本主义在加长的16世纪经历了断裂式发展的观点，是错误的。兼具重要性和实质性的全球互动，实际上早就已经存在了，然而，我们对“变化性”的强调，对“连续性”的抗拒，使我们未能看到这些互动的进程，也使我们陷入了错误的欧洲中心主义路径。在1998年，他出版了《白银资本》（*ReOrient: Global Economy in the Asian Age*），意在纠正这些错误。他在《白银资本》中的考察止于18世纪，当他将关注的时间段顺延之后，发现了诸多有关欧洲的发展、霸权和资本主义的神话。他认为，这些神话使我们未能认识到，亚洲的实力不仅是持续到了18世纪末，还进一步延续到了19世纪。贡德·弗兰克于2005年4月过世，当时他正在撰写被他命名为“*ReOrient the 19th Century*”的书稿。书稿大部分的文字，那时都已经完成，不过尚需加以整理、编辑，并添加引用的出处。经过数年的整理和检查，安德烈·贡德·弗兰克的最后一项重要研究，呈现在了大家面前。

编者简介

罗伯特·A. 德内马克，是美国特拉华大学的政治学与国际关系学教授。他在《国际研究季刊》(*International Studies Quarterly*)、《国际研究评论》(*International Studies Review*)、《全球化研究》(*Globalizations*)、《评论》(*Review*, Braudel Center)、《国际政治经济学评论》(*Review of International Political Economy*) 等刊物上，发表过多篇有关世界体系的文章。他还作为联合主编，编辑出版了《世界体系史：有关长时段变化的社会科学》(*World System History: The Social Science of Long-Term Change*, 2000)；作为总编辑，编辑出版了12卷本的《国际研究百科全书》(*International Studies Encyclopedia*, 2010)。

图书在版编目（CIP）数据

19世纪大转型 /（德）贡德·弗兰克著；（美）罗伯特·A. 德内马克编；吴延民译 . -- 北京：中信出版社，2019.7

（全球史译丛）

书名原文：ReOrienting the 19th Century

ISBN 978-7-5086-8855-8

Ⅰ.①1… Ⅱ.①贡… ②罗… ③吴… Ⅲ.①世界史—研究—19世纪 Ⅳ.①K14

中国版本图书馆CIP数据核字（2018）第071885号

19世纪大转型

著　　者：[德] 贡德·弗兰克

编　　者：[美] 罗伯特·A. 德内马克

译　　者：吴延民

出版发行：中信出版集团股份有限公司

（北京市朝阳区惠新东街甲4号富盛大厦2座　邮编　100029）

承 印 者：北京诚信伟业印刷有限公司

开　　本：787mm×1092mm　1/16　　印　　张：29.25　　字　　数：500千字

版　　次：2019年7月第1版　　印　　次：2019年7月第1次印刷

京权图字：01-2018-0377　　广告经营许可证：京朝工商广字第8087号

书　　号：ISBN 978-7-5086-8855-8

定　　价：68.00元